北京大學中國語言學研究中心

国家出版基金项目
NATIONAL PUBLICATION FOUNDATION

早期北京話珍稀文獻集成

主編 劉雲

清代滿漢合璧文獻萃編

漢文主編 劉雲 陳曉

滿文主編 王碩 [日]竹越孝

一百條·清語易言

[清]智信 [清]博赫 編著

[日]竹越孝 陳曉 校注

卷一

北京大学出版社
PEKING UNIVERSITY PRESS

圖書在版編目 (CIP) 數據

一百條·清語易言：全三册 /(清) 智信，(清) 博赫編著;(日) 竹越孝，陳曉校注．—北京：北京大學出版社，2018.9

(早期北京話珍本典籍校釋與研究)

ISBN 978-7-301-29821-3

Ⅰ.① 一… Ⅱ.① 智… ② 博… ③ 竹… ④ 陳… Ⅲ.① 北京話—史料 Ⅳ.① H172.1

中國版本圖書館 CIP 數據核字 (2018) 第 193765 號

書　　名　一百條·清語易言（全三册）
　　　　　YIBAI TIAO · QINGYU YIYAN
著作責任者　[清] 智信　[清] 博赫　編著　[日] 竹越孝　陳曉　校注
責任編輯　王禾雨　宋立文
標准書號　ISBN 978-7-301-29821-3
出版發行　北京大學出版社
地　　址　北京市海淀區成府路 205 號　100871
网　　址　http://www.pup.cn　　新浪微博：@ 北京大学出版社
電子信箱　zpup@pup.cn
電　　話　郵購部 010-62752015　發行部 010-62750672　編輯部 010-62753374
印 刷 者　北京虎彩文化傳播有限公司
經 銷 者　新華書店
　　　　　720 毫米 ×1020 毫米　16 開本　60 印張　732 千字
　　　　　2018 年 9 月第 1 版　2018 年 9 月第 1 次印刷
定　　價　240.00 元（全三册）

消閒

編

推辭

疼愛

難

老

躭悮

《一百條》書影（來源：大阪大學附屬圖書館）

放了

急

要緊

小縫兒

空兒

脫|

促狀

插花

絆住

拉扯住了

急

不相干

旁

卷一　五

《一百條》書影（來源：大阪大學附屬圖書館）

清語易言序

我

國本處之語

清語者

不可不識

但旗人在京與漢人

雜居年久

從幼即先習漢語

長成而後

始入清學讀書

《清語易言》書影（來源：大阪大學附屬圖書館）

也可說給聽麼

耆老兄長請聽 我把

阿哥書後寫的變意之話

不可提寫在行首

再得博奇呢一不開等字

將原話寫在與後

因不可含糊說

變意不一

有此十六字者

《清語易言》書影（來源：大阪大學附屬圖書館）

總 序

語言是文化的重要組成部分，也是文化的載體。語言中有歷史。

多元一體的中華文化，體現在我國豐富的民族文化和地域文化及其語言和方言之中。

北京是遼金元明清五代國都（遼時爲陪都），千餘年來，逐漸成爲中華民族所公認的政治中心。北方多個少數民族文化與漢文化在這裏碰撞、融合，產生出以漢文化爲主體的、帶有民族文化風味的特色文化。

現今的北京話是我國漢語方言和地域文化中極具特色的一支，它與遼金元明四代的北京話是否有直接繼承關係還不是十分清楚。但可以肯定的是，它與清代以來旗人語言文化與漢人語言文化的彼此交融有直接關係。再往前追溯，旗人與漢人語言文化的接觸與交融在入關前已經十分深刻。本叢書收集整理的這些語料直接反映了清代以來北京話、京味文化的發展變化。

早期北京話有獨特的歷史傳承和文化底蘊，於中華文化、歷史有特別的意義。

一者，這一時期的北京歷經滿漢雙語共存、雙語互協而新生出的漢語方言——北京話，它最終成爲我國民族共同語（普通話）的基礎方言。這一過程是中華多元一體文化自然形成的諸過程之一，對於了解形成中華文化多元一體關係的具體進程有重要的價值。

二者，清代以來，北京曾歷經數次重要的社會變動：清王朝的逐漸孱弱、八國聯軍的入侵、帝制覆滅和民國建立及其伴隨的滿漢關係變化、各路軍閥的來來往往、日本侵略者的占領，等等。在這些不同的社會環境下，北京人的構成有無重要變化？北京話和京味文化是否有變化？進一步地，地域方言和文化與自身的傳承性或發展性有着什麼樣的關係？與社會變遷有着什麼樣的關係？清代以至民國時期早期北京話的語料爲研究語言文化自身傳承性與社會的關係提供了很好的素材。

了解歷史纔能更好地把握未來。新中國成立後，北京不僅是全國的政治中心，而且是全國的文化和科研中心，新的北京話和京味文化或正在形成。什麼是老北京京味文化的精華？如何傳承這些精華？爲把握新的地域文化形成的規律，爲傳承地域文化的精華，必須對過去的地域文化的特色及其形成過程進行細致的研究和理性的分析。而近幾十年來，各種新的傳媒形式不斷涌現，外來西方文化和國内其他地域文化的衝擊越來越强烈，北京地區人口流動日趨頻繁，老北京人逐漸分散，老北京話已幾近消失。清代以來各個重要歷史時期早期北京話語料的保護整理和研究迫在眉睫。

“早期北京話珍本典籍校釋與研究（暨早期北京話文獻數位化工程）”是北京大學中國語言學研究中心研究成果，由“早期北京話珍稀文獻集成”“早期北京話數據庫”和“早期北京話研究書系”三部分組成。“集成”收録從清中葉到民國末年反映早期北京話面貌的珍稀文獻并對内容加以整理，“數據庫”爲研究者分析語料提供便利，“研究書系”是在上述文獻和數據庫基礎上對早期北京話的集中研究，反映了當前相關研究的最新進展。

本叢書可以爲語言學、歷史學、社會學、民俗學、文化學等多方面的研究提供素材。

願本叢書的出版爲中華優秀文化的傳承做出貢獻！

王洪君　郭鋭　劉雲

二〇一六年十月

“早期北京話珍稀文獻集成”序

清民两代是北京話走向成熟的關鍵階段。從漢語史的角度看，這是一個承前啓後的重要時期，而成熟後的北京話又開始爲當代漢民族共同語——普通話源源不斷地提供着養分。蔣紹愚先生對此有着深刻的認識：“特别是清初到19世紀末這一段的漢語，雖然按分期來説是屬於現代漢語而不屬於近代漢語，但這一段的語言（語法，尤其是詞彙）和‘五四’以後的語言（通常所説的‘現代漢語’就是指‘五四’以後的語言）還有若干不同，研究這一段語言對於研究近代漢語是如何發展到‘五四’以後的語言是很有價值的。”（《近代漢語研究概要》，北京大學出版社，2005年）然而國内的早期北京話研究并不盡如人意，在重視程度和材料發掘力度上都要落後於日本同行。自1876年至1945年間，日本漢語教學的目的語轉向當時的北京話，因此留下了大批的北京話教材，這爲其早期北京話研究提供了材料支撑。作爲日本北京話研究的奠基者，太田辰夫先生非常重視新語料的發掘，很早就利用了《小額》《北京》等京味兒小説材料。這種治學理念得到了很好的傳承，之後，日本陸續影印出版了《中國語學資料叢刊》《中國語教本類集成》《清民語料》等資料匯編，給研究帶來了便利。

新材料的發掘是學術研究的源頭活水。陳寅恪《〈敦煌劫餘録〉序》有云：“一時代之學術，必有其新材料與新問題。取用此材料，以研求問題，則爲此時代學術之新潮流。”我們的研究要想取得突破，必須打破材料桎梏。在具體思路上，一方面要拓展視野，關注“異族之故書”，深度利用好朝鮮、日本、泰西諸國作者所主導編纂的早期北京話教本；另一方面，更要利用本土優勢，在“吾國之舊籍”中深入挖掘，官話正音教本、滿漢合璧教本、京味兒小説、曲藝劇本等新類型語料大有文章可做。在明確了思路之後，我們從2004年開始了前期的準備工作，在北京大學中國語言學研究中心的大力支持下，早期北京話的挖掘整理工作於2007年正式啓動。本次推出的“早期北京話珍稀文獻集成”是階段性成果之一，總體設計上“取異族之故書與吾國之舊籍互相補正”，共分“日本北京話教科書匯編”“朝鮮日據時期漢語會話書匯編”“西人北京話教科書匯編”“清代滿漢合璧文獻萃編”“清代官話正音文獻”“十全福”“清末民初京味兒小説書系”“清末民初京味兒時評書系”八個系列，臚列如下：

“日本北京話教科書匯編”於日本早期北京話會話書、綜合教科書、改編讀物和風俗紀聞讀物中精選出《燕京婦語》《四聲聯珠》《華語跬步》《官話指南》《改訂官話指南》《亞細亞言語集》《京華事略》《北京紀聞》《北京風土編》《北京風俗問答》《北京事情》《伊蘇普喻言》《搜奇新編》《今古奇觀》等二十餘部作品。這些教材是日本早期北京話教學活動的縮影，也是研究早期北京方言、民俗、史地問題的寶貴資料。本系列的編纂得到了日本學界的大力幫助。冰野善寬、內田慶市、太田齋、鱒澤彰夫諸先生在書影拍攝方面給予了諸多幫助。書中日語例言、日語小引的翻譯得到了竹越孝先生的悉心指導，在此深表謝忱。

“朝鮮日據時期漢語會話書匯編”由韓國著名漢學家朴在淵教授和金雅瑛博士校注，收入《改正增補漢語獨學》《修正獨習漢語指南》《高等官話華語精選》《官話華語教范》《速修漢語自通》《速修漢語大成》《無先生速修中國語自通》《官話標準：短期速修中國語自通》《中語大全》《“内鮮滿”最速成中國語自通》等十餘部日據時期（1910年至1945年）朝鮮教材。這批教材既是對《老乞大》《朴通事》的傳承，又深受日本早期北京話教學活動的影響。在中韓語言史、文化史研究中，日據時期是近現代過渡的重要時期，這些資料具有多方面的研究價值。

“西人北京話教科書匯編”收録了《語言自邇集》《官話類編》等十餘部西人編纂教材。這些西方作者多受過語言學訓練，他們用印歐語的眼光考量漢語，解釋漢語語法現象，設計記音符號系統，對早期北京話語音、詞彙、語法面貌的描寫要比本土文獻更爲精準。感謝郭鋭老師提供了《官話類編》《北京話語音讀本》和《漢語口語初級讀本》的底本，《尋津録》、《語言自邇集》（第一版、第二版）、《漢英北京官話詞彙》、《華語入門》等底本由北京大學圖書館特藏部提供，謹致謝忱。《華英文義津逮》《言語聲片》爲筆者從海外購回，其中最爲珍貴的是老舍先生在倫敦東方學院執教期間，與英國學者共同編寫的教材——《言語聲片》。教材共分兩卷：第一卷爲英文卷，用英語講授漢語，用音標標注課文的讀音；第二卷爲漢字卷。《言語聲片》采用先用英語導入，再學習漢字的教學方法講授漢語口語，是世界上第一部有聲漢語教材。書中漢字均由老舍先生親筆書寫，全書由老舍先生録音，共十六張唱片，京韵十足，殊爲珍貴。

上述三類“異族之故書”經江藍生、張衛東、汪維輝、張美蘭、李無未、王順洪、張西平、魯健驥、王澧華諸先生介紹，已經進入學界視野，對北京話研究和對外漢語教學史研究産生了很大的推動作用。我們希望將更多的域外經典北京話教本引入進來，考慮到日本卷和朝鮮卷中很多抄本字迹潦草，難以辨認，而刻本、印本中也存在着大量的異體字和俗字，重排點校注釋的出版形式更利於研究者利用，這也是前文“深度利用”的含義所在。

對“吾國之舊籍”挖掘整理的成果，則體現在下面五個系列中：

“清代滿漢合璧文獻萃編”收入《清文啓蒙》《清話問答四十條》《清文指要》《續編兼漢清文指要》《庸言知旨》《滿漢成語對待》《清文接字》《重刻清文虚字指南編》等十餘部經典滿漢合璧文獻。入關以後，在漢語這一强勢語言的影響下，熟習滿語的滿人越來越少，故雍正以降，出現了一批用當時的北京話注釋翻譯的滿語會話書和語法書。這批教科書的目的本是教授旗人學習滿語，却無意中成爲了早期北京話的珍貴記録。“清代滿漢合璧文獻萃編”首次對這批文獻進行了大規模整理，不僅對北京話溯源和滿漢語言接觸研究具有重要意義，也將爲滿語研究和滿語教學創造極大便利。由於底本多爲善本古籍，研究者不易見到，在北京大學圖書館古籍部和日本神户市外國語大學竹越孝教授的大力協助下，“萃編”將以重排點校加影印的形式出版。

“清代官話正音文獻”收入《正音撮要》（高静亭著）和《正音咀華》（莎彝尊著）兩種代表著作。雍正六年（1728），雍正諭令福建、廣東兩省推行官話，福建爲此還專門設立了正音書館。這一“正音”運動的直接影響就是以《正音撮要》和《正音咀華》爲代表的一批官話正音教材的問世。這些書的作者或爲旗人，或寓居京城多年，書中保留着大量北京話詞彙和口語材料，具有極高的研究價值。沈國威先生和侯興泉先生對底本搜集助力良多，特此致謝。

《十全福》是北京大學圖書館藏《程硯秋玉霜簃戲曲珍本》之一種，爲同治元年陳金雀抄本。陳曉博士發現該傳奇雖爲崑腔戲，念白却多爲京話，較爲罕見。

以上三個系列均爲古籍，且不乏善本，研究者不容易接觸到，因此我們提供了影印全文。

總體來説，由於言文不一，清代的本土北京話語料數量較少。而到了清末民初，風氣漸開，情況有了很大變化。彭翼仲、文實權、蔡友梅等一批北京愛國知識分子通過開辦白話報來“開啓民智”“改良社會”。著名愛國報人彭翼仲在《京話日報》的發刊詞中這樣寫道：“本報爲輸進文明、改良風俗，以開通社會多數人之智識爲宗旨。故通幅概用京話，以淺顯之筆，達樸實之理，紀緊要之事，務令雅俗共賞，婦稚咸宜。”在當時北京白話報刊的諸多欄目中，最受市民歡迎的當屬京味兒小説連載和《益世餘譚》之類的評論欄目，語言極爲地道。

“清末民初京味兒小説書系”首次對以蔡友梅、冷佛、徐劍膽、儒丐、勳鋭爲代表的晚清民國京味兒作家群及作品進行系統挖掘和整理，從千餘部京味兒小説中萃取代表作家的代表作品，并加以點校注釋。該作家群活躍於清末民初，以報紙爲陣地，以小説爲工具，開展了一場轟轟烈烈的底層啓蒙運動，爲新文化運動的興起打下了一定的群衆基礎，他們的作品對老舍等京味兒小説大家的創作産生了積極影響。本系列的問世亦將爲文學史和思想史研究提供議題。于潤琦、方梅、陳清茹、雷曉彤諸先生爲本系列提供了部分底本或館藏綫索，首都圖書館歷史文獻閱覽室、天津圖書館、國家圖書館提供了極大便利，謹致謝意！

“清末民初京味兒時評書系”則收入《益世餘譚》和《益世餘墨》，均係著名京味兒小説家蔡友梅在民初報章上發表的專欄時評，由日本岐阜聖德學園大學劉一之教授、矢野賀子教授校注。

這一時期存世的報載北京話語料口語化程度高，且總量龐大，但發掘和整理却殊爲不易，稱得上“珍稀”二字。一方面，由於報載小説等欄目的流行，外地作者也加入了京味兒小説創作行列，五花八門的筆名背後還需考證作者是否爲京籍，以蔡友梅爲例，其真名爲蔡松齡，查明的筆名還有損、損公、退化、亦我、梅蒐、老梅、今睿等。另一方面，這些作者的作品多爲急就章，文字錯訛很多，并且鮮有單行本存世，老報紙殘損老化的情況日益嚴重，整理的難度可想而知。

上述八個系列在某種程度上填補了相關領域的空白。由於各個系列在内容、體例、出版年代和出版形式上都存在較大的差異，我們在整理時借鑒《朝鮮時代漢語教科書叢刊續編》《〈清文指要〉匯校與語言研究》等語言類古籍的整理體例，結合各個系列自身特點和讀者需求，靈活制定體例。“清末民初京味兒小説書系”和“清末民初京味兒時評書系”年代較近，讀者群體更爲廣泛，經過多方調研和反復討論，我們决定在整理時使用簡體横排的形式，儘可能同時滿足專業研究者和普通讀者的需求。“清代滿漢合璧文獻萃編”“清代官話正音文獻”等系列整理時則采用繁體。“早期北京話珍稀文獻集成”總計六十餘册，總字數近千萬字，稱得上是工程浩大，由於我們能力有限，體例和校注中難免會有疏漏，加之受客觀條件所限，一些擬定的重要書目本次無法收入，還望讀者多多諒解。

“早期北京話珍稀文獻集成”可以説是中日韓三國學者通力合作的結晶，得到了方方面面的幫助，我們還要感謝陸儉明、馬真、蔣紹愚、江藍生、崔希亮、方梅、張美蘭、陳前瑞、趙日新、陳躍紅、徐大軍、張世方、李明、鄧如冰、王强、陳保新諸先生的大力支持，感謝北京大學圖書館的協助以及蕭群書記的熱心協調。“集成”的編纂隊伍以青年學者爲主，經驗不足，兩位叢書總主編傾注了大量心血。王洪君老師不僅在經費和資料上提供保障，還積極扶掖新進，“我們搭臺，你們年輕人唱戲”的話語令人倍感温暖和鼓舞。郭鋭老師在經費和人員上也予以了大力支持，不僅對體例制定、底本選定等具體工作進行了細緻指導，還無私地將自己發現的新材料和新課題與大家分享，令人欽佩。“集成”能够順利出版還要特别感謝國家出版基金規劃管理辦公室的支持以及北京大學出版社王明舟社長、張鳳珠副總編的精心策劃，感謝漢語編輯部杜若明、鄧曉霞、張弘泓、宋立文等老師所付出的辛勞。需要感謝的師友還有很多，在此一并致以誠摯的謝意。

“上窮碧落下黃泉，動手動脚找東西。”我們不奢望引領“時代學術之新潮流”，惟願能給研究者帶來一些便利，免去一些奔波之苦，這也是我們向所有關心幫助過“早期北京話珍稀文獻集成”的人士致以的最誠摯的謝意。

劉　雲

二〇一五年六月二十三日

於對外經貿大學求索樓

二〇一六年四月十九日

改定於潤澤公館

整理説明

一　體例説明[1]

"清代滿漢合璧文獻萃編"（以下簡稱"萃編"）一共收入《清文啓蒙》《清話問答四十條》《一百條》《清語易言》《清文指要》《續編兼漢清文指要》《庸言知旨》《滿漢成語對待》《清文接字》《字法舉一歌》《重刻清文虚字指南編》等十一種清代滿漢合璧教本，大致分爲三類：（一）綜合性教本：如《清文啓蒙》和《清語易言》，既有會話内容，也涉及語音、詞彙、語法；（二）會話類教本：包括《清話問答四十條》《一百條》《清文指要》《續編兼漢清文指要》《庸言知旨》和《滿漢成語對待》六種；（三）虚詞和語法類教本：包括《清文接字》《字法舉一歌》和《重刻清文虚字指南編》三種。"萃編"首次對清代滿漢合璧教本進行系統整理，爲研究清代北京話、滿語以及滿漢語言接觸提供了材料上的便利。

"萃編"各書均由六部分組成：（一）書影；（二）導讀；（三）重排本；（四）轉寫本；（五）漢文詞彙索引；（六）影印本。各部分體例介紹如下：

（一）書影

各書文前均附彩色書影若干張。

（二）導讀

導讀部分對本書的作者、内容特點、版本和研究價值加以介紹。

（三）重排本

重排本爲豎排，版式大致仿照底本，滿文部分字體采用太清文鑒體，居左列，對應的漢文采用宋體繁體，居右列。滿文和漢文均經過校對整理。

1　本部分由劉雲執筆。

（四）轉寫本

轉寫本爲横排，這部分是校勘整理工作的重點，以會話類教本《清話問答四十條》中的第一句爲例：

1-1[A] age simbe tuwa-qi,

阿哥 你.**賓** 看-**條**

阿哥看你，（1a2）

底本中這一句以滿左漢右的形式呈現，占兩列，在轉寫本增加爲三行。第一行采用太清轉寫方案對底本中的滿文進行轉寫（詳見第二部分“太清轉寫方案説明”），更利於母語爲漢語的學習者和研究者使用。第三行對底本中的漢文部分進行整理，繁體字、簡化字照録，異體字、俗字等疑難字改爲相应的繁體正字，個別難以辨識的疑難字則照録原文。根據不同版本對滿文和漢文部分所做的校勘工作在脚注中予以説明。爲了方便不熟悉滿語的研究者使用，我們增列了第二行，對第一行滿文轉寫進行逐詞對譯，其中黑體字（如上例中的“**賓**”和“**條**”）是我們針對一些虚詞或語法標記專門設計的一套漢語術語（第三部分“語法標注方案”中有詳細介紹）。

此外爲了方便讀者檢索詞彙和查找底本，我們給會話類教本中的每一句都加注了索引號（如1-1[A]）和底本號（1a2），“1-1[A]”中第一個“1”代表第一節，第二個“1”代表第一句，上標的A和B代表對話人A和B，所以“1-1[A]”的完整意義就是“第一節的第一句，是A説的”。索引部分“阿哥、看、你”所對應的索引號衹有“1-1”，讀者很容易找到這些詞在轉寫本中的位置。

而在句尾底本號“1a2”中，“1”代表底本葉心所記葉數爲“一”的書葉（古籍一個書葉大致對應於現代出版物中一頁紙張的正反兩面），“a”代表該葉的上半葉，“b”代表該葉的下半葉，“2”代表該半葉“第二大列”（多數情況下一個大列由一列滿文和一列對應的漢文構成。個別情況下滿漢文會混爲一大列，但此時大列之間的界限也會比較分明）。“1a2”的完整意義指在“底本第一葉上半葉的第二大列”能够找到這句話對應的滿漢原文。由於底本中的一些語句較長（尤其是滿文部分，通常比漢文長），經常會出現跨大列甚至跨葉的情况，例如：

1-3 sure banji-ha-bi,
聰明 生長-**完**-**現**
生的伶俐，（1a2-3）

1-7 bengsen taqi-re be hono ai se-re,
本事 學習-**未** **賓** 尚且 什麼 説-**未**
學本事還算不得什麼，（1a5-b1）

"1a2-3" 表示在"底本第一葉上半葉的第二大列和第三大列"能找到該句對應的滿漢原文，"1a5-b1"則表示該句的滿漢原文位於"底本第一葉上半葉的第五大列和底本第一葉下半葉的第一大列"。通過上述底本號，讀者可以迅速定位相應的底本原文。

而《清文接字》等虚詞和語法類教本中的講解部分則無須逐詞對照和逐句索引，涉及的知識點、語法點酌情劃分爲若干小節，節號用"[1]……"表示。

（五）漢文詞彙索引

"萃編"索引爲選詞索引，重點選擇當時的口語詞以及一些特殊的虚詞、語法標記作爲詞目，并列齊詞目所在的原文語句的索引號。需要注意的是，虚詞和語法類教本中因較少出現口語詞彙，未出索引。綜合性教本中的語法講解部分也作同樣處理。爲了方便讀者查閱，漢文詞彙索引作爲附録，附於轉寫本後。

（六）影印本

滿漢合璧教本存世數量有限，館藏分散，且相當一部分已被列入善本，研究者鮮有機會一窺全貌。承蒙北京大學圖書館古籍部和日本大阪大學圖書館大力支持，"萃編"得以集齊相關底本，可爲研究者提供第一手材料。其中《一百條》《清語易言》的底本由日本大阪大學圖書館提供，竹越孝先生和陳曉博士其間出力甚夥；其餘九種底本皆爲北京大學圖書館藏本，感謝古籍部李雲、丁世良、常雯嵐等老師的大力協助。各書整理者在校勘整理過程中，還親赴國家圖書館、中央民族大學圖書館、日本國會圖書館、早稻田大學圖書館、天理圖書館、大阪大學圖書館、哈佛大學圖書館等處，查閱并參校了數量可觀的不同版本。另外，承北京外國語大學王繼紅教授惠示相關版本，特此致謝。

二 太清轉寫方案説明[1]

滿文自1599年創製以來，已有四百餘年歷史。清初，來華傳教士出於學習、研究和印刷的方便，創製了最早針對滿文的拉丁字母轉寫方案——俄國有基里爾字母轉寫方案，日、韓亦有用本民族字母轉寫滿文的方案，本文不做討論——目前，無論是國際還是國内，針對滿文都有多套拉丁字母轉寫方案，尚未達成統一。

本次整理包括《重刻清文虚字指南編》《清文啓蒙》等在内的十一種古籍，爲方便更多的科研工作者利用本“萃編”的語料，特增加滿文拉丁轉寫并附全文語法標注。據不完全統計，目前常見的滿文拉丁轉寫方案有八種。因此，在本“萃編”編寫中就涉及使用何種拉丁轉寫方案的問題。

本次整理工作，經過慎重考慮，采用由馬旭東先生設計的太清轉寫系統。做出這種決定的理由如下：

（一）本“萃編”讀者中絶大部分是以漢語爲母語或極其熟悉漢語文的人士，他們對漢語拼音相對敏感和熟悉，而太清轉寫系統與漢語拼音的高度一致性爲他們使用本“萃編”提供了便利。其他轉寫系統都或多或少地受到印歐語文的影響，出現了用如“dz”“ts”等與中文拼音存在明顯差異的雙字母轉寫單輔音的情況，讓漢語母語者感到困惑。

（二）太清轉寫方案除“ng”外，没有使用雙字母表示音位，且没有使用26個字母之外的拉丁擴展字母，是一種經濟的方案。太清轉寫方案放弃了“š”“ū”“ž”“ü”“ö”“ô”“ů”等對絶大多數讀者來説陌生的擴展拉丁字母，加入了爲大部分轉寫方案放弃的“q”“v”等基本拉丁字母。

（三）太清轉寫方案相較其他方案，對編寫書籍整理中使用的工具軟件更友好。其他的轉寫系統因爲不同程度地引入中國人不熟悉的“š”“ū”“ž”“ü”“ö”“ô”“ů”等擴展拉丁字母，使得不同的人在輸入這些字母時可能會用到看起來相同、但實際上編碼不同的字母，導致後期的詞彙索引、字母頻度等統計工作難以使用各種統計小工具。而太清轉寫系統嚴格使用26個字母和撇號來轉寫滿文，避免了這些問題，節省了大量的

---

1 本部分由馬旭東、王碩執筆。

人力和不必要的失誤。

（四）目前太清轉寫方案被十餘萬滿語文使用者當作“亞文字”“拉丁化滿文”“新新滿文”在各種場合中使用。在非學術領域，太清轉寫系統是絶對的强勢方案。基於抽樣調查的保守估計，目前在中國有超過十萬人使用該方案以服務語言生活。在學術領域，太清轉寫系統正被越來越多的機構和學者接受，比如：荷蘭萊頓大學漢學院正在進行的有史以來規模最大的歐盟滿學古籍數字化工程就采用了該系統，韓國慶熙大學，我國清華大學、中國人民大學、中央民族大學等高校的青年學者們也逐漸轉向於此。

基於以上四點理由，我們審慎地選擇了太清轉寫系統。

下面我們將用表格方式對比太清轉寫系統和其他系統，以方便廣大的讀者使用本“萃編”。以下表格轉引自馬旭東《滿文拉丁字母轉寫研究》（未刊稿），本文僅做適當調整。

1. 元音字母：

滿文	ᠠ	ᡝ	ᡳ	ᡟ	ᠣ	ᡠ	ᡡ
國際音標	/ɑ/	/ə/	/i/	/ɿ/	/ɔ/	/u/	/ʊ/
太清	a	e	i, (y')*	y'	o	u	v
穆麟德	a	e	i, y	y, 無	o	u	ū
BablePad	a	e	i	y	o	u	uu
新滿漢	a	e	i, y	y	o	u	uu
五體	a	e	i, y	y	o	u	ů
語彙集	a	e	i, y	y	o	u	û
Harlez	a	e	i		o	u	ô
Adam	a	e	i		o	u	ȯ
其他		ä, ö		ï	ô	ou	oe, ō

*衹有在輔音ᠰ、ᡮ後的ᡳ纔轉寫爲y'。

2. 輔音字母：

滿文	ᠪ	ᡦ	ᠮ	ᡶ ᡶ	ᡩ ᡩ (ᡨ)*	ᡨ ᡨ	ᠨ	ᠯ
國際音標	/p/	/pʰ/	/m/	/f/	/t/	/tʰ/	/n/	/l/
太清	b	p	m	f	d	t	n/n’**	l
穆麟德	b	p	m	f	d	t	n	l
BablePad	b	p	m	f	d	t	n	l
新滿漢	b	p	m	f	d	t	n	l
五體	b	p	m	f	d	t	n	l
語彙集	b	p	m	f	d	t	n	l
Harlez	b	p	m	f	d	t	n	l
Adam	b	p	m	f	d	t	n	l
其他	p	p’			t	t’		

*輔音字母d在母音字母v前沒有點兒，故而ᡩᡡ轉寫爲dv，而非tv。

**在單詞尾的輔音字母ᠨ轉寫爲n’。

滿文	ᡤ ᡤ	ᡴ ᡴ	ᡥ ᡥ	ᠩ	ᡤ	ᡴ	ᡥ
國際音標	/k, q/	/kʰ, qʰ/	/x, χ/	/ɴ, ŋ/	/k/	/kʰ/	/x/
太清	g	k	h	ng	g’	k’	h’
穆麟德	g	k	h	ng	gʻ	kʻ	hʻ
BablePad	g	k	h	ng	gh	kh	hh
新滿漢	g	k	h	ng	gg	kk	hh
五體	g	k	h	ng	ǵ	kʻ	h́
語彙集	g	k	h	ng	g’	k’	h’
Harlez	g	k	h	ng	g’	k’	h’
Adam	g	k	h	ng	g’	k’	h’
其他	k,γ	k’, q	x, gh	ń, ñ, ṅ	ġ	ḱ	h̊, xx, x’

滿文	ᠵ	ᠴ	ᡧ	ᡰ	ᡯ	ᡮ	ᠰ	ᡵ	ᠶ	ᠸ
國際音標	/tʃ/	/tʃ^{h}/	/ʃ/	/ɻ/	/ts/	/ts^{h}/	/s/	/r/	/j/	/w/
太清	j	q	x	r’	z	c	s	r	y	w
穆麟德	j	c	š	ž	dz	ts‘	s	r	y	w
BablePad	j	c	x	z	dz	ts	s	r	y	w
新滿漢	zh	ch	sh	rr	z	c	s	r	y	w
五體	j	c	š	ž	dz	ts‘	s	r	y	w
語彙集	j	c	s̀	z̀	z	zh	s	r	y	w
Harlez	j	c	s’	z’	dz	ts	s	r	y	w
Adam	j	c	x	ż	z	z’	s	r	y	w
其他	ǰ, ch	č, ch‘	j, ǰ	zh	tz	c̀,		rr, r’	j	v

3. 知、蚩、詩、日、資、雌、思音節：

滿文	ᡷᡳ	ᡱᡳ	ᡧᡳ	ᡰᡳ	ᡯᡳ	ᡮᡟ	ᠰᡟ
國際音標	/tʂʅ/	/tʂ^{h}ʅ/	/ʂʅ/	/ɻʅ/	/tsɿ/	/ts^{h}ɿ/	/sɿ/
太清	jy’	qy’	xi	r’i	zi	cy’	sy’
穆麟德	jy	c‘y	ši	ži	dzi	ts	sy
BablePad	zhi	chi	xi	zi	dzi	tsy	sy
新滿漢	zhy	chy	shi	rri	zy	cy	sy
五體	ǰi	c’i	ši	ži	dzy	ts‘y	sy
語彙集	jǐ	cǐ	s̀i	z̀i	zy	c̀y	sy
Harlez	j’h	c’h	s’i	z’i	dz	ts	ss
Adam	j’i	c’i	xi	żi	-	-	ş
其他	d’i, ʒi, ǰi, jhi	ҫi, či		zhi	ze, tzi	tsï, zhy	sï

三 語法標注方案

1. 複——複數

在滿語中，指人的名詞可以通過接綴附加成分-sa、-se、-si、-so、-ta、-te、-ri構成其複數形式。如：

sakda-sa
老人-複
老人們

axa-ta
嫂子-複
嫂子們

在職務名詞後分寫的sa、在人名後分寫的se可以表達“……等人”之意。如：

oboi baturu sa
鰲拜 巴圖魯 複
鰲拜巴圖魯等

batu se
巴圖 複
巴圖等人

2. 屬——屬格格助詞

滿語的屬格格助詞爲-i或ni，用於標記人或事物的領屬關係等。如：

bou-i kouli
家-屬 規矩
家規

daiming ni qouha
大明 屬 士兵
大明的士兵

3. 工——工具格格助詞

滿語的工具格格助詞爲-i或ni，用於標記完成動作、行爲所借助的工具或手段。如：

tondo -i ejen be uile-mbi
忠 **工** 君主 **賓** 侍奉-**現**
以忠事君

qiyanliyang ni uda-mbi
錢糧 **工** 買-**現**
用錢糧買

另外，形容詞可以和工具格格助詞一起構成副詞來修飾動詞。如：

nuhan -i gama-mbi
從容 **工** 安排-**現**
從容地安排

4. 賓——賓格格助詞

滿語的賓格格助詞爲be，用於標記賓語，即動作、行爲所指向的受事。如：

bithe hvla-ra be sa-qi, ai gisure-re ba-bi,
書 讀-**未** **賓** 知道-**條** 什麽 説話-**未** 處-**有**
知道該念書，有什麽説處呢？

賓格格助詞be也可用於標記所經之處。如：

musei qouha nimanggi alin be gemu dule-ke.
咱們.**屬** 軍隊 雪 山 **賓** 都 經過-**完**
我兵皆已越過雪山。

5. 位——位格格助詞

滿語的位格格助詞爲de，用於標記動作發生的地點、時間、原因，以及人或事物所處的地點、時間和狀態等。如：

mujilen de eje-mbi
心 **位** 記住-**現**
心裏頭記

位格格助詞de也可用於標記動作、行爲進行的手段、方式。如：

emu gisun de waqihiya-me mute-ra-kv.
一 話語 **位** 完結-**并** 能够-**未**-**否**
不是一言能盡的。

某些由de構成的詞或詞組具有連詞、副詞等功能，如aikabade“若”，ede“因此”，emde“一同”，jakade“……之故；……之時”，ohode“若”等，可以不對其進行拆分標注，僅標注詞義。如：

bi gene-ra-kv ohode, tere mimbe jabqa-ra-kv-n?
我 去-**未**-**否** 倘若 他 我.**賓** 埋怨-**未**-**否**-**疑**
我若不去的時候，他不埋怨我麽？

6. 與——與格格助詞

滿語的與格格助詞爲de，用於標記動作、行爲的方向、目的和對象等。如：

niyalma de tusa ara-mbi
人 **與** 利益 做-**現**
與人方便

sy' pai leu se-re ba-de gene-mbi.
四 牌 樓 叫-**未** 地方-**與** 去-**現**
往四牌樓去。

7. 從——從格格助詞

滿語的從格格助詞爲qi，用於標記動作、行爲的起點、來源、原因等。另外，在事物之間進行比較時，從格格助詞qi用於標記比較的起點。如：

abka qi wasi-mbi
天 **從** 降下-**現**
自天而降

i sinqi antaka. minqi fulu.
他 你.**從** 怎麽樣 我.**從** 强
他比你如何？比我强。

8. 經——經格格助詞

滿語的經格格助詞爲deri，用於標記動作、行爲經過、通過之處。如：

edun sangga deri dosi-mbi
風 孔 **經** 進入-**現**
風由孔入

gisun angga deri tuqi-mbi
話 嘴巴 **經** 出來-**現**
話從口出

9. 完——完整體

滿語中動詞的完整體附加成分爲-HA（-ha/-he/-ho, -ka/-ke/-ko），表示做完了某動作或行爲。如：

erdemu ili-bu-ha manggi gebu mutebu-mbi.
德才 立-**使**-**完** 之後 名字 能成-**現**
德建而後名立。

aga hafu-ka
雨 濕透-**完**
雨下透了

在句中，動詞的完整體形式具有形容詞或名詞詞性。如：

ama eme -i taqibu-ha gisun be, gelhun akv jurqe-ra-kv.
父親 母親 **屬** 教導-**完** 話語 **賓** 怕 **否** 悖逆-**未**-**否**
父母教的話，不敢違背。

此句中taqibuha爲動詞taqibumbi“教導”的完整體形式，做形容詞修飾gisun，taqibuha gisun即“教導的話”。

sini gosi-ha be ali-ha.
你.**屬** 憐愛-**完** **賓** 接受-**完**
領了你的情。

此句中gosiha爲動詞gosimbi“憐愛”的完整體形式，在句中具有名詞詞性，做謂語動詞aliha的賓語，aliha是動詞alimbi“接受”的完整體形式。

10. 未——未完整體

滿語中動詞的未完整體附加成分一般爲-rA（-ra/-re/-ro），表示動作發生，没結束，或者將要發生。也可用於表達常識、公理等。如：

bi amala qouha fide-fi da-me gene-re.
我 然後 軍隊 調兵-**順** 救援-**并** 去-**未**

吾隨後便調兵接應也。

niyalma o-qi emu beye -i duin gargan be uherile-re.
人 成爲-**條** 一 身體 **屬** 四 肢 **賓** 統共-**未**

人以一身統四肢。

與完整體相似的是，動詞的未完整體形式在句中也具有形容詞或名詞詞性。如：

taqi-re urse
學習-**未** 者

學習者

taqire爲動詞taqimbi“學習”的未完整體形式，在此句中作形容詞修飾名詞urse“者”。

faihaqa-ra be baibu-ra-kv.
急躁-**未** **賓** 需要-**未**-**否**

不必着急。

faihaqara爲動詞faihaqambi“急躁”的未完整體形式，在此句中faihaqara是謂語動詞baiburakv“不必”的賓語。

11. 現——現在將來時

滿語中動詞的現在將來時附加成分爲-mbi，源自動詞bi“存在；有”，表示動作、行爲發生在説話的當前時刻或未來。也可用來泛指客觀事實、普遍真理等等。如：

age si bou-de aina-mbi? bithe hvla-mbi.
阿哥 你 家-**位** 做什麽-**現** 書 讀-**現**

阿哥你在家做什麽？讀書。

mini guqu qimari ji-mbi.

我.屬 朋友 明天 來-**現**

我的朋友明天來。

xun dergi qi mukde-mbi.

太陽 東方 **從** 升起-**現**

太陽從東方升起。

12. 過——過去時

滿語中動詞的過去時附加成分一般爲bihe或-mbihe，表示動作、行爲發生在説話的時刻之前。如：

dade gvwa ba-de te-mbihe.

原先 別的 處-**位** 居住-**過**

原先在别處住。

niyaman guqu de yandu-fi bai-ha bihe.

親戚 朋友 **與** 委托-**順** 找尋-**完** **過**

曾經煩親友們尋訪。

13. 否——否定式

滿語中動詞的否定附加成分爲-kv，表示不做某動作，或某動作没發生。如：

taqi-ra-kv oqi beye-be waliya-bu-mbi-kai.

學習-**未**-**否** 若是 自己-**賓** 丢弃-**使**-**現**-啊

不學則自弃也。

tuqi-bu-me gisure-he-kv

出去-**使**-**并** 説話-**完**-**否**

没説出來

形容詞、副詞等詞彙的否定式需要在後面接akv。akv在某些情况下也能表達實義，意思是“没有”。如：

uba-qi goro akv.

這裏-**從** 遠 **否**

離此處不遠。

taqin fonjin -i doro gvwa-de akv.

學 問 屬 道理 其他-位 否

學問之道無他。

14. 疑——疑問語氣

滿語中表達疑問的附加成分爲-u和-n。如：

tere niyalma be taka-mbi-u?

那 人 賓 認識-現-疑

認得那個人麽?

baitala-qi ojo-ra-kv-n?

使用-條 可以-未-否-疑

不可用麽?

除此之外，還有表達疑問或反問的語氣詞，如na、ne、no、nu、ya等。

15. 祈——祈使式

滿語的祈使式分爲命令語氣和請願語氣。

1）動詞的詞幹可以表達命令語氣，即説話人直接命令聽話人做某事。如：

bithe be ure-me hvla.

書 賓 熟-并 讀.祈

將書熟熟的念。

2）附加成分-kini表達説話人對他人的欲使、指令、祝願等語氣。-kini後面連用sembi時，sembi引導説話人欲使、指令的内容，sembi在句中會有相應的形態變化。如：

bithe hvla-ra niyalma gvnin werexe-kini!

書 讀-未 人 心 留心-祈

讀書之人留心!

ejen -i jalafun enteheme akdun o-kini.

君主 屬 壽命 永遠 堅固 成爲-祈

願汗壽域永固。

si imbe ureshvn -i hvla-kini se.
你 他.賓 熟練 工 讀-祈 説.助.祈
你叫他念得熟熟地。

上句使用了兩次祈使式，-kini表達説話人欲使他人“熟讀”，se爲sembi祈使式，表達説話人對聽話人的命令語氣。

3）附加成分-ki表達説話人對聽話人的祈請語氣，請聽話人做某事。還可以表達説話人自己想要做某事。-ki後面連用sembi時，sembi引導祈請的内容，sembi在句中會有相應的形態變化。

説話人請聽話人做某事，如：

nahan -i dele te-ki.
炕 屬 上 坐-祈
在炕上坐。

説話人自己想要做某事。如：

gurun -i mohon akv kesi be hukxe-me karula-me faxxa-ki.
國家 屬 盡頭 否 恩 賓 感激-并 報答-并 奮勉-祈
感戴國家無窮的恩澤，願奮力報效。

bithe be tuwa-ki se-qi hafu buleku be tuwa.
書 賓 看-祈 説.助-條 通 鑒 賓 看.祈
要看書看《通鑒》。

此句中seqi引導了經由説話人之口説出、聽話人想要做的事情bithe be tuwaki“想要看書”，seqi爲助動詞sembi的條件副動詞形式。tuwa爲動詞tuwambi“看”的動詞詞幹形式，表達了説話人的命令語氣。

4）附加成分-rAu（-rau/-reu/-rou）表達説話人對聽話人的請求。-rAu可拆分爲未完整體附加成分-rA和疑問式附加成分-u，這種不確定性的疑問語氣使得-rAu所表達的祈請比-ki更显尊敬，用於對長輩、上級等提出請求。如：

kesi isibu-me xolo xangna-rau.
恩 施予-并 空閑 賞賜-祈
懇恩賞假。

此句爲説話人請求上級領導恩賜假期。

5）附加成分-qina表達説話人對聽話人的建議、祈請，態度比較隨意，不可對尊長、不熟悉的人使用，可對下級、平輩、熟人、好友使用。如：

yo-ki se-qi, uthai yo-qina!
走-**祈** 説.**助**-**條** 就 走-**祈**
要走，就走罷！

此句中yoki“要走”爲説話人認爲聽話人想要做的事情，由seqi引導，yoqina“走吧”表達祈使語氣，態度隨意，不够客氣。

16. 虛——虛擬語氣

附加成分-rahv和ayou用於表達“恐怕”“擔心”的意思，後面可連用助動詞sembi，根據語法需要，sembi在句中會有相應的形態變化。如：

inde ala-rahv se-me teni uttu taqi-bu-me hendu-he.
他.**與** 告訴-**虛** **助**-**并** 纔 這樣 學-**使**-**并** 説-**完**
恐怕告訴他纔這樣囑咐。

gungge gebu mutebu-ra-kv ayou se-mbi.
功 名 使成-**未**-**否** **虛** **助**-**現**
恐怕功名不成。

bi hono sitabu-ha ayou se-mbihe.
我 還 耽誤-**完** **虛** **助**-**過**
我還恐怕耽誤了。

17. 使——使動態

滿語中，動詞的使動態附加成分一般爲-bu，用於表達致使者讓某人做某事，通常受使者後面用賓格格助詞be標記。如：

ekxe-me niyalma be takvra-fi tuwa-na-bu-mbi.
急忙-**并** 人 **賓** 差遣-**順** 看-去-**使**-**現**
忙使人去看。

此句中，niyalma“人”是takvra-“差遣”這一動作的受使者，又是tuwana-“去看”這一動作的致使者，作爲間接賓語，用賓格格助詞be

標記。

coucou lu giyang ni ba-i taixeu hafan ju guwang be wan qeng
曹操 廬江 **屬** 處-**屬** 太守 官員 朱光 **賓** 宛 城

be tuwakiya-bu-mbi.
賓 看守-**使**-**現**

曹操命廬江太守朱光鎮守宛城。

此句中，太守朱光在曹操的促使下鎮守宛城，朱光既是曹操命令的受使者，也是tuwakiya-“看守”這一行爲的施事，用賓格格助詞be標記。此外，宛城是“看守”這一動作的受事，作爲直接賓語，也用be標記。

18. 被——被動態

滿語中，動詞的被動態附加成分爲-bu。如：

weri de basu-bu-mbi.
他人 **與** 恥笑-**被**-**現**

被人恥笑。

此句中，動詞basu-“恥笑”的施事爲weri“他人”，由與格格助詞de標記，受事主语（即恥笑對象）没有出現。

19. 并——并列副動詞

動詞的并列副動詞構形成分爲-me。

1）并列副動詞和後面的動詞構成并列結構，充當謂語，表示動作、行爲并列或同時發生。如：

giyan be songkolo-me fafun be tuwakiya-mbi.
理 **賓** 遵循-**并** 法令 **賓** 防守-**現**

循禮奉公。

根據動詞的詞義，副動詞形式有時可以看作相應的副詞，充當狀語修飾後面的謂語動詞。如：

ginggule-me eje-fi kiqe-ki.
恭謹-**并** 記住-**順** 勤奮-**祈**

謹記着奮勉。

此句中，副動詞gingguleme“恭謹地”修飾eje-“記住”，即“謹記”。

2）某些由-me構成的詞或詞組具有連詞、副詞等功能，如bime“和；而且”，bimbime“而且”，seme“因爲；雖然；無論”，aname“依次”，等等，可以不再拆分語法成分，僅標注整體的詞義。如：

gosin jurgan bime tondo nomhon.
仁 義 而且 忠 厚
仁義而且忠厚。

3）-me可以構成動詞的進行體，表達動作正在進行中，如現在時進行體V-me bi，過去時進行體V-me bihe。語法標注仍然寫作并列副動詞。如：

jing hergen ara-me bi.
正 字 寫-**并** **現**
正寫着字。

4）動詞的并列副動詞與助動詞mutembi和bahanambi構成固定搭配。V-me mutembi即“能够做某事”，V-me bahanambi即“學會做某事”。如：

emu gisun de waqihiya-me mute-ra-kv.
一 話語 **位** 完盡-**并** 能够-**未**-**否**
不是一言能盡的。

age si manjura-me bahana-mbi-u.
阿哥 你 説滿語-**并** 學會-**現**-**疑**
阿哥你會説滿洲話嗎?

20. 順——順序副動詞

動詞的順序副動詞構形成分爲-fi。

1）順序副動詞與其後動詞共同作謂語，表示動作行爲按時間順序、邏輯順序等依次發生，做完某事再做某事。如：

dosi-fi fonji-na.
進-**順** 問-去.**祈**
進去問去。

2）順序副動詞可用於引導原因。如：

yabun tuwakiyan sain ofi, niyalma teni kundule-me tuwa-mbi.

行爲 品行 好 因爲 人 纔 尊敬-**并** 對待-**現**

因爲品行好，人纔敬重。

此句中，ofi爲ombi“成爲”的順序副動詞形式，在句中引導原因從句。

ere udu inenggi baita bifi.

這 幾 日子 事情 因有

這幾日因爲有事。

此句中，bifi爲bimbi“存在”的順序副動詞形式。

3）-fi可以構成動詞的完成體，如現在時完成體V-fi bi，表達動作、行爲已經發生，狀態延續到現在。如：

tuwa-qi, duka yaksi-fi bi.

看-**條** 大門 關閉-**順** **現**

duka nei-qi se-me hvla-qi, umai jabu-re niyalma akv.

大門 開-**條** **助**-**并** 呼唤-**條** 全然 回答-**未** 人 **否**

一瞧，關着門呢。叫開門呢，没有答應的人。

此句中，yaksifi bi説明門關上這個動作已經發生，這個狀態延續到叙述者叫開門的當下。

21. 條——條件副動詞

動詞的條件副動詞構形成分爲-qi。

1）條件副動詞所表達的動作行爲是其後動作行爲發生的條件或前提假設，可表達“如果”“則”之意。如：

kiqe-me taqi-qi xangga-qi o-mbi.

勤奮-**并** 學-**條** 做成-**條** 可以-**現**

勤學則可成。

2）某些由-qi構成的詞或詞組具有連詞、副詞等功能，如oqi“若是”，biqi“若有”，seqi“若説”，akvqi“不然，否則”，eiqi“或者”，等等，僅標注詞義。如：

taqi-ra-kv oqi beye-be waliya-bu-mbi-kai.
學習-**未**-**否** 若是 自己-**賓** 抛弃-**使**-**現**-啊
不學則自弃也。

3）動詞的條件副動詞與助動詞ombi和aqambi構成固定搭配。V-qi ombi即“可以做某事”，V-qi aqambi即“應該做某事”。如：

tere bou te-qi ojo-ra-kv.
那 房子 居住-**條** 可以-**未**-**否**
那房子住不得。

taqi-re urse beye haqihiya-qi aqa-mbi.
學習-**未** 人們 自己 勸勉-**條** 應該-**現**
學者須自勉焉。

22. 持——持續副動詞

動詞的持續副動詞構形成分爲-hAi（-hai/-hei/-hoi）。

1）動詞的持續副動詞形式表示這個動作、行爲持續不停，一直進行或重複。如：

yabu-hai teye-ra-kv.
行-**持** 休息-**未**-**否**
只管走不歇着。

ineggi-dari tanta-hai fasi-me buqe-re de isibu-ha.
日子-每 打-**持** 上吊-**并** 死-**未** **與** 以致於-**完**
每日裏打過來打過去以致吊死了。

2）-hAi可以構成動詞的持續體，如現在時持續體V-hAi bi，表示動作、行爲持續不停，一直進行或重複。如

gemu mimbe tuwa-hai bi-kai.
全都 我.**賓** 看-**持** **現**-啊
全都看着我。

sini ji-he nashvn sain bi-qibe, minde o-qi asuru baha-fi
你.**屬** 來-**完** 時機 好 存在-**讓** 我.**位** 成爲-**條** 十分 得以-**順**

gvnin akvmbu-ha-kv, soroqo-hoi bi.
心意 盡心-**完**-**否** 羞愧-**持** **現**
你來的機會固然好，在我却没有得十分盡心，尚在抱愧。

23. 至——直至副動詞

動詞的直至副動詞的構形成分爲-tAlA（-tala/-tele/-tolo），表示動作行爲進行到某時、某程度爲止。如：

goro goida-tala tuta-bu-ha.
遠 久-**至** 留下-**使**-**完**
久遠貽留。

fuzi hendu-me, inenggi-dari ebi-tele je-me, mujilen be
孔夫子 説道-**并** 日子-每 吃飽-**至** 吃-**并** 心思 **賓**
baitala-ra ba akv oqi, mangga kai se-he-bi.
使用-**未** 處 **否** 若是 困難 啊 説.**助**-**完**-**現**
子曰：飽食終日，無所用心，難矣哉！

24. 極——極盡副動詞

動詞的極盡副動詞的構形成分爲-tAi（-tai/-tei/-toi）。極盡副動詞往往用於修飾其後的動作、行爲，表示動作、行爲以某種極致的程度或方式進行。如：

nure omi-re de wa-tai amuran.
黄酒 喝-**未** **與** 殺-**極** 愛好
極好飲酒。

此句中，watai amuran意爲“愛得要死”，watai表示程度極深。

ahvta -i giyangga gisun be singge-tei eje-mbi.
兄長.**複** **屬** 理義的 話語 **賓** 浸透-**極** 記住-**現**
兄長們的理學言論發狠的記着。

singgetei ejembi意爲“牢牢地、深入地記住”，singgetei在此句中形容被理學言論完全浸透的狀態。

25. 延——延伸副動詞

動詞的延伸副動詞的構形成分爲-mpi或-pi，表示動作、行爲逐漸完成，達到極限程度。如：

monggon sa-mpi hargaxa-mbi, mujilen je-mpi yabu-mbi.
脖子 伸-**延** 仰望-**現** 心思 忍耐-**延** 行-**現**

引領而望，忍心而行。

tumen gurun uhe-i hvwaliya-pi, eiten gungge gemu badara-ka.
萬 國 統一-**工** 和好-**延** 所有 功勞 都 滋蔓-**完**

萬邦協和，庶績咸熙。

26. 前——未完成副動詞

動詞的未完成副動詞的構形成分爲-nggAlA（-nggala/-nggele/-nggolo），表示動作行爲發生、進行之前。如：

gisun waji-nggala, uthai gene-he.
話 完-**前** 就 去-**完**

話未完，便去了。

baita tuqi-nji-nggele, nene-me jaila-ha.
事情 出-來-**前** 先-**并** 躲避-**完**

事未發，先躲了。

27. 伴——伴隨副動詞

動詞的伴隨副動詞構形成分爲-rAlame（-ralame/-relame/-rolame），表示動作、行爲進行的同時伴隨別的動作。如：

hvla-ralame ara-mbi.
讀-**伴** 寫-**現**

隨念隨寫。

gisure-relame inje-mbi.
説-**伴** 笑-**現**。

且説且笑。

28. 弱——弱程度副動詞

動詞的弱程度副動詞構形成分爲-shvn/-shun/-meliyan，表示動作程度的減弱，即“略微”。如：

sarta-shvn
遲誤-**弱**
稍遲誤些

enggele-shun
探身-**弱**
稍前探些

29. 讓——讓步副動詞

動詞的讓步副動詞構形成分爲-qibe，表示雖然、即使或無論等。如：

umesi urgunje-qibe, damu sandalabu-ha-ngge ele goro o-ho-bi.
很 喜悦-**讓** 祇是 相隔-**完**-**名** 更加 遥遠 成爲-**完**-**現**
雖然狠喜歡，但只是相隔的，越發遠了。

30. 名——名物化

滿語的動詞、形容詞等可以通過ningge或-ngge轉變爲相應的名詞或名詞短語。通過名物化生成的名詞或名詞短語往往在句中充當話題。如：

ehe gisun tuqi-bu-ra-kv-ngge, uthai sain niyalma inu.
壞 話語 出-**使**-**未**-**否**-**名** 就 好 人 是
不説不好語，便是好人。

i sinde fonji-ha-ngge ai baita
他 你.**與** 問-**完**-**名** 什麽 事
他問你的是什麽事。

tumen jaka qi umesi wesihun ningge be niyalma se-mbi.
萬 事物 **從** 最 貴 **名** **賓** 人 叫做-**現**
比萬物最貴的是人。

31. 助——助動詞

滿語中的助動詞可分爲實義助動詞和表達語法功能的助動詞。

1）實義助動詞有mutembi、bahanambi、ombi、aqambi、tuwambi等，可以和其他動詞構成如下結構：V-me mutembi“能够做某事”，V-me bahanambi“學會做某事”，V-qi ombi“可以做某事”，V-qi aqambi“應該做某事”，V-me tuwambi“試試看做某事”。

對這一類助動詞不做語法標注，祇標注其實義。如：

age si gvni-me tuwa.

阿哥 你 想-**并** 看.**祈**

阿哥你想。

其中gvnime tuwa意爲“想想看”或“試想”。

2）bimbi、ombi、sembi三個動詞不僅具有實義，還可以當作助動詞使用。

如前所述，bimbi、ombi、sembi與其他語法功能附加成分可以構成連詞、副詞，如bime“并且”，biqi“若有”，oqi“若是”，ofi“因爲”，seqi“若説”，seme“雖然；無論”等。

bimbi、ombi、sembi在句中往往既有實義又兼具助動功能。又如oqi、seqi、sehengge、seme、sere、sehengge在句中也可用於標記話題。標注時可將助動詞詞幹和其後構形附加成分拆開，分別標注其語義和語法功能。如：

niyalma se-me jalan de banji-fi, uju-i uju de taqi-re-ngge oyonggo.

人 説.**助**-**并** 世界 **位** 生存-**順** 第一-**屬** 第一 **位** 學習-**未**-**名** 重要

人啊，生在世上，最最要緊的就是學習了。

此句中seme爲sembi的并列副動詞形式，提示了話題，又使niyalma seme具備副詞詞性修飾後面的謂語動詞banji-。

i emgeri sa-fi goida-ha, si kemuni ala-ra-kv o-fi aina-mbi.

他 已經 知道-**順** 久-**完** 你 仍 告訴-**未**-**否** 成爲.**助**-**順** 幹什麼-**現**

他知道已久，你還不告訴他幹什麼？

此句中ofi爲ombi的順序副動詞形式，由於alarakv無法直接附加-fi，所以需要助動詞ombi幫助其變爲合適的副動詞形式，然後纔能與後面的動詞

ainambi構成合乎語法的句子。

3）sembi作爲助動詞主要用於以下三種情況。

首先，sembi用於引導摹擬詞。如：

ser se-re ba-be olhoxo-ra-kv-qi ojo-ra-kv.
細微貌 **助-未** 處-**賓** 謹慎-**未-否-條** 可以-**未-否**

不可不慎其微。

seule-me gvni-re nergin-de lok se-me merki-me baha.
尋思-**并** 思考-**未** 頃刻-**位** 忽然貌 **助-并** 回憶-**并** 獲得.**完**

尋思之下，驀然想起。

其次，sembi用於引導説話的内容。如：

fuzi -i hendu-he, yadahvn bime sebjengge se-re gisun de
孔夫子 **屬** 説道-**完** 貧窮 而 快樂 説.**助-未** 話語 **位**

mute-ra-kv dere.
能够-**未-否** 吧

孔夫子説的，“貧而樂”的話，固是不能。

再次，sembi用於祈使句和虛擬語氣句，用法見祈使式和虛擬語氣。

32. 序——序數詞

基數詞變序數詞需要在基數詞之後附加-qi。如：

emu-qi
一-**序**

第一

33. 分——分配數詞

在基數詞之後附加-te構成分配數詞，表示“每幾；各幾”。如：

niyalma tome emu-te mahala.
人 每 一-**分** 帽子

每人各一個帽子。

補充説明：

1. 爲了避免語法功能成分的語法標注和實詞成分的語義標注相混淆，語法功能術語均縮寫爲一個字，使用黑體。如：

age simbe soli-na-ha de ainu jide-ra-kv.

阿哥 你.**賓** 邀請-去-**完** **位** 爲何 來-**未**-**否**

阿哥請你去，怎麽不來？

此句中，solinaha中soli-爲實義動詞詞幹，標注“邀請”，-na爲實詞性構詞成分，標注“去”，-ha爲完整體構形成分，標注“**完**”。

2. 同一個成分既有實詞詞義又有語法功能，或者一個成分有多個語法功能時，對同一個成分的多個標注之間用“.”隔開。如：

si imbe ureshvn -i hvla-kini se.

你 他.**賓** 熟練 **工** 讀-**祈** 説.**助**.**祈**

你叫他念得熟熟地。

人稱代詞的格附加成分統一不拆分，如上句中imbe標注爲“他.**賓**”。

3. 排除式第一人稱複數be標注爲“我們”，説明其所指對象不包括交談中的聽話人。包括式第一人稱複數muse標注爲“咱們”，説明其所指對象包括聽話人在内。

4. 本方案引用的例句部分取自本“萃編”，其餘例句通過日本東北大學栗林均先生建立的蒙古語諸語與滿語資料檢索系統（http://hkuri.cneas.tohoku.ac.jp/）檢索獲得。

以上説明，意在爲本“萃編”的滿文點校整理提供一套統一的標注指導方案。諸位點校者對滿語語法的分析思路各有側重點，在遵循標注方案的大原則下，對部分語法成分和某些單詞的標注、切分不免存在靈活處理的現象。例如seqi，從語義角度分析，可以將其當作一個固定成分，標注爲“若説”；從語法角度，可以拆分爲se-qi，當作動詞sembi的條件副動詞形式。又如jembi的未完整體形式存在特殊變化jetere，有兩種拆分方式：可以從現時層面分析，認爲jetere的詞幹是je-，而-tere是不規則變化的未完整體附加成分；也可以從語言演變的歷時變化角度分析，認爲詞幹是jete-，是jembi這個動詞的早期形式被保留在未完整體形式中。標注的方式原則上統一、細節上參差多態，不僅有利於表現某一語言成分在實際語句中的特徵，也便於讀者從多方面理解滿語這一黏着語的語法特色。

語法標注簡表*

簡稱	編號	名稱	示例	簡稱	編號	名稱	示例
伴	27	伴隨副動詞	-rAlame	弱	28	弱程度副動詞	-shvn, -shun, -meliyen
被	18	被動態	-bu	使	17	使動態	-bu
賓	4	賓格格助詞	be	屬	2	屬格格助詞	-i, ni
并	19	并列副動詞	-me	順	20	順序副動詞	-fi
持	22	持續副動詞	-hAi	條	21	條件副動詞	-qi
從	7	從格格助詞	qi	完	9	完整體	-HA
分	33	分配數詞	-te	未	10	未完整體	-rA
否	13	否定式	-kv, akv	位	5	位格格助詞	de
複	1	複數	-sa, -ta 等	現	11	現在將來時	-mbi
工	3	工具格格助詞	-i, ni	虚	16	虚擬語氣	ayou, -rahv
過	12	過去時	bihe, -mbihe	序	32	序數詞	-qi
極	24	極盡副動詞	-tAi	延	25	延伸副動詞	-mpi, -pi
經	8	經格格助詞	deri	疑	14	疑問語氣	-u, -n 等
名	30	名物化	-ngge, ningge	與	6	與格格助詞	de
祈	15	祈使式	-ki, -kini, -qina, -rAu 等	至	23	直至副動詞	-tAlA
前	26	未完成副動詞	-nggAlA	助	31	助動詞	sembi, ombi, bimbi 等
讓	29	讓步副動詞	-qibe				

*爲了方便讀者查閲，語法標注簡稱按音序排列，編號與正文中序號保持一致。

“萃編”滿文部分的整理是摸着石頭過河，上述語法標注系統是中日兩國參與滿文校注的作者們集體討論的結晶，由陸晨執筆匯總。方案雖充分吸收了前人時賢的研究成果，畢竟屬於開創之舉，難免存在不盡如人意之處，我們衷心希望得到廣大讀者的幫助和指正，以切磋共進。

本“萃編”的編校工作由北京大學出版社宋思佳老師精心統籌，杜若明、張弘泓、歐慧英三位老師在體例制定和底本搜集上給予了很多幫助，崔蕊、路冬月、唐娟華、王禾雨、王鐵軍等責編老師也付出了大量心血，在此深表謝忱。

編者

二〇一八年六月

總目録

一百條

目　録

導讀

［日］竹越孝　陳　曉

《一百條》，滿語作Tanggv meyen，tanggv意爲一百，meyen意爲段落、條文，漢語又稱“百條”“清話百條”及“清字百條”等。作者智信，生平不詳。現今可見的版本僅一種，或刊行於乾隆十五年（1750）[1]。Fraser曾於1924年將該文獻翻譯爲英文[2]，另有浦廉一、伊東隆夫（1957）[3]及竹越孝（2015—2017）[4]的日文翻譯版。

此次點校本使用的是大阪大學圖書館藏本《Tanggv menyen（清字一百条）》，全四卷四册，每册尺寸25.3cm × 14.7cm，卷一35頁，卷二36頁，卷三31頁，卷四34頁，題簽“tanggv meyen ujui/jai/ilaqi/duiqi debtelin”，版心爲白口，上有黑魚尾，每册魚尾下方各標有卷數及頁數。半頁板框尺寸18.1cm × 11.8cm，每半頁行款有六。

此文獻是清代長期盛行的滿語會話教材，全書共分爲100段，正對應於題目“Tanggv meyen”之意。其中1—51段多以二人對話的形式呈現，52—100段則多以一人獨白、勸諫的方式呈現。内容涉及旗人生活的方方面面，包括滿語學習要領、祝賀官職升遷、祝賀新年、避雨借宿、求人辦事、祭奠墳塋、訓斥僕人、勸諫友人、探望病人、西山游玩、講述歷史故事、談論子孫、上門求親、婚嫁禮服製作、借錢討物、爲官心得、辯解誤會、請教騎射要領等，十分豐富生動。全書基本爲滿文，偶有漢語詞彙旁譯，例如：

1　參見渡部薰太郎（1932）《增訂滿洲語圖書目録》，大阪：大阪東洋學會。

2　參見Fraser, M. Forbes A.（1924）*Tanggu Meyen and other Manchu reading lessons: Romanised text and English translation side by side.* London: Luzac.

3　參見浦廉一、伊東隆夫（1957）Tanggū Meyen（清話百條）の研究，《広島大學文學部紀要》12。

4　參見竹越孝（2017）《一百條・清文指要对照本（1）本文篇》，神户：神户市外國語大學。

（1）musei manju-sa-i ujui uju oyonggo baita（一1a2）
要緊

（2）uthai nikasa-i meni meni ba -i gisun -i adali（一1a2-3）
漢人 鄉談

（3）age gosi-qi xada-mbi seme aina-ra（一1b5-6）
疼愛

以上内容中，原文分别對滿文oyonggo、nikasai、gisun、gosiqi進行了漢語標注。儘管全書中漢語所占比例很小，且多爲詞彙或短語，并非完整句子，但其中却包含了不少當時北京話的口語詞彙，例如："多偺""外道""押派""胳肢窩""晌午""信子""街房""白瞪眼""喧呼""巴結""話把""浮面皮""上赶着""拌（絆）子""溜湫""胡謅""兜底兒""噙""打頭""把式""瞅冷兒""家生子""撒潑""搭拉着"等。

《一百條》的另一重要價值在於，它是後世各種滿漢合璧、蒙漢合璧、滿蒙漢合璧文獻以及西洋漢語教科書等諸多歷史文獻的源頭，即後世很多教科書都是據其内容編纂而成。例如，重要的滿漢合璧文獻《清文指要》《續編兼漢清文指要》（1789）及《新刊清文指要》（1818）就是根據《一百條》編纂而成[1]，并加上了完整的漢語對譯，雖在内容的編排和一些滿語詞彙上有所改動，但完全處於《一百條》的框架之内。另外蒙漢合璧文獻《初學指南》（1794）及滿蒙漢合璧文獻《三合語録》（1829）也是由《一百條》編纂而來。後《清文指要》《初學指南》的漢語部分又由威妥瑪（Thomas F. Wade）加工編纂成漢語教科書《問答篇》（1860）和《語言自邇集·談論篇百章》（1867）[2]。

由上可見《一百條》一書影響之廣大，從這些教材内容的演變中可以觀

---

1 參見竹越孝（2015）從滿語教材到漢語教材——清代滿漢合璧會話教材的語言及其演變，《民族語文》，第6期。

2 參見太田辰夫（1954）清代北京語語法研究の資料について，《神戸外国語大學論叢》2-1；竹越孝（2015）從滿語教材到漢語教材——清代滿漢合璧會話教材的語言及其演變，《民族語文》，第6期。

察到滿語及漢語的歷史演變，亦可反映編纂者的心態立場和當時的歷史人文變遷等重要信息。因此，無論是研究滿語史還是北京話歷史時，該文獻均具有不可忽略的重要價值。

重排本

外人

成就 報達

推辭 疼愛 消閑 編

難

耽誤 老

翻譯

漢人 鄉談

要緊

晾著　現成　急速

生口瘡　揚茶

妥　依靠

住　新近　移徙　能　遠

順便　經過

叩頭

報達　感

誰
附近
翻
楷書字
短
由此
眼前雜話
國語要津
從此
現
另日
整
坐著
二
現成
預備
認得

[illegible] 教所 宗派 親 戚

[illegible] 上衙門 仍然 没法

[illegible] 替

[illegible] 費 三

[illegible] 闖 間 或間

[illegible] 不相干 旁 插花 絆住 拉扯 住了

[illegible] 急促狀 小縫兒 空兒 脫 急 要緊

[illegible] 放了 煩悶

回 夜 住宿 城 門 開 起身 至於晚

前日 坟 離的 本 日 當日

四

明明的

去請 空虛 何足 挂齒

外道 彼此 分 隔

預備 躧蹋 安 常

現成

燒紙 錢 焚 五

有出息 無出息

窄狹急苦 勞苦 步行 鐘子 燒酒 奠酒

坟塋 總而言之

舊 吉祥

葬埋 子們 孫們 分

歇著 赶上 遠些

供 東方亮

謙讓 忌諱

祖宗 讓 客們 迎送

空湯 泡 錯了

足以 主 勞 序齒 一順坐

請 等 會 吃來了 遲誤

那 用 使喚 明

請 這們幾個 家人們 猪 宰 腸子 收什

祭 肉 背燈 方才

緣　結親　出衆　才能　奇特　本事

隨了去　曠

棄　疼愛　叩頭

老　親　非親　即友　骨頭　肉　夫　妻

姻緣　由　對

合　勞　苦　長輩

親　看見　愚　女孩

奇　明　通知　姑娘

妻 什麼 門氏 應

父 母

神

算 接連 陸續 不斷 滿 擠

仙風道骨 所過去 倒 相

没聽見麼 城 外 八 字 看 奇特 善於

不遲 七

令進 彼此 意 合 叩頭

久而久之 聲兒 形像 女人們 動不動 就 死鬼 無心中遇

舊爛 拆毀 修 盖 忽然 鬼 作祟 鬧的 好

底 直至到 層 順 乾净 侄兒 兩邊 廂房

住 凶險 起 先 族 門 房 間

對面 所 如何 問 表兄

煩悶 數目 八

不化 曠

不錯

焦躁 渾身 大汗貌 汗 袍子 涼快 碗 涼 水

養常制 涼涼的 受不得

味 忽然 涼 忽然 熱 定準

怎麼了 白白的 忽然 覺瘦了 樣兒 溝刨

根底 實情 告訴 買 由

九

星子 躲 逃去 惹 胆

賣了 運 狐魅 邪

喪了命 跳神 送祟 没法 價

[illegible]
有志者 事 定成 不在年歲

[illegible]
成人 起初 信 一半 疑 果然

[illegible]
老 街房 長大了

[illegible]
亦然 無妨

[illegible] 十

[illegible]
肚子 餓著 少些 多 涼著了

[illegible]
全然 吐了 扎掙 法

[illegible]
發暈 很 不舒服 怠

[illegible]
頭 疼 鼻 齆了 嗓子 啞了 雲端

[illegible]

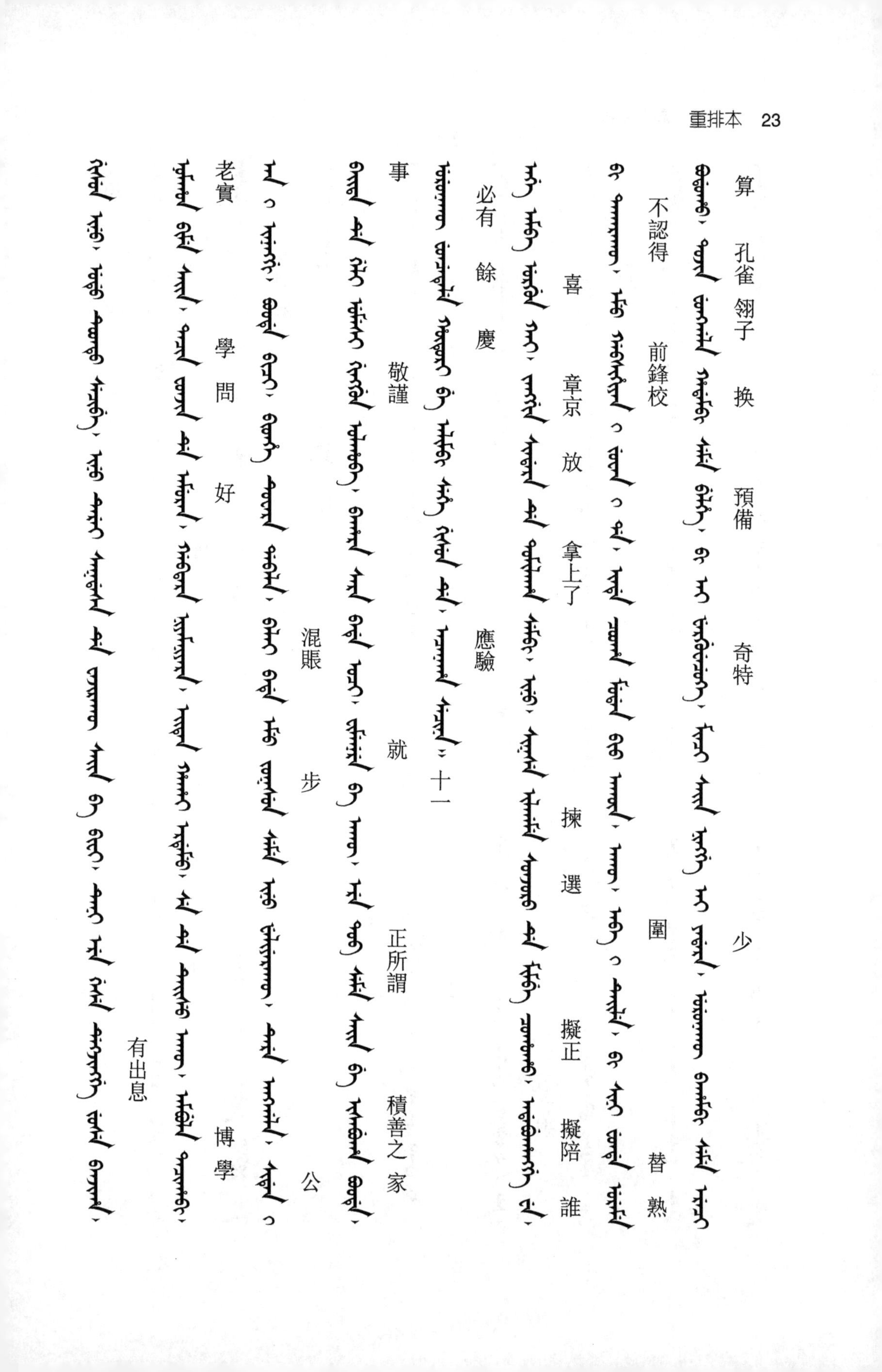

算 孔雀翎子 换 預備 奇特 少

不認得 前鋒校 圍 替 熟

喜 章京 放 拿上了 揀 選 擬正 擬陪 誰

必有 餘 慶 應驗 十一

事 敬謹 就 正所謂 積善之家

混賬 步 公

老實 學 問 好 博學

有出息

道 誰 答應

誰 隨後 升

反倒 你的 十二

酒 算 什麼 鬥 笑

大蓋 怕 故意

傷 十五善射

年分 朋友們

保不定

等 始終 困了 動

何等 亂鬧

十三

歪歪 咧咧 有內 提 享名 昔日

留 拿 猴兒 貌陋 易

忍不住 姓

一隻眼 斜眼 多麻子 捲毛 純是 咬舌 往

高些 停勻 連鬢 鬍子 暴子眼 紫糖色 藏

讓 拼命 回 胖子 略

夫妻 結髮 續娶 母子 妨 相貌

筷子 疼愛

十四

能 就菜 預備 飽

片肉 若許 菜 酒菜 客 待

人衆 忘名 桌子 放 餓了 令速快

明日 節 乏了

由著 怕 没法

可巧 厭煩 爛 絮叨 不要緊 輕易

至今 陰壞 凶惡 對

反倒 奴才 婢女 不及 揉挫 打來打去的 吊死 娘家 告了

疼愛 違背 淫 娼婦 頂 正

買 收了 賂肢窩 毛 恐怕 怎麼樣的

暗 氣 生來生去的 喪了 命了 齊 新進

鬧 無能 鱉 軟弱之至 押派 直 威 輪 怎麼樣

妾 放 提 橫 躺下 自縊 自刎 下嚇

活計 欠 醋 肯 過 子嗣

小猪　鵝　殺

換　背園子

躲去　雨衣　毡褂　濕

踩　正説着　風雨有聲　曠野

堆　屢續　鋪　望　不妥　快

陰陰　有雨樣　晌午　大晴　回來

雨　快　殯送

配

十五

軟 吐信子 記住 改了

大拇指 翎子 帶 樣兒 熟 撒放 乾净

不順 指撥 規正

器械 有力 文 着 善於精

毛病 肩膀 舒展

拉 抱着 睡 出衆

把柄拿手

冒

十六

差遣

口老了 下頦 膗

伶便馬 正可巧 撒袋 帶 抬舉 生擒活捉鴉鶻 海青

腿子 堅固 路程 耐又受得 走獸牲

顛 跑 射馬箭 裏 消

駑馬

拴 草料

衆

十七

刑 公狍 角自做自受 尋

瓦 聲 部

拆平了 器皿 摔了

圍着 咽氣 步甲

罵 亂拳 哼哼

街房 旁邊 撒尿 摔摺 使倒

凶惡 禍害 招惹 打

相稱

十八

頭皮 斜瞧 溜湫

披上 追赶 土

動景 受不得

玉佩 銅鉄玉器磕碰聲 響 蘭花 麝香 一陣一陣

光華 情盼 軟顫

重一層套一層 降下來仙女 潔白 白潔細而長

香燒

十九

陷進 存

訪問 瞞得住麼

風聞 債負

白了 顏色

尿 猪狗吃食

二十

影 陰德 積累

背地

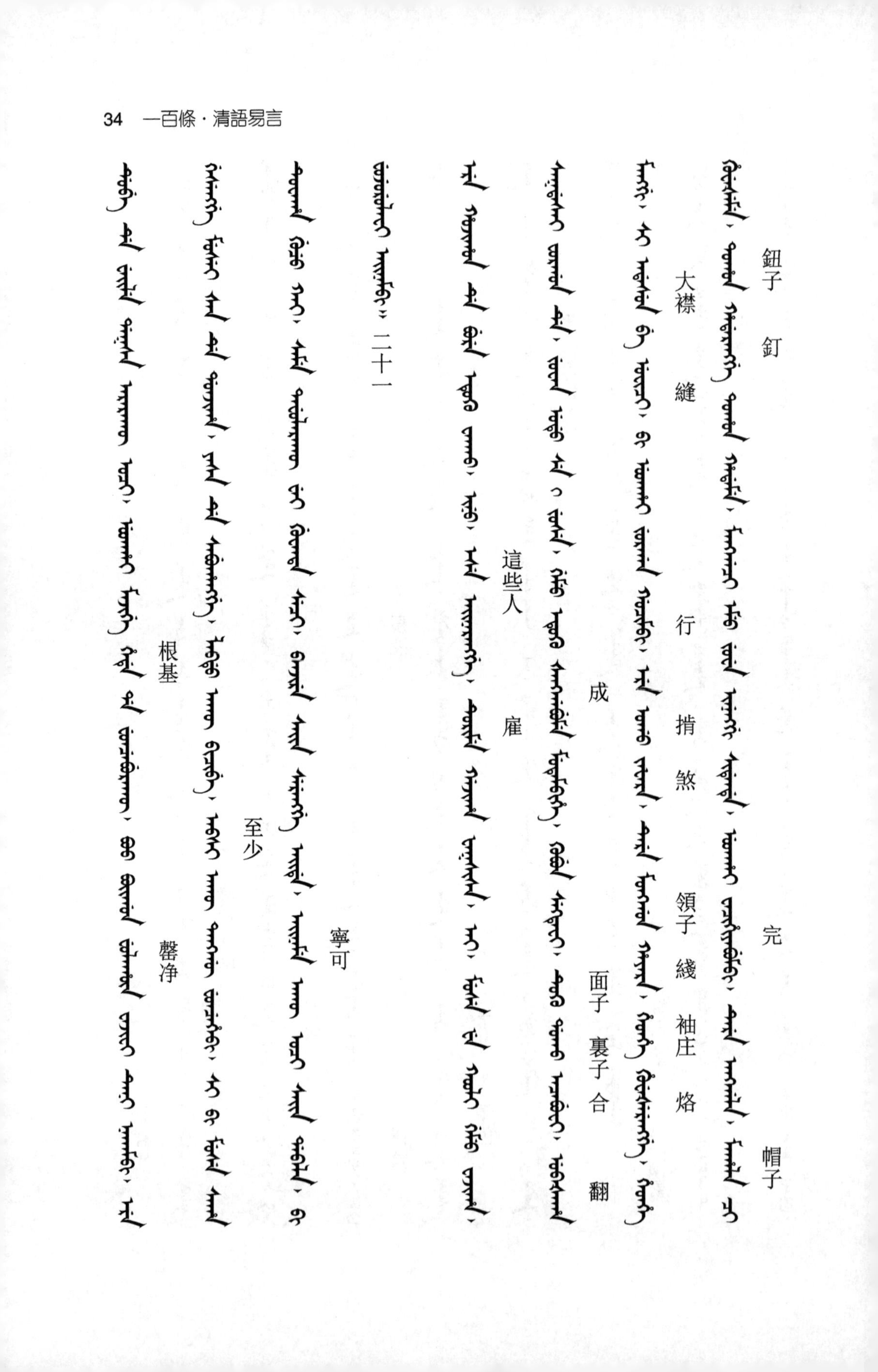

鈕子　釘　完　帽子

大襟　縫　行　揹煞　領子綫　袖庄　烙

成　面子　裏子合　翻

這些人　雇

二十一

寧可

至少

根基　罄净

工錢 買 鼻子由

笑 有理

指掐

連

拘泥 旗杆底下誤了操 白瞪眼 甚麼趣兒

喪服

整 多儹 殯 月盡

[illegible] boco（顏色） sahaliyan（黑） [illegible]

[illegible]（值） [illegible]（賣） [illegible]

ere seke kurume（貂褂） [illegible]（買） [illegible]（廟） [illegible]（價） [illegible]（猜） [illegible]

[illegible]（攀高） [illegible]（論） [illegible] 二十三

[illegible]（一堆） [illegible]（親熱） [illegible]

[illegible]（送） [illegible]

[illegible]（會） [illegible]

[illegible]（坟地） [illegible]（遠） [illegible]

嫂子 賢惠 慣會 子孫娘娘 福

老生子 出花 挨家的 存

武職 分 糙舊 正對 二十四

反 不舒服

打扮 好看

油性 往外 俸

爛了

厚 精緻 出鋒毛 齊 緞面厚新花時樣

强　許多　二十五

倒像是　那様

可憐

言談　迥然　不同　鮮明　温柔

提　傷心　相貌

愛

不甚　聒噪　熟了　厭煩

全　孽　小些的　喧呼

ᠰᡳᠨᡳ ᠮᠣᡵᡳᠨ ᠠᠮᠪᡠᠯᠠ᠈ ᠶᠠᠩᠰᠠᠩᡤᠠ ᡳᠯᡳᡥᠠ ᡨᡠᠸᠠᠴᡳ᠈ ᡝᠯᡝ ᠨᡳᠩᡤᡠᠨ ᡠᠨᠴᠠᡵᠠ ᡳᠨᡠ ᡥᠣᡵᡳᠨ᠈ ᠪᡝᠨᡳᠮᡝ ᡠᠨᠴᠠᠮᠪᡳ᠈ ᡤᡝᡵᡝᠨ ᡝᠯᡝ ᡤᡝᠮᡠ

賣

ᠪᠠᠨᠵᡳᡵᡝ ᡳ ᠠᡴᡡ ᠪᡝᠶᡝ᠈ ᡥᠣᡨᠣ ᡳᠯᡳᡥᠠ ᡥᠠᠨᡳᠴᡳ᠈ ᠠᡴᡡ ᠪᡠ ᡳᠨᡠᠮᡝ ᡳᠨᡝᠩᡤᡳ ᡥᠣᠨᡳ᠈ ᠠᡴᡡ ᠪᡝᠶᡝᠨ ᡨᠠᠮᡝ ᡥᠣᠰᡳ᠈ ᡤᡝᡵᡝᠨ

揣度　充足　富餘

ᠠᠮᠠ ᡳ ᠪᡳ ᠪᠣᡩᠣᠴᡳ ᡤᡝᠮᡠᠨᡝᠩᡤᡝ᠈ ᡝᠯᡝ ᡝᠯᡝ ᡝᠯᡤᡳᠶᡝᠨ ᠪᡳᡥᡝ᠈ ᡤᡝᠮᡠᠨᡝᡥᡝ ᡳᠨᡠ ᡤᡝᠮᡠ᠈ ᠪᡳᠴᡳ᠈ ᠠᡳᡥᠠ᠉ ᠰᡳᠨᡳ ᠪᠠᠨᠵᡳᡥᠠ ᡶᡠᠯᡠ᠉

分兒　樂　很

ᡶᡠᠨᡩᡝ ᡳ ᠪᠠᠨᠵᡳᠮᡝ ᡤᡝᠨᡝᠴᡳ ᡤᡝᠮᡠᠨᡝᡥᡝ᠈ ᡤᡝ ᡝᠯᡝ ᡳᠨᡠ᠈ ᡳᠨᡝᠩᡤᡳ᠈ ᡤᡝᠨᡳ ᠮᡠᠨᠴᠠᡵᠠ᠈ ᡤᡝᠨᡳ ᡝᠯᡝ ᡤᡝᠮᡠ ᡳᠨᡠ ᡝᠯᡝ ᡤᡝᠮᡠᠨᡝᠩᡤᡝ᠈ ᡥᠣᠨᡳ

反倒　下頦　過逾

ᠪᠠᠨᠵᡳᡵᡝ᠈ ᡝᠯᡝᠮᠠᠩᡤᠠ ᡳᠨᡠ ᠰᡝᠨᠴᡝᡥᡝ ᠪᡝᡵᡝᡥᡝ ᡳ ᡝᠯᡝ ᠰᡠᠮᠪᡳᡥᠠ᠈ ᠪᡳᡨᡝᠯᡝ᠈ ᡤᡝᠮᡠᠨᡝᡥᡝ᠈ ᡳᠨᡠ ᡤᡝᡵᡝᡥᡝ᠈ ᡳᠨᡠ ᡩᠠᠪᠠᠨᠠᡥᠠ ᡤᡝᡵᡝᠮᠪᡳ ᡳᠯᡳᡥᠠ᠈ ᠪᠠᠨᠵᡳᠯᡝ

老　筋骨　色　味

ᠰᠠᡴᡩᠠᡴᠠ ᡳᠨᡠ ᠪᡳ ᡝᠮᡝᡥᡝ ᠪᠣᡩᠣᠮᠪᡳ ᠨᡳᠩᡤᡠᠮᠪᡳ ᡳᠨᡝᠩᡤᡳ᠈ ᡤᡳᡵᠠᠩᡤᡳ ᡝᡵᡤᡝᠨᡳ ᡝᠮᡠ ᡳᠯᡳᡥᠠ᠈ ᡳᠨᡠᠮᡝ ᠪᠣᠴᠣ ᠪᡳᡵᡤᠠᠮᠪᡳ᠈ ᡳᠨᡠ ᠠᠮᡨᠠᠨ

能有　多少　梭　忽然間　頭　髮

ᠰᡳᠨᡳ᠈ ᡨᡠᠸᠠᠨᡳᡥᡝ ᡳ ᡝᡵᡤᡝᠨ ᡠᡩᡠ᠈ ᠪᡳ ᠪᡳᠯᡝ ᡥᠣᠮᠰᠣ ᡳ ᡤᡝᠰᡝ ᡳᠨᡝᠩᡤᡳ᠈ ᡤᠠᡳᡨᠠᡳ ᡳᠨᡠ ᡠᠵᡠ ᡶᡠᠨᡳᠶᡝᡥᡝ ᡧᠠᡵᠠᡴᠠ ᡤᡝᠮᡠᡥᡝ᠈ ᠪᠠᠨᠵᡳᠮᠪᡳ ᡳᠨᡝᠩᡤᡳ᠈

緊緊的攥着　浮　生　真　夢

ᠵᡳᠩᡴᡳᠨᡳ ᡳᠨᡠ ᡝᠮᡠᠨᡝ ᡳᠨ ᠪᡝᡵᡤᡝᠨᡝᡥᡝ ᡳᠨᡠ ᡝᡵᡤᡝ᠈ ᡳᠨᡠ ᡝᡵᡤᡝᠨ ᡳ ᠪᡳ ᠴᡳᡵᡴᠠᠨ᠈ ᡩᡝᡴᡩᡝᡵᡝ ᠪᠠᠨᠵᡳᠨ ᠶᠠᡵᡤᡳᠶᠠᠨ ᡳ ᡨᠣᠯᡤᡳᠨ᠉

ᠪᡳᡥᡝᠨ᠈ ᠮᡠᠵᡳᠯᡝᠨ ᠪᡝ ᡨᠠᡨᠠᠪᡠᠮᠪᡳ（扳扯）᠈ ᠰᡝᠮᡝᡨᡝᡵᡝᠩᡤᡝ ᠪᡝ ᡤᡝᠮᡠ᠈ ᠪᡳ ᡨᡝᡵᡝ ᠶᠠᠪᡠᠨ᠈ ᡳᠰᡳᠨᠵᡳᡵᡝ ᡴᡳᠴᡝᠮᡝ（努力）ᠮᡠᠰᡝ᠈ ᡨᡠᠸᠠᡵᠠᡴᡡ ᠰᡝ

ᡩᡝᡵᡝ ᠪᡝ ᡳᠯᡳᠨ ᠮᡠᡨᡝᠮᡝ᠈ ᠪᡳᡨᡥᡝ ᡥᡝᠯᡝ ᡩᡝ ᡤᡳᠰᡠᠨ ᡨᠠᡵᡤᠠᠮᡝ᠈ ᠪᡝᠶᡝᡵᡝ ᡩᡝ ᡨᠠᡴᡡᡵᠠᠮᡝ ᡨᡝᡵᡝ᠈ ᡨᡝᡵᡝ ᡳᠰᡳᠨ ᠰᡝᠨ ᠠᡴᡡ（不隨合）ᡨᡠᠸᠠᠮᡝ᠈ ᠪᡝᠶᡝ

ᡤᡳᡵᠠᠨ ᡳ ᠠᡩᠠᠯᡳ（尸像）᠈ ᠪᡠᡨᡠ ᡨᠠᠨᡳ ᠰᡝᠮᡝ᠈ ᠠᠨᡳᠶᠠ ᡥᡡᠰᡳᠮᡝ（整年）᠈ ᠪᡳᠶᠠ ᡥᡡᠰᡳᠮᡝ（累月）ᠪᡠᡳᠯᡝ ᠰᠠᡵᡴᡡ ᠪᠠᠨᠵᡳᠨ ᠠᠴᠠᠪᡠᡵᡝ ᠰᡝᠮᡝ᠈ ᡥᡡᠰᡠᠩᡤᡝ

ᠴᠠᡥᡳᠯᠠᠮᡝ᠈ ᡳᠨᡝ ᠰᡝ ᠮᡠᡨᡝᡵᡝ ᡤᡠᠨᡳᠨᡳᡵᡝ ᠠᡴᡡ᠈ ᡳᠨᡝ ᠨᡳᠮᠠᡵᠠ ᡩᡝ ᠮᡠᡨᡝᡵᡝ ᠠᡴᡡ᠈ ᡥᡡᠰᡠ ᠠᠴᠠᠨᠠᡵᡝ（巴結）ᠠᠴᠠᠨᠠᡵᠠᡴᡡ ᠪᡝ ᡨᡠᠸᠠᡥᠠ᠈ ᡥᡡᠰᡠᠩᡤᡝ᠈ ᠠᡴᡡ

ᡤᡳᠩᡤᡠᠯᡝ ᡳᠯᡳᡥᠠ᠈ ᡳᠰᡝ ᡳᠨᡝ ᡤᡳᠩᡤᡠᠯᡝᠮᡝ ᡳᠨᡝ ᠪᡳᡥᡝᠨᡤᡝ ᠰᡝᠪᠵᡝᠨ（爽快）᠈ ᡳᠰᡳᠨ ᠰᡝᡵᡝ ᡤᡳᠩᡤᡠᠯᡝ ᡩᡝ ᡳᠨᡝᠩᡤᡳᠰᡳᠮᡝ ᠠᡴᡡ᠈ ᡳᠯᡳ ᠮᡠᡨᡝᡵᡝ ᡤᡝᠮᡠᠩᡤᡝ ᡤᡝᠮᡠᠩᡤᡝ

ᠪᠠᡥᠠᠮᡝ ᠮᡠᡨᡝᠮᡝ ᠮᡠᡨᡝᡵᡝ ᡨᡠᡵᡤᡠᠨ ᡳᠨᡝᠩᡤᡳ ᠰᡝᠮᡝ᠈ ᡳᠨᡝᠩᡤᡳ ᡳᠰᡳᠨᠵᡳᠮᡝ ᡩᡝ ᡳᠯᡳᠪᡠᡥᠠ（阻止）᠈ ᠠᠴᠠᠨᠠᡵᡝ（岔）ᠮᡠᡨᡝᠪᡠᠮᡝ᠈ ᡳᠰᡝᠩᡤᡝ ᡤᡝᠮᡠ（彩頭好）ᡤᡝᠮᡠ᠈ ᡳᠰᡳᠨᠵᡳᠮᡝ ᠪᡳᠰᡳᠨ

ᠮᡠᡨᡝᠮᡝ ᡨᡠᡵᡤᡠᠨ ᡳᠨᡝᠩᡤᡳ ᡳᠰᡳᠨᠵᡳᠮᡝ᠈ ᡥᡡᠰᡠ ᡤᡳᠨ ᡤᡳᠨ（際）ᡳᠰᡳᠨᠵᡳᡵᡝ ᡳᠰᡳᠨᠵᡳᡵᡝ（遇）ᠪᡝ ᠮᡠᡨᡝᠮᡝ᠈ ᡨᡝᡵᡝᠩᡤᡝ ᡳᠨᡝ ᡳᠨᡝᠩᡤᡳ᠈ ᠪᡳᠰᡳᠨ ᠠᡩᠠ（彼此相左）ᡩᡝ ᡳᠨᡝᠩᡤᡳ᠈ ᡳᠨᡝ

ᠪᠠᡥᠠᡵᠠᡴᡡ᠈ ᡥᡡᠰᡠ ᡳᠰᡳᠨᠵᡳ ᡳᠰᡝᡵᡝᡴᡡ ᡨᡠᠸᠠᠮᡝ᠈ ᡶᠠᠯᠠᠩᡤᡡ（手掌）ᠪᡝ ᡶᠣᡵᡳᠮᡝ ᡳᠨᠵᡝᠮᡝ ᠪᠠᡥᠠᠴᡳ᠈ ᠠᡳ ᡳᠨᡝᠩᡤᡳ ᡤᡝᠩᡤᡳᠶᡝᠨᡤᡝ᠉ 二十六

升

二十七

上氣 急燥

不爽利 妨碍

隨衆 梢兒

從從容容 氣極了

氣往上擁 倒像是

什麼趣味 走 下不來

壓 逃 改

寬宥 饒 騙 驢子

氣 往死了打

跟跟蹌蹌的 直瞪着眼 聾子 啞叭 答

濘 醉

聚會

二十八

作威 不住 難

請 狗

話把

記仇惱 聚 背地裏 平白的

好好

相好 門檻 踩

不醉 照舊

二十九

生成 不成器 鬼 血 親

濘醉 責 求 難

旁不相干人

傍邊的 受不得 多咱 毒狠

啞叭結吧 鬥笑 招惹 不覺

無坐性 稳重

三十

透徹 分 一概

詐 理論

遇 交 詭

氣 叫量

不住的 反到

瞞

逼 隱瞞

改 不成人 患 三十一

漸漸的 略曉的

過 好

辨嘴 長成漢子

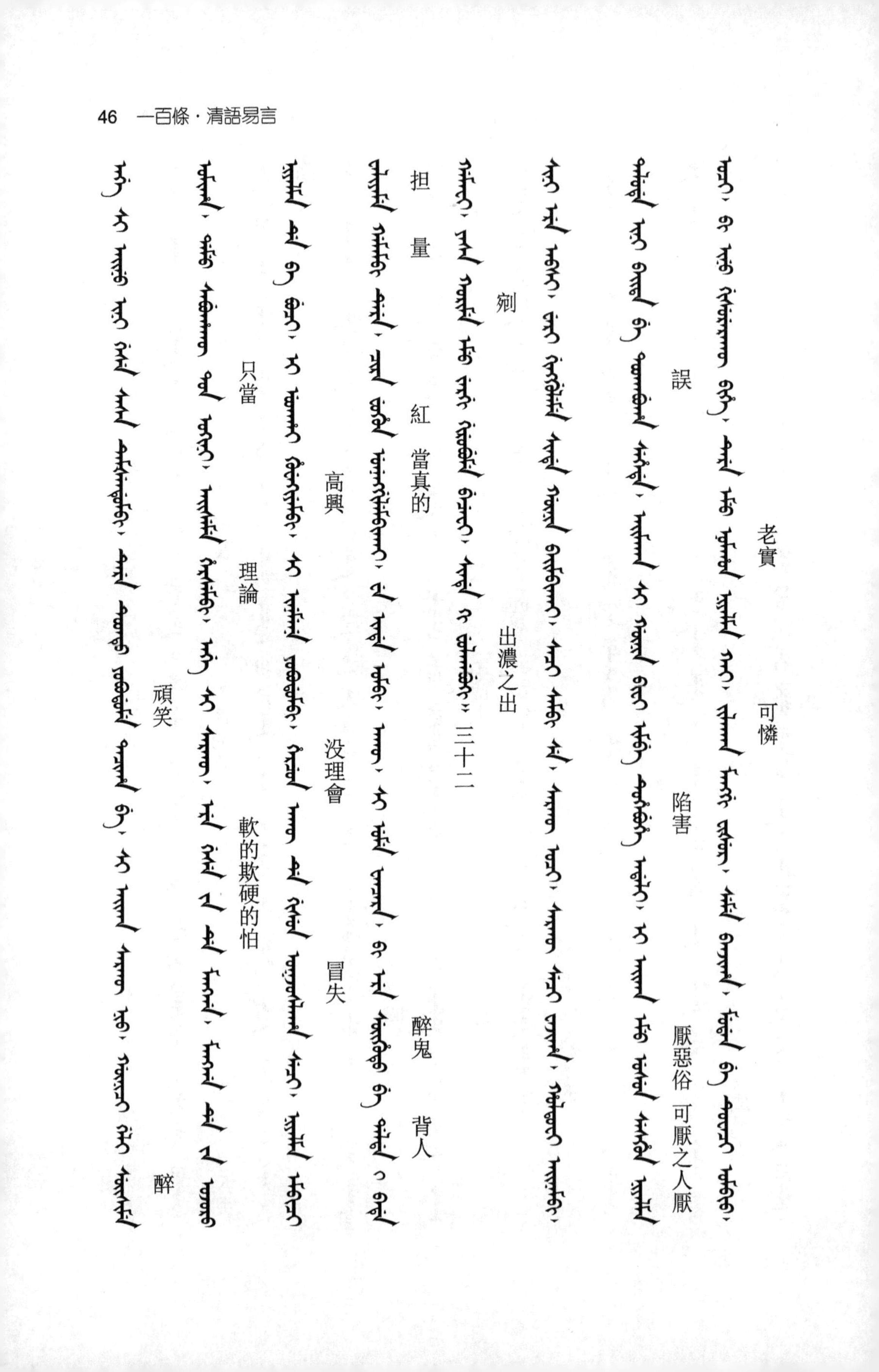

頑笑 醉

只當 理論 軟的欺硬的怕

高興 沒理會 冒失

担量 紅 當真的 醉鬼 背人

剜 出膿之出 三十二

誤 陷害 厭惡俗 可厭之人厭

老實 可憐

渣滓 太直

主意 冤枉 三十三

正直 老

大模兒 觀望 欠 斜瞟着眼看

圈套 要結實 善 預先 引 局弄

浮面皮 試

錯

刻薄

夏 風絲 潮熱

唾 情甘 領受

三十四

失 着實的 改 强

癢癢 不可與言而言之

保不定 疑惑 提白 治 良 藥

怔呵呵的發怔 小心著

方纔 遍

高聲 過

三十五

受 凉爽 急躁 饒

自如 冬 冷 夏 熱

吆 喝 汗 度 相我 現成

白 混 教 話 比如 市 沉重 挑担子 脖子 伸開

怕 低頭 罪 命不要緊 官差

乘凉 定 躁熱 光着

一切 器皿 冰 水 渴 洗澡

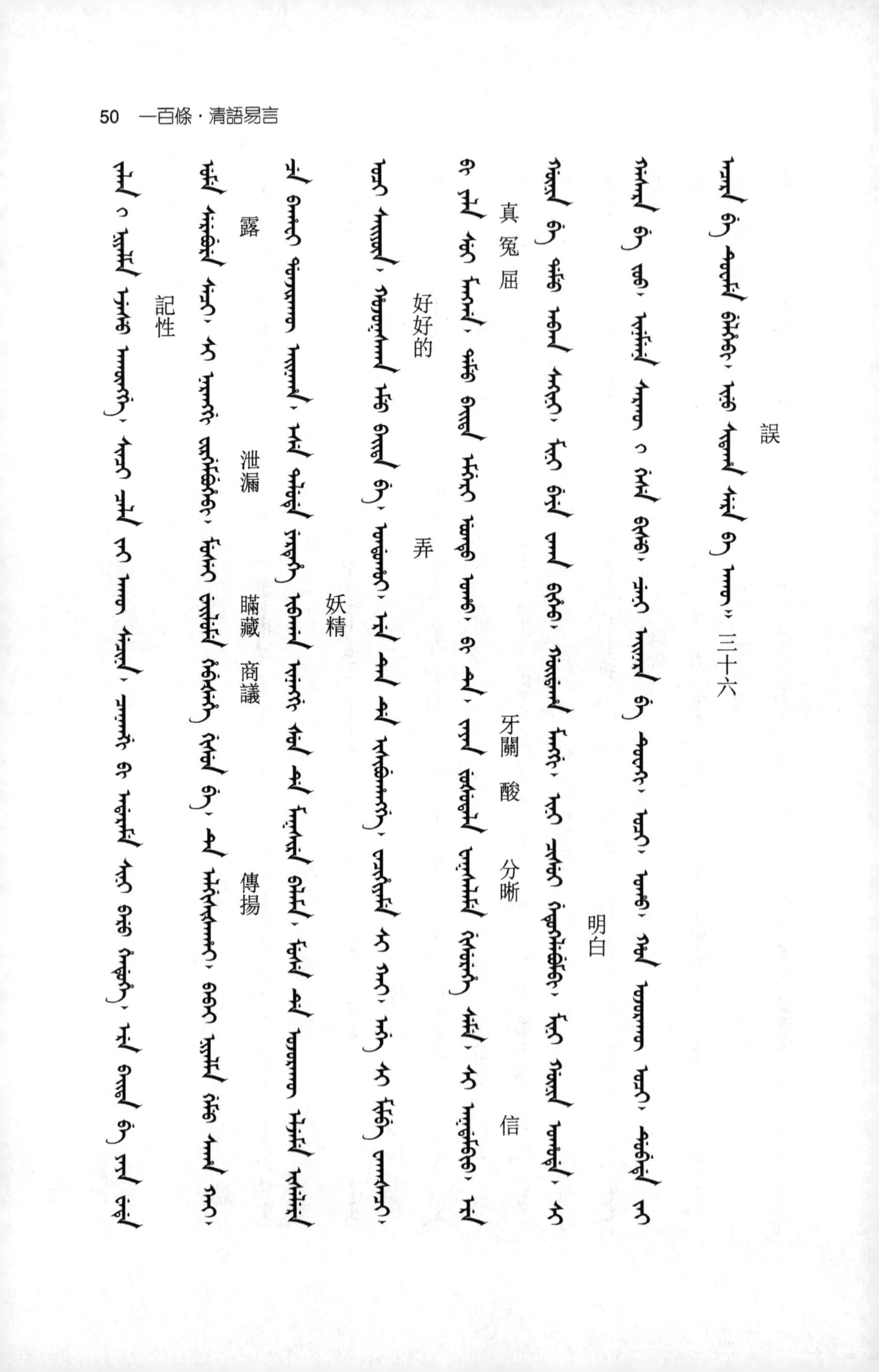

誤

三十六

明白

真冤屈 牙關酸 分晰 信

好好的 弄

妖精

露 泄漏 瞞藏 商議 傳揚

記性

結結實實的拿定主意

學而知之

豈不錯了

會 好 離 丟

比 相隔 深

精明

過獎

准

半醉了　認　[illegible]

窗　濕　窟窿　讓酒　回敬　攪混　[illegible]

喧笑　[illegible]

小　[illegible]

懇煩　[illegible]

[illegible]

太　[illegible]

差不多　[illegible]　三十七

文秀才 遞

改正 長了 准

氣兒 頭緒 零落 間乎

很容易 没間斷 一

三十八

抽 擺 黑朧朧

一連

日平西

聚會　有數　有福人　順便　等

請　留

根　遲了些　商議

住的甚遠

趕着　機會　三十九

義　學　生

捆上 結結實實的

迎 差怕 滑懶 載子

反 告訴的 糊塗

落下了 緊着 你爛給他瞧

急忙 部套 慌忙

無精打彩的 耽誤 磨蹬

柵欄 關

四十

舌頭

上赶着 通達 朋友們 陪

緣故

傷心灰心 本事

接連

影兒

打 慣

四十一

櫃子 收 墳 忘 牌插

少 拿着 汗漚透了 光潤

丟了 可惜 菩提子 算什麼

提

含忽

數珠

隨 熟練 煩

四十二

稱了 給你 初 次 出外 長行

新近 屯 一半

帮助 本 利 償還 遲

不得已

欠 虎 擒 告 難 信

起身 行李 置 盤費

尋

四十三

挂 收 踪影 偷 找

豆價 很 升

澇了 旱了 謠言

清 河 渾 如何 豐富

鄉黨 不同

屯

金石 牢

四十四

臉 長 名聲

裏面 疼愛

飽　年輕　餓

升　發福　煮　碟

罷呀　老　叩　官員

新　同

加倍　便宜　四十五

拴

扣算

石

可惜

受乏

送 味 問

遲

四十六

口羞 撒謊 猴兒

四十七

米 口袋 乏 醜 保不定

猶豫 遲疑 絆住

露

眼前 利 害 苗頭

人 無 遠慮 必有 近憂

堵 宣出

明露出

催逼 難纏

聲揚 張羅

失 指 預先

死了

拉扯

文吾 推脫

畏首畏尾　進　退　不懂　醒　睡

足　大架子

甚麽樣　稀疏

四十八

等　煩

没應驗　笑話　留

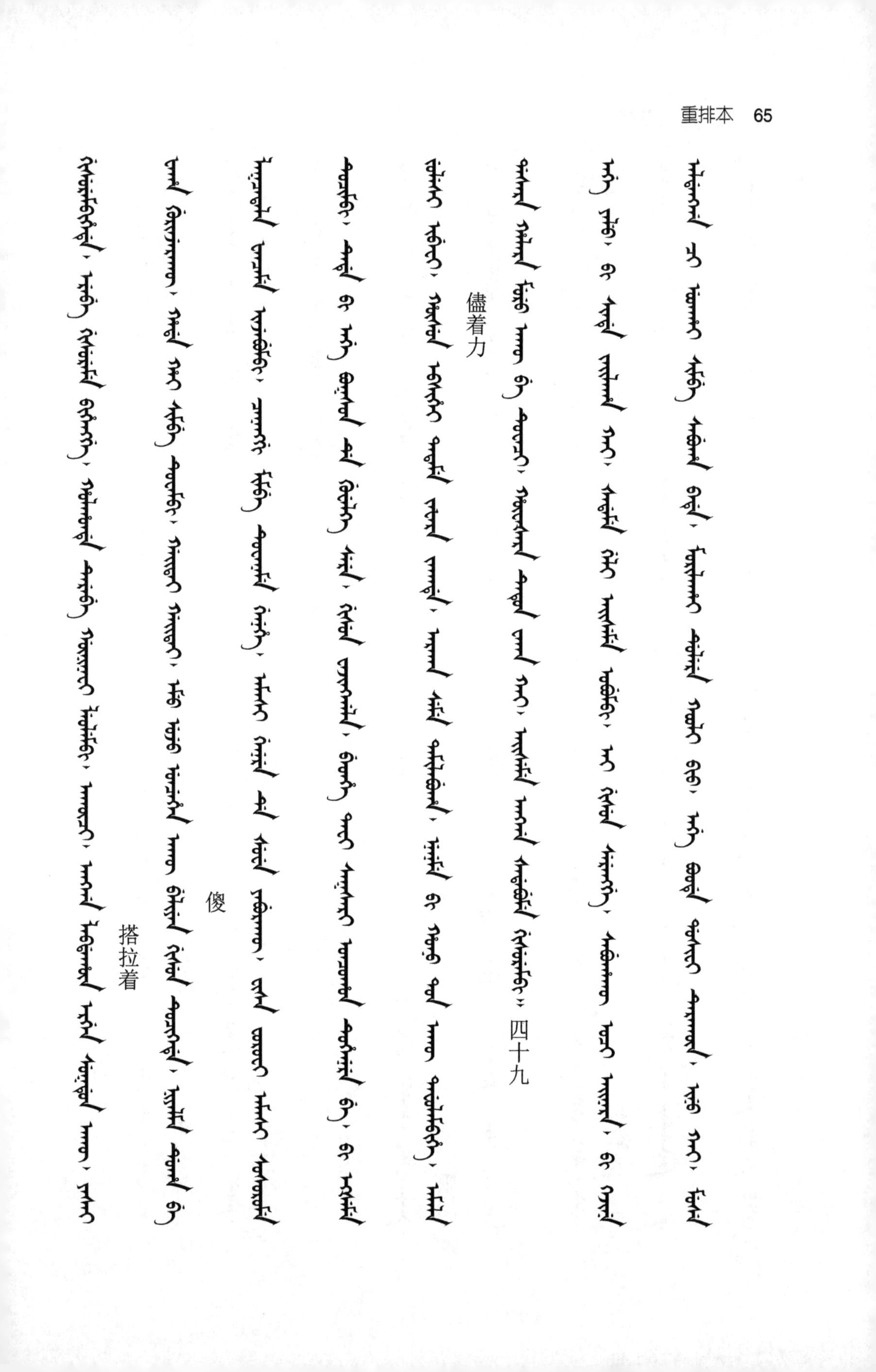

四十九

儘着力

傻

搭拉着

親 孝 出力

生 義 禮 明

五十

冷清 厭煩

有樣兒

久

[illegible]（養　原　防備　養育　勞苦　辛苦）

[illegible] 五十一

[illegible]（反倒　咒　罵　不長進）

[illegible]（罵）

[illegible]（憾　敗壞）

[illegible]（幹　營　求　本領）

[illegible]（或　品行　鑽）

[illegible]（恭敬）

恨 善 終 展

由不得 嘆 可氣 載 鬼神

抽 背晦 鬧 勒 分

上供 魂 受享 活 聽嗓 亡人

信 恥笑 怕

悲傷 鬱悶 痛哭 哭

不管 凍 飢 陌路

和 容 順 語

復 倘或 不幸 禍 關切

傷損 折

争 仇敵 家産

毀謗 滿 忍

惑 争 離間

何等 友愛 長大了 生分 大 盖 妻 妾 挑唆

胎包

五十二

命 照舊

斷 趕 嚷 仇

見 怕 鋤

遇 指 說 忙忙

旁 金 謙讓 農

管仲鮑叔 效 位 曠野

五十三

上緊 救 傍 連累 躲 不及 出力

遭遇 張羅 救 和藹

引導 護庇

古 和平

問 議論 很 乏 指

迥然 親熱 學

今時 榜樣

五十四

空 交情 古詞 近

塊 一半

有壽 隔 俗 一

人 有福 托在滿屋 豐富 興旺

五十五

報

才力敏捷 有條有理

認 瞞不住 俊 很

升 轉 擔當 荐舉 猾 不稳重

便宜 昏

舉

頭

護庇 煩 點

一意度日

沉重 一意行走

詢問 口袋 錐子 刺

力出 五十六

端方 傾心 前

約束 鼓勵 怕 生成的

鮮明

安然 央求債負

艷舊 破爛

尿精

勒肯 打趣 誇口

五十七

敬 吉人天相 徒然

糊口 指項 全然不信 許

牢 各様

搭橋 解脫

神 供 和尚 道士 喂 持齋 塾道

孝悌忠信 佛

挂 衣架 譏誚

五十八

奇特 眼珠

搖擺 浪子 蟒緞 錦 裹了

頑笑 門

玷辱

頭 頂 脚 跐

仗着

飽 琵琶 絃子 抱着

養 風 喝 活

五十九

哄 律 廟 閉 坐静

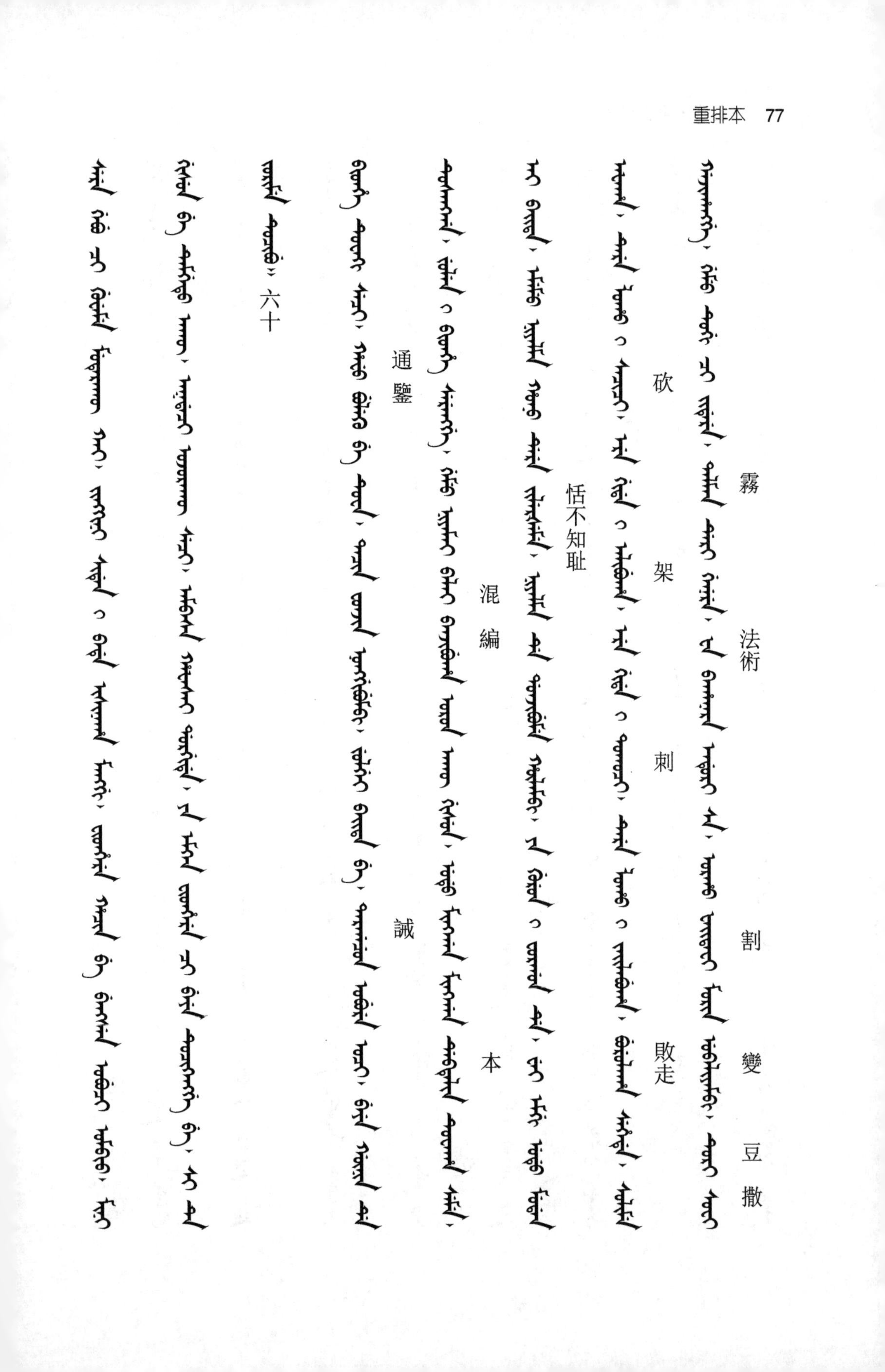

霧 法術 割 變 豆撒

砍 架 刺 敗走

恬不知耻

混編 本

通鑑 誠

六十

[illegible]

[illegible] 譏笑 [illegible]：六十一

[illegible] 深入 [illegible] 濘醉 [illegible]

[illegible] 筵席 [illegible]

[illegible]

[illegible] 厭煩 [illegible] 長上得罪 [illegible]

[illegible] 誤 [illegible]

[illegible] 亂 [illegible] 傷 [illegible] 毒藥 [illegible]

嘗

微些

待

常

結實

驚訝

晚了

透

六十二

丟身分

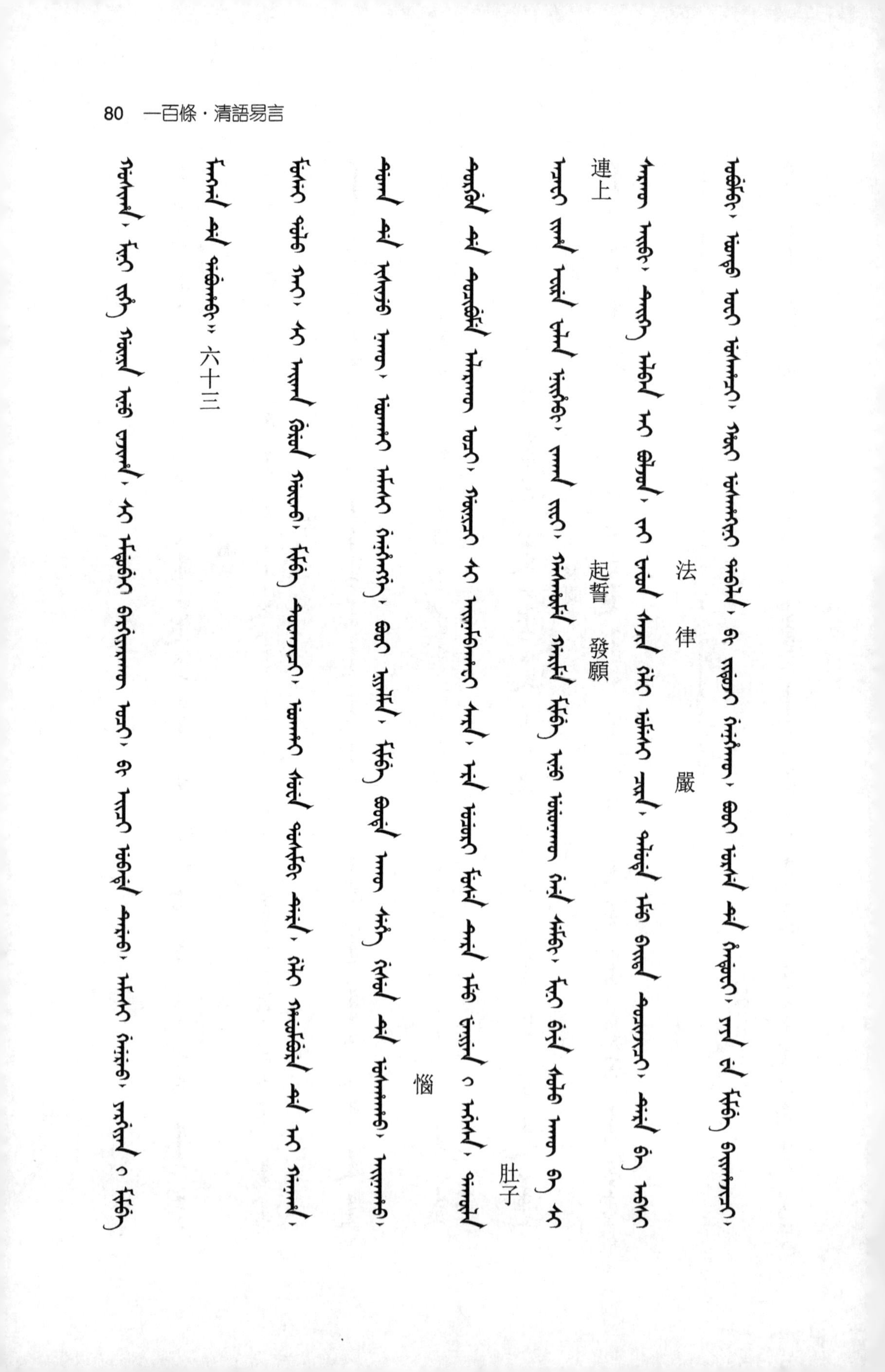

法律嚴

連上

起誓 發願

肚子

惱

六十三

[illegible] 活死

[illegible] 倚靠

[illegible] 胆碎

[illegible] 惜 藥 吃錯了

[illegible] 杈

[illegible]：六十四

[illegible] 赶 失望

[illegible] 笨

話 陰險

忠直 拌子 謊

離 誇贊

親熱 響快 光采 軒昂 口齒

靜養

六十五

好 功 命

性 病

虱子 蟻子

背地裏

胆量

吉祥

人 皮 披 獸

六十六

局騙

噯呀

豹

浮面

陷害

上圈套

軟 逼 不好意

罪

六十七

脊背 罵 嘆 賤貨

傳 結仇 巧舌

推托 清清楚楚 透徹

掣肘 就勢

挽回

壞

有要無緊 爲什麽來 六十八

下賤

爭鬧 喧譁 普

眼睜睜 紛紛 溜邱

愛 主 徹底 兜底兒儘情

人情 本分 氣 撒摔 胡謅 比如

厭足

絮煩 白要賴着

結結實實着實打 怕

六十九

癢癢的不能忍

氣 消 太平

齊 直豎

綠色 鮮明 陣陣 一陣

河沿 一帶 桃 紅潤 顫巍 群鳥春鳴聲

便門

堆 可悶

七十

便宜 眼淺

方才 力量

往來不絕　岸　蚰蜒小道　樹林

彈　唱　活　魚　蝦米

逛　會

七十一

偏

染　厭纏

躁熱

牽　挂

疑 差了

覺 瘦了 無定向

鍁 堆

逛

七十二

明白

憹憹 道謝 報恩

狗呲牙叫 覺

肚大垂着 呆 假在行充知道 肉 麻

嗡

畜牲 敬 發豪横

分

煩悶 七十三

昔日 從從 容容

被牽累 迷亂 露

瞞 治 藥

刑罰 罪孽 膏肓

炕 掏氣 好

亂紛紛 不得主意 很瘦了

病倒了

七十四

罪 賤貨

恬不知耻

[illegible] 粒

倒 [illegible] 洋溝

[illegible]

愛惜 節省 [illegible]

傷 [illegible]。七十五

話將完 [illegible] 流 可傷 鐵石

骨肉 [illegible] 硬 斷絕

重落 命 [illegible]

ᠠᠮᠠᡩᠠ᠈ ᡤᡝᡵᡝᠨ ᠨᡳ ᠪᠠᡳᠴᠠᠮᡝ ᡨᠠᠨᡳ ᡤᡝᠮᡠ᠈ ᡨᡠᠸᠠᠮᡝ ᠮᡝᠨᡳ ᠪᠣᡩᠣᠮᡝ᠈ ᡤᡡᠨᡳᠮᡝ᠈ ᠮᠠᠮᡤᡳᠶᠠᠮᡝ ᠮᡝᠩᡤᡝᠨ ᠮᡝᠩᡤᡝᠨ᠈ ᡥᠠᡳᡨᠠᠯᠠᡴᡡ ᡤᡝᡵᡝᠨ ᡳ ᠮᠠᠮᡤᡳᠶᠠᠮᡝ᠈

想　不惜奢費

ᠠᠮᠠᡤᠠ ᠪᡝ ᠨᡳ ᡤᡡᠨᡳᡥᡝ᠈ ᠠᠮᠠᡤᠠ ᠪᡝ ᠨᡳ ᠪᠣᡩᠣᡵᠠ᠈ ᡝᠩᡤᡝᠯᡝᠨ ᠪᠠᡳᡨᠠ ᠪᡳᠰᡳ᠈ ᠣᠯᡥᠣᠪᡠᡥᠠ᠈ ᡳᡴᡳᠶᡝᠮᠪᡠᡥᡝ᠈ ᠪᡝ ᠠᠯᡳᡥᠠ᠈ ᠨᡳ ᠪᠣᠴᠣ ᠪᡝ ᡠᠮᡝᠰᡳ᠈

減

ᠠᠮᠠᡤᠠᠨ ᡤᡝᠯᡝᡥᡝ᠈ ᡥᡳᠪᠴᠠᡵᠠᠮᡝ ᠵᡝᡨᡝᡵᡝ ᡠᠵᡠ ᡳ ᡩᡝ᠈ ᡥᡳᠪᠴᠠᡵᠠᠮᡝ ᡝᡨᡠᡵᡝ ᡠᠵᡠ ᡳ ᡩᡝ᠈ ᡥᠣᠨᡳ᠈ ᠠᠮᠠᡤᠠ ᠪᡝ ᠣᠪᡠᡵᡝ ᡤᡡᠨᡳᠨ ᠣᡴᠣ᠈ ᡩᡝ

儉食　吃的　打頭　儉衣　穿的　打頭

ᠪᠣᡩᠣᡵᡳ ᡳ ᠪᠣᡩᠣᡥᠣᠨ᠈ ᡶᡠᠯᡥᡠ᠈ ᡶᡠᠯᡠᡥᡠ᠈ ᡨᡠᠸᠠ ᠨᡳ ᡳᠰᡳᡥᠠ᠈ ᠪᡠᡨᡝᠮᡝ ᠪᡝ ᡳᠰᡳᠪᡠᠮᡝ ᡳᠰᡳᡥᡳ᠈ ᡠᡵᡤᡠᠨ ᠪᡝ ᡳᠰᡳᠪᡠᡵᠠᡴᡡ ᠪᡳᠰᡳ᠉ 七十六

抛撒　不及

ᡳᠰᡝ ᠨᡳ ᡤᡝᠯᡝᡥᡝ᠈ ᠨᡳ ᡨᡠᠸᠠ ᡝᠴᡳ ᠪᡳᠴᡳ᠈ ᡝᡵᡝᠪᡝ ᠮᡝᠰᡝᡵᡝ ᠮᡝᠰᡝᡵᡝ ᡩᡝᡵᡝ ᠠᡴᡡ ᡤᡡᠨᡳᠮᡝ᠈ ᠪᡝᡳᡥᡝ ᡨᡠᠴᡳ ᡤᡝᠯᡝᠮᡝ ᠪᡠᡥᡳᠶᡝᠨ᠈ ᡳᠰᡳ ᡤᡝᠯᡝᠪᡠᡥᡝ ᠰᠠᠮᡝ

提白

ᡥᠣᠨᡳ ᡤᡝᠯᡝᡥᡝ᠈ ᡝᡵᡝᠴᡳ ᠰᡝᠮᡝ ᡤᡝᠯᡝᡥᡝ ᡩᡝ ᠠᡴᡡ ᠪᡠᠴᡳ ᠪᡝ ᡥᡡᠯᠠᡥᠠ ᡳ ᠪᡠᡥᡳᠶᡝᠨ᠈ ᡳᠯᡳᡥᠠ ᠪᡝ ᡤᡡᠨᡳᠨ᠈ ᡨᡠᠸᠠᠴᡳ ᠪᡝ ᡝᠮᡝᡩᡝ ᡤᡡᠨᡳᠮᡝ᠈ ᠪᡳ᠈

ᡥᡡᡵᡠᠯᠠᡥᠠ᠈ ᡤᡝᠮᡠ ᡤᡝᠯᡝᡥᡝ ᡳ ᠮᡠᡨᡝᡵᡝ ᠠᡴᡡ᠈ ᡝᡵᡝ ᡝᡵᡝ ᠪᡝᡳᡥᡝ ᡳ ᡨᡠᠸᠠᠮᡝ ᠮᠠᠩᡤᠠ᠈ ᡤᡝᠨᡝᡥᡝ᠈ ᡝᡵᡝ ᠪᡝ ᡨᡠᠸᠠᠴᡳ᠈ ᡤᡝᠯᡝᡥᡝ᠈ ᠰᡝᠮᡝ

很容易　說破　反倒　無精打彩

ᠠᠩᡤᠠ ᠴᠣᡴᠴᠣᡥᠣᠨ ᡳ ᡩᡝᡵᡝ ᡨᡝᡵᡝ ᠰᡳᡵᡤᡝᠮᠪᡳ᠈ ᡩᡝᡵᡝ ᠪᡝ ᡨᡠᠸᠠᠴᡳ ᠪᡝ ᡨᡠᠸᠠᠮᠪᡳ᠈ ᠠᠮᡠᡨᡠᠨ ᡤᡝᡵᡝᠨ ᡩᡝ ᠮᡝᡵᡤᡝᠨ ᠮᡝᠩᡤᡝᠨ᠈ ᡩᡝᡵᡝ

撅着嘴　生氣　吆喝

鬆鬆的　留臉　怕

沒見怎麼樣唬住　迷了　防範　味　無妨

分　沒動静

解

怯　鬱悶　直

哄誘　厭煩　七十七

良藥　苦口　忠言　逆耳

紅　反　尋趁　淚汪汪

屏 仗 點手 招呼

繆到底

揉挫 傷心 長毛

根源 抉短 家鄉 籍貫

讒譖 混

忘了 悄悄 探信 無妨

七十八

乾净 脱 早已放在腦後

七十九

怕　背地裏　合意　猶豫

許久　連陰　熟了　漏　濕

叮　翻身　睡不着

渺茫

崩　裂　嚇一跳　醒了

戰兢兢　心　窩　跳

濕透

夢　響聲

八十

[illegible] 游玩 夜

[illegible] 爽快 船 照

[illegible] 撐 流 山角 拐

[illegible] 大水無邊

[illegible] 鐘 尹尹 順

[illegible] 慮 除盡 神仙

[illegible] 不覺 亮

[illegible] 徒然 豈不惜哉

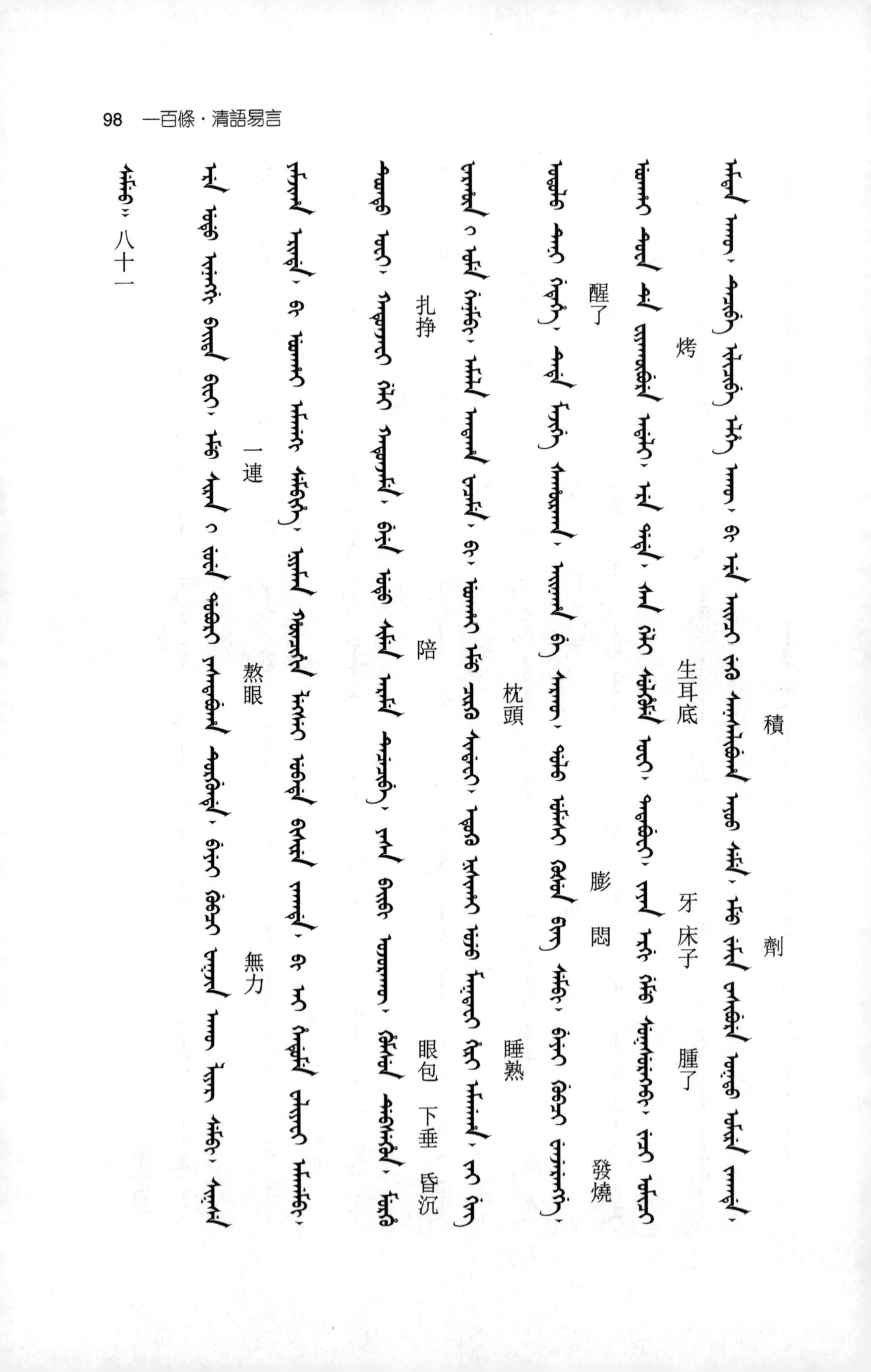

積 劑

烤 生耳底 牙床子 腫了

醒了 膨悶 發燒

枕頭 睡熟

扎掙 陪 眼包 下垂 昏沉

一連 熬眼 無力

八十一

扎 瘸子 忙 刀刀 斜看 砍 齊齊的折

讓 心窩

本事

硬對 遇 屯 瘸

煉 精 近不得前

掃興 把式 真好

年輕 吃虧

鬆快

八十二

根 轉彎

順便 過 搬

出兵 找 糾纏

幾層 結

善於 少嗎

八十三

摔 撂 幾步 實迫 倒 折了鋭氣 再再

一節 抽 躲 脖子 掐

[illegible] 簾子 高 捲

[illegible] 桌子 預備 旺旺 火盆 炭

[illegible] 姑爺

[illegible] 傍午 雪片 風雪飄飄

[illegible] 夜 冷 睡夢裏 凍醒了 亮 門

[illegible] 職名 留下了

[illegible] 八十四

[illegible] 聾 隔壁 筆硯

[illegible] 去 告訴

針　戳扎　手指　凍拘攣　鞭子　巧

寒冷　順　迎

夜　定了

刮　樹梢兒　折斷　憎

不妥　大　風　少時　紛紛

風　絲　爽晴　忽然　天變了　慘淡

棋　掌燈

八十五

清　雅　風雪有聲　高　興

[Manchu text]

吐 唾沫 成冰 斷 噯呀

[Manchu text] 八十六

經過

[Manchu text]

饞嘴 窮困 衣衫襤褸 乞丐 渾身打戰 光炕 抽抽了

[Manchu text]

被 披 很 該 罪

[Manchu text]

[Manchu text]

跟 光着 傷心 味濃

[Manchu text]

逛 上凍

[Manchu text]

ᡤᡡᠨᡳᠩᡤᡝ, ᠠᠯᡳᡥᠠᠩᡤᡝ ᠮᡳᠨᡳ ᡶᡝᡥᡳ, ᠪᠣᠣ ᠪᡝᡨᡝᡥᡝᠨ ᠨᡳ ᠪᡳᡨᡥᡝ, ᡳᠨᡝᠩᡤᡳ ᠪᡝ ᠠᠯᡳᠮᡝ ᠣᠩᡤᠣᡥᠣᠩᡤᡝ ᠮᠠᠩᡤᠠ, ᠰᡳᠩᡤᡝᡵᡝ

腦子 昏 整日 受 忘了 乏

ᡶᠠᡵᡶᠠᠪᡠᡥᠠ ᠰᡝᠮᡝ ᡤᡳᠰᡠᡵᡝᠨ, ᡤᡳᠰᡠᡵᡝᡵᡝ, ᡩᠣᠪᠣᡵᡳ ᠠᠮᠠ ᠰᡝ, ᠪᡝ ᡤᡝᠯᡳ ᠰᠣᡥᠣᠩᡤᠣ ᠰᡝᠮᡝ ᠰᠣᠨᠣᡥᠣᠨ, ᠠᠮᡠ ᠠᠮᡤᠠᠮᡝ ᠪᡳᠮᡝ ᠪᡝ

談論 閉 黄

ᠰᡝ ᠠᠮᠠ, ᠮᡳ ᡳᠯᡳᡥᠠᠩᡤᡝ ᡤᡳᠰᡠᡵᡝᠮᡝ ᡝ, ᡝᡵᡝᠩᡤᡝ ᠠᠮᠠᠰᡳ ᡤᡝᠩᡤᡳᠨ, ᡤᡝᠩᡤᡳᠨ ᡳᠨᡝᠩᡤᡳ ᡤᡝᡵᡳ, ᡤᡝᠯᡳ ᠠᠮᠠ ᠠ ᠪᡝᠯᡳ ᡝᡵᡝ, ᡤᡝᡵᡝᠮᡝ

食嘈大 厭惡 端然

ᡝᡵᡝᠩᡤᡝ, ᡝᡵᡝ ᡠᠮᡝᠰᡳ ᠵᡝᡨᡝᡵᡝᠩᡤᡝ ᠰᡝ, ᠰᡳᠨᡳ ᠰᡝ ᡠᠪᡳᠶᠠᠴᡳ ᡤᡝᠩᡤᡳᠨ ᡤᡝᠯᡳ ᡳᠨᡝᠩᡤᡳ ᠰᡝ, ᡤᡝᠩᡤᡳᠨ ᠵᡳᡩᡝᡵᡝ, ᠠᠮᠠ ᡨᠣᠪ ᡝᡵᡝ, ᡨᠣᠪᡨᠣᡥᠣᠨ ᠠ

睡 猛醒 高聲

ᡝᡵᡝ ᡩᠣᠪᠣᡵᡳ ᡩᠣᠪᠣᡵᡳ ᠪᡝ ᠠᠮᡠ ᠠᠮᡤᠠᠮᡝ ᠪᡳᡥᡝᡳ, ᡤᡝᡵ ᡤᠠᡳᡨᠠᡳ ᡤᡝᡨᡝᡥᡝ ᡤᡝᡨᡝᡵᡝᠩᡤᡝ, ᠰᡝ ᠠ ᠪᡠᡩᡝᡵᡝ ᡤᡝᠯᡳᠩᡤᡝ ᡩᡝᠨ, ᠰᡝ ᡩᡝᠨ ᠠ ᠵᡳᠯᡤᠠᠨ ᡤᡝᠯᡳᠩᡤᡝ, ᠰᡝ

套 買 有益

ᠪᡳᡨᡥᡝ ᡝᠮᡠ ᠶᠣᡥᡳ ᡠᡩᠠᡶᡳ ᡨᡠᠸᠠᠴᡳ, ᠰᡳᠨᡳ ᠪᡝᠶᡝ ᡩᡝ ᡨᡠᠰᠠ ᠪᠠᡥᠠᠮᡝ ᠰᠠᡳᠨ᠉ 八十七

ᠠᠮᠠ ᠠᠮᠠᡥᠠ, ᡤᡝᡵᡝᠩᡤᡝ, ᡤᡝᠯᡳ ᠰᡝ ᡤᡝᠯᡳ ᠠᠮᠠ, ᡝᡵᡝ ᠶᠠᠪᡠᡥᠠ ᡳᠨᡝᠩᡤᡳ, ᠠᠨ ᡳ ᠠ ᠶᠠᡩᠠᡥᡡᠨ ᡨᠣᡩᠣᡥᠣ ᠪᡝᠯᡳᡥᡝ, ᡝᡵᡝ ᡨᡠᠸᠠᠮᡝ, ᡤᡝᠯᡳᠩᡤᡝ

照舊 赤貧

ᡠᡨᡥᠠᡳ ᠰᡝ, ᡠᡨᡥᠠᡳ ᡳᠰᠠᠪᡠᡶᡳ ᡤᡝᠯᡳᠩᡤᡝ, ᡤᡝᠯᡳ ᡤᡝᡵᡝᠩᡤᡝ ᠪᡳᠰᡳᠨ ᠠᠮᠠ, ᡤᡝᠯᡳᠩᡤᡝ ᡩᡝ ᠠᠴᠠᠨᠠᡵᠠᡴᡡ, ᡳᠨᡝᠩᡤᡳ ᡤᡝᠯᡳᠩᡤᡝ, ᡝᡵᡝ ᠪᡳᠴᡳ ᠪᡝ ᡝᡵᡝ

攢湊 不妥

長了　枕頭　靠　僥倖

復原　顏色

心灰了　德行　造化　大夫　治

安慰　指望

死　機會　病重　發昏　上恍

八十八

臟腑　都是

過眼　趕上就要

嘴碎 釁隙

丟 皮憨

耽擱

虛 名 度 耽誤

且住 聽 專心 一意

背 生 不能答 止住

八十九

貴 死 生 命

皮 脫 笑盈盈 富

終須 羞耻 狡猾 出名 利害

戳

浮面 明白 内裏 不了亮 招惹

九十

由

很難妄動 骨肉

[illegible]

磞了釘子

[illegible]

[illegible]

九十一

[illegible]

討人嫌 口緊

[illegible]

胡謅

[illegible]

[illegible]

儘着 責備

柔和

九十二

點頭

笑話

欞

照影兒

瞅冷兒

直透

破

恰好碰着

呐喊摇旗

叩

生靈

鹿　迎着　釘　實拍

催　赶

山陽　山陰

落後　鐵鏇箭　麅子　山坡　過

黄羊　拍馬　拉滿弓　射

打圍　顛的　稔　洒袋　撒圍

九十三

撒潑打滾

臭氣狗 游蕩魂 飢餓 肚子 用力巴結

窮的

恥辱

裘 發福

詳細看 認 街方 雄壯 肥 馬 輕

方才 群

瞪着眼

九十四

倒地聲 真可樂 彩頭好

搭拉着 吃驚 鬼

奇怪 白 紙 血 流 頭 髮

響聲 帶着困

悶熱 窗户 支着 明問 夜

九十五

一 但間 改變 忘 贊揚

騙 筷子

草芥 檢 好

雨淅瀝聲聲 鍾 焦雷

洗臉 疏雨點點

亮 院子

竊賊 九十六

結結實實 以刀砍背

自言自語 拔 冷不防

猛然 懂 默默的

密縫着眼 櫃子

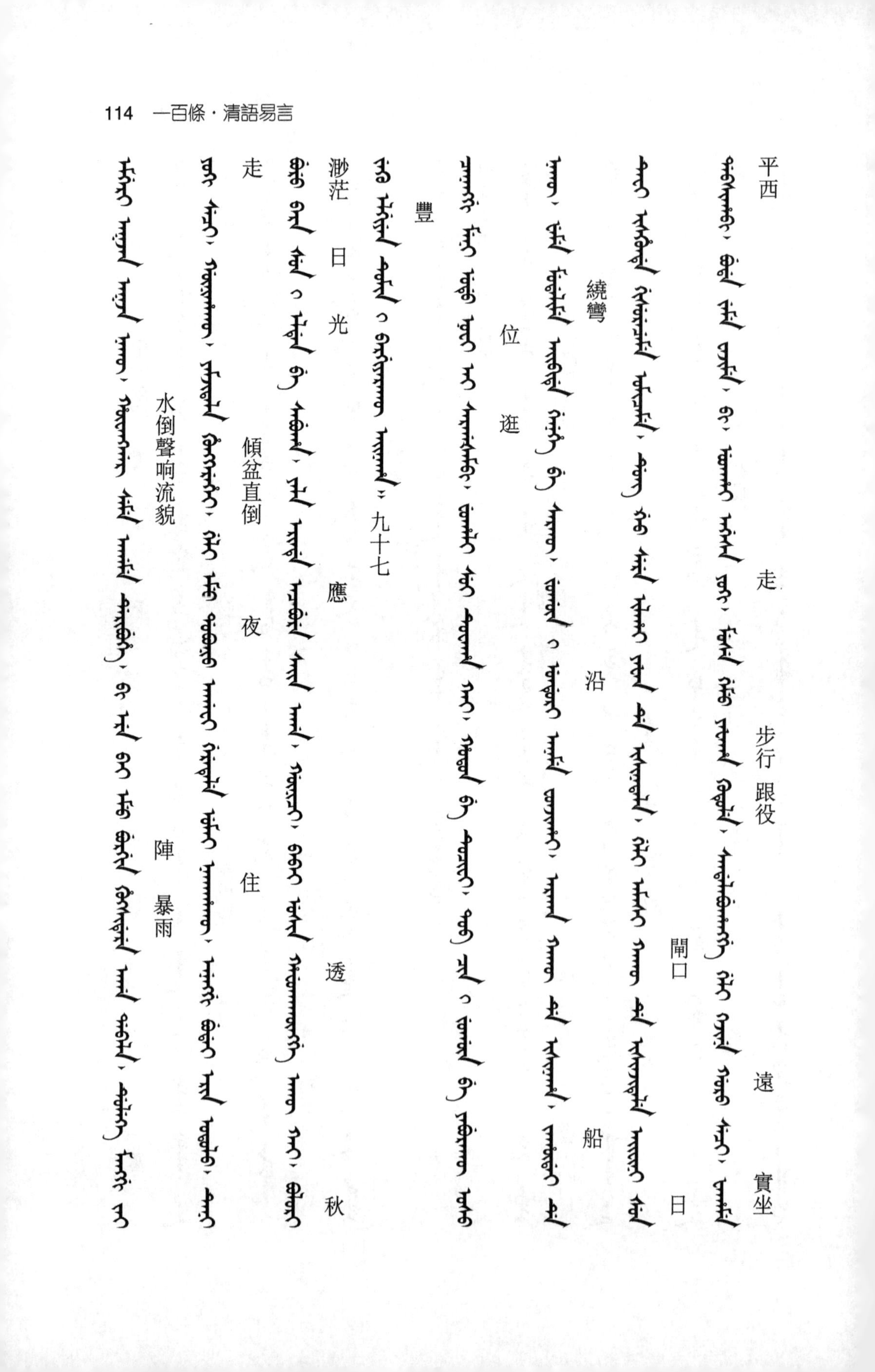

平西 走 步行 跟役 遠 實坐

鬧口 日

繞彎 沿 船

位 逛

豐

九十七

渺茫 日 光 應 透 秋

走 傾盆直倒 夜 住

水倒聲响流貌 陣 暴雨

服侍 啕氣精

亂撞 話不明白狀 戲弄

賤貨 可恨

灰心

九十八

忙 拍馬 一氣兒

看不真切 月光 城內 急速 扇

動 關廂

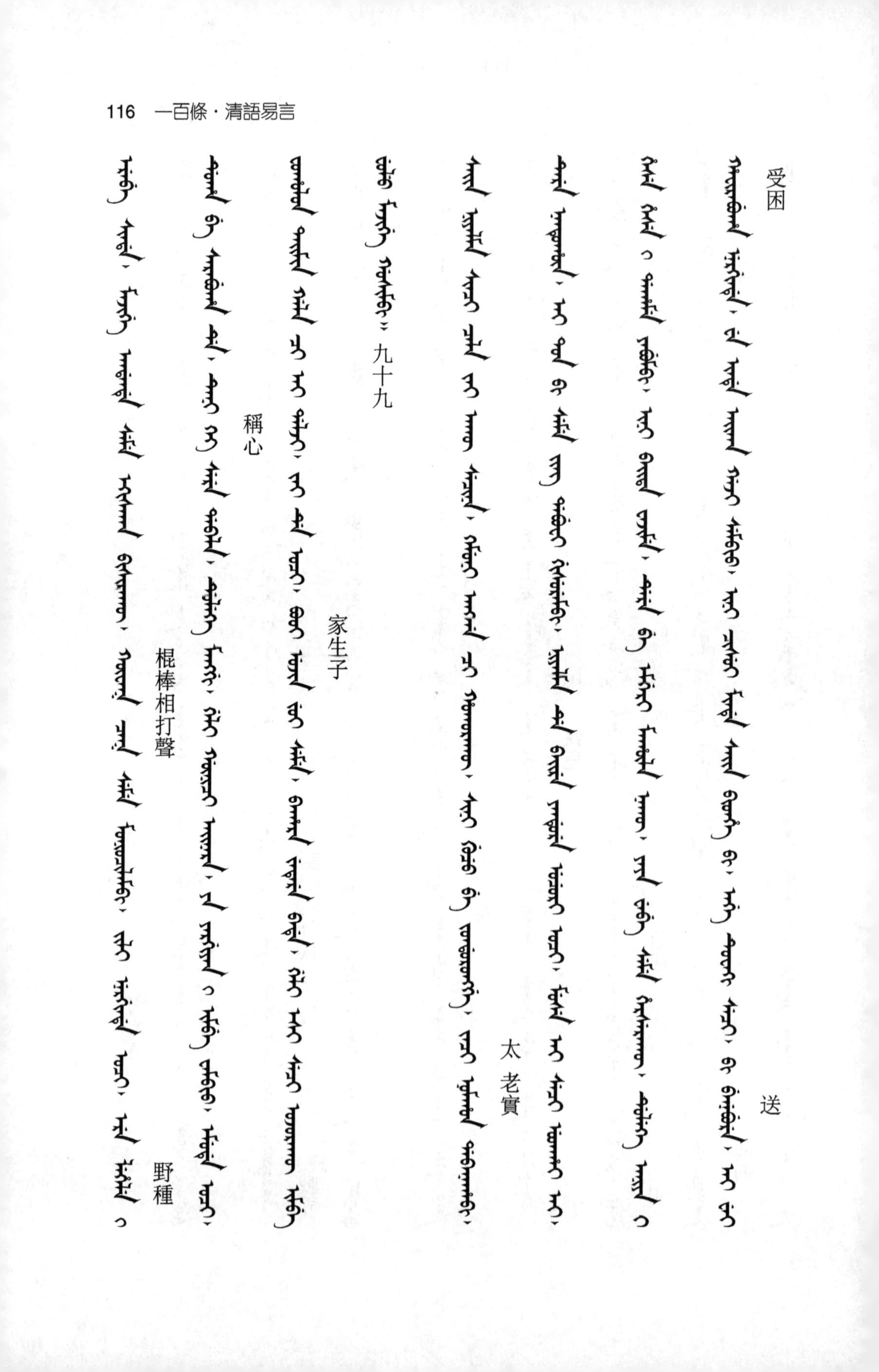

棍棒相打聲

野種

稱心

家生子

九十九

太老實

受困

送

ᠰᡝᠮᡝ ᠠᠮᠠᡵᡳ ᠠᠮᠠᠰᡳ᠈ ᠠᡴᡩᠠᠨ ᠪᡳᡥᡝᠨ ᠨᡳᠶᠠᠯᠮᠠ ᠰᡝᠮᡝ᠈ ᡨᡠᠸᠠᡵᡳ ᠪᡝ ᠨᡳᠶᡝᠯᡝᠮᡝ ᠠᡴᡡ᠈ ᡨᡠᠸᠠᡵᡳ ᠮᡠᡩᠠᠨ ᠣ ᠠᠩᡤᠠ ᠰᡝᠮᡝ ᠪᠠᡴᠴᡳᠯᠠᠮᡝ᠈ ᡳᠰᡳ ᠣ

當面

ᡤᡝᠨᡝᡥᡝ ᠪᡠᡥᡝ ᡤᡝᠯᡝᠮᡝ ᠪᡠᡵᡠᠨ᠈ ᡩᠣᠰᡳᡴᡳ ᡨᡠᠮᠠ ᠰᡝᠮᡝ ᡩᡝᡵᡝᠪᡝ ᠠᠯᡳᠮᡝ᠈ ᡩᡝᡵᡝ ᡝᠮᡠ ᠵᡝᡵᡤᡳ ᡧᠠᠨᠶᠠᠨ ᡝᠮᡠ ᠵᡝᡵᡤᡳ ᡶᡠᠯᡤᡳᠶᠠᠨ᠈ ᠪᡠᠴᡝᡵᡝ ᠪᡠᠴᡝᡵᡝ ᡤᡝᡵᡝᠨ ᠣ

陣 白 紅

ᠮᡠᡴᡩᡝᡥᡝᠪᡳ᠈ ᡤᡳᠶᠠᠨ ᠪᡝ ᡨᡠᠨᡳᠮᠪᡳ ᠰᡳᠮᡝᡥᡝ᠈ ᡩᠣᠰᡳᠨ ᡤᡳᠶᠣ ᡩᡝᠪᡳᡥᡝ ᠪᡠᠰᡠᡵᡝ ᡨᡠᠮᡝᡥᡝ᠈ ᡨᡝ ᠪᡠᠴᡝᡥᡝ᠈ ᡤᡝᠨᡝ ᡨᡝᡵᡝ ᠪᡠᡥᡝ᠈ ᠠᠮᠠᠰᡳ ᠨᡳ ᡤᡝᠮᡠ᠈

部

ᠪᡠᠯᡝᠨᡝ ᠠᠨᠠᡥᡡᠨᡳ᠈ ᠪᡠᠰᡝᡴᡠ ᡨᡠᠮᡝᠨ ᡤᡝᠨ ᠠᠨᠠᡥᡡᠨᡳ᠈ ᡤᡝᠨᡝᠪᡳ ᠰᡠᠮᡝᠨ ᠠᠮᠠ ᡥᠣᡵᡤᠣᠨ ᠪᡝ ᡤᡝᠯᡝᠮᡝᠪᡠᡴᡡ᠈ ᡳᠰᡳ ᡨᡠᠮᡝᡥᡝ᠉ 一百

轉寫本

第1條

1-1[A] donji-qi，si te manju bithe taqi-mbi se-mbi，（一1a1）
聽-**條** 你 現在 滿洲 書 學-**現** 助-**現**

1-2 umesi sain，（一1a1）
很 好

1-3 manju gisun se-re-ngge，（一1a1-2）
滿 語 說-**未**-**名**

1-4 musei manju-sa-i ujui uju oyonggo baita，（一1a2）
咱們.**屬** 滿人-**複**-**屬** 第一 頭 重要 事情
要緊

1-5 uthai nikasa-i meni meni ba -i gisun -i adali，（一1a2-3）
就 漢人.**複**-**屬** 各自 各自 地方 **屬** 話語 **屬** 同樣
漢人 鄉談

1-6 bahana-ra-kv oqi o-mbi-u?（一1a3）
學會-**未**-**否** 若是 可以-**現**-**疑**

1-7[B] inu，waka o-qi ai，（一1a4）
是 不是 成爲-**條** 什麼

1-8 bi juwan aniya funqeme nikan bithe taqi-ha，（一1a4-5）
我 十 年 有餘 漢 書 學-**完**

1-9 tetele umai dube da[1] tuqi-ke-kv，（一1a5）
至今 全然 尖端 頭 出-**完**-**否**

1-10 jai aikabade manju bithe hvla-ra-kv，（一1a5-6）
再 如果 滿洲 書 讀-**未**-**否**

---

1 dube da：此爲固定用法，意爲“頭緒”。

1-11 ubaliyambu-re be taqi-ra-kv o-qi，（一1a6）

翻譯-未 **賓** 學-未-否 成爲-條

翻譯

1-12 juwe-de gemu sarta-bu-ha de aina-ra，（一1a6-1b1）

二-**位** 全都 耽誤-**使-完** **位** 做什麼-未

耽誤

1-13 uttu ofi，（一1b1）

這樣 因爲

1-14 emu-de o-qi，age be tuwa-nji-ha，（一1b1-2）

一-**位** 成爲-條 阿哥 **賓** 看-來-完

1-15 jai-de o-qi，geli sakda ahvn de bai-re ba-bi，（一1b2-3）

再-**位** 成爲-條 又 老 兄長 **與** 求-未 地方-有

老

1-16 damu baibi angga juwa-ra de mangga。（一1b3）

但 衹是 口 開-未 **位** 難

難

1-17[A] ede ai-bi，（一1b3）

因此 什麽-有

1-18 gisun bi-qi，（一1b4）

話語 有-條

1-19 uthai gisure，（一1b4）

就 說.祈

1-20 mini mute-re baita o-qi，（一1b4）

我.屬 能够-未 事情 成爲-條

1-21 sinde bi geli mara-mbi-u? （一1b4-5）

你.**與** 我 還 拒絕-**現-疑**

推辭

1-22[B] mini bai-re-ngge，（一1b5）

我.**屬** 求-**未-名**

1-23 age gosi-qi xada-mbi seme aina-ra，（一1b5-6）

阿哥 疼愛-**條** 疲倦-**現** 雖然 做什麼-**未**

疼愛

1-24 xolo xolo de[1] udu meyen manju gisun banjibu-fi，（一1b6）

空閑 空閑 **位** 幾個 段落 滿 語 編集-**順**

消閑 編

1-25 minde hvla-bu-reu，（一2a1）

我.**與** 讀-**被-祈**

1-26 deu bi baha-fi hvwaxa-qi，（一2a1）

弟弟 我 能够-**順** 成長-**條**

成就

1-27 gemu age -i kesi kai，（一2a1-2）

全都 阿哥 **屬** 恩惠 啊

1-28 aina-ha seme baili be onggo-ra-kv，（一2a2）

做什麼-**完** 無論 恩情 **賓** 忘記-**未-否**

1-29 urunakv ujele-me karula-ki。（一2a2-3）

必定 加重-**并** 報答-**祈**

報達

---

1 xolo xolo de：此爲固定用法，意爲“趁着空閑”。

1-30[A] ainu uttu gisure-mbi? （一2a3）

爲什麽 這樣 説-現

1-31 si aika gurun gvwa-u? （一2a3）

你 難道 國家 其他-疑

外人

1-32 damu sini taqi-ra-kv be hendu-mbi dere，（一2a3-4）

祇是 你.屬 學-未-否 賓 説-現 啊

1-33 taqi-ki se-qi tetendere，（一2a4）

學-祈 助-條 既然

1-34 bi nekule-fi simbe niyalma o-kini se-mbi-kai，（一2a4-5）

我 稱心-順 你.賓 人 成爲-祈 想-現-啊

1-35 karula-ki se-re-ngge， ai gisun，（一2a5-6）

報答-祈 助-未-名 什麽 話語

報達

1-36 musei dolo gisure-qi o-mbi-u? （一2a6）

咱們.屬 裏面 説-條 可以-現-疑

1-37[B] tuttu oqi，（一2a6）

那樣 雖然

1-38 bi hukxe-he se-me waji-ra-kv，（一2a6-2b1）

我 感激-完 助-并 完結-未-否

感

1-39 damu hengkixe-me baniha bu-re dabala，（一2b1）

祇是 叩頭-并 感謝 給-未 罷了

叩頭

1-40 geli ai se-re。（一2b2）

又 什麼 説-**未**

第2條

2-1[A] absi yo-ha bihe?（一2b3）

往哪裏 走-**完** **過**

2-2[B] bi ergi-de emu niyamangga niyalma-i bou-de gene-he bihe，

我 這邊-**位** 一 親戚 人-**屬** 家-**與** 去-**完** **過**（一2b3-4）

2-3[A] ere-i ildun de， mini bou-de dari-fi majige te-ki dere，（一2b4-5）

這-**屬** 順便 **位** 我.**屬** 家-**位** 路過-**順** 稍微 坐-**祈** 吧

順便 經過

2-4[B] age si uba-de te-he-bi-u?（一2b5）

阿哥 你 這裏-**位** 住-**完-現-疑**

住

2-5[A] inu，（一2b5）

是

2-6 jakan guri-nji-he。（一2b5）

最近 遷移-來-**完**

新近 移徙

2-7[B] uttu oqi，（一2b6）

這樣 若是

2-8 musei te-he-ngge giyanakv udu goro，（一2b6）

咱們.**屬** 住-**完-名** 能有 幾 遠

能 遠

2-9 sa-ha bi-qi，aifini simbe tuwa-nji-ra-kv bihe-u？（一2b6-3a1）

知道-完 有-條 早就 你.賓 看-來-未-否 過-疑

2-10 je，bi dosi-ki，（一3a1）

是 我 进入-祈

2-11 age yabu。（一3a1）

阿哥 走.祈

2-12[A] ai geli[1]，（一3a2）

什麽 又

2-13 mini bou-de kai，（一3a2）

我.屬 家-位 啊

2-14 age wesi-fi te，（一3a2）

阿哥 上升-順 坐.祈

2-15[B] uba-de sain。（一3a2）

這裏-位 好

2-16[A] si tuttu te-he-de，（一3a3）

你 那樣 坐-完-位

2-17 bi absi te-mbi？（一3a3）

我 怎麽 坐-現

2-18[B] sain，（一3a3）

好

2-19 te-me jabdu-ha。（一3a3）

坐-并 妥當-完

妥

1 ai geli：此爲固定用法，意爲“豈有此理”。

2-20 uba-de emu nike-re ba-bi，（一3a4）

這裏-**位** 一 倚靠-**未** 地方-有

依靠

2-21[A] bou-i urse aba，（一3a4）

家-**屬** 人們 哪裏

2-22 yaha gaju。（一3a4）

炭 拿來.**祈**

2-23[B] age bi dambagu omi-ra-kv，（一3a5）

阿哥 我 煙 吸-**未**-**否**

2-24 angga furuna-ha-bi。（一3a5）

口 長口瘡-**完**-**現**

生口瘡

2-25[A] uttu oqi，（一3a5）

這樣 若是

2-26 qai gana，（一3a6）

茶 去拿.**祈**

2-27 age gaisu。（一3a6）

阿哥 取下.**祈**

2-28[B] ke，（一3a6）

哎呀

2-29 absi halhvn。（一3a6）

何其 熱

2-30[A] halhvn oqi，majige tukiyeqe-bu。（一3a6-3b1）

熱 若是 稍微 上揚-**使**.**祈**

揚茶

2-31[B] hvwanggiya-ra-kv，（一3b1）

妨礙-**未-否**

2-32 mukiye-bu-kini。（一3b1）

變涼-**使-祈**

晾著

2-33[A] je，（一3b1）

是

2-34 buda be tuwa-na，（一3b1-2）

飯　**賓**　看-去.**祈**

2-35 belen ningge be hasa benju se。（一3b2）

現成　東西　**賓**　迅速　送來.**祈**　助.**祈**

現成　急速

2-36[B] akv，（一3b2）

否

2-37 age ume，（一3b2-3）

阿哥　不要

2-38 bi kemuni gvwa ba-de gene-ki se-mbi。（一3b3）

我　還　其他　地方-**與**　去-**祈**　助-**現**

2-39[A] aina-ha-bi，（一3b3）

做什麼-**完-現**

2-40 belen ningge，（一3b3）

現成　東西

現成

2-41 sini jalin de dagila-ha-ngge ai，geli waka，（一3b4）

你.**屬**　因爲　**位**　準備-**完-名**　什麼　又　不是

預備

2-42 majige je-fi gene-qina。（一3b4-5）

稍微 吃-順 去-祈

2-43[B] jou-bai，（一3b5）

算了-吧

2-44 emgeri simbe bou-be taka-ha bi-kai，（一3b5）

已經 你.賓 家-賓 認識-完 現-啊

認得

2-45 enqu inenggi jai qohome ji-fi，（一3b5-6）

另外 日子 再 特意 來-順

另 日

2-46 gulhun emu inenggi gisure-me te-qe-ki。（一3b6）

完全 一 日子 說-并 坐-齊-祈

整 坐著

第3條

3-1[A] age si inenggi-dari ederi yabu-re-ngge，（一4a1）

阿哥 你 日子-每 這.經 走-未-名

從此

3-2 gemu aibi-de gene-mbi?（一4a1）

全都 哪裏-與 去-現

3-3[B] bithe hvla-na-me gene-mbi。（一4a1-2）

書 讀-去-并 去-現

3-4[A] manju bithe hvla-mbi waka-u?（一4a2）

滿 書 讀-現 不是-疑

3-5[B] inu。（一4a2）

是

3-6[A] ne aiqi jergi bithe hvla-mbi?（一4a2-3）

現在 怎樣 種類 書 讀-現

現

3-7[B] enqu bithe akv，（一4a3）

另外 書 否

3-8 damu yasa-i juleri buyara-me gisun，（一4a3）

衹是 眼睛-屬 前面 細碎-并 話語

眼 前 雜 話

3-9 jai manju isun -i oyonggo jorin -i bithe -i teile。（一4a4）

再 滿 語 屬 重要 指示 屬 書 屬 而已

國語 要津

3-10[A] suwende ginggule-re hergen ara-bu-mbi-u akv-n?（一4a4-5）

你們.與 寫楷書-未 文字 寫-使-現-疑 否-疑

楷書 字

3-11[B] te inenggi xun foholon，（一4a5）

現在 白天 期間 短

短

3-12 hergen ara-ra xolo akv，（一4a5-6）

文字 寫-未 空閑 否

3-13 ere-qi inenggi xun sidara-ka manggi，（一4a6）

這-從 白天 期間 展開-完 以後

由此

3-14 hergen ara-bu-mbi se-re anggala，（一4a6）

文字 寫-使-現 助-未 不但

3-15 hono ubaliyambu-bu-mbi-kai。（一4b1）

還 翻譯-使-現-啊

翻

3-16[A] age bi bithe hvla-ra jalin de，（一4b1）

阿哥 我 書 讀-未 因爲 位

3-17 uju silgi-me aibi-de baihana-ha-kv，（一4b1-2）

頭 鑽頭覓縫-并 哪裏-位 找-完-否

3-18 musei uba-i xurdeme，（一4b2）

咱們.屬 這裏-屬 沿着

附 近

3-19 umai manju taqikv akv，（一4b2）

全然 滿洲 私塾 否

3-20 gvni-qi sini taqi-re ba ai hendu-re，（一4b3）

想-條 你.屬 學-未 地方 什麽 説-未

3-21 atanggi bi-qibe，bi inu bithe hvla-na-ki，（一4b3-4）

什麽時候 有-讓 我 也 書 讀-去-祈

3-22 mini funde majige gisure-qi o-joro-u?（一4b4）

我.屬 代替 稍微 説-條 可以-未-疑

3-23[B] age si mimbe taqibu-re niyalma we se-mbi，（一4b4-5）

阿哥 你 我.賓 教導-未 人 誰 助-現

誰

3-24 sefu se-mbi-u?（一4b5）

师傅 助-現-疑

3-25 waka kai，（一4b5）

不是 啊

3-26 mini emu mukvn -i ahvn，（一4b5）

我.屬 一 族 屬 兄長

3-27 taqibu-re-le urse，（一4b6）

教導-未-所有 人們

教所

3-28 gemu meni emu uksura juse deu-te，（一4b6）

全都 我們.屬 一 宗族 子 兄弟-複

宗派

3-29 jai niyaman hvnqihin，（一4b6-5a1）

再 親屬 親緣

親 戚

3-30 umai gvwa niyalma akv，（一5a1）

全然 其他 人 否

3-31 adarame se-qi，（一5a1）

怎麼 説-條

3-32 mini ahvn inenggi-dari yamula-mbi，（一5a1-2）

我.屬 兄長 日子-每 上衙門-現

上衙門

3-33 jabdu-ra-kv，（一5a2）

得閑-未-否

3-34 ineku be erde yamji ada-me gene-re jakade，（一5a2-3）

依舊 我們 早上 晚上 陪伴-并 無-未 因爲

仍然

3-35 arga akv，（—5a3）

办法 否

没法

3-36 xolo jalgiyanja-fi membe taqibu-mbi，（—5a3）

空閑 通融-順 我們.賓 教導-現

3-37 waka oqi，（—5a3）

不是 若是

3-38 age bithe hvla-na-me gene-ki se-he-ngge，（—5a4）

阿哥 書 讀-去-并 去-祈 助-完-名

3-39 sain baita dabala，（—5a4）

好 事情 罷了

3-40 sini funde majige gisure-qi，（—5a4-5）

你.屬 代替 稍微 説-條

替

3-41 minde geli ai faya-ha-bi。（—5a5）

我.與 又 什麼 耗費-完-現

費

第4條

4-1[A] ere uquri si geli aibi-de xodo-no-ho？（—5a6）

這 時候 你 又 哪裏-與 闖-去-完

闖

4-2 mudan talu-de mini jaka-de inu majige feliye-qina，

次 偶爾-位 我.屬 跟前-與 也 稍微 來往-祈（—5a6-5b1）

間 或間

4-3 ainu sini dere yasa oron sabu-ha-kv?（一5b1）
為什麼 你.屬 臉 眼睛 完全 看見-完-否

4-4[B] bi aifini age be tuwa-nji-ki se-mbihe，（一5b1-2）
我 早就 阿哥 賓 看-來-祈 說-過

4-5 gvni-ha-kv emu daljakv hetu fiyelen -i baita de sidere-bu nakv[1]，
想-完-否 一 無關 另外 章節 屬 事情 與 束縛-被.祈 之後
不相干 旁 插花 絆住（一5b2-3）

4-6 fuhali lahin ta-ha，（一5b3）
完全 麻煩 牽絆-完
拉扯 住了

4-7 inenggi-dari fusu fasa，jaka xolo aika bi-u?（一5b3-4）
日子-每 匆匆 忙忙 縫隙 空閑 什麼 有-疑
急促狀 小縫兒 空兒

4-8 akvqi enenggi hono baha-fi ukqa-me mute-ra-kv bihe，
若不 今天 還 得到-順 脱-并 能够-未-否 過（一5b4-5）
脱

4-9 minde hahi oyonggo baita bi se-me kanagan ara-me gisure-hei，
我.位 緊要 重要 事情 有 助-并 藉口 做-并 說-持
急 要緊（一5b5-6）

4-10 arkan teni mimbe sinda-ha。（一5b6）
剛剛 纔 我.賓 放開-完
放了

1 nakv：nakv之前的動詞為祈使形式時，并非表示祈使語氣，與nakv聯用意為“……之后，馬上就……”。

4-11[A] ji-he-ngge umesi sain，（一5b6）

來-**完-名** 非常 好

4-12 bi jing alixa-mbi，（一5b6-6a1）

我 正好 煩悶-**現**

煩悶

4-13 bi gvni-qi，sinde inu oyonggo baita akv，（一6a1）

我 想-**條** 你.**與** 也 重要 事情 **否**

4-14 muse emu inenggi gisure-me te-qe-ki，（一6a1-2）

咱們 一 日子 説-**并** 坐-齊-**祈**

4-15 belen -i buda majige je-fi gene，（一6a2）

現成 **屬** 飯 稍微 吃-**順** 去.**祈**

現成

4-16 bi inu enqu bouha dagila-ra-kv。（一6a2-3）

我 也 另外 飯菜 預備-**未-否**

預備

4-17[B] damu ji-he dari，baibi age simbe gasihiya-bu-ha-ngge，（一6a3）

可是 來-**完** 每次 盡是 阿哥 你.**賓** 侵擾-**使-完-名**

蹧蹋

4-18 mini gvnin de elhe akv，（一6a4）

我.**屬** 心思 **位** 平安 **否**

安

4-19 tuttu ofi，bi gelhun akv[1] ta seme[2] ji-dera-kv。（一6a4-5）

那樣 因爲 我 敢 **否** 常 常 來-**未-否**

---

1 gelhun akv：此爲固定用法，雖有否定成分akv，但整體意思爲“敢”。

2 ta seme：ta無實際意義，與seme組合成固定用法，意爲“常常”。

常

4-20A si ainu tulgiyen o-bu-fi gvni-mbi，（一6a5）
你 爲什麼 以外 成爲-使-順 想-現

外道

4-21 muse atanggi si bi se-me ilga-mbihe，（一6a5-6）
咱們 什麼時候 你 我 助-并 區分-過

彼此 分

4-22 jai udu inenggi giyala-fi ji-dera-kv oqi，（一6a6）
再 幾 日子 間隔-順 來-未-否 若是

隔

4-23 bi hono majige jaka dagila-fi（一6a6-6b1）
我 還 稍微 东西 預備-順

4-24 qohome simbe helne-ki se-re ba-de，（一6b1）
特意 你.賓 邀請-祈 助-未 地方-位

去請

4-25 emu erin -i untuhun buda be，（一6b1-2）
一 時候 屬 空虛 飯 賓

空虛

4-26 geli aiseme dabu-fi jing gisure-mbi，（一6b2）
又 爲什麼 算-順 總是 說-現

何足 挂齒

4-27 tere anggala[1]，sini-ngge be bi ai je-ke-kv，（一6b2-3）
那 而且 你.屬-名 賓 我 什麼 吃-完-否

1 tere anggala：此爲固定用法，意爲“况且”。

4-28 ere-be tuwa-qi，（一6b3）

這個-**賓** 看-**條**

4-29 iletu mimbe sini bou-de jai ume gene-re se-re gvnin se-qina。

明明 我.**賓** 你.**屬** 家-**與** 再 絶不 去-**未** **助-現** 想法 説-**祈**

明明的 （一6b3-4）

第5條

5-1[A] si qananggi yafan de waliya-me gene-he bihe-u？（一6b5）

你 前幾天 園子 **位** 祭奠-**并** 去-**完** **過-疑**

前日 坟

5-2[B] inu。（一6b5）

是

5-3[A] ainu enenggi teni ji-he？（一6b5-6）

爲什麽 今天 纔 來-**完**

5-4[B] sandalabu-ha-ngge umesi goro，（一6b6）

相隔-**完-名** 非常 远

離的

5-5 ineku inenggi mudali ji-qi o-jora-kv ofi，（一6b6-7a1）

相同 日子 當天往返 來-**條** 可以-**未-否** 因爲

本 日 當日回

5-6 tuba-de juwe dobori inde-he-bi，（一7a1）

那裏-**位** 二 過夜 住宿-**完-現**

夜 住宿

5-7 suqungga inenggi hoton -i duka nei-re ishun uthai jura-fi，（一7a1-2）

起初 日子 城 屬 門 開-未 向 就 出發-順

城 門開 起身

5-8 yamji-tala teni isina-ha，（一7a2）

晚上-至 纔 到達-完

至於晚

5-9 sikse buda dobo-fi，（一7a3）

昨天 飯 供奉-順

供

5-10 geli emu inenggi dobori inde-he，（一7a3）

又 一 日子 过夜 住宿-完

5-11 enenggi alin jakara-me uthai jura-fi amasi ji-he，（一7a3-4）

今天 明亮 開啓-并 就 出發-順 返回 來-完

東方亮

5-12 jugvn de udele-re-qi tulgiyen，（一7a4）

道途 位 吃飯-未-從 以外

5-13 majige teye-he ba inu akv，（一7a5）

稍微 休息-完 地方 也 否

歇著

5-14 arkan se-me hoton -i duka be amqabu-ha。（一7a5-6）

將將 助-并 城 屬 門 賓 追趕-完

赶上

5-15[A] age gorokon -i ba-de umbu-me sinda-ha-ngge，（一7a6）

阿哥 稍遠 屬 地方-位 掩埋-并 入葬-完-名

遠些 葬埋

5-16 udu sain baita bi-qibe，（一7a6-7b1）

儘管 好 事情 有-**讓**

5-17 juse omosi de isina-fi enqehen akv oqi，（一7b1）

子輩.**複** 孫輩.**複** **與** 到達-**順** 纔能 **否** 若是

子們 孫們 分

5-18 erin-de aqabu-me waliya-ra de mangga，（一7b2）

時候-**位** 集合-**并** 祭奠-**未** **位** 難

5-19 eiqi aina-ra，（一7b2）

到底 做什麽-**未**

5-20 fe yafan de fuhali ba akv o-ho，（一7b2-3）

舊 園子 **位** 完全 地方 **否** 成爲-**完**

舊

5-21 xengsin tuwa-ra urse（一7b3）

風水 看-**未** 人們

5-22 gemu tere ba-be sain elhe o-joro jakade，（一7b3-4）

全都 那個 地方-**賓** 好 平安 成爲-**未** 因爲

吉 祥

5-23 teni tuba-de eifu kvwaran ilibu-ha，（一7b4）

纔 那裏-**位** 墳墓 土地 建立-**完**

坟 塋

5-24 eitereqibe，（一7b5）

總之

總而言之

5-25 muse bi-qi， bi-sire doro，（一7b5）

咱們 有-條 有-未 道理

5-26 akv o-qi， akv -i doro，（一7b5）

否 成爲-條 否 屬 道理

5-27 ai haqin -i[1] hafirahvn suilashvn se-he seme，（一7b6）

什麼 種類 屬 狹窄 貧困 助-完 儘管

窄狹急苦 勞苦

5-28 inu yafahan -i gene-fi emu hvntahan arki hisala-mbi，（一7b6-8a1）

也 徒步 工 去-順 一 杯 酒 祭酒-現

步行 鐘子 燒酒 奠酒

5-29 juse omosi de isina-ha manggi，（一8a1）

子輩.複 孫輩.複 與 到達-完 以後

5-30 damu terei dekji-re dekji-ra-kv be hendu-re dabala，（一8a2）

衹是 他.屬 成長-未 成長-未-否 賓 説-未 而已

有出息 無出息

5-31 aika tere gese gete-ra-kv juse banji-ha bihe-de，（一8a2-3）

如果 那 樣子 長進-未-否 子輩.複 生長-完 過-位

5-32 ini beye uthai yafan de te-kini，（一8a3-4）

他.屬 身體 就 園子 位 住-祈

5-33 hono ainahai emu afaha houxan jiha deiji-mbi-ni。（一8a4）

還 未必 一 枚 紙 錢 燒-現-呢

燒紙 錢 焚

---

1 ai haqin -i：此爲固定用法，意爲“無論怎樣”。

第6條

6-1[A] sikse weqe-he yali je-ke be dahame[1], （一8a5）

昨天 祭祀-完 肉 吃-完 賓 跟隨

祭 肉

6-2 uthai jou kai, （一8a5）

就 算了 啊

6-3 enenggi geli tuibu-he yali be bene-fi aina-mbi? （一8a5-6）

今天 又 背燈祭-完 肉 賓 送-順 做什麼-現

背燈

6-4[B] teike hono age be soli-na-ki se-mbihe, （一8a6-8b1）

剛纔 還 阿哥 賓 邀請-去-祈 想-過

方才 請

6-5 age si sa-ra-ngge, （一8b1）

阿哥 你 知道-未-名

6-6 bi-sire akv, （一8b1）

有-未 否

6-7 damu emu udu ahasi, （一8b1）

祇是 一 幾 僕人.複

這們幾個 家人們

6-8 ulgiyan be tekde-re[2], （一8b2）

猪 賓 死-未

猪 宰

---

1 be dahame：二詞聯用意爲“因爲”。

2 tekdere：此處是避諱用法，在特殊祭祀時殺猪，此詞代替“死”而使用。

6-9 duha do[1] be dasata-ra de,（一8b2）

内 臟 賓 收拾-未 位

腸子 收什

6-10 ya gemu gala baibu-ra-kv,（一8b2-3）

哪裏 都 手 需要-未-否

那 用

6-11 tuttu o-joro jakade, niyalma takvra-ha-kv。（一8b3）

那樣 成爲-未 因爲 人 派遣-完-否

使喚

6-12[A] sinde niyalma akv be bi tengki-me sa-mbi-kai,（一8b3-4）

你.與 人 否 賓 我 深刻-并 知道-現-啊

明

6-13 geli soli-re be aliya-mbi-u?（一8b4）

又 邀請 賓 等待-現-疑

請 等

6-14 uttu ofi, bi uthai guqu-se be guile-fi,（一8b4-5）

這樣 因爲 我 就 朋友-複 賓 約請-順

會

6-15 amba yali be jeke-nji-he,（一8b5）

大 肉 賓 吃-來-完

吃來了

6-16 bi hono sitabu-ha ayou se-mbihe,（一8b5-6）

我 還 耽誤-完 虛 助-過

---

1 duha do：duha和do各自無實際意義，結合使用意爲“内臟”。

遲誤

6-17 gvni-ha-kv elgiyen -i amqabu-ha，（一8b6）

想-**完-否** 充分 **工** 趕得上-**完**

足以

6-18 age-sa boigoji be ume gvnin jobo-bu-re，（一9a1）

阿哥-**複** 主人 **賓** 不要 心思 煩惱-**使-未**

主 勞

6-19 muse uthai ahvn -i bodo-me ikiri te-qe-fi je-ki。（一9a1-2）

咱們 就 年長 **工** 計算-**并** 順序 坐-齊-**順** 吃-**祈**

序齒 一順坐

6-20[B] age-sa ainu yali je-tera-kv?（一9a2）

阿哥-**複** 爲什麽 肉 吃-**未-否**

6-21 sile be den bara-fi je-mbi dere。（一9a2-3）

湯 **賓** 高 澆-**順** 吃-**現** 啊

空湯 泡

6-22[A] ara，（一9a3）

哎呀

6-23 ere gisun taxara-ha-bi，（一9a3）

這 話語 誤會-**完-現**

錯了

6-24 muse da jokson de，（一9a3）

咱們 原本 起初 **位**

6-25 ere gese kouli bi-he-u?（一9a3-4）

這 樣子 規矩 有-**完-疑**

6-26　ere yali se-re-ngge，（一9a4）
這個 肉 助-未-名

6-27　weqeku -i kesi kai，（一9a4）
祖宗 屬 恩惠 啊
祖宗

6-28　haqihiya-qi o-mbi-u？（一9a4-5）
催促-條 可以-現-疑
讓

6-29　tere anggala，antaha ji-qi gene-qi，（一9a5）
那 而且 客人 來-條 去-條
客們

6-30　okdo-ro fude-re be hono akv ba-de，（一9a5-6）
迎接-未 送行-未 賓 還 否 地方-位
迎 送

6-31　ere durun -i anahvnja-qi，（一9a6）
這 樣子 工 謙讓-條
謙讓

6-32　soro-ki akv se-me-u？（一9a6）
忌諱-祈 否 助-并-疑
忌諱

第7條

7-1[A]　feten bi-fi，（一9b1）
緣分 有-順
緣

7-2 be niyaman jafa-ki se-me bai-me ji-he，（一9b1）

我們 婚姻 結合-祈 助-并 尋求-并 來-完

結 親

7-3 mini ere jui，（一9b1）

我.屬 這 兒子

7-4 udu qolgoroko erdemu ferguwequke bengsen akv bi-qibe，

（一9b1-2）

儘管 超群 才能 非凡 本事 否 有-讓

出衆 才能 奇特 本事

7-5 damu nure omi-re jiha efi-re，（一9b2-3）

但是 酒 喝-未 錢 耍-未

7-6 ehe faquhvn urse de daya-na-fi，（一9b3）

壞 混亂 人們 與 附和-去-順

隨了去

7-7 balai sargaxa-ra jergi baita，（一9b3-4）

妄自 游玩-未 種類 事情

曠

7-8 inde heni majige akv，（一9b4）

他.與 略微 稍微 否

7-9 louye-sa hata-me gvni-ra-kv oqi，emu gosi-re gisun bu-re-u?

老爺-複 嫌棄-并 想-未-否 若是 一 疼愛-未 話語 給-未-疑

棄 疼愛（一9b4-5）

7-10[B] age si julesi-ken -i jiu。（一9b5）

阿哥 你 前面-稍微 工 來.祈

7-11[A] muse louye-sa de hengkixe-me bai-ki。（一9b5-6）

咱們 老爺-複 與 叩頭-并 尋求-祈

叩頭

7-12[B] louye-sa ume，（一9b6）

老爺-複 不要

7-13 te-qe-fi，mini emu gisun donji-re，（一9b6）

坐-齊-順 我.屬 一 話語 聽-未

7-14 muse gemu fe niyaman，（一9b6-10a1）

咱們 全都 舊 親屬

老 親

7-15 gese gesc[1] giranggi yali，（一10a1）

样子 样子 骨 肉

非親 即友 骨頭 肉

7-16 we-be we sar-kv，（一10a1）

誰-賓 誰 知道.未-否

7-17 damu eigen sargan se-re-ngge，（一10a1-2）

衹是 夫 妻 助-未-名

夫 妻

7-18 gemu nenehe jalan -i tokto-bu-ha salgabun，（一10a2）

全都 前 世 屬 决定-使-完 姻緣

姻緣

7-19 niyalma-i qihai o-qi o-jora-kv，（一10a2-3）

人-屬 擅自 成爲-條 可以-未-否

1 gese gese：此爲固定用法，意爲“類似”。

由

7-20 juse be uji-fi，（一10a3）

孩子.**複** **賓** 撫養-**順**

7-21 beye xa-me tuwa-me emu sain juru aqa-bu-qi，（一10a3-4）

自己 瞧-**并** 看-**并** 一 好 成對 適合-**使**-**條**

對 合

7-22 ama eme o-ho niyalma -i jobo-ho suila-ha gvnin inu waji-mbi，

父親 母親 成爲-**完** 人 **屬** 煩惱-**完** 困苦-**完** 心 也 完結-**現**

勞 苦 （一10a4-5）

7-23 tuttu se-he se-me，（一10a5）

那樣 説-**完** **助**-**并**

7-24 emu-de o-qi，minde ungga jalan -i niyaman bi，（一10a5-6）

一-**位** 成爲-**條** 我.**與** 長輩 世代 **屬** 親屬 有

長輩 親

7-25 ere age be sa-bu-re unde，（一10a6）

這 阿哥 **賓** 看見-**使**-**未** 尚未

看見

7-26 jai-de o-qi，ji-he taitai sa，（一10a6）

二-**位** 成爲-**條** 來-**完** 太太 **複**

7-27 mini mentuhun sargan jui be inu majige tuwa-ki。（一10b1）

我.**屬** 愚鈍 女 孩子 **賓** 也 稍微 看-**祈**

愚 女 孩

7-28[A] inu，（一10b1）

是

7-29 louye-sa -i gisun umesi ferguweqke genggiyen kai,
老爺-複 屬 話語 非常 珍奇 明確 啊
奇 明（一10b1-2）

7-30 je, ere gisun be uthai musei ji-he taitai sa-de hafumbu,
是 這 話語 賓 立刻 咱們.屬 來-完 太太 複-與 傳達.祈
通知（一10b2-3）

7-31 gege be tuwa-ha manggi,（一10b3）
小姐 賓 看-完 以後
姑娘

7-32 age be inu dosi-mbu-fi,（一10b3-4）
阿哥 賓 也 進入-使-順
令進

7-33 uba-i taitai sa-de tuwa-bu-ki,（一10b4）
這裏-屬 太太 複-與 看-使-祈

7-34 ishunde gemu gvnin de aqa-na-ha se-he-de,（一10b4-5）
互相 都 心思 與 相合-去-完 助-完-位
彼此 意 合

7-35 jai hengkile-qi, inu goida-ra-kv kai。（一10b5）
再 叩頭-條 也 遲-未-否 啊
叩頭 不遲

第8條

8-1[A] age si donji-ha-kv-n?（一10b6）
阿哥 你 聽-完-否-疑
没聽見麽

8-2 jakan hoton -i tule，（一10b6）

最近 城 屬 外面

城 外

8-3 emu jakvn hergen tuwa-ra niyalma ji-he-bi，（一10b6-11a1）

一 八 字 看-未 人 來-完-現

八 字 看

8-4 umesi ferguwequke mangga se-mbi，（一11a1）

非常 奇特 出衆 助-現

奇特 善於

8-5 niyalma ala-ra be donji-qi，（一11a1-2）

人 告訴-未 賓 聽-條

8-6 tere niyalma fuhali enduri adali banji-ha-bi，（一11a2）

那個 人 完全 神仙 同樣 生存-完-現

仙風道骨

8-7 musei duleke-le baita be，（一11a2-3）

咱們.屬 過去-所有 事情 賓

所過去

8-8 aimaka we inde ala-ha adali，（一11a3）

好像 誰 他.與 告訴-完 同樣

倒 相

8-9 jafa-ha sinda-ha gese bodo-me bahana-mbi，（一11a4）

取-完 放置-完 樣子 籌算-并 領會-現

算

8-10 musei niyalma gene-he-ngge umesi labdu，（一11a4）

咱們.屬 人 去-完-名 非常 多

8-11 siran siran -i lakqa-ra-kv jalu fihe-ke-bi，（一11a5）

陸續 陸續 **工** 斷絕-**未**-**否** 滿 擁擠-**完**-**現**

接連陸續 不斷 滿 擠

8-12 ere gese xengge niyalma bi-kai，（一11a5-6）

這 樣子 神聖 人 有-啊

神

8-13 atanggi bi-qibe muse ahvn deu inu inde tuwa-bu-na-ki。

什麼時候 有-**讓** 咱們 兄 弟 也 他.**與** 看-**被**-去-**祈**（一11a6）

8-14[B] bi aifini sa-ha，（一11b1）

我 早就 知道-**完**

8-15 mini guqu-se，（一11b1）

我.**屬** 朋友-**複**

8-16 ere uquri feniyen feniyena-fi[1] gene-re jakade，（一11b1-2）

這 時候 人群 成群-**順** 去-**未** 因爲

8-17 qananggi bi inu tuba-de isina-ha，（一11b2）

前幾天 我 也 那裏-**與** 到達-**完**

8-18 mini jakvn hergen be inde tuwa-bu-ha-de，（一11b2-3）

我.**屬** 八 字 **賓** 他.**與** 看-**使**-**完**-**位**

8-19 ama eme ai aniya，（一11b3）

父親 母親 什麼 年

父 母

8-20 ahvn deu udu，（一11b3）

兄 弟 幾個

---

1 feniyenafi：疑爲 feniyelefi之誤。

8-21 sargan hala ai，（一11b3-4）

妻 姓 什麼

妻 什麼 門氏

8-22 atanggi hafan baha-ngge，（一11b4）

什麼時候 官 得到.**完-名**

8-23 haqin haqin[1] -i baita，gemu tob se-me aqa-na-ha，

種類 種類 **屬** 事情 都 正好 **助-并** 相合-去-**完**

應（一11b4-5）

8-24 heni majige taxarabu-ha-kv，（一11b5）

略微 稍微 弄錯-**完-否**

不錯

8-25[A] duleke-ngge udu aqa-na-ha bi-qibe，（一11b5-6）

過去-**名** 儘管 相合-去-**完** 有-**讓**

8-26 damu jidere unde baita，（一11b6）

衹是 下一個 尚未 事情

8-27 ainahai ini hendu-he songkoi o-mbi-ni。（一11b6-12a1）

未必 他.**屬** 説-**完** 按照 成爲-**現**-呢

8-28[B] tuttu se-me，（一12a1）

那樣 説-**并**

8-29 muse yamaka ba-de tanggv jiha faya-ra-kv，（一12a1）

咱們 可能 地方-**位** 一百 錢 花費-**未-否**

不化

1 haqin haqin：此爲固定用法，意爲“各種各樣”。

8-30 eiqibe si geli baita akv，（一12a2）
總之 你 又 事情 否

8-31 bou-de bai tere anggala，（一12a2）
家-位 白白 那 而且

8-32 sargaxa-ra gese gene-qi，（一12a2-3）
游玩-未 樣子 去-條
曠

8-33 ai o-jora-kv se-re ba-bi，（一12a3）
什麽 可以-未-否 助-未 地方-有

8-34 alixa-ra be toukabu-re ton o-kini。（一12a3）
煩悶-未 賓 解悶-未 數目 成爲-祈
煩悶 數目

第9條

9-1[A] suweni bakqin de bi-sire，tere emu falga bou antaka?
你們.屬 對面 位 有-未 那 一 座 家 如何
對面 所 如何（一12a4）

9-2[B] si tere-be fonji-fi aina-mbi?（一12a5）
你 那-賓 問-順 做什麽-現
問

9-3[A] mini emu tara ahvn uda-ki se-mbi。（一12a5）
我.屬 一 表親 兄長 買-祈 説-現
表 兄

9-4[B] tere bou te-qi o-jora-kv，（一12a6）
那個 家 住-條 可以-未-否

住

9-5 umesi doksin，（一12a66）

非常 凶殘

凶險

9-6 da jokson de mini emu mukvn -i ahvn uda-ha-ngge，

原本 起初 **位** 我.**屬** 一 族 **屬** 兄長 買-**完**-**名**

起先 族（一12a6-12b1）

9-7 girin -i bou nadan giyalan，（一12b1）

門 **屬** 家 七 房間

門 房 間

9-8 fere de isi-tala sunja jergi，（一12b1-2）

底 **與** 到達-**至** 五 層

底 直至到 層

9-9 umesi iqangga sain bolgo bihe，（一12b2）

非常 舒服 好 乾净 **過**

順 乾净

9-10 mini jalahi jui de isina-ha manggi，（一12b2-3）

我.**屬** 侄 孩子 **與** 到達-**完** 以後

侄兒

9-11 juwe ergi hetu bou[1] be sangsara-ka se-me，（一12b3）

兩 側 旁邊 房 **賓** 朽壞-**完** **助**-**并**

兩邊 廂房 舊爛

1 hetu bou：二詞聯用專指“廂房”。

9-12　efule-fi dasa-me weile-he turgun-de，（一12b4）
拆毁-順　修理-并　修建-完　原因-位
拆毁　修　盖

9-13　holkonde hutu ai dabka-me deribu-he，（一12b4）
突然　鬼　什麽　作祟-并　開始-完
忽然　鬼　作祟

9-14　suqungga daixa-ha-ngge，hono yebe，（一12b5）
起初　搗亂-完-名　尚且　稍好
鬧的　好

9-15　bi-he bi-hei，inenggi xun de asuki tuqi-bu-me，（一12b5-6）
有-完　有-持　白天　時候　位　聲響　出-使-并
久而久之　聲兒

9-16　arbun sabubu-ha，（一12b6）
形象　展現-完
形像

9-17　bou-i hehe-si aika o-ho-de[1]，（一12b6）
家-屬　女人-複　如果　成爲-完-位
女人們　動不動

9-18　uthai buqeli be tunggala-ha se-me，（一13a1）
就　鬼魂　賓　撞見-完　説-并
就　死鬼　無心中遇

9-19　golo-fi ergen joqi-bu-ha-ngge gemu bi，（一13a1-2）
驚嚇-順　性命　喪失-使-完-名　也　有

1　aika ohode：此處意爲“動不動”。

喪了命

9-20 samada-qi mekele，（一13a2）

薩滿跳神-條 枉然

跳神

9-21 fudexe-qi baita-kv o-joro jakade，（一13a2）

送祟-條 作用-否 可以-未 因爲

送祟

9-22 arga akv，（一13a2-3）

方法 否

没法

9-23 teni ja hvda de unqa-ha。（一13a3）

纔 便宜 價格 位 賣-完

價 賣了

9-24[A] age si sa-mbi-u?（一13a3）

阿哥 你 知道-現-疑

9-25 ere gemu forgon ehe -i haran，（一13a3-4）

這 全都 運氣 壞 屬 原因

運

9-26 yaya bou-de umai gai akv，（一13a4）

大概 家-位 完全 關係 否

9-27 forgon sain o-qi，（一13a4-5）

運氣 好 若是

9-28 udu buxuku yemji bi-he seme，（一13a5）

即使 魑魅 魍魎 有-完 雖然

狐魅 邪星子

9-29 inu jailata-me burula-ra dabala,（一13a5）

又 躲避-并 逃走-未 而已

躲 逃去

9-30 niyalma be nungne-me mute-mbi-u?（一13a6）

人 賓 騷擾-并 能够-現-疑

惹

9-31 tuttu se-me,（一13a6）

那麽 助-并

9-32 mini ere ahvn umesi fahvn ajige,（一13a6-13b1）

我.屬 這個 兄長 非常 膽子 小

胆

9-33 bi daqila-ha yargiyan ba-be,（一13b1）

我 打聽-完 真實 地方-賓

根底 實情

9-34 inde ala-qi waji-ha,（一13b1）

他.與 告訴-條 完結-完

告訴

9-35 uda-qibe uda-ra-kv o-qibe,（一13b2）

買-讓 買-未-否 成爲-讓

買

9-36 ini qihai gama-kini。（一13b2）

他.屬 任由 處理-祈

由

第10條

10-1[A] si aina-ha-bi?（一13b3）

你 做什麽-**完**-**現**

怎麽了

10-2 qira biyabiyasahvn，（一13b3）

臉色 蒼白

白白的

10-3 kos se-me wasi-fi，ere durun o-ho-bi。（一13b3-4）

一下子 **助**-**并** 衰敗-**順** 這個 樣子 成爲-**完**-**現**

忽然 覺瘦了 樣兒

10-4[B] age si sar-kv，（一13b4）

阿哥 你 知道.**未**-**否**

10-5 ere udu inenggi ulan fete-re de wa su umesi ehe，

這 幾 日子 溝渠 刨-**未** **位** 味道 氣味 非常 壞

溝 刨 味（一13b4-5）

10-6 tere da-de[1] geli gaitai xahvrun，holkonde halhvn，（一13b5-6）

那 原本-**位** 又 忽然 冷 忽然 熱

忽然 凉 忽然 熱

10-7 fuhali toktohon akv，（一13b6）

完全 確定 **否**

定準

10-8 tuttu ofi，（一13b6）

那樣 因爲

1 tere dade：此二詞聯用意爲“而且，加之”。

10-9 niyalma gemu beye-be uji-re an kemun baha-ra-kv,

（一13b6-14a1）

人 全都 身體-賓 養-未 平常 規則 得到-未-否

養 常 制

10-10 qananggi buda-i erin-de xahvrusa-ka[1] bihe-ngge，（一14a1）

前幾天 飯-屬 時候-位 着凉-完 過-名

凉凉的

10-11 gaitai halhvn o-fi，niyalma hami-qi o-jora-kv fathaxa-mbi，

突然 熱 成爲-順 人 承受-條 可以-未-否 焦躁-現

受不得 焦躁（一14a2）

10-12 beye-i gubqi hvmbur se-me nei tuqi-re jakade，（一14a2-3）

身體-屬 整個 濕淋淋貌 助-并 汗 出-未 因爲

渾身 大汗貌 汗

10-13 sijigiyan be su-fi majige serguwexe-ki se-me（一14a3-4）

上衣 賓 脱-順 稍微 凉快-祈 想-并

袍子 凉快

10-14 emu moro xahvrun muke omi-ha bi-qi，（一14a4）

一 碗 冷 水 喝-完 有-條

碗 凉 水

10-15 ilihai andande，uthai uju nime-me deribu-he，（一14a4-5）

立刻 頃刻 就 頭 痛-并 開始-完

頭 疼

1 xahvrusaka：疑爲xahvraka之誤。

10-16 oforo inu wanggiya-na-ha，（一14a5）

鼻 也 傷風-去-完

鼻 齆了

10-17 bilha inu sibu-ha，（一14a6）

喉嚨 也 沙啞-完

嗓子 啞了

10-18 beye tugi de te-he adali hvi se-mbi。（一14a6）

身體 雲 位 住-完 同様 眩暈 助-現

雲端 發暈

10-19[A] sini beye teile waka，（一14a6-14b1）

你.屬 身體 衹有 不是

10-20 mini beye inu asuru qihakv，（一14b1）

我.屬 身體 也 很 不舒服

很 不舒服

10-21 axxa-ra be ba-mbi，（一14b1）

動-未 賓 懈怠-現

怠

10-22 jabxan de，（一14b2）

幸運 位

10-23 sikse je-ke-ngge omi-ha-ngge be waqihiya-me oksi-ha，（一14b2）

昨天 吃-完-名 喝-完-名 賓 用盡-并 吐-完

全然 吐了

10-24 akvqi，enenggi inu katunja-qi o-jora-kv o-ho，（一14b2-3）

否則 今天 也 忍受-條 可以-未-否 成爲-完

扎掙

10-25 bi sinde emu sain arga taqibu-re，（一14b3-4）

我 你.與 一 好 方法 教導-未

法

10-26 damu hefeli be omiholo-bu，（一14b4）

衹是 肚子 賓 餓-使.祈

肚子 餓著

10-27 komsokon -i jefu，（一14b4）

少些 工 吃.祈

少些

10-28 ume labdula-ra，（一14b4）

絶不 增多-未

多

10-29 tuttu ohode，（一14b5）

那樣 若

10-30 uthai majige xahvrkan se-me，（一14b5）

就即使 稍微 冷 助-并

凉著了

10-31 inu aina-ha se-me hvwanggiya-ra-kv。（一14b5-6）

也 做什麼-完 助-并 妨礙-未-否

亦然 無妨

第11條

11-1[A] tere age se-re-ngge，（一15a1）

那個 阿哥 助-未-名

11-2 musei fe adaki kai，（一15a1）

咱們.**屬** 舊 鄰居 啊

老 街房

11-3 xa-me tuwa-me mutu-ha juse，（一15a1-2）

盯-**并** 看-**并** 成長-**完** 孩子.**複**

長大了

11-4 giyala-fi giyanakv udu goida-ha，（一15a2）

相隔-**順** 能有 幾 經過-**完**

11-5 te donji-qi mujakv hvwaxa-fi hafan o-ho-bi se-re，（一15a2-3）

現在 聽-**條** 着實 成長-**順** 官 成爲-**完**-**現** 助-**未**

成人

11-6 suqungga bi hono akda-ra dulin kenehunje-re dulin bihe，

起初 我 還 相信-**未** 一半 懷疑-**未** 一半 **過**

起初 信 一半 疑 （一15a3-4）

11-7 amala guqu-se de fonji-qi，mujangga，（一15a4）

後來 朋友-**複** **與** 問-**條** 果然

果然

11-8 ere-be tuwa-qi，（一15a4）

這-**賓** 看-**條**

11-9 gvnin funiyagan bi-qi，baita tokto-fi mute-mbi，（一15a5）

心 度量 有-**條** 事情 决定-**順** 能够-**現**

有志者 事 定成

11-10 se mulan[1] de akv se-he gisun, taxan akv kai。(一15a5-6)

年齡 凳子 位 否 助-完 話語 虛假 否 啊

不在年歲

11-11[B] age -i gisun inu, (一15a6)

阿哥 屬 話語 正確

11-12 udu tuttu se-qibe, (一15a6-15b1)

儘管 那樣 説-讓

11-13 inu terei sakda-sa de waji-ra-kv sain ba bi-fi, (一15b1)

又 他.屬 老人-複 位 完結-未-否 好 地方 有-順

有出息

11-14 teni ere gese dekjingge juse banji-ha, (一15b1-2)

纔 這個 樣子 興旺 孩子.複 生長-完

11-15 nomhon bi-me sain, (一15b2)

忠厚 有-并 善良

老實

11-16 taqin fonjin de amuran, (一15b2-3)

學 問 與 愛好

學 問 好

11-17 gabta-ra niyamniya-ra, (一15b3)

步射-未 騎射-未

11-18 eiten haha-i erdemu, (一15b3)

一切 男人-屬 才能

---

1 se mulan：此爲固定用法，意爲“年齡”。

11-19 se de teisu akv，（一15b3）
年齡 **位** 相符 不

11-20 ambula taqi-ha-bi，（一15b4）
廣大 學-**完**-**現**
博 學

11-21 an -i inenggi，bou-de bi-qi，（一15b4）
平常 **屬** 日子 家-**位** 在-**條**

11-22 bithe tuwa-ra dabala，（一15b4）
書 看-**未** 罷了

11-23 balai ba-de emu joksun se-me inu feliye-ra-kv，（一15b5）
過分 地方-**位** 一 步 **助**-**并** 也 行走-**未**-**否**
混賬 步

11-24 tere anggala，siden -i baita de geli umesi ginggun olhoba，
那 而且 公事 **屬** 事情 **與** 又 非常 恭敬 謹慎
公 事 敬謹（一15b5-6）

11-25 baha-ra sa-ra ba-de o-qi，fimene-re ba akv，（一15b6-16a1）
得到-**未** 知道-**未** 地方-**位** 成爲-**條** 靠近-**未** 地方 **否**
就

11-26 ere tob se-me sain be isa-bu-ha bou-de，（一16a1）
這 正好 説-**并** 良善 **賓** 彙集-**使**-**完** 家-**位**
正所謂 積善之 家

11-27 urunakv funqetele hvturi be ali-mbi se-he gisun de，（一16a2）
必定 以至 福 **賓** 受到-**現** **助**-**完** 話語 **位**
必 有 餘 慶

11-28 aqa-na-ha se-qina。（一16a3）

相合-去-**完** **助-讓**

應驗

第12條

12-1[A] age amba urgun kai，（一16a4）

阿哥 大 喜慶 啊

喜

12-2 janggin sinda-ra de tomila-ha se-mbi。（一16a4）

章京 任命-**未** **位** 委派-**完** **說-現**

章京 放 拿上了

12-3[B] inu，（一16a4）

是

12-4 sikse ilga-me sonjo-ro de mimbe qoho-ho。（一16a5）

昨天 區分-**并** 選擇-**未** **位** 我.**賓** 擬正-**完**

揀 選 擬正

12-5[A] adabu-ha-ngge we?（一16a5）

擬陪-**完-名** 誰

擬陪 誰

12-6[B] bi taka-ra-kv，（一16a5-6）

我 認識-**未-否**

不認得

12-7 emu gabsihiyan -i juwan -i da[1]，（—16a6）

一 前鋒 **屬** 十 **屬** 頭目

前鋒校

12-8[A] inde qouha mudan bi-u akv-n?（—16a6-16b1）

他.**位** 兵 情勢 有-**疑** **否-疑**

12-9 akv，（—16b1）

否

12-10 aba -i teile，（—16b1）

畋獵 **屬** 衹是

圍

12-11[B] bi sini funde ure-me bodo-ho，（—16b1）

我 你.**屬** 代替 熟悉-**并** 籌算-**完**

替 熟 算

12-12 tojin funggala hada-mbi se-me belhe。（—16b2）

孔雀 尾翎 釘-**現** **助-并** 準備.**祈**

孔雀 翎子 換 預備

12-13[A] bi ai ferguwequke，（—16b2）

我 什麽 奇特

奇特

12-14 minqi sain ningge ai yada-ra，（—16b2-3）

我.**從** 好 人 什麽 稀少-**未**

少

1 juwan -i da：此專指“護軍營”“護軍校”。

12-15 urunakv baha-mbi se-me ere-qi o-mbi-u?（一16b3）
必定 得到-現 助-并 希望-條 成爲-現-疑

12-16 ama mafa -i kesi de，（一16b4）
父親 祖父 屬 恩惠 位

保不定

12-17 jabxan de here-bu-re be boljo-qi o-jora-kv。（一16b4）
造化 與 撈-被-未 賓 預測-條 可以-未-否

12-18[B] ai gisun se-re-ngge，（一16b5）
什麽 話語 説-未-名

12-19 si ai erin -i niyalma，（一16b5）
你 什麽 時候 屬 人

12-20 aniya goida-ha，（一16b5）
年 長久-完

年分

12-21 fe be bodo-qi，（一16b5-6）
舊時 賓 考慮-條

12-22 sini emgi sasa yabu-ha guqu-se gemu amban o-ho，（一16b6）
你.屬 共同 一起 行走-完 朋友-複 全都 大臣 成爲-完

朋友們

12-23 jai sini amala amala gai-ha asihata，（一16b6-17a1）
再 你.屬 後來 後來 取-完 青年.複

12-24 youni wesi-fi sinqi enggele-he-bi，（一17a1）
全都 升遷-順 你.從 超過-完-現

12-25 yabu-ha feliye-he be bodo-qi，（一17a2）
行走-完 步行-完 賓 考慮-條

12-26 qouha de faxxa-ha，（一17a2）

兵 位 努力-完

12-27 feye baha，（一17a2）

傷 得到.完

傷

12-28 tuttu bime，ne tofohoto mangga[1]，（一17a3）

那樣 而且 現在 各十五 出衆

十五善射

12-29 si hendu sinqi dulende-re-ngge gemu we-qi，（一17a3-4）

你 說.祈 你.從 超過-未-名 都 誰-從

12-30 bi sa-ha，（一17a4）

我 知道-完

12-31 ainqi mimbe urgun nure omi-me ji-derahv se-me，（一17a4-5）

或許 我.賓 喜慶 酒 喝-并 來-虛 助-并

大盖 怕

12-32 jortanggi uttu gisure-mbi dere，（一17a5）

故意 這樣 說-現 吧

故意

12-33[A] ai geli，（一17a5）

什麼 又

12-34 yala baha-qi，（一17a5）

果真 得到-條

1 tofohoto mangga：此專指“十五善射”。

12-35 nure be ai se-mbi, （一17a6）

酒 賓 什麼 說-現

酒 算什麼

12-36 sini gvnin de aqabu-me soli-ki。（一17a6）

你.屬 心意 與 相合-并 邀請-祈

12-37[B] bai yobo makta-mbi, （一17a6-17b1）

衹是 玩笑 誇贊-現

鬥笑

12-38 bi urgun ara-me ji-qi giyan ningge, （一17b1）

我 喜慶 做-并 來-條 道理 人

12-39 fudaramc sini-ngge be je-qi geli o-mbi-u? （一17b1-2）

反倒 你.屬-名 賓 吃-條 又 可以-現-疑

反倒 你的

第13條

13-1[A] enenggi yaka ji-he-bi-u? （一17b3）

今天 誰 來-完-現-疑

誰

13-2[B] age bou-qi tuqi-me, （一17b3）

阿哥 家-從 出去-并

13-3 dahanduhai juwe niyalma tuwa-nji-me ji-he, （一17b3-4）

隨即 二 人 看-來-并 來-完

隨後

13-4 age be wesi-ke se-me,（—17b4）

阿哥 賓 升遷-完 助-并

升

13-5 qohome urgun de aqa-nji-ha se-he。（—17b4-5）

特意 喜慶 位 相見-來-完 説-完

道

13-6[A] we tuqi-fi yabu-ha?（—17b5）

誰 出去-順 行事-完

誰 答應

13-7[B] mini beye duka-i jakade ili-ha bihe,（—17b5）

我.屬 自己 門-屬 跟前 站-完 過

13-8 bi mini ahvn bou-de akv,（—17b6）

我 我.屬 兄長 家-位 否

13-9 louye-sa dosi-fi te-ki se-me anahvnja-qi,（—17b6-18a1）

老爺-複 進入-順 坐-祈 助-并 謙讓-條

讓

13-10 farxa-me dosi-ra-kv,（—18a1）

拼命-并 進入-未-否

拼命

13-11 amasi gene-he。（—18a1）

返回 去-完

回

13-12[A] ai gese niyalma?（—18a1）

什麼 樣子 人

13-13　adarame banji-ha-bi?（一18a2）

怎麼　生長-完-現

13-14[B]　emken yalihangga，（一18a2）

一個　臃胖

胖子

13-15　age qi majige dekdehun，（一18a2）

阿哥 從　稍微　高大

略　高些

13-16　beye teksin，（一18a2-3）

身體　整齊

停勻

13-17　xufangga salu，（一18a3）

絡腮　鬍鬚

連鬢　鬍子

13-18　yasa bultahvn，（一18a3）

眼睛　突出

暴子眼

13-19　fahala qira，（一18a3）

青紫色 顏色

紫糖　色

13-20　tere emke，yala yobo，（一18a3-4）

那　一個　真是　好笑

13-21　nantuhvn manggi，fuhali tuwa-qi o-jora-kv，（一18a4）

髒　既　完全　看-條　可以-未-否

藏

13-22 yasa gakda bi-me hiyari，（一18a4-5）

眼睛 單個 有-**并** 斜眼

一隻 眼 斜眼

13-23 kerkene-he qanggi，（一18a5）

滿臉麻子-**完** 衹有

多麻子

13-24 hoshori salu noho，（一18a5）

捲曲 鬍鬚 全是

捲毛 純是

13-25 yayada-me mini baru emgeri gisure-re jakade，（一18a5-6）

咬舌-**并** 我.**屬** 向 一次 説-**未** 因爲

咬舌 往

13-26 bi elekei pus se-me inje-he-kv bihe。（一18a6-18b1）

我 幾乎 噴吐貌 **助-并** 笑-**完-否** **過**

忍不住

13-27[A] tere yalingga bi sa-ha，（一18b1）

那個 雍胖 我 知道-**完**

13-28 ere emke geli we bi-he。（一18b1）

這 一個 又 誰 有-**完**

13-29[B] bi qeni hala be fonji-ha bihe，（一18b1-2）

我 他們.**屬** 姓 **賓** 問-**完** **過**

姓

13-30 minde emte jyming weri-he-bi，（一18b2）

我.**與** 人.**分** 職名 留-**完-現**

留

13-31 bi gaji-fi age-de tuwa-bu-re。（一18b2-3）

我 拿來-順 阿哥-與 看-使-未

拿

13-32[A] ara，ere moniu aibi-qi ji-he，（一18b3）

哎呀 這個 猴子 哪裏-從 來-完

猴兒

13-33 si terebe yokqin akv se-me，（一18b3-4）

你 他.賓 醜陋 不是 助-并

貌陋

13-34 ume ja tuwa-ra，（一18b4）

不要 輕 看-未

易

13-35 beye-i giru udu waiku daikv bi-qibe，（一18b4-5）

身體-屬 外貌 即使 歪 扭曲 有-讓

歪歪 咧咧

13-36 fi de sain，（一18b5）

筆 位 好

13-37 dotori bi，（一18b5）

才能 有

有内

13-38 imbe jono-ho-de we sar-kv，（一18b5-6）

他.賓 提起-完-位 誰 知道.未-否

提

13-39 aifini gebu gai-ha niyalma kai，（一18b6）

早就 名字 獲得-完 人 啊

享 名

13-40 seibeni oihori koikaxa-mbihe-u?（一18b6-19a1）

曾經 輕率 混攪-**過**-**疑**

昔日 何等 亂鬧

第14條

14-1[A] age-sa ainu teni ji-he，（一19a2）

阿哥-**複** 爲什麼 纔 來-**完**

14-2 bi suwembe aliya-hai，（一19a2）

我 你們.**賓** 等待-**持**

等

14-3 ele elei amu xabura-ha-bi。（一19a2-3）

愈發 愈發 睡覺 困倦-**完**-**現**

始 終 困了

14-4[B] bi sinde ala-ra，（一19a3）

我 你.**與** 告訴-**未**

14-5 be，teni axxa-fi sini bou-de ji-dere-ngge，（一19a3-4）

我們 剛剛 動-**順** 你.**屬** 家-**與** 來-**未**-**名**

動

14-6 uksa emu eime-bu-re niya-ha yali be uqara-ha，（一19a4）

不料 一 厭煩-**被**-**未** 腐爛-**完** 肉 **賓** 遇見-**完**

可巧 厭煩 爛

14-7 gisun dalhvn bi-me oyombu-ra-kv，（一19a4-5）

話語 絮叨 有-**并** 要緊-**未**-**否**

絮叨 不要緊

14-8　uttu se-re tuttu se-re，（一19a5）

這樣 説-未 那樣 説-未

14-9　ja ja de baha-fi waji-ra-kv，（一19a5-6）

簡 單 位 能够-順 完結-未-否

輕易

14-10　baita akv oqi，lolo se-re ai-bi，（一19a6）

事情 否 若是 没完没了 説-未 什麼-有

14-11　hvi ala-me gisure-kini，（一19a6-19b1）

任憑 告訴-并 説-祈

由著

14-12　geli simbe aliya-rahv se-me，（一19b1）

又 你.賓 等待-虛 助-并

怕

14-13　tede，arga akv，（一19b1）

因此 辦法 否

没法

14-14　mende baita bi，（一19b2）

我們.與 事情 有

14-15　qimaha inenggi jai gisure-kini se-me，（一19b2）

明天 日子 再 説-祈 助-并

明 日

14-16　ini gisun be meite-fi ji-he se-qina，（一19b2-3）

他.屬 話語 賓 截-順 來-完 説-祈

節

14-17 akvqi aifini ji-fi te-me xada-ha-bi。（一19b3）

否則 早就 來-順 坐-并 疲乏-完-現

乏了

14-18[A] weke[1] aba，（一19b4）

誰 哪裏

人衆 忘名

14-19 hvdun dere be sinda，（一19b4）

快 桌子 賓 放.祈

桌子 放

14-20 gvni-qi，louye-sa gemu yadahvxa-ha-bi，（一19b4-5）

想-條 老爺-複 都 餓-完-現

餓了

14-21 buda ai-be gemu lak se。（一19b5）

飯 什麽-賓 全都 快 助.祈

令速快

14-22[B] age sini ere absi，（一19b5-6）

阿哥 你.屬 這 怎麽

14-23 faita-ha yali bi-qi waji-ha kai，（一19b6）

切-完 肉 有-條 完結-完 啊

片 肉

14-24 geli utala bouha saikv be aina-mbi，（一19b6-20a1）

又 許多 菜肴 飯菜 賓 做什麽-現

若許 菜 酒菜

1 weke：此處指上對下稱呼時不叫其名，類似于“來人啊”。

14-25 membe antaha -i doro-i tuwa-mbi-u? （一20a1）

我們.賓 客人 屬 禮節-屬 看-現-疑

客 待

14-26[A] bai emu mujilen o-kini，（一20a1-2）

衹是 一 心意 成爲-祈

14-27 giyanakv ai sain jaka bi，（一20a2）

能有 什麽 好 東西 有

能

14-28 age-sa bouhala-me majige jefu。（一20a2-3）

阿哥-複 吃菜-并 稍微 吃.祈

就菜

14-29[B] si uttu ambara-me dagila-ha-bi-kai，（一20a3）

你 這樣 擴大-并 準備-完-現-啊

預備

14-30 be esi je-qi，（一20a3-4）

我們 當然 吃-條

14-31 ebi-ra-kv o-qi，inu sabka sinda-ra ba akv，（一20a4）

飽-未-否 成爲-條 也 筷子 放-未 地方 否

飽 筷子

14-32[A] tuttu o-qi，ai hendu-re，（一20a5）

那樣 成爲-條 什麽 説-未

14-33 deu be gosi-ha kai，（一20a5）

弟弟 賓 疼愛-完 啊

疼愛

第15條

15-1[A] qeni eigen sargan be，si baqihi se-mbi-u?（一20a6）

他們.屬 夫 妻 賓 你 結髮夫妻 覺得-**現-疑**

夫 妻 結髮

15-2[B] waka kai，（一20a6）

不是 啊

15-3 sirame gai-ha-ngge，（一20a6-20b1）

接續 娶-**完-名**

續娶

15-4 ere emile ududu eigen ana-ha-bi，（一20b1）

這個 母的 很多 丈夫 妨害-**完-現**

母子 妨

15-5 banin giru inu sain，gala weilen inu o-mbi，（一20b1-2）

容貌 體態 也 好 手 活計 也 可以-**現**

相 貌 活計

15-6 damu emu ba eden，（一20b2）

衹是 一 地方 欠缺

欠

15-7 juxun je-tere mangga，（一20b3）

醋 吃-**未** 善於

醋 肯

15-8 eigen susai se tuli-tele，（一20b3）

丈夫 五十 歲 逾期-**至**

過

15-9 umai juse enen akv bime，（一20b3-4）

全然 孩子.複 後裔 否 而且

子 嗣

15-10 guweleku sinda-mbi se-re-de，（一20b4）

妾 放置-現 説-未-位

妾 放 提

15-11 hetu dedu-fi o-jora-kv，（一20b4-5）

横 躺卧-順 可以-未-否

横 躺下

15-12 fasi-me buqe-ki se-re beye-be beye ara-ki se-re，（一20b5-6）

自縊-并 死-祈 想-未 身體-賓 自己 做-祈 想-未

自縊 自 刎

15-13 haqingga demun -i gelebu-me daixa-mbi，（一20b6）

各種 行爲 工 威脅-并 搗亂-現

下嚇 鬧

15-14 fisiku aihvma geli eberi ten，（一20b6-21a1）

愚鈍 鱉 又 弱 極致

無能 鱉 軟弱之至

15-15 sargan de ergele-bu-fi fuhali horon gaibu-ha，（一21a1）

妻 與 壓迫-被-順 完全 威力 敗-完

押派 直 威 輸

15-16 imbe umainame mure-ra-kv bi-me，（一21a1-2）

他.賓 怎麽樣 能够-未-否 有-并

怎麽樣

15-17 beye niuhon jili banji-hai，ergen susa-ka。（一21a2）

自己 青色 怒氣 發生-**持** 命 死-**完**

暗 氣 生來生去的 喪了 命了

15-18[A] ere-be tuwa-qi，（一21a3）

這-**賓** 看-**條**

15-19 jalan -i baita teksin akv，mujangga，（一21a3）

世間 **屬** 事情 整齊 **否** 確實

齊

15-20 meni tuba-i emu age，（一21a3-4）

我們.**屬** 那裏-**屬** 一 阿哥

15-21 jakan sunja tanggv yan menggun de，（一21a4）

最近 五 百 兩 銀子 **位**

新進

15-22 emu hehe uda-fi beye-de goqi-ka，（一21a4-5）

一 女人 買-**順** 自己-**位** 拉近-**完**

買 收了

15-23 fuhali ini oho -i funiyehe -i adali，（一21a5-6）

完全 他.**屬** 腋下 **屬** 毛 **屬** 同樣

胳肢窩 毛

15-24 aikan faikan[1] -i gese gosi-me，（一21a6）

愛惜 寶貝 **屬** 樣子 疼愛-**并**

恐怕 怎麽樣的 疼愛

1 aikan faikan：faikan單用的情況不見於各詞典，衹與aikan連用，意爲“愛惜寶貝”。

15-25 ai se-qi ai，（一21a6）

什麽 説-條 什麽

15-26 gelhun akv majige jurqe-ra-kv，（一21a6-21b1）

敢 否 稍微 違背-未-否

違背

15-27 ere hayan baiku be uju de hukxe-he bi-me，（一21b1-2）

這個 淫蕩 娼婦 賓 頭 位 頂-完 有-并

淫 娼婦 頂

15-28 jingkini sargan be，（一21b2）

真正 妻 賓

正

15-29 elemangga aha nehu de isibu-ra-kv adunggiya-mbi，（一21b2-3）

反倒 奴才 婢女 與 達到-未-否 折磨-現

反倒 奴才 婢女 不及 揉挫

15-30 inenggi-dari tanta-hai fasi-me buqe-re de isibu-ha，（一21b3）

日子-每 毆打-持 自縊-并 死-未 與 達到-完

打來打去的 吊 死

15-31 danqan -i urse habxa-ha，（一21b4）

娘家 屬 人們 訴訟-完

娘家 告了

15-32 tetele kemuni waji-re unde，（一21b4）

至今 還 完結-未 尚未

至今

15-33 ere fequhun hehe，（一21b5）

這個 醜惡 女人

陰壞

15-34 tere doksin haha de, jing emu juru kai, （一21b5-6）
那個 暴虐 男人 **與** 正好 一 配對 啊
凶惡 對

15-35 amba ainu eigen sargan o-bu-me holbo-ra-kv ni。（一21b6）
天 爲什麼 夫 妻 成爲-**使-并** 結親-**未-否** 呢
配

第16條

16-1[A] ere gese amba aga de, ara, aibi-de gene-he bihe, （一22a1）
這 樣子 大 雨 **位** 哎呀 哪裏-**與** 去-**完** **過**
雨

16-2 hvdun dosi。（一22a2）
快 進來.**祈**
快

16-3[B] mini emu guqu akv o-ho, （一22a2）
我.**屬** 一 朋友 **否** 成爲-**完**

16-4 giran bene-fi ji-he, （一22a2-3）
遺體 送-**順** 來-**完**
殯 送

16-5 eqimari abka tulhuxe-meliyan, （一22a3）
今天早上 天 陰天-**弱**
陰陰

16-6 aga-ra muru bi-qibe, （一22a3）
下雨-**未** 模樣 有-**讓**
有雨 樣

16-7 inenggi dulin[1] de isina-fi，（一22a3-4）

白天 正中 與 到達-順

晌午

16-8 gahvn gala-ka-bi，（一22a4）

明亮 放晴-完-現

大 晴

16-9 amasi mari-fi yabu-re de tuwa-qi，（一22a4-5）

返回 反轉-順 行走-未 位 看-條

回 來

16-10 tugi gemu bombono-fi， yur se-me sekte-he，（一22a5）

雲 全都 堆積-順 細水長流貌 助-并 鋪-完

堆 屢 續 鋪

16-11 tede，bi bou-i urse-i baru，（一22a5-6）

那.位 我 家-屬 人們-屬 向

望

16-12 ere abka faijuma，（一22a6）

這個 天 怪異

不妥

16-13 hasa yabu，（一22a6）

快 行走.祈

快

16-14 akvqi，muse tokto-fi aha[2] de fehu-mbu-mbi-kai，（一22a6-22b1）

否則 咱們 確定-順 雨 與 踩-被-現-啊

---

1 inenggi dulin：此爲固定用法，意爲“正午”。

2 aha：疑爲aga之誤。

踩

16-15 se-me hendu-tele，（一22b1）

助-并 說-至

正說着

16-16 uthai xor se-me aga-me deribu-he，（一22b1-2）

就 瀟瀟貌 助-并 下雨-并 開始-完

風雨有聲

16-17 age si hendu，xehun bigan de kai，（一22b2-3）

阿哥 你 說.祈 空曠 原野 位 啊

曠 野

16-18 aibi-de jaila-na-mbi，（一22b3）

那裏-位 躲避-去-現

躲去

16-19 nemerku jangqi etu-me jabdu-ra-kv de，（一22b3-4）

雨衣 氈衣 穿-并 來得及-未-否 位

雨衣 毡褂

16-20 beye-i gubqi gemu xeke-tele usihi-bu-he。（一22b4）

身體-屬 整體 全都 淋透-至 濕-被-完

濕

16-21[A] hvwanggiya-ra-kv，（一22b4）

妨礙-未-否

16-22 minde etuku bi，（一22b5）

我.與 衣服 有

16-23 tuqi-bu-fi si hala，（一22b5）

出-使-順 你 換.祈

换

16-24 abka inu yamji-ha，（一22b5）

天 也 天黑-完

16-25 qimari jai hoton -i dolo dosi，（一22b5-6）

明天 再 城 屬 裏面 進入.祈

16-26 mini ere koqo yafan de，（一22b6）

我.屬 這個 幽僻 園子 位

背 園子

16-27 sain jaka akv bi-qibe，（一22b6-23a1）

好 東西 否 有-讓

16-28 bou-de uji-he migan[1]，niungniyaha，（一23a1）

家-位 養-完 小猪 鵝

小猪 鵝

16-29 kemuni udu fali bi，（一23a1-2）

還 幾 個 有

16-30 emu juwe wa-fi，sinde ulebu-re。（一23a2）

一 二 殺-順 你.與 款待-未

殺

16-31[B] je-tere be ai se-mbi，（一23a2-3）

吃-未 賓 什麽 説-現

16-32 ere gese beye-be tomo-ro sain ba baha-qi，（一23a3）

這 樣子 身體-賓 休息-未 好 地方 得到-條

1 migan：疑爲mihan之誤。

16-33 uthai jabxan kai, （一23a3-4）

就 幸運 啊

16-34 akvqi, aga be funtu-me yabu-ra-kv, （一23a4）

否則 雨 賓 頂-并 行走-未-否

冒

16-35 aika fa bi-u? （一23a4-5）

什麽 方法 有-疑

第17條

17-1[A] gabta-mbi se-re-ngge, （一23a6）

步射-現 助-未-名

17-2 musei manju-sa-i ujui uju oyonggo baita, （一23a6）

咱們.屬 滿人-複-屬 第一 頭 重要 事情

17-3 tuwa-ra de ja gojime, （一23b1）

看-未 位 容易 雖然

17-4 fakjin baha-ra de mangga, （一23b1）

本領 能够-未 位 難

把柄 拿手

17-5 te bi-qi, inenggi dobori akv tataxa-me, （一23b1-2）

現在 有-條 白天 夜晚 否 拉-并

拉

17-6 beri be tebeliye-hei amga-ra-ngge gemu bi, （一23b2-3）

弓 賓 抱-持 睡覺-未-名 全都 有

抱着 睡

17-7 qolgoroko sain de isina-fi，（一23b3）

出衆 好 **與** 到達-**順**

出衆

17-8 gebu tuqi-ke-ngge giyanakv udu，（一23b3-4）

名字 出-**完**-**名** 能有 幾個

17-9 mangga ba ai-de se-qi，（一23b4）

難 地方 什麽-**位** 説-**條**

17-10 beye tob，（一23b4）

身體 正直

17-11 haqin demun akv，（一23b4）

種類 怪樣 **否**

毛病

17-12 meiren neqin，（一23b5）

肩膀 平

肩膀

17-13 umesi elhe sulfa，（一23b5）

非常 平安 舒展

舒 展

17-14 ere da-de[1] beri mangga，（一23b5）

這個 原本-**位** 弓 硬

17-15 agvra tuqi-bu-re-ngge hvsungge，（一23b5-6）

器械 出-**使**-**未**-**名** 有力

器械 有力

---

1 ere dade：二詞聯用意爲“而且，加之”。

17-16 geli da tolo-me goi-bu-re o-qi，（一23b6）

又 一支 數-**并** 射中-**使-未** 成爲-**條**

支 着

17-17 tere teni mangga se-qi o-mbi。（一23b6-24a1）

那 纔 出衆 説-**條** 可以-**現**

善於精

17-18[B] age si mini gabta-ra be tuwa，（一24a1）

阿哥 你 我.**屬** 步射-**未** **賓** 看.**祈**

17-19 nenehe-qi hvwaxa-ha-u akv-n？（一24a1-2）

先前-**從** 成長-**完-疑** **否-疑**

17-20 aika iqakv ba biqi，（一24a2）

如果 不順眼 地方 若有

不順

17-21 majige jorixa-me tuwanqihiya。（一24a2）

稍微 指示-**并** 改正.**祈**

指撥 規正

17-22[A] sini ere gabta-ra-ngge ai hendu-mbi，（一24a3）

你.**屬** 這 步射-**未-名** 什麽 説-**現**

17-23 yamji qimari[1] ferke de akda-fi funggala hada-mbi-kai，

晚上 明天 大拇指 **位** 仰仗-**順** 尾翎 釘-**現**-啊（一24a3-4）

大拇指 翎子 帶

17-24 durun sain，（一24a4）

様子 好

様兒

1 yamji qimari：此爲固定用法，意爲“旦夕之間”。

17-25 umesi ure-he-bi，（一24a4）
非常 熟-完-現
熟

17-26 uksala-ngge[1] geli bolgo，（一24a4-5）
撒手放箭-名 又 乾净
撒放 乾净

17-27 niyalma gemu sini adali o-me mute-qi，ai bai-re，（一24a5）
人 全都 你.屬 同樣 成爲-并 能够-條 什麼 求-未

17-28 damu beri kemuni uhu-ken gunire-mbi，（一24a5-6）
衹是 弓 還 軟 松緩-現
軟 吐信子

17-29 jai asuru tokto-bu-me mute-ra-kv，（一24a6）
再 甚 確定-使-并 能够-未-否

17-30 ere udu ba，eje-fi hala-ha se-he-de，（一24b1）
這 幾個 地方 記住-順 改正-完 助-完-位
記住 改了

17-31 yaya ba-de isina-fi gabta-qi，（一24b1）
任何 地方-位 到達-順 步射-條

17-32 tokto-fi geren qi tuqi-re dabala，（一24b2）
確定-順 衆多 從 出-未 吧
衆

17-33 gida-bu-re ai-bi。（一24b2）
壓-被-未 什麼-有

1 uksalangge：疑爲uksalarangge之誤。

第18條

18-1[A] uda-qi，emu sain morin uda-qina，（一24b3）

買-條　一　好　馬　買-祈

18-2 hvwaita-me uji-re de inu amtangga，（一24b3-4）

拴-并　養-未 位 也　有趣

拴

18-3 eiqibe orho bordokv waji-mbi-kai，（一24b4）

總之　草　飼料　完結-現-啊

草　料

18-4 ere gese alaxan be hvwaita-fi aina-mbi。（一24b4-5）

這　樣子　駑馬　賓　拴-順　做什麽-現

駑馬

18-5[B] age si sar-kv，（一24b5）

阿哥 你 知道.未-否

18-6 sikse gaji-me jaka，（一24b5）

昨天　取來-并　跟前

18-7 bi uthai hoton -i tule gama-fi qende-he，（一24b5-6）

我　就　城　屬 外面　拿-順　試驗-完

18-8 yalu-qi o-mbi，（一24b6）

騎-條　可以-現

18-9 katara-ra-ngge neqin，（一24b6-25a1）

小跑-未-名　平穩

顛

18-10 feksi-re-ngge tondo，（一25a1）

跑-未-名 直

跑

18-11 niyamniya-qi，（一25a1）

騎射-條

射馬箭

18-12 majige dosi-re mila-ra haqin akv，（一25a1-2）

稍微 進入-未 散開-未 毛病 否

裹 消

18-13 gala-i iqi jabdu-bu-mbi。（一25a2）

手-屬 順應 趕得上-使-現

18-14[A] uttu oqi，（一25a2）

這樣 若是

18-15 si dule taka-ra-kv ni-kai，（一25a2-3）

你 原來 認得-未-否 呢-啊

18-16 sain morin se-re-ngge，（一25a3）

好 馬 助-未-名

18-17 bethe akdun，on doso-mbi，（一25a3）

腿 堅固 路途 忍耐-現

腿子 堅固 路程 耐又受得

18-18 aba saha[1] de urexhvn bime，（一25a3-4）

畋獵 狩獵 位 熟練 而且

走獸牲

1 aba saha：二詞聯用意爲“打圍”。

18-19 gurgu de mangga，（—25a4）

野獸 **位** 擅長

18-20 giru sain bime，ildamu，（—25a4）

外貌 好 而且 靈敏

伶便馬

18-21 yebken asihata，（—25a5）

英俊 青年.**複**

18-22 kiyab se-me jebele asha-fi yalu-mbihe-de，（—25a5）

整齊 **助-并** 箭袋 佩戴-**順** 騎-**過**-**位**

正可巧 撒袋 帶

18-23 tede tukiye-bu-fi，naqin xongkon -i gese o-mbi，（—25a5-6）

那.**位** 抬-**使**-**順** 鴉鶻 海東青 **屬** 樣子 成爲-**現**

抬舉 鴉鶻 海青 生擒活捉

18-24 ere ai，（—25a6）

這個 什麼

18-25 se je-ke[1]，（—25a6）

年歲 吃-**完**

口老了

18-26 senqehe gemu labdahvn o-ho，（—25a6-25b1）

下顎 都 下垂 成爲-**完**

下頦

18-27 bethe uyan bulduri-re mangga，（—25b1）

腿 軟 馬失前蹄-**未** 善於

1 se jeke：此專指馬上了歲數。

18-28 sini beye geli laju，（一25b1-2）

你.屬 身體 又 笨重

腨

18-29 labdu aqa-na-ra-kv，（一25b2）

很 相合-去-未-否

18-30[B] te aina-qi o-joro，（一25b2）

現在 做什麼-條 可以-未

18-31 emgeri uda-me jabdu-ha kai，（一25b2-3）

已經 買-并 妥當-完 啊

18-32 aina-me bi-kini dabala，（一25b3）

做什麼-并 有-祈 罷了

18-33 eiqibe，minde ujen alban akv，（一25b3-4）

總之 我.與 重要 公務 否

18-34 geli goro takvran akv，（一25b4）

又 遠 差遣 否

差遣

18-35 damu nomhon o-qi，uthai minde tehere-mbi，（一25b4-5）

衹是 忠厚 成爲-條 就 我.與 相稱-現

相稱

18-36 yafahala-ra qi ai dalji。（一25b5）

步行-未 從 什麼 相干

第19條

19-1[A] musei tere oshon ningge，（一25b6）

咱們.屬 那個 暴虐 東西

凶惡

19-2 amba jobolon neqi-he-bi。（一25b6）

大 灾禍 招惹-**完-現**

禍害 招惹

19-3[B] aina-ha-bi?（一25b6）

做什麽-**完-現**

19-4[A] ainaha，niyalma be tanta-me wa-ha。（一26a1）

怎麽 人 **賓** 打-**并** 殺-**完**

打

19-5[B] turgun adarame?（一26a1）

原因 怎麽

19-6[A] fili fiktu akv[1] kai，（一26a1）

堅硬 嫌隙 **否** 啊

19-7 qeni emu adaki be，（一26a2）

他們.**屬** 一 鄰居 **賓**

街房

19-8 ini duka-i dalba-de site-he se-me，（一26a2）

他.**屬** 門-**屬** 旁邊-**位** 小便-**完** 助-**并**

旁邊 撒尿

19-9 fonjin hese akv，（一26a2-3）

詢問 命令 **否**

19-10 faha-me tuhe-bu nakv，aktala-me te-fi，（一26a3）

摔-**并** 倒-**使.祈** 之後 跨-**并** 坐-**順**

摔摺 使倒

---

1 fili fiktu akv：此爲固定用法，意爲“無緣無故”。

19-11 dere yasa be baime tanta-me deribu-he，（一26a3-4）

臉 眼睛 賓 朝向 打-并 開始-完

19-12 suqungga tanta-ra de hono tou-me se-re-mbihe，（一26a4）

起初 打-未 位 還 罵-并 說-未-過

罵

19-13 amala gudexe-hei，（一26a5）

後來 捶打-持

亂拳

19-14 nidu-re jilgan gemu akv o-ho，（一26a5）

呻吟-未 聲音 也 否 成爲-完

哼哼

19-15 borho-me tuwa-ra urse，（一26a5-6）

圍聚-并 看-未 人們

圍着

19-16 arbun faijime be sabu-fi，（一26a6）

樣子 不妥 賓 看見-順

19-17 tanta-ra be ili-bu-fi tuwa-qi，（一26a6）

打-未 賓 停息-使-順 看-條

19-18 aifini ergen yada-ha-bi，（一26a6-26b1）

早就 氣息 稀少-完-現

咽氣

19-19 ede yafaha uksin imbe jafa-fi gama-ha，（一26b1）

這.位 步行 甲兵 他.賓 捉-順 拿-完

步甲

19-20 buqe-he niyalma-i bou-i gubqi gemu ji-fi，（—26b1-2）
死-**完** 人-**屬** 家-**屬** 整個 全都 來-**順**

19-21 ini bou nagan be susubu-ha，（—26b2）
他.**屬** 家 炕 **賓** 毀壞-**完**
拆平了

19-22 agvra tetun be hvwala-ha，（—26b3）
器械 器皿 **賓** 劈開-**完**
器 皿 摔了

19-23 wase qi aname youni kola-ha，（—26b3）
瓦 **從** 依次 都 剥-**完**
瓦

19-24 kaiqa-ra jilgan juwe ilan ba -i dube-de gemu donji-ha-bi，
喊叫-**未** 聲音 二 三 地方 **屬** 末端-**位** 都 聽-**完**-**現**
聲 （—26b3-4）

19-25 sikse jurgan de isina-ha，（—26b4-5）
昨天 部 **與** 到達-**完**
部

19-26 enenggi erun nikebu-he se-mbi。（—26b5）
今天 刑罰 責以-**完** **助**-**現**
刑

19-27[B] age si donji-ha-kv-n，（—26b5）
阿哥 你 聽-**完**-**否**-**疑**

19-28 gvran -i ujihe gvran giu be hada-ha se-mbi，（—26b5-6）
公狍子 **屬** 角 公狍子 狍子 **賓** 刺-**完** **助**-**現**
公狍 角 自做自受

19-29 ere ini beye banji-ha-ngge dabala，（一26b6）
這個 他.屬 自己 生事-完-名 罷了
尋

19-30 we-de ai guwanta。（一27a1）
誰-與 什麼 管他

第20條

20-1[A] ere udu inenggi meni tuba-de absi simengge，（一27a2）
這 幾 日子 我們 那裏-位 怎麼 熱鬧

20-2 juktehen de hiyan dabu-me gene-he hehe-si umesi labdu，
廟 位 香 燒-并 去-完 女人-複 非常 多
香 燒 （一27a2-3）

20-3 emken qi emke saikan，uyun dabkvri qi ebu-nji-he，
一個 從 一個 美麗 九 重疊 從 下降-來-完
重一層套一層 降下來（一27a3-4）

20-4 enduri gege-i adali banji-ha-ngge gemu bi，（一27a4-5）
仙 小姐-屬 同樣 生長-完-名 也 有
仙 女

20-5 hoqikon dere，der se-me xeyen，（一27a5）
俊美 臉 雪白貌 助-并 白
潔白

20-6 yaqin faitan yar se-me nilgiyan，（一27a5-6）
黑 眉毛 細流不斷貌 助-并 光潔
白潔細而長 光華

20-7 irgaxa-ra hojo yasa bolori muke-i adali，（—27a6）

流-未 俊俏 眼睛 秋天 水-屬 同様

情盼

20-8 sunggelje-re kanggili beye，（—27a6-27b1）

搖動-未 苗條 身體

軟顫

20-9 niyengniyeri fodoho -i gese emgeri okso-qi，（—27b1）

春天 柳樹 屬 一樣 一次 邁步-條

20-10 asha-ha gu fiyahan kalang kiling se-me guwe-mbi，

佩戴-完 玉 瑪瑙 哐啷 叮鈴 助-并 鳴響-現

玉佩 銅鐵玉器磕碰聲 響（—27b1-2）

20-11 axxa-ha dari xungkeri ilha jarin -i wa，（—27b2-3）

動-完 每 蘭 花 麝香 屬 香氣

蘭 花 麝香

20-12 gungsen gungsen -i ji-mbi，（—27b3）

持續 持續 工 來-現

一陣一陣

20-13 suweni gese asihata sabu-ha se-he-de，（—27b3-4）

你們.屬 一樣 青年.複 看見-完 説-完-位

20-14 maka absi arbuxa-ra be sar-kv o-mbi-kai，（—27b4）

究竟 怎麼 舉動-未 賓 知道.未-否 成爲-現-啊

動景

20-15[B] waka，（—27b4）

不是

20-16 bi simbe gisure-ra-kv-qi,（一27b4-5）

我 你.賓 説-未-否-條

20-17 baibi doso-ra-kv,（一27b5）

衹是 忍受-未-否

受不得

20-18 hairakan, niyalma-i sukv adarame sinde nere-bu-he,（一27b5-6）

可惜 人-屬 皮 怎麽 你.與 披-被-完

披上

20-19 ninju se farga-me gene-he niyalma kai,（一27b6）

六十 歲 追趕-并 去-完 人 啊

追赶

20-20 kemuni ajigen se-me-u?（一28a1）

還 年少 説-并-疑

20-21 boihon monggon deri isinji-fi,（一28a1）

土 脖子 經 到來-順

土

20-22 saliyan -i uju-i kojika funqe-he-bi,（一28a1-2）

剛好 工 頭-屬 皮 剩-完-現

頭皮

20-23 yasa kaikara nakv, urui hehe-si feniyen de,（一28a2-3）

眼睛 斜視.祈 之後 衹管 女人-複 人群 位

斜瞧

20-24 guwele mele gohodo-ro-ngge,（一28a3）

窺探 漏 賣俏-未-名

溜 湫

20-25 adarame，（—28a3）

怎麼

20-26 duibuleqi niyalma enggiqi ba-de，（—28a3-4）

比如 人 背地裏 地方-**位**

背地

20-27 sini sargan be uttu tuttu se-me leule-qi，（—28a4）

你.**屬** 妻子 **賓** 這樣 那樣 **助-并** 討論-**條**

20-28 sini gvnin de ai se-mbi-ni，（—28a5）

你.**屬** 心 **位** 什麽 想-**現**-呢

20-29 karu de karu，furu de furu se-mbi，（—28a5）

報應 **與** 報應 膿瘡 **與** 膿瘡 説-**現**

20-30 sain ehe -i karulan，helmen beye-be daha-ra adali，（—28a6）

善 惡 **屬** 報應 影子 身體-**賓** 跟隨-**未** 同樣

影

20-31 utala se unu-fi，majige butui erdemu[1] be isabu-ra-kv，

好多 歲數 背負-**順** 稍微 密閉 德才 **賓** 積累-**未-否**

陰 德 積累（—28a6-28b1）

20-32 baibi ere gese hamu dunda-ra baita be yabu-qi，（—28b1-2）

衹是 這 樣子 糞 喂猪-**未** 事情 **賓** 行事-**條**

尿 猪狗吃食

20-33 te -i forgon -i abka fangkala kai，（—28b2）

現在 **屬** 時運 **屬** 天 低 啊

1 butui erdemu：二詞聯用專指“陰德”。

20-34 bi sini funde absi joboxo-mbi。（一28b2-3）

我 你.屬 代替 怎麼 憂愁-現

第21條

21-1[A] ara，si aina-ha-bi，（一28b4）

哎呀 你 做什麼-完-現

21-2 muse giyanakv udu biya aqa-ha-kv，（一28b4）

咱們 能有 幾個 月份 見面-完-否

21-3 ai hvdun de，（一28b4-5）

怎麼 快 位

21-4 funiyehe salu xahvn xara-pi sakda fiyan gai-ha，（一28b5）

頭髮 鬍鬚 白色 變白-延 老 顏色 顯出-完

白了 顏色

21-5 age si mimbe angga sijirhvn se-me ume wakaxa-ra，（一28b6）

阿哥 你 我.賓 嘴 忠言 助-并 不要 責怪-未

21-6 urahira-me donji-qi，（一28b6-29a1）

打聽-并 聽-條

風聞

21-7 si te jiha efi-re de dosi-fi，（一29a1）

你 現在 錢 要-未 位 沉溺-順

21-8 tutala bekdun ara-ha se-mbi，（一29a1-2）

許多 債務 做-完 助-現

債負

21-9 yala oqi，（一29a2）

果真 若是

21-10 efiku waka kai，（一29a2）

兒戲 不是 啊

21-11 majige bargiya-ha de sain。（一29a2）

稍微 收斂-**完** **位** 好

21-12[B] ere gemu oron akv gisun，（一29a2-3）

這 全都 踪影 **否** 話語

21-13 niyalma-i balai banjibu-ha-ngge，（一29a3）

人-**屬** 妄自 編造-**完**-**名**

21-14 si akda-ra-kv oqi，（一29a3-4）

你 相信-**未**-**否** 若是

21-15 narhvxa-me fujurula-qina。（一29a4）

辨別-**并** 訪問-**祈**

訪問

21-16[A] ai gisun se-re-ngge，（一29a4）

什麽 話語 説-**未**-**名**

21-17 beye-i yabu-ha-ngge be beye ende-mbi-u?（一29a4-5）

自己-**屬** 行事-**完**-**名** **賓** 自己 欺瞞-**現**-**疑**

瞞得住麽

21-18 guqu-se gemu simbe leule-he be tuwa-qi，（一29a5）

朋友-**複** 全都 你.**賓** 議論-**完** **賓** 看-**條**

21-19 sinde inu majige bi-fi dere，（一29a5-6）

你.**與** 也 稍微 有-**順** 啊

21-20 jiha efi-re de ai dube，（一29a6）

錢 要-**未** **位** 什麽 末端

21-21　lifa dosi-ka se-he-de,（一29a6）

深　沉溺-完　助-完-位

陷進

21-22　ai bi-he se-me taksi-mbi,（一29b1）

什麼 有-完　助-并　存續-現

存

21-23　wajima dube de weile daksa ara-ra-kv o-qi,（一29b1-2）

末尾　末端　位　罪　過錯　做-未-否　成爲-條

21-24　uthai majige hede da funqe-bu-ra-kv,（一29b2）

就　稍微　根　根本　剩餘-使-未-否

根基

21-25　bou boigon fulahvn waji-fi teni naka-mbi,（一29b2-3）

家　家産　赤貧　完結-順　纔　停止-現

罄净

21-26　ere gese-ngge musei xan de donji-ha,（一29b3）

這　樣子-名　咱們.屬 耳朵 位　聽-完

21-27　yasa de sabu-ha-ngge,（一29b3-4）

眼睛 位　看見-完-名

21-28　labdu akv bi-qibe,（一29b4）

多　否　有-讓

21-29　absi akv tanggv funqe-he-bi,（一29b4）

怎麼　否　一百　剩餘-完-現

至少

21-30　si bi muse sa-ha tuwa-ha guqu kai,（一29b5）

你 我　咱們　知道-完　看-完　朋友　啊

21-31 sa-me tafula-ra-kv we-i guwanta se-qi，（一29b5-6）

知道-并 勸諫-未-否 誰-屬 關係 説-條

21-32 banjire sain se-re-ngge ai-de，（一29b6）

相處 好 助-未-名 什麽-位

21-33 ainame akv oqi sain dabala，（一29b6）

寧可 否 若是 好 罷了

寧可

21-34 bi fujurula-fi aina-mbi。（一30a1）

我 詢問-順 做什麽-現

第22條

22-1[A] ere hojihon de bu-re etuku waka-u?（一30a2）

這個 女婿 與 給-未 衣服 不是-疑

22-2[B] inu。（一30a2）

是

22-3[A] ese aina-ra-ngge?（一30a2）

他們 做什麽-未-名

這些人

22-4[B] turi-me gaji-ha faksi-sa。（一30a2-3）

雇用-并 帶來-完 匠人-複

雇

22-5[A] ai，muse fe kouli gemu waji-ha，（一30a3）

哎 咱們 舊 禮儀 全都 完結-完

22-6 sakda-sa-i forgon de，（一30a3）

老人-複-屬 時候 位

22-7 juwan udu se -i juse，（一30a3-4）

十 幾 歲 **屬** 孩子.**複**

22-8 gemu etuku xangga-bu-me mute-mbihe，（一30a4）

全都 衣服 完成-**使-并** 能够-**過**

成

22-9 kubun sekte-fi，tuku doko aqa-bu-fi，（一30a4-5）

棉花 鋪-**順** 表面 裏面 適合-**使-順**

面子 裏子 合

22-10 ubaxa-ha manggi，（一30a5）

翻轉-**完** 以後

翻

22-11 si adasun be ufi-qi，（一30a5）

你 衣襟 **賓** 縫-**條**

大襟 縫

22-12 bi uthai jurgan goqi-mbi，（一30a5-6）

我 就 條 抽-**現**

行

22-13 ere ogo jafa-ra[1]，（一30a6）

這個 碓窩 煞-**未**

掯 煞

22-14 tere monggon haya-ra，（一30a6）

那個 衣領 鑲邊-**未**

領子 綫

---

1 jafara：此處專指縫衣服的一種手法。

22-15 hethe huwexe-re-ngge，hethe huwexe-me，（一30b1）

袖口 熨-未-名 袖口 熨-并

袖庄 烙

22-16 tohon hada-ra-ngge tohon hada-me，（一30b1）

紐扣 釘-未-名 紐扣 釘-并

鈕子 釘

22-17 mangga-qi emu juwe inenggi siden-de，（一30b2）

不過-從 一 二 日子 期間-位

22-18 uthai waqihiya-bu-mbi，（一30b2）

就 完成-使-現

完

22-19 tere anggala，mahala qi aname gemu bou-de weile-mbihe，

那 而且 帽子 從 依次 全都 家-位 工作-過

帽子 （一30b2-3）

22-20 basa bu-me turi-fi weile-bu-re，（一30b3-4）

工錢 給-并 雇用-順 工作-使-未

工錢

22-21 jiha menggun -i uda-fi etu-re o-qi，（一30b4）

錢 銀子 工 買-順 穿-未 成爲-條

買

22-22 niyalma gemu oforo deri suk se-me inje-mbi-kai。（一30b4-5）

人 都 鼻子 經 哼笑貌 助-并 笑-現-啊

鼻子 由 笑

22-23[B] age -i gisun giyangga bi-qibe，（一30b5）

兄 屬 話語 有理 有-讓

有理

22-24 si damu emken be sa-ha gojime, （一30b5-6）
你 衹是 一 賓 知道-完 雖然

22-25 juwe be sa-ha-kv-bi, （一30b6）
二 賓 知道-完-否-現

22-26 tere forgon ere forgon de, （一30b6-31a1）
那個 時候 這個 時候 位

22-27 emu adali o-bu-fi gisure-qi o-mbi-u? （一31a1）
一 同樣 成爲-使-順 說-條 可以-現-疑

22-28 jai gai-re inenggi umesi hanqi o-ho, （一31a1-2）
再 娶-未 日子 非常 近 成爲-完

22-29 simhun fata-me bodo-qi, （一31a2）
指頭 掐-并 計算-條

指 掐

22-30 arkan karkan juwan inenggi xolo bi, （一31a2-3）
將將 纔 十 日子 空閑 有

22-31 ere siden-de jaka xolo tuqi-bu-ra-kv, （一31a3）
這個 期間-位 縫隙 空閑 出-使-未-否

22-32 dobori duli-me haqihiya-me weile-qi, （一31a3-4）
晚上 連夜-并 催促-并 工作-條

連

22-33 amqa-ra amqa-ra-kv-ngge, （一31a4）
來得及-未 來得及-未-否-名

22-34 hono juwe siden-deri bikai, （一31a4）
還 二 期間-經 有-啊

22-35 aika memere-me fe kouli se-hei，（一31a5）

如果 拘泥-**并** 舊 規則 說-**持**

拘泥 旗杆底下

22-36 giu turibu-he balama，（一31a5）

狍子 失掉-**完** 狂妄

誤了操

22-37 yasa gehun touka-bu-re de isibu-qi，（一31a5-6）

眼睛 徒然 耽誤-**使-未** **與** 達到-**條**

白瞪眼

22-38 ai yokto。（一31a6）

什麽 趣味

甚麽趣兒

第23條

23-1[A] qeni bou-de we akv o-ho，（一31b1）

他們.**屬** 家-**位** 誰 **否** 成爲-**完**

23-2 qananggi bi tederi dule-re de tuwa-qi，（一31b1）

前幾天 我 那裏.**經** 經過-**未** **位** 看-**條**

23-3 bou-i urse xahvn sinahi hvwaita-ha-bi，（一31b2）

家-**屬** 人們 白色 喪服 束-**完-現**

喪服

23-4 bi ekxe-me idu gai-me jidere jakade，（一31b2-3）

我 忙-**并** 值班 取-**并** 下一個 因爲

23-5 baha-fi fonji-ha-kv，（一31b3）

能够-**順** 問-**完-否**

23-6[B] jakan ini eshen ufara-ha。（一31b3）
最近 他.屬 叔父 亡故-完

23-7[A] banjiha eshen。（一31b3-4）
親生 叔父

23-8[B] inu。（一31b4）
是

23-9[A] si jobolon de aqa-na-ha-u akv-n?（一31b4）
你 喪事 與 見面-去-完-疑 否-疑

23-10[B] sikse douqan ara-ra de，（一31b4-5）
昨天 道場 做-未 位

23-11 bi gulhun emu inenggi tuba-de bi-he。（一31b5）
我 完全 一 日子 那裏-位 在-完
整

23-12[A] atanggi giran tuqi-bu-mbi?（一31b5-6）
什麼時候 遺體 出-使-現
多偺 殯

23-13[B] donji-qi biya manashvn de se-mbi。（一31b6）
聽-條 月份 月末 位 助-現
月盡

23-14[A] qeni yafan ya ergi-de bi?（一31b6-32a1）
他們.屬 園子 哪個 方向-位 有

23-15[B] meni yafan de hanqi。（一32a1）
我們.屬 園子 位 近
坟地

23-16[A] tuttu oqi jugvn goro kai。（一32a1）

那様 若是 路途 遠 啊

遠

23-17[B] juken dehi ba isi-mbi dere。（一32a2）

剛好 四十 里 到-現 吧

23-18[A] ere siden-de jai imbe aqa-qi,（一32a2）

這個 期間-位 再 他.賓 見面-條

23-19 mini funde gasabu-ha se,（一32a2-3）

我.屬 代替 致哀-完 助.祈

23-20 bi idu-qi hoko-ho manggi,（一32a3）

我 值班-從 離開-完 以後

23-21 simbe guile-fi sasa aqa-na-me gene-re,（一32a3-4）

你.賓 約請-順 一起 見面-去-并 去-未

會

23-22 giran tuqi-bu-re onggolo-kon,（一32a4）

遺體 出-使-未 之前-稍微

23-23 minde emu mejige bu,（一32a4）

我.與 一 信息 給.祈

23-24 bi ten de isina-me mute-ra-kv o-kini,（一32a5）

我 極端 與 到達-并 能够-未-否 成爲-祈

23-25 hoton -i tule isibu-me bene-ki,（一32a5）

城 屬 外面 達到-并 送-祈

送

23-26 an -i uquri be feliye-ra-kv bi-qibe,（一32a6）

平常 屬 時候 我們 來往-未-否 有-讓

一堆

23-27 sabu-ha dari mini baru dembei sebsihiyen，（一32a6-32b1）

看見-完 每次 我.屬 向 甚是 和氣

親熱

23-28 niyalma se-me jalan de banji-fi，（一32b1）

人 助-并 世間 位 生存-順

23-29 yan gemu guqu waka，（一32b1）

誰 又 朋友 不是

23-30 weri ere gese baita de，（一32b2）

別人 這個 樣子 事情 位

23-31 muse beye isina-qi，（一32b2）

咱們 自己 到達-條

23-32 gvni-qi，amqata-mbi se-me leule-re niyalma akv dere。

想-條 迎合-現 助-并 議論-未 人 否 吧

攀高 論 （一32b2-3）

第24條

24-1[A] ere seke kurume puseli de uda-ha-ngge-u?（一32b4）

這個 貂 褂子 店鋪 位 買-完-名-疑

貂 褂 買

24-2[B] puseli-ngge waka，（一32b4）

店鋪-名 不是

24-3 juktehen de uda-ha-ngge。（一32b4-5）

廟 位 買-完-名

廟

24-4[A] hvda-i menggun udu?（一32b5）

價格-屬 銀子 多少

價

24-5[B] si tubixe-me tuwa。（一32b5）

你 猜-并 看.祈

猜

24-6[A] ere absi akv ninju yan menggun sali-mbi dere。（一32b5-6）

這個 怎麼 否 六十 兩 銀子 值-現 吧

值

24-7[B] gvsin yan menggun qi nonggi-hai,（一32b6-33a1）

三十 兩 銀子 從 增加-持

24-8 dehi yan de isina-fi, uthai unqa-ha。（一33a1）

四十 兩 與 達到-順 就 賣-完

賣

24-9[A] hvda ai uttu wasi-ka-bi?（一33a1-2）

價格 怎麼 這樣 降下-完-現

24-10 nenehe forgon de ere gese-ngge,（一33a2）

以前 時候 位 這個 樣子-名

24-11 juken jakvnju yan menggun unqa-qi baha-mbi,（一33a2-3）

一般 八十 兩 銀子 賣-條 能够-現

24-12 boqo sahaliyan funiyehe luku,（一33a3）

顏色 黑 毛 厚

顏色 黑 厚

24-13 weile-he-ngge inu bokxokon,（一33a3-4）

製作-完-名 也 精緻

精緻

24-14　fusere-ke-ngge inu teksin，（一33a4）

鑲邊-完-名　也　整齊

出鋒毛　齊

24-15　tuttu bime tuku suje jiramin，（一33a4-5）

那樣　而且　表面　緞子　豐厚

緞　面　厚

24-16　iqe ilhangga，erin -i durun，（一33a5）

新　花紋　當下　**屬**　樣子

新　花　時　樣

24-17　yargiyan -i umesi sali-mbi。（一33a5）

確實　**屬**　非常　值-**現**

24-18[B]　mini eje-he-ngge age sinde inu emke bi-he。（一33a6）

我.**屬**　記得-**完**-**名**　阿哥　你.**與**　也　一　有-**完**

24-19[A]　mini tere ai ton，（一33a6）

我.**屬**　那個　什麽　數

24-20　bai emu gebu dabala，（一33b1）

衹是　一　名字　而已

24-21　funiyehe mana-ha，（一33b1）

毛　磨破-**完**

爛了

24-22　simen waji-ha，（一33b1）

水分　完結-**完**

油性

24-23　tulesi etu-qi o-jora-kv o-ho-bi，（一33b1-2）

向外　穿-**條**　可以-**未**-**否**　成爲-**完**-**現**

往外

24-24 fulun baha manggi,（一33b2）

俸祿 得到.**完** 以後

俸

24-25 giyan -i emu sain ningge uda-mbi dere,（一33b2-3）

正經 **工** 一 好 東西 買-**現** 啊

24-26 suweni gese asihata,（一33b3）

你們.**屬** 樣子 青年.**複**

24-27 jing wesihun iqi gene-re niyalma kai,（一33b3-4）

正好 高貴 順應 去-**未** 人 啊

24-28 yamula-ra isa-ra ba-de,（一33b4）

上衙門-**未** 聚集-**未** 地方-**位**

24-29 etu-qi miyami-qi, giyan ningge,（一33b4）

穿-**條** 裝飾-**條** 正直 事情

打扮

24-30 minde geli ai yangse,（一33b4-5）

我.**與** 又 什麽 姿態

好看

24-31 erin dule-ke-bi,（一33b5）

時候 超過-**完-現**

24-32 damu halukan o-qi, jou kai,（一33b5-6）

衹是 暖和 成爲-**條** 算了 啊

24-33 sain ningge etu-qi,（一33b6）

好 東西 穿-**條**

24-34 fiyan tuqi-ra-kv bime，（一33b6）

顔色 出-未-否 而且

24-35 elemangga kuxun，（一33b6-34a1）

反而 不舒服

反 不舒服

24-36 tere anggala，mini ere hitha-i alban de inu teisu akv，

那個 而且 我.屬 這個 披甲-屬 公務 位 也 相稱 否

武 職 分（一34a1-2）

24-37 inemene fereke mana-ha-ngge，（一34a2）

乾脆 古舊 磨破-完-名

糙舊

24-38 elemangga minde fithe-me aqana-mbi[1]。（一34a2）

反而 我.與 彈-并 符合-現

正對

第25條

25-1[A] age ere jui udu-qi-ngge?（一34a3）

阿哥 這個 孩子 幾-序-名

25-2[B] ere mini fiyanggv。（一34a3）

這個 我.屬 末子

老生子

25-3[A] mama erxe-he-u?（一34a3）

天花 出疹子-完-疑

出花

---

1 fitheme aqanambi：此爲固定用法，意爲“正合適”。

25-4[B] unde，（—34a3）

尚未

25-5 ese gemu ikiri ahvn deu，（—34a3-4）

這.**複** 全都 孿生 兄 弟

挨家的

25-6 uyun banji-fi uyun taksi-ha。（—34a4）

九 生-**順** 九 存續-**完**

存

25-7[A] age bi yobodo-ro-ngge waka，（—34a4-5）

阿哥 我 開玩笑-**未**-**名** 不是

25-8 axa mergen kai，（—34a5）

嫂子 賢慧 啊

嫂子 賢惠

25-9 juse banji-re de silkabu-ha-bi，（—34a5）

孩子.**複** 生-**未** **位** 長久積存-**完**-**現**

慣會

25-10 omosi mama se-qi o-mbi，（—34a5-6）

子孫.**複** 娘娘 説-**條** 可以-**現**

子孫娘娘

25-11 si yala hvturi yongkiya-ha niyalma kai。（—34a6）

你 果真 福 完備-**完** 人 啊

福 全

25-12[B] aina-ha hvturi，（—34b1）

做什麽-**完** 福

25-13 gaji-ha sui kai，（一34b1）

帶來-完 罪 啊

孽

25-14 amba ningge hono yebe，（一34b1）

大 者 還 稍好

25-15 ajigesi ningge inenggi-dari gar mar se-hei banji-mbi，

小 者 日子-每 呱哇叫貌 助-持 生活-現

小些的 喧呼（一34b1-2）

25-16 alimba-ha-ra-kv yangxan，（一34b2）

不勝 聒噪

不甚 聒噪

25-17 dolo gemu ure-he-bi。（一34b3）

心中 都 熟-完-現

熟了

25-18[A] jalan -i niyalma uthai uttu，（一34b3）

世間 屬 人 就 這樣

25-19 juse bayan urse gemu eime-me gasa-mbi，（一34b3-4）

孩子.複 豐富 人們 都 厭煩-并 抱怨-現

厭 煩

25-20 meni juse haji niyalma de，（一34b4）

我們.屬 孩子.複 親近 人 位

愛

25-21 emke bi-qina se-qi，aba，（一34b4-5）

一 有-祈 助-條 哪裏

25-22 abka inu mangga kai。（一34b5）

天 也 難 啊

25-23[B] sini tere niuniu waliya-ra-kv bihe biqi，（一34b5-6）

你.屬 那個 孩子 丢失-未-否 過 若是

25-24 ere aniya udu se，（一34b6）

這個 年 幾 歲

25-25 nadan se-de akv o-ho-ngge，（一34b6）

七 歲-位 否 成爲-完-名

25-26 yala emu sain jui，（一34b6-35a1）

確實 一 好 孩子

25-27 tetele jongko dari，（一35a1）

至今 提起.祈 每次

提

25-28 bi sini funde nasa-me gvni-mbi，（一35a1）

我 你.屬 代替 嘆息-并 想-現

傷心

25-29 tere banin wen gisun hese[1]，（一35a2）

他 容貌 優雅 話語 命令

相貌 言談

25-30 gvwa juse qi qingkai enqu，（一35a2）

其他 孩子.複 從 完全 相異

迥然 不同

25-31 kur kar etu-fi，niyalma be sabu-mbihe-de，（一35a2-3）

整潔 貌 穿-順 人 賓 看見-過-位

1 gisun hese：此爲固定用法，意爲“言談”。

鮮明

25-32 beye-be tob se-me o-bu-fi，（一35a3）

身體-**賓** 正直 **助-并** 成爲-**使-順**

25-33 fixur se-me elhei ibe-fi sain be fonji-mbi，（一35a3-4）

慢慢貌 **助-并** 慢慢 上前-**順** 好 **賓** 問-**現**

温柔

25-34 jilakan manggi，tere ajige angga，（一35a4）

憐愛 衹是 那個 小 嘴

可憐

25-35 ai gisun bahana-ra-kv，（一35a4-5）

什麽 話語 能够-**未-否**

25-36 tede emu baita fonji-ha de，（一35a5）

他.**與** 一 事情 問-**完** **位**

25-37 aimaka we inde taqibu-ha adali，（一35a5-6）

好像 誰 他.**與** 教導-**完** 一樣

倒像是

25-38 da-qi dube-de isi-tala，（一35a6）

原本-**從** 末端-**與** 到達-**至**

25-39 haqingga demun -i akvmbu-me mute-mbi，（一35a6-35b1）

各種 行爲 **工** 竭盡-**并** 能够-**現**

25-40 tenteke-ngge emken bi-qi juwan de tehere-mbi-kai，（一35b1）

那樣-**名** 一個 有-**條** 十 **與** 匹敵-**現**-啊

那樣 强

25-41 utala baitakv-ngge be uji-fi aina-mbi。（一35b2）

許多 廢物-**名** **賓** 養-**順** 做什麽-**現**

許多

第26條

26-1[A] niyalma o-fi tanggv se banji-re-ngge akv kai，（二1a1）

人 成爲-順 一百 歲 生存-未-名 否 啊

26-2 jiha menggun be fita sefere-fi aina-mbi，（二1a1-2）

錢 銀子 賓 緊緊 握-順 做什麽-現

緊緊的攥着

26-3 ere taka banji-re beye yala tolgin -i gese，（二1a2）

這 暫且 生存-未 身體 果真 夢 屬 一樣

浮 生 真 夢

26-4 sebjele-re ba giyanakv udu，（二1a2）

享樂-未 地方 能有 多少

能有 多少

26-5 xun biya homso makta-ra adali，（二1a3）

日 月 梭子 抛-未 一樣

梭

26-6 geri fari uju funiyehe xahvn xara-pi，（二1a3）

恍 惚 頭 頭髮 白色 變白-延

忽然間 頭髮

26-7 baitakv o-mbi，（二1a4）

廢物 成爲-現

26-8 sakdara unde be amqa-me etu-ra-kv je-tera-kv o-qi，（二1a4）

老 尚未 賓 趕得上-并 穿-未-否 吃-未-否 成爲-條

老

26-9 sube giranggi mangga o-ho erin-de,（二1a5）
筋 骨 堅硬 成爲-完 時候-位
筋 骨

26-10 etu-qi fiyan tuqi-ra-kv,（二1a5）
穿-條 顔色 出-未-否
色

26-11 je-qi amtan baha-ra-kv,（二1a5-6）
吃-條 味道 得到-未-否
味

26-12 elemangga juse uruse-i senqehe be xa-me tuwa-me,（二1a6）
反而 孩子.複 媳婦.複-屬 下顎 賓 瞧-并 看-并
反倒 下頦

26-13 banji-re dabala,（二1a6）
生活-未 而已

26-14 ai amtan,（二1b1）
什麽 趣味

26-15 si dababu-me mamgiya-ra-kv dere,（二1b1）
你 越過-并 奢侈-未-否 啊
過逾

26-16 baha-ra ufuhi be bodo-me majige sebjele-qi, heu se-me o-mbi,
得-未 份額 賓 計算-并 稍微 享樂-條 足够 助-并 成爲-現
分兒 樂 很（二1b1-2）

26-17 dabali se-qi o-jora-kv,（二1b2）
過分 助-條 可以-未-否

26-18[B] sini ere gisun mimbe sa-me gisure-he-ngge-u? （二1b2-3）

你.**屬** 這 話語 我.**賓** 知道-**并** 説-**完**-**名**-**疑**

26-19 eiqi sar-kv de bai tubixe-me gisure-he-ngge-u? （二1b3）

或是 知道.**未**-**否** **位** 衹是 揣測-**并** 説-**完**-**名**-**疑**

揣度

26-20 minde ele mila[1] bi-qi，（二1b4）

我.**與** 愈發 敞開 有-**條**

充足

26-21 sebjele-re-ngge inu giyan，（二1b4）

享樂-**未**-**名** 也 道理

26-22 umai gvwa -i gese funqen daban -i baha-ra ba akv ba-de，

全然 其他 **屬** 一樣 多餘 超過 **工** 得到-**未** 地方 **否** 地方-**位**

富餘 （二1b4-5）

26-23 mimbe adarame sebjele se-mbi，（二1b5）

我.**賓** 怎麽 享樂 **助**-**現**

26-24 eiqi bou unqa-fi jefu se-mbi-u? （二1b5-6）

或者 家 賣-**順** 吃.**祈** **助**-**現**-**疑**

賣

26-25 eiqi bekdun ara-fi etu se-mbi-u? （二1b6）

或者 負債 做-**順** 穿.**祈** **助**-**現**-**疑**

26-26 sini gisun songkoi ohode，（二1b6-2a1）

你.**屬** 話語 按照 若

1 ele mila：此爲固定用法，意爲“充足，寬裕”。

26-27 faya-hai jiha waji-ha manggi，（二2a1）

花費-持 錢 完結-完 以後

26-28 ergen yada-fi buqe-qi inu o-kini，（二2a1）

命 窮困-順 死-條 也 成爲-祈

26-29 talude buqe-ra-kv，（二2a2）

萬一 死-未-否

26-30 kemuni ergen ta-fi banji-qi，（二2a2）

還 命 拖-順 生存-條

26-31 tere erin-de aina-qi o-joro，（二2a2-3）

那個 時候-位 做什麽-條 可以-未

26-32 falanggv be alibu-me sinde bai-qi，（二2a3）

手掌 賓 伸開-并 你.與 求-條

手掌

26-33 si ainahai herse-mbi-ni。（二2a3）

你 未必 理睬-現-呢

第27條

27-1[A] alban ka-me yabu-re niyalma，（二2a4）

官 當差-并 行走-未 人

27-2 damu meni meni nashvn unqaran be tuwa-mbi，（二2a4-5）

衹是 各自 各自 機會 邂逅 賓 看-現

際 遇

27-3 forgon juken oqi，（二2a5）

運氣 普通 若是

27-4 baibi aqun de qaqun[1]，（二2a5）

祇是 參差 不一致

彼此相左

27-5 yaya baita tuwa-ha tuwa-hai mutebu-re hanqi o-me，（二2a5-6）

凡是 事情 看-**完** 看-**持** 完成-**未** 近 成爲-**并**

27-6 urui niyalma de sihele-bu-fi，（二2a6）

祇管 人 **與** 阻撓-**被**-**順**

阻止

27-7 fasilan tuqi-bu-mbi，（二2b1）

分岔 出-**使**-**現**

岔

27-8 ememu mayan sain，wesihun bethe gaji-ha urse，（二2b1）

有的 運氣 好 高貴 脚 拿來-**完** 人們

彩頭好

27-9 yala ini gvni-ha iqi bodo-ho songkoi，（二2b2）

果真 他.**屬** 想-**完** 順應 籌算-**完** 按照

27-10 lali se-me gvnin de aqana-ra-kv-ngge akv，（二2b2-3）

爽快 **助**-**并** 心 **與** 符合-**未**-**否**-**名** 否

爽快

27-11 yasa tuwa-hai dabali dabali wesi-mbi。（二2b3）

眼睛 看-**持** 超越 超越 上升-**現**

27-12[B] age si uttu gisure-mbi waka-u?（二2b3-4）

阿哥 你 這樣 説-**現** 不是-**疑**

---

1 aqun de qaqun：此爲固定用法，意爲“意見相左，參差不一”。

27-13 mini gvnin de tuttu akv，（二2b4）
我.屬 心 位 那樣 否

27-14 damu faxxa-ra faxxa-ra-kv be hendu-re dabala，（二2b4-5）
衹是 努力-未 努力-未-否 賓 説-未 而已
巴結

27-15 aika vren -i gese，baibi qaliyan fulun je-me，（二2b5-6）
如果 牌位 屬 一樣 衹是 錢糧 俸禄 吃-并
尸像

27-16 aniya hvsime yabu-ra-kv，biyala-me bou-de jirga-me te-qi，
年 整 行走-未-否 累月-并 家-位 安逸-并 住-條
整年 累月（二2b6）

27-17 naka-bu-qi aqa-ra dabala，（二3a1）
停止-使-條 應該-未 罷了

27-18 hono wesi-re be ere-qi o-mbi-u，（二3a1）
還 上升-未 賓 希望-條 可以-現-疑

27-19 damu alban de kiqebe oyonggo，（二3a1-2）
衹是 公務 位 謹慎 重要

27-20 guqu-se de hvwaliyasun dele，（二3a2）
朋友-複 與 和睦 上面

27-21 ume iqi kani akv o-joro，（二3a2-3）
不要 順應 關係 否 成爲-未
不隨合

27-22 baita bi-qi，niyalma be guqihiye-ra-kv，（二3a3）
事情 有-條 人 賓 攀扯-未-否
扳扯

27-23 teisule-bu-he be tuwa-me，（二3a3）
遇見-使-完 賓 看-并

27-24 beye sisa-fi iqihiya-ra，（二3a4）
身體 倒下-順 處理-未

27-25 julesi funtu-me yabu-re o-ho-de，（二3a4）
向前 突入-并 行走-未 成爲-完-位
努力

27-26 tokto-fi sain jergi de ilina-mbi-kai，（二3a4-5）
確定-順 好 水平 位 保住-現-啊

27-27 wesi-ra-kv doro bi-u？（二3a5）
上升-未-否 道理 有-疑
升

第28條

28-1[A] weri mimbe gisure-mbi-kai，（二3a6）
别人 我.賓 説-現-啊

28-2 sinde ai dalji，（二3a6）
你.與 什麽 關係

28-3 ele tafula-qi ele nukqi-ke-ngge，jaqi xosiki bai，（二3a6-3b1）
愈發 勸諫-條 愈發 激怒-完-名 很 急躁 啊
上氣 急懆

28-4 antaha-sa faqa-ha manggi jai gisure-mbi dere，（二3b1）
客人-複 回去-完 以後 再 説-現 吧

28-5 urunakv ere erin-de getukele-bu-ki se-mbi-u？（二3b2）
必須 這個 時候-位 察明-使-祈 想-現-疑

28-6[B] age sini ere gisun，fuhali mini gvnin de dosina-ra-kv，
阿哥 你.屬 這個 話語 完全 我.屬 心 與 進入-未-否（二3b2-3）

28-7 muse emu jahvdai niyalma kai，（二3b3）
咱們 一 船 人 啊

28-8 ere baita sinde inu lak akv，（二3b4）
這個 事情 你.與 也 合適 否
不爽利

28-9 heni majige goiquka ba akv se-me-u，（二3b4-5）
略微 稍微 妨礙 地方 否 助-并-疑
妨碍

28-10 imbe leule-qi inu muse be dabu-ha-bi，（二3b5）
他.賓 議論-條 也 咱們 賓 算-完-現

28-11 si dangna-me gisure-ra-kv o-qi，o-kini dere，（二3b5-6）
你 充當-并 說-未-否 成爲-條 可以-祈 罷了

28-12 fudarame anan xukin[1] -i niyalma iqi，（二3b6）
相反 順次 依順 工 人 順應
隨衆

28-13 tamin -i gisure-re-ngge ai gvnin，（二3b6-4a1）
毛皮的毛梢 工 說-未-名 什麼 想法
梢兒

28-14 bi yala simbe uruxe-ra-kv。（二4a1）
我 真是 你.賓 贊成-未-否

1 anan xukin：此爲固定用法，意爲“隨大衆”。

28-15[A] tuttu waka，（二4a1）

那樣 不是

28-16 gisun bi-qi，elhe nuhan -i giyan be bai-me gisure，（二4a2）

話 有-**條** 平穩 從容 **工** 道理 **賓** 探求-**并** 說.**祈**

從從容容

28-17 xara fanqa-ha de waji-mbi-u?（二4a2-3）

極 生氣-**完** **位** 完結-**現**-**疑**

氣極了

28-18 si tuwa，uba-de te-he-le niyalma，（二4a3）

你 看.**祈** 這裏-**位** 坐-**完**-所有 人

28-19 gemu sini baita -i jalin ji-he-ngge，（二4a3-4）

全都 你.**屬** 事情 **屬** 原因 來-**完**-**名**

28-20 si qingkai uttu jolhoqo-me jilida-qi，（二4a4）

你 任意 這樣 向上衝-**并** 動怒-**條**

氣往上擁

28-21 aimaka gvnin bi-fi，we-be boxo-me unggi-re adali，（二4a4-5）

好像 心思 有-**順** 誰-**賓** 追-**并** 趕走-**未** 一樣

倒像是

28-22 ji-he niyalma ai yokto te-mbi，（二4a5）

來-**完** 人 什麽 趣味 坐-**現**

什麽趣味

28-23 bou-de yo-ki se-qi，dere de ete-ra-kv，（二4a6）

家-**位** 去-**祈** 想-**條** 臉面 **位** 克服-**未**-**否**

走 下不來

28-24 uba-de bi-ki se-qi, si geli uttu ek tak se-me naka-ra-kv,
這裏-位 在-祈 想-條 你 又 這樣 叱喝貌 助-并 停止-未-否
作威 不住（二4a6-4b1）

28-25 tuqi-qi dosi-qi gemu waka,（二4b1）
出去-條 進入-條 都 不是

28-26 te-qi ili-qi gemu mangga kai,（二4b1-2）
坐-條 站-條 全都 難 啊
難

28-27 guqu-sa jai sini bou-de absi feliye-mbi-ni。（二4b2）
朋友-複 再 你.屬 家-位 怎麽 來往-現-呢
聚會

第29條

29-1[A] age si tuwa,（二4b3）
阿哥 你 看.祈

29-2 te geli isi-ka,（二4b3）
現在 又 足够-完

29-3 lalanji omi-fi ili-me tokto-ra-kv o-ho-bi,（二4b3-4）
爛醉 喝-順 站-并 定住-未-否 成爲-完-現
濘 醉

29-4 bi tere baita be si, tede ala-ha-u akv-n se-me fonji-qi,（二4b4）
我 那個 事情 賓 你 他.與 告訴-完-疑 否-疑 助-并 聽-條

29-5 heihede-me yasa durahvn -i mini baru gala alibu-mbi,（二4b5）
踉蹌-并 眼睛 發楞 工 我.屬 向 手 呈遞-現
踉踉蹌蹌的 直瞪着眼

29-6 dutu hele ai geli waka，（二4b5-6）

聾子 啞巴 什麼 又 不是

聾子啞叭

29-7 jabu-ra-kv-ngge ainu，（二4b6）

回答-**未-否-名** 爲什麼

答

29-8 ere gese niyalma be fanqa-bu-re-ngge geli bi-ni，（二4b6-5a1）

這 樣子 人 **賓** 生氣-**使-未-名** 也 有-呢

氣

29-9 enenggi mimbe fiyaratala tanta-bu-ra-kv oqi，（二5a1）

今天 我.**賓** 狠狠 打-**使-未-否** 若是

往死了打

29-10 bi uthai gashv-kini。（二5a1-2）

我 就 發誓-**祈**

29-11[B] age jou ume，（二5a2）

阿哥 算了 不要

29-12 i ainqi onggo-fi gene-he-kv，（二5a2）

他 或許 忘-**順** 去-**完-否**

29-13 ini waka ba-be i ende-mbi-u?（二5a2-3）

他.**屬** 錯誤 地方-**賓** 他 欺瞞-**現-疑**

29-14 tuttu ofi olho-me jabu-me baha-ra-kv o-ho-bi，（二5a3）

那樣 因爲 畏懼-**并** 回答-**并** 得到-**未-否** 成爲-**完-現**

29-15 enenggi bi uba-de bi-sire be dahame，（二5a4）

今天 我 這裏-**位** 在-**未** **賓** 既然

29-16 mini dere be tuwa-me ere mari onqodo-me guwebu-reu,

我.屬 臉面 賓 看-并 這 次 寬恕-并 饒恕-祈

寬宥 饒（二5a4-5）

29-17 ere-qi julesi, nure omi-re be ete-me lashala-kini,（二5a5-6）

這-從 向前 酒 喝-未 賓 克服-并 斷絶-祈

29-18 hendu-re balama,（二5a6）

説-未 雖然

29-19 kangna-qi eihen ja,（二5a6）

跳上騎-條 驢 容易

騙 驢子

29-20 bungna-qi aha ja se-he,（二5a6）

壓迫-條 奴僕 容易 助-完

壓

29-21 sonqoho jafa-ha jingkini ejen kai,（二5b1）

辮子 持有-完 真正 主人 啊

29-22 si aiba-de ukqa-mbi,（二5b1）

你 哪裏-位 逃-現

逃

29-23 hala-qi hala-ha,（二5b1-2）

改變-條 改變-完

改

29-24 aikabade hala-ra-kv,（二5b2）

如果 改變-未-否

29-25 kemuni uttu suihu-me omi-qi,（二5b2）

還 這樣 醉-并 喝-條

濘醉

29-26 age qingkai isebu，（二5b2-3）

阿哥 任意 責罰.祈

責

29-27 bi udu jai uqara-ha seme inu bai-re de mangga o-mbi。

我 即使 再 遇見-完 雖然 也 求-未 位 難 成爲-現

求 難（二5b3-4）

29-28[A] age si ainambaha-fi sa-ra，（二5b4）

阿哥 你 如何能够-順 知道-未

29-29 banitai emu gushe-ra-kv fayangga，（二5b4）

稟性 一 成器-未-否 魂魄

生成 不成器 鬼

29-30 arki omi-mbi se-re-de，（二5b5）

酒 喝-現 説-未-位

29-31 ini ama-i senggi qi hono haji，（二5b5）

他.屬 父親-屬 血 從 還 親近

血 親

29-32 ere mudan guwebu-he-de，（二5b5-6）

這 次 饒恕-完-位

29-33 uthai hala-mbi se-me-u?（二5b6）

就 改變-現 説-并-疑

29-34 manggai oqi[1]，emu juwe inenggi subuhvn dabala，（二5b6-6a1）

不過 若是 一 二 日子 清醒 而已

---

1 manggai oqi：此爲固定用法，意爲“無非”。

不醉

29-35 duleke manggi kemuni fe an -i omi-mbi。（二6a1）
過去 以後 還 舊 平常工 喝-現
照 舊

第30條

30-1[A] suwe banji-re sain bihe kai，（二6a2）
你們 相處-未 好 過 啊
相 好

30-2 te aina-ha，（二6a2）
現在 做什麼-完

30-3 fuhali sini duka-i bokson de fehu-nji-ra-kv o-ho-bi，
全然 你.屬 門-屬 門檻 位 踩-來-未-否 成爲-完-現
門檻 踩 （二6a2-3）

30-4[B] sar-kv kai，（二6a3）
知道.未-否 啊

30-5 we ya aika inde waka sabu-bu-ha ba bi-qi，（二6a3-4）
誰 哪個 如果 他.與 錯誤 看見-被-完 地方 有-條

30-6 geli emu gisure-re ba-bi，（二6a4）
還 一 說-未 地方-有

30-7 umai akv ba-de，（二6a4）
完全 否 地方-位

30-8 hojoksaka[1] yabu-mbihe-ngge，（二6a5）

好端端 行走-**過**-**名**

好好

30-9 gaitai ya emu gisun de，（二6a5）

突然 哪個 一 言語 **位**

30-10 ni gida-fi[2] fuqe nakv，lasha feliye-ra-kv o-ho-bi，（二6a5-6）

記 録-**順** 生氣.**祈** 之後 乾脆 來往-**未**-**否** 成爲-**完**-**現**

記 仇 惱 聚

30-11 yabu-ra-kv oqi inu o-kini，（二6a6）

行走-**未**-**否** 若是 也 可以-**祈**

30-12 enggiqi ba-de，baibi mimbe uttu ehe se-re，（二6a6-6b1）

背地裏 地方-**位** 平白 我.**賓** 這様 壞 説-**未**

背地裏 平白的

30-13 tuttu，nimequke se-re，（二6b1）

那様 嚴厲 説-**未**

30-14 mini taka-ra ele guqu-se be aqa-ha-dari，（二6b1-2）

我.**屬** 知道-**未** 所有 朋友-**複** **賓** 見面-**完**-每

30-15 gisun -i fesin o-bu-me jubexe-he-ngge adarame，（二6b2-3）

話語 **屬** 把柄 成爲-**使**-**并** 背後譭謗-**完**-**名** 爲什麼

話把

30-16 jakan mini jui de urun isibu-re de，（二6b3）

最近 我.**屬** 孩子 **與** 媳婦 送-**未** **位**

---

1 hojoksaka：疑爲hoqikosaka之誤。

2 ni gidafi：ni在此無實際意義，二詞聯用意爲“記恨，記仇”。

30-17 bi hono doro de ainara se-me，（二6b3-4）

我 還 禮節 位 無奈 助-并

30-18 imbe soli-na-ha bihe，（二6b4）

他.賓 邀請-去-完 過

請

30-19 aba，indahvn inu emke takvra-ha ba akv，（二6b4-5）

哪裏 狗 也 一 派遣-完 地方 否

狗

30-20 mini uqara-ha uqara-ha-ngge gemu ere gese guqu kai，

我.屬 遇見-完 遇見-完-名 都 這 樣子 朋友 啊

遇 （二6b5-6）

30-21 mimbe jai adarame niyalma be guqule se-mbi。（二6b6）

我.賓 再 怎麽 人 賓 交往.祈 助-現

交

30-22[A] tere niyalma gisun yabun holo kukduri，（二6b6-7a1）

那個 人 言語 行爲 虛假 誇張

詭 詐

30-23 akda-qi o-jora-kv se-me，（二7a1）

相信-條 可以-未-否 助-并

30-24 bi eiqi hendu-he-kv-n?（二7a1）

我 或許 説-完-否-疑

30-25 tere fonde si geli herse-mbihe-u?（二7a2）

那個 時候 你 又 理睬-過-疑

理論

30-26 hono mujakv mimbe iqakvxe-mliyan -i bi-he，（二7a2-3）

還 着實 我.賓 不順眼-弱 工 有-完

30-27 niyalma-i qira be taka-ra gojime，（二7a3）

人-屬 臉色 賓 認識-未 衹是

30-28 gvnin be adarame xuwe hafu sa-mbi-ni，（二7a3-4）

心 賓 怎麽 徑直 透徹 知道-現-呢

透 徹

30-29 sain ehe be ilga-ra-kv，（二7a4）

好 壞 賓 辨别-未-否

分

30-30 bireme musei haji guqu se-qi o-mbi-u?（二7a4-5）

一律 咱們.屬 親近 朋友 説-條 成爲-現-疑

一概

第31條

31-1[A] age si ai uttu sofin akv[1]，（二7a6）

阿哥 你 怎麽 這樣 暴躁 否

無坐性

31-2 doronggo yangsangga-i te-qi，（二7a6）

莊重 豔麗-工 坐-條

稳 重

31-3 we simbe mou xolon se-mbi-u?（二7a6-7b1）

誰 你.賓 木頭 棒 説-現-疑

---

1 sofin akv：二詞聯用意爲“坐不住，不穩重”。

31-4 gisun hese akv o-qi，（二7b1）

言語 命令 **否** 成爲-**條**

31-5 we simbe hele hempe se-mbi-u?（二7b1-2）

誰 你.**賓** 啞巴 結巴 説-**現**-**疑**

啞叭 結吧

31-6 aimaka we-de，yobo ara-ra adali，（二7b2）

好像 誰-**與** 玩笑 做-**未** 一樣

鬥笑

31-7 ere-be neqi manggi，（二7b2）

這個-**賓** 招惹.**祈** 之後

招

31-8 geli tere-be nungne-re-ngge ai sebjen，（二7b3）

又 那個-**賓** 騷擾-**未**-**名** 什麽 樂趣

惹

31-9 si sere-ra-kv dabala，（二7b3）

你 發覺-**未**-**否** 而已

不覺

31-10 dalbaki niyalma gemu doso-ra-kv o-ho-bi，（二7b3-4）

旁邊 人 全都 忍耐-**未**-**否** 成爲-**完**-**現**

傍邊的 受不得

31-11 atanggi bi-qibe emu jekxun kequn niyalma be uqara-fi，（二7b4-5）

什麽時候 有-**讓** 一 刻薄 凶狠 人 **賓** 遇見-**順**

多咱 毒 狠

31-12 koro baha manggi,（二7b5）
損害 得到.完 以後

31-13 si teni ara,（二7b5）
你 纔 哎呀

31-14 dule uttu nimequke ni se-me baha-fi sa-mbi-kai。（二7b5-6）
原來 這樣 嚴酷 呢 助-并 得到-順 知道-現-啊

31-15[B] age sini ahvn -i gisun inu,（二7b6）
阿哥 你.屬 兄長 屬 話語 正確

31-16 hetu daljakv niyalma uttu gisure-re ai-bi,（二8a1）
旁的 無涉 人 這樣 説-未 什麽-有
旁不相干 人

31-17 efin se-re-ngge, beqen -i deribun kai,（二8a1-2）
玩笑 助-未-名 吵架 屬 起始 啊
辨嘴

31-18 bi-he bi-hei, ai sain ba banji-na-ra,（二8a2）
有-完 有-持 什麽 好 地方 發生-去-未

31-19 eitereqibe,（二8a2）
總之

31-20 ini beye bai haharda-ha gojime,（二8a2-3）
他.屬 身體 衹是 成年-完 雖然
長成漢子

31-21 se oron unde,（二8a3）
歲數 完全 尚未

31-22 muse ere fon qi dule-mbu-he-kv ni-u?（二8a3-4）
咱們 這個 時候 從 經過-使-完-否 呢-疑

過

31-23 jing efin de amuran erin kai，（二8a4）

正好 玩笑 與 愛好 時候 啊

好

31-24 ere siden-de esi uttu o-qi，（二8a4-5）

這個 期間-位 當然 這樣 成爲-條

31-25 damu gebungge sefu be bai-fi bithe be taqibu-kini，（二8a5）

衹是 有名 師傅 賓 求-順 書 賓 教導-祈

31-26 doro be urebu-kini，（二8a6）

道理 賓 練習-祈

31-27 inenggi goida-ha manggi，（二8a6）

日子 經歷-完 之後

31-28 qun qun -i ulhinje-fi，（二8a6）

漸 漸 工 略明白-順

漸漸的 略曉的

31-29 emu qimari[1]，（二8b1）

一 明天

31-30 andande jalan -i baita be sa-ha se-he-de，（二8b1）

頃刻 世間 屬 事情 賓 知道-完 助-完-位

31-31 ini qisui[2] dasa-bu-mbi，（二8b1-2）

他.屬 擅自 改正-被-現

改

1 emu qimari：此爲固定用法，意爲“一朝，一旦”。

2 ini qisui：此爲固定用法，意爲“自然而然”。

31-32 hvwaxa-ra-kv，niyalma o-jora-kv jalin，（二8b2）

成長-**未**-**否** 人 可以-**未**-**否** 因爲

不成人

31-33 geli aiseme jobo-mbi-ni。（二8b2）

又 爲什麽 煩惱-**現**-呢

患

第32條

32-1[A] we ini baru ere tere se-he，（二8b3）

誰 他.**屬** 向 這個 那個 説-**完**

32-2 ini gisun de boxo-bu-fi mimbe uttu gisure-bu-mbi-kai，

他.**屬** 話語 **與** 催促-**被**-**順** 我.**賓** 這樣 説-**使**-**現**-啊（二8b3-4）

逼

32-3 gvwa be dalda-qi o-joro dabala，（二8b4）

别人 **賓** 隐瞞-**條** 可以-**未** 而已

隐瞞

32-4 sinde gida-qi o-mbi-u?（二8b4-5）

你.**與** 隐瞞-**條** 可以-**現**-**疑**

瞞

32-5 aniya ara-ha qi ebsi，（二8b5）

年 過-**完** **從** 以來

32-6 i aika alban de yabu-ha ba-bi-u，（二8b5-6）

他 什麽 公務 **與** 行走-**完** 地方-有-**疑**

32-7 enenggi aibi-deri omi-fi jiu nakv dosi-nji-me jaka，（二8b6）

今天 哪裏-**經** 喝-**順** 來.**祈** 之後 進入-來-**并** 剛剛

32-8 ara，bi ainu teni simbe sabu-mbi se-me，（二8b6-9a1）

哎呀 我 爲什麼 纔 你.賓 看見-現 助-并

32-9 tuttu o-qi，bi toukan akv，（二9a1）

那樣 成爲-條 我 停留 不

不住的

32-10 daruhai sini funde alban dangna-ha-ngge，（二9a2）

經常 你.屬 代替 公務 充當-完-名

32-11 elemangga waka o-ho-bi，（二9a2）

反而 錯誤 成爲-完-現

反到

32-12 ere gisun de，（二9a2-3）

這個 話 位

32-13 mini jili uthai monggon -i da deri isinji-ha，（二9a2-3）

我.屬 怒氣 就 脖子 屬 根源 經 到來-完

氣

32-14 enenggi aiseme gisure-mbi，（二9a3-4）

今天 什麼 説-現

叫量

32-15 qimari jai bolgo-ki。（二9a4）

明天 再 决勝負-祈

32-16[B] age si ainu ini gese sasa temxendu-mbi，（二9a4-5）

阿哥 你 爲什麼 他.屬 一樣 一起 競争-現

32-17 tere tuttu yobodo-me taqi-ha be，（二9a5）

他 那樣 開玩笑-并 習慣-完 賓

頑笑

32-18 si aika sar-kv ni-u? （二9a5-6）

你 難道 知道.未-否 呢-疑

32-19 gvni-qi geli suisi-me omi-ha，（二9a6）

想-條 又 醉-并 喝-完

醉

32-20 damu sabu-ha-kv ton o-kini。（二9a6-9b1）

衹是 看見-完-否 數 成爲-祈

只當

32-21[A] aiseme herse-mbi，（二9b1）

什麽 理睬-現

理論

32-22 age si sar-kv，（二9b1）

阿哥 你 知道.未-否

32-23 ere gese ja de mangga，（二9b1）

這 樣子 弱者 與 强

軟的欺硬的怕

32-24 mangga de ja o-joro niyalma de ba bu-qi，（二9b2）

强者 與 弱 成爲-未 人 與 地方 給-條

32-25 i uthai huwekiye-mbi，（二9b2）

他 就 興奮-現

高興

32-26 si inemene yobodo-mbi，（二9b2-3）

你 乾脆 開玩笑-現

32-27 herqun akv de gisun okjosla-ha se-qi，（二9b3）

理睬 否 位 話語 冒失-完 助-條

没理會　　　　　冒失

32-28　niyalma embiqi waliya-me gama-mbi dere，（二9b3-4）

人　　或者　寬容-并　寬恕-現　罷了

担　　量

32-29　qira fuhun unenggile-mbi-kai，（二9b4）

臉色　怒火　竭誠-現-啊

紅　　當真的

32-30　we inde o-mbi。（二9b4-5）

誰　彼.與　合得來-現

32-31[B]　akv，si ume fanqa-ra，（二9b5）

不　你 不要　生氣-未

32-32　bi ere suihutu be dalda -i ba-de gama-fi，（二9b5-6）

我 這個　醉鬼　賓　隐蔽 屬 地方-與　拿去-順

醉鬼　　背人

32-33　yasa kori-me emu jergi giru-bu-me beqe-fi，（二9b6）

眼睛　挖-并　一　次　羞耻-使-并　責備-順

剜

32-34　sinde ki fulgabu-ki。（二9b6）

你.與　怒氣　發洩-祈

出濃之出

第33條

33-1[A]　sini ere absi，（二10a1）

你.屬 這個 怎麼

33-2　weri ginggule-me sinde gvnin bai-mbi-kai,（二10a1）

別人　尊敬-并　你.與　想法　求-現-啊

33-3　sa-qi sa-mbi se,（二10a1-2）

知道-條 知道-現 説.祈

33-4　sar-kv oqi, sar-kv se-qi waji-ha,（二10a2）

知道.未-否 若是 知道.未-否 説-條 完結-完

33-5　holto-fi aina-mbi,（二10a2）

欺騙-順 做什麽-現

33-6　talude ini baita be touka-bu-ha se-he-de,（二10a3）

萬一 他.屬 事情 賓 耽誤-使-完 助-完-位

誤

33-7　aimaka si gvnin bi-fi imbe tuhe-bu-he adali,（二10a3-4）

好像 你 心思 有-順 他.賓 跌倒-使-完 一樣

陷害

33-8　i aika emu usun seshun niyalma oqi,（二10a4-5）

他 如果 一 可憎 厭惡 人 若是

厭惡 俗 可厭之人 厭

33-9　bi inu gisure-ra-kv bihe,（二10a5）

我 也 説-未-否 過

33-10　tere emu nomhon niyalma kai,（二10a5-6）

他 一 老實 人 啊

老實

33-11　jilakan manggi fixur, se-me banji-ha,（二10a6）

可憐 既 慢慢 助-并 生活-完

可憐

33-12　mudan be tuwa-qi o-mbi-u?（二10a6-10b1）
姿態　賓　看-條　可以-現-疑

33-13　gvwa imbe uttu tuwa-qi,（二10b1）
别人　他.賓　這樣　看-條

33-14　muse giyan -i tafula-qi aqa-ra ba-de,（二10b1-2）
咱們　道理　工　勸諫-條　應該-未　地方-位

33-15　si elemangga ere gese keike baita yabu-ha-ngge,（二10b2）
你　反而　這　樣子　刻薄　事情　行事-完-名
刻薄

33-16　ambula taxara-ha-bi,（二10b3）
大　錯-完-現
錯

33-17　yala mini gvnin de dosina-ra-kv。（二10b3）
真是　我.屬　心　與　進入-未-否

33-18[B]　age si dule imbe sar-kv,（二10b3-4）
阿哥　你　原來　他.賓　知道.未-否

33-19　tede eitere-bu-he ni-kai,（二10b4）
他.與　欺騙-被-完　呢-啊

33-20　tere guwejihe ba-i oilorgi de mentuhun -i gese bi-qibe,
他　胃　地方-屬　表面　位　愚鈍　屬　樣子　有-讓
浮面皮　（二10b4-5）

33-21　dolo ja akv,（二10b5）
裏面　簡單　不

33-22　ini ehe nimequke ba-be si qende-he-kv be dahame,
他.屬　壞　嚴酷　地方-賓　你　試驗-完-否　賓　因爲

試 （二10b5-6）

33-23 sar-kv-ngge inu giyan，（二10b6）

知道.未-否-名 也 道理

33-24 arga labdu，hvbin amba，（二11a1）

計策 多 圈套 大

圈套

33-25 niyalma qi ten gai-re mangga，（二11a1）

人 從 實據 取-未 巧

要結實 善

33-26 yaya baita bi-qi，（二11a1-2）

大凡 事情 有-條

33-27 afanggala gisun -i yaru-me geudebu-me，（二11a2）

預先 話語 工 誘導-并 哄騙-并

預先 引 局弄

33-28 niyalma-i gvnin be muruxe-me baha-na-ha manggi，（二11a2-3）

人-屬 心思 賓 大致了解-并 能够-去-完 以後

大模兒

33-29 amala tuwaxa-me aliyakiya-me sini eden ba-be hiraqa-mbi，

後來 監視-并 等候-并 你.屬 欠缺 地方-賓 窺伺-現

觀 望 欠 斜瞟着眼看

（二11a3-4）

33-30 majige jaka ba bi-qi，dahala-me dosi nakv，（二11a4）

稍微 縫隙 地方 有-條 跟隨-并 進入.祈 之後

33-31 uthai emgeri ura te-bu-mbi[1]，（二11a4-5）

就 一次 屁股 坐-**使-現**

33-32 age si gvni-me tuwa，（二11a5）

阿哥 你 想-**并** 看.**祈**

33-33 ere baita minde holbobu-ha ba bi-kai，（二11a5-6）

這個 事情 我.**與** 有關-**完** 地方 有-啊

33-34 adarame tondokosaka fere gvnin be（二11a6）

怎麼 正直 底下 心思 **賓**

正直 老 主意

33-35 tede ala-qi o-mbi-ni，（二11a6-11b1）

他.**與** 告訴-**條** 可以-**現**-呢

33-36 ede mimbe wakaxa-qi，（二11b1）

這.**位** 我.**賓** 責備-**條**

33-37 bi sui mangga[2] akv se-me-u?（二11b1）

我 罪 繁難 **否** **助-并-疑**

冤枉

第34條

34-1[A] si se-re-ngge，emu waji-ra-kv sain niyalma kai，（二11b2）

你 **助-未-名** 一 完-**未-否** 好 人 啊

34-2 dolo majige hede da[3] akv，（二11b2-3）

裏面 稍微 根本 根 **否**

---

1 ura tebumbi：此爲固定用法，意爲“打屁股”。

2 sui mangga：此爲固定用法，意爲“冤枉”。

3 hede da：此爲固定用法，意爲“渣滓”。

渣滓

34-3 damu angga jaqi sijirhvn,（二11b3）

祇是 嘴 太 正直

太 直

34-4 niyalma uru waka be sa-ha de,（二11b3）

人 是 非 **賓** 知道-**完** **位**

34-5 majige ba bu-ra-kv uthai kang se-me gisure-mbi,（二11b4）

稍微 地方 給-**未**-**否** 就 大聲說話貌 **助**-**并** 說-**現**

高聲

34-6 guqu-se de endebuku be tuwanqihiya-ra doro bi-qibe,

朋友-**複** **位** 過錯 **賓** 修正-**未** 道理 有-**讓**

過 （二11b4-5）

34-7 banji-re sain juken be bodo-me tafula-mbi dere,（二11b5-6）

生存-**未** 善 惡 **賓** 籌畫-**并** 勸諫-**現** 罷了

34-8 damu guqu se-re-de, emu gese tuwa-qi,（二11b6）

祇是 朋友 **助**-**未**-**位** 一 樣子 看-**條**

34-9 tere ainahai o-joro,（二11b6-12a1）

那樣 未必 可以-**未**

34-10 teike ere emu fiyelen -i gisun be,（二12a1）

剛纔 這 一 段 **屬** 話語 **賓**

方纔 遍

34-11 si sain gvnin se-mbi waka-u?（二12a1-2）

你 好 心 說-**現** 不是-**疑**

34-12 ini gvnin de labdu iqakv,（二12a2）

他.**屬** 心 **位** 很 不合意

34-13　yasa　buling bulinja-me，（二12a2-3）

眼睛　楞怔怔　發怔-并

怔呵呵的發怔

34-14　ara，guweke，（二12a3）

哎呀　小心.祈

小心著

34-15　ere mimbe tuhe-bu-re　ba boljon akv se-me，（二12a3-4）

這　我.賓　倒下-使-未　地方 約定　否　助-并

保不定

34-16　kenehunje-mbi-kai。（二12a4）

疑惑-現-啊

疑惑

34-17[B]　age　-i jombu-ha gisun fuhali mimbe dasa-ra sain okto，

阿哥 屬　提醒-完　話語　完全　我.賓　治理-未　良　藥

提白　治　良　藥（二12a4-5）

34-18　bi　sar-kv ainaha，（二12a5）

我 知道.未-否 怎麽

34-19　damu ere gese baita de teisule-bu-he manggi，（二12a5-6）

衹是　這　樣子 事情　與　遇見-被-完　以後

34-20　esi　se-qi o-jora-kv[1] angga yojohoxo-mbi，（二12a6）

當然 説-條 可以-未-否　嘴　癢-現

癢癢

1　esi seqi ojorakv：此爲固定用法，意爲“不由得”。

34-21 gisure-qi o-jora-kv-ngge de gisure-qi，gisun be ufara-ha se-he-bi，
說-**條** 可以-**未-否-名** **與** 說-**條** 話語 **賓** 失誤-**完** **助-完-現**
不可與言而言之 失（二12b1）

34-22 enenggi qi bi umesile-me hala-ki，（二12b2）
今天 **從** 我 落實-**并** 改-**祈**
着實的 改

34-23 jai uttu o-qi fulu ai-se-mbi，（二12b2）
再 這樣 成爲-**條** 多餘 什麼-**說-現**
强

34-24 age uthai dere be bai-me qifele，（二12b3）
阿哥 就 臉 **賓** 求-**并** 吐唾沫
唾

34-25 bi qihanggai janquhvn ali-me gai-mbi。（二12b3-4）
我 情願 順從 受-**并** 取-**現**
情甘 領受

第35條

35-1[A] enenggi absi nimequke，（二12b5）
今天 何其 厲害

35-2 juwari dosi-ka qi ebsi，（二12b5）
夏天 進入-**完** **從** 以來
夏

35-3 ujui uju halhvn inenggi se-qi o-mbi，（二12b5-6）
第一 頭 熱 日子 說-**條** 可以-**現**

35-4 majige edun su akv，ludur se-mbi，（二12b6-13a1）
稍微 風 絲 否 粘糊貌 助-現
風 絲 潮熱

35-5 eiten agvra tetun gala halame halhvn，（二13a1）
一切 器械 器皿 手 燙 熱
一切 器 皿

35-6 ele juhe muke omi-qi，ele kangka-mbi，（二13a1-2）
更加 冰 水 喝-條 更加 渴-現
冰 水 渴

35-7 arga akv ebixe-fi，（二13a2）
方法 否 洗澡-順
洗澡

35-8 mou-i fejile kejine sebderile-he manggi，（二13a2-3）
樹-屬 下面 好久 乘涼-完 以後
乘涼

35-9 teni majige toro-ko，（二13a3）
纔 稍微 鎮定-完
定

35-10 ere gese hvkta-me halhvn de，（二13a3-4）
這 樣子 燥熱-并 熱 位
躁熱

35-11 weri beye niuhuxun bai te-he-de，（二13a4）
别人 身體 裸身 祇是 坐-完-位
光着

35-12 hono halhvn，qali-rahv se-mbi-kai，（二13a4-5）
還 熱 中暑-弱 助-現-啊
怕

35-13 si aina-ha-bi，（二13a5）
你 做什麽-完-現

35-14 uju gida-hai hergen ara-ra-ngge ai sui，（二13a5-6）
頭 低下-持 文字 寫-未-名 什麽 罪
低 頭 罪

35-15 ergen haji akv se-me-u?（二13a6）
生命 愛惜 否 助-并-疑
命不要緊

35-16[B] sini ere gemu alban qagan akv，（二13a6-13b1）
你.屬 這 全都 公務 書籍 否
官 差

35-17 baisin -i jirga-me taqi-ha，（二13b1）
閑暇 工 安逸-并 習慣-完
白 混 教

35-18 gisun duibuleqi，hvdai urse o-kini，（二13b1-2）
話語 比如 市場 人們 成爲-祈
話 比如 市

35-19 haijung se-re ujen be damjala-fi，（二13b2）
負載沉重 助-未 重物 賓 挑-順
沉 重 挑担子

35-20 monggon sa-mpi，（二13b2）
脖子 伸-延

脖子　　伸開

35-21 baba-de xodo-me hvla-hai, nei taran waliya-tala,（二13b2-3）

各處-位　逛-并　叫-持　汗　大汗　抛-至

吆　喝　汗

35-22 arkan teni tanggv funqe-re jiha buta-fi,（二13b3-4）

剛剛　纔　一百　剩餘-未　銭　挣錢-順

35-23 ergen hetumbu-mbi-kai,（二13b4）

生命　度日-現-啊

度

35-24 mini adali belen ningge be je-fi,（二13b4）

我.屬　一様　現成　東西　賓　吃-順

相我　現成

35-25 elehun -i hergen ara-ki se-qi baha-mbi-u?（二13b5）

泰然　工　文字　寫-祈　想-條　能够-現-疑

自如

35-26 tere anggala, tuweri beikuwen,（二13b5-6）

那個　而且　冬天　寒冷

冬　冷

35-27 juwari halhvn o-joro-ngge,（二13b6）

夏天　熱　成爲-未-名

夏　熱

35-28 julge-qi ebsi hala-ra-kv tokto-ho doro,（二13b6-14a1）

古代-從　以來　改變-未-否　確定-完　道理

35-29 inemene ekisaka doso-bu-qi,（二14a1）

索性　肅静　忍耐-使-條

受

35-30 embiqi seruken dere,（二14a1）

或者 凉快 吧

凉爽

35-31 fathaxa-ha se-me ai baita,（二14a2）

焦躁-**完** **助-并** 什麼 事情

急躁

35-32 baha-fi guwe-qi o-mbi-u?（二14a2）

能够-**順** 脱免-**條** 可以-**現-疑**

饒

第36條

36-1[A] jalan -i niyalma ejesu akv-ngge,（二14a3）

世間 **屬** 人 記性 **否-名**

記性

36-2 sinqi qala jai akv se-qina,（二14a3）

你.**從** 之外 再 **否** **助-祈**

36-3 qananggi bi adarame sini baru hendu-he,（二14a4）

前幾天 我 怎麽 你.**屬** 向 説-**完**

36-4 ere baita be yaya we-de ume sere-bu-re se-qi,（二14a4-5）

這個 事情 **賓** 凡是 誰-**與** 絶不 發覺-**使-未** **助-條**

露

36-5 si naranggi firgem-bu-he-bi,（二14a5）

你 終歸 泄漏-**使-完-現**

泄漏

36-6 musei weilu-me hebexe-he gisun be，（二14a5-6）

咱們.屬 隐瞞-并 商議-完 話語 賓

瞞藏 商議

36-7 te algisixa-hai，（二14a6）

現在 傳揚-持

傳揚

36-8 baba-i niyalma gemu sa-ha kai，（二14a6）

各處-屬 人 都 知道-完 啊

36-9 qe baha-fi donji-ra-kv ainaha，（二14b1）

他們 能够-順 聽見-未-否 怎麽

36-10 ese talude yerte-he ibagan inenggi xun de maksi-re balama，

他們 萬一 羞愧-完 鬼怪 白天 時候 位 跳舞-未 狂妄

妖精 （二14b1-2）

36-11 muse de o-jora-kv elje-me isele-re o-qi saiyvn?（二14b2-3）

咱們 與 成爲-未-否 抗拒-并 反抗-未 成爲-條 好.疑

36-12 hojoksaka emu baita be，（二14b3）

好端端 一 事情 賓

好好的

36-13 ondo-hoi，ere ten de isibu-ha-ngge，（二14b3-4）

亂來-持 這個 極端 與 達到-完-名

弄

36-14 waqihiyame si kai。（二14b4）

盡是 你 啊

36-15[B] age si mimbe wakaxa-qi，（二14b4）

阿哥 你 我.賓 責備-條

36-16 bi yala sui mangga,（二14b4-5）

我 確實 罪 繁難

真 冤 屈

36-17 damu baita emgeri uttu o-ho,（二14b5）

但是 事情 已經 這樣 成爲-完

36-18 bi te, jayan juxu-tala faksala-me gisure-he se-me,

我 現在 牙關 酸-至 分辨-并 説-完 助-并

牙關 酸 分晰 （二14b5-6）

36-19 si akda-mbi-u?（二14b6）

你 相信-現-疑

信

36-20 ere gvnin be damu abka sa-kini,（二14b6-15a1）

這個 心 賓 衹有 天 知道-祈

36-21 mini beye waka bi-he-u,（二15a1）

我.屬 自已 錯誤 有-完-疑

36-22 goida-ha manggi, ini qisui getukele-bu-mbi,（二15a1-2）

長久-完 以後 他.屬 擅自 察明-使-現

明白

36-23 mini gvnin o-ho-de,（二15a2）

我.屬 心 依從-完-位

36-24 si gasa-ra be jou,（二15a2）

你 抱怨-未 賓 算了

36-25 inemene sar-kv -i gese bisu,（二15a3）

乾脆 知道.未-否 屬 一樣 有.祈

36-26 qeni aina-ra be tuwa-ki，（二15a3）
他們 做什麼-未 賓 看-祈

36-27 o-qi， o-ho，（二15a3）
成爲-條 成爲-完

36-28 hon o-jora-kv o-qi，（二15a4）
很 依從-未-否 成爲-條

36-29 dube-de jai aqa-ra be tuwa-me bel-he-bi，（二15a4）
最後-位 再 相應-未 賓 看-并 準備-完-現

36-30 inu sita-ha se-re ba akv。（二15a4-5）
也 遲-完 助-未 地方 否
誤

第37條

37-1[A] age sini manju gisun，（二15a6）
阿哥 你.屬 滿 語

37-2 ai xolo de taqi-ha?（二15a6）
什麼 空暇 位 學-完

37-3 mudan gai-re-ngge sain bime tomorhon。（二15a6-15b1）
音韵 取-未-名 好 而且 清楚
准

37-4[B] mini gisun be ai dabu-fi gisure-re ba-bi，（二15b1）
我.屬 話 賓 什麼 算-順 説-未 地方-有

37-5 age huwekiyebu-me o-fi， uttu dabali makta-ra dabala，
阿哥 鼓勵-并 成爲-順 這樣 過度 誇贊-未 罷了
過奬（二15b2）

37-6 mini emu guqu manju gisun sain，（二15b2-3）

我.屬 一 朋友 滿 語 好

37-7 getuken bime daqun，（二15b3）

清楚 而且 流暢

37-8 majige nikan mudan akv，（二15b3-4）

稍微 漢人 音 否

37-9 umesi ure-he-bi，（二15b4）

非常 熟練-完-現

37-10 tuttu bime， xan geli fe[1]，（二15b4）

那樣 而且 耳朵 又 古

37-11 tere teni mangga se-qi o-mbi。（二15b4-5）

那 纔 精妙 說-條 可以-現

精明

37-12[A] tere sinqi antaka?（二15b5）

他 你.從 如何

37-13[B] bi adarame inde duibule-qi o-mbi-ni，（二15b5-6）

我 怎麽 他.與 比較-條 可以-現-呢

比

37-14 fuhali tede hanqi waka，（二15b6）

完全 他.與 種類 不是

37-15 abka na -i gese sandalabu-ha-bi，（二15b6）

天 地 屬 一樣 相隔-完-現

相隔

---

1 xan fe：此爲固定用法，意爲“聽到的老話多”。

37-16 turgun ai se-qi，（二16a1）

原因 什麼 助-條

37-17 ini taqi-ha-ngge xumin，（二16a1）

他.屬 學-完-名 深

深

37-18 bahana-ha-ngge labdu，（二16a1）

領會-完-名 多

會

37-19 bithe de amuran，（二16a2）

書物 與 愛好

好

37-20 tetele hono angga qi hoko-bu-ra-kv hvla-mbi，（二16a2-3）

至今 還 口 從 離開-使-未-否 讀-現

離

37-21 gala qi alja-bu-ra-kv tuwa-mbi，（二16a3）

手 從 離開-使-未-否 看-現

丟

37-22 imbe amqa-ki se-qi yala mangga。（二16a3-4）

他.賓 追-祈 想-條 確實 難

37-23[A] age sini ere gisun majige taxarabu-ha-kv se-me-u?（二16a4）

阿哥 你.屬 這個 話語 稍微 弄錯-完-否 助-并-疑

豈不錯了

37-24 donji-qi hing se-re o-qi，hada hafu-mbi se-he-bi，（二16a5）

聽-條 專心 助-未 成爲-條 山峰 穿透-現 助-完-現

37-25 tere inu taqi-fi bahana-ha-ngge dabala，（二16a5-6）
他 也 學-**順** 領會-**完**-**名** 罷了
學而知之

37-26 umai banji-nji-fi bahana-ha-ngge waka kai，（二16a6）
全然 出生-來-**順** 領會-**完**-**名** 不是 啊

37-27 muse tede isi-ra-kv-ngge ya ba，（二16b1）
咱們 他.**與** 達到-**未**-**否**-**名** 哪個 地方

37-28 i ai haqin -i bahana-ha ure-he o-kini，（二16b1-2）
他 怎麽 種類 **工** 領會-**完** 熟練-**完** 依憑-**祈**

37-29 muse damu mujilen be teng se-me jafa-fi gvnin girkv-fi taqi-qi，
咱們 衹要 心思 **賓** 堅實 **助**-**并** 抓-**順** 想法 專心-**順** 學-**條**
結結實實的拿定主意（二16b2-3）

37-30 udu tere ten de isina-me mute-ra-kv bi-qibe，（二16b3）
即使 他 頂點 **與** 達到-**并** 能够-**未**-**否** 有-**讓**

37-31 inu urunakv hamina-mbi-dere。（二16b4）
也 必定 接近-**現**-啊
差不多

第38條

38-1[A] age de emu baita yandu-ki se-qi，（二16b5）
阿哥 **與** 一 事情 委託-**祈** 想-**條**

38-2 baibi angga juwa-ra de manggaxa-mbi，（二16b5-6）
衹是 口 開-**未** 位 難以-**現**

38-3 turgun ai se-qi，（二16b6）
原因 什麽 **助**-**條**

38-4 ere gese bai-ha mudan jaqi labdu o-ho-bi，（二16b-17a1）

這 樣子 求-完 次數 太 多 成爲-完-現

太

38-5 damu sinde bai-ra-kv o-qi，（二17a1）

衹是 你.與 求-未-否 成爲-條

38-6 sinqi tulgiyen，（二17a1）

你.從 以外

38-7 gvni-qi，mini ere baita be mutebu-re-ngge akv kai，（二17a2）

想-條 我.屬 這個 事情 賓 完成-未-名 否 啊

38-8 uttu ofi，arga akv，geli age be alixa-bu-me ji-he。（二17a2-3）

這樣 因此 辦法 否 又 阿哥 賓 勞煩-使-并 來-完

懇煩

38-9[B] si tere baita -i jalin de ji-he-ngge waka-u?（二17a3-4）

你 那個 事情 屬 因爲 位 來-完-名 不是-疑

38-10[A] inu，age ai-de baha-fi sa-ha?（二17a4）

是 阿哥 什麽-位 得到-順 知道-完

38-11[B] eqimari sini ahvn uthai minde hendu-he-bi，（二17a5）

今天早上 你.屬 兄長 就 我.與 説-完-現

38-12 osokon buda-i erin de，（二17a5-6）

小 飯-屬 時候 位

小

38-13 bi emu mudan gene-he，（二17a6）

我 一 次 去-完

38-14 uksa ini bou-de akv de teisule-bu-he（二17a6-17b1）

不料 他.屬 家-位 否 與 遇見-被-完

38-15 ineenggi dulin o-me，（二17b1）

日子 正中 成爲-**并**

38-16 bi geli isina-ha，（二17b1）

我 又 到達-**完**

38-17 qin -i bou de isina-nggala，（二17b1-2）

正 **屬** 房 **與** 到達-**前**

38-18 uthai kaka faka se-me inje-qe-re jilgan donji-ha-bi，（二17b2-3）

就 哈哈笑貌 **助-并** 笑-**齊-未** 聲音 聽-**完-現**

喧笑

38-19 tede bi fa -i houxan be usihi-bu-fi，（二17b3）

那.**位** 我 窗户 **屬** 紙 **賓** 濕-**使-順**

窗 濕

38-20 sangga deri dosi tuwa-qi，（二17b3-4）

洞 **經** 裏面 看-**條**

窟隆

38-21 si minde darabu-me，（二17b4）

你 我.**與** 讓酒-**并**

讓酒

38-22 bi sinde bedere-bu-me，（二17b4）

我 你.**與** 回-**使-并**

回敬

38-23 jing kojohv-me[1] omi-me wenje-he-bi，（二17b4-5）

正好 攪亂-**并** 喝-**并** 醉-**完-現**

1 kojohvme：疑爲kvthvme之誤。

攪混　　　　　半醉了

38-24 bi dosi-ki se-mbihe，（二17b5）

我 進入-祈 想-過

38-25 kejine taka-ra-kv guqu bi-sire jakade，（二17b5-6）

好多 認識-未-否 朋友 有-未 因爲

認

38-26 weri omi-re amtan be faqa-bu-fi，aina-mbi se-me，

别人 喝-未 興趣 賓 解散-使-順 做什麽-現 助-并（二17b6-18a1）

38-27 tuttu bi beye goqi-fi tuqi-ke，（二18a1）

那樣 我 身體 撤-順 出去-完

抽

38-28 bou-i urse sabu-fi ala-na-ki se-re-de，（二18a1-2）

家-屬 人們 看見-順 告訴-去-祈 想-未-位

38-29 bi ekxe-me gala lasihi-me ili-bu-ha，（二18a2）

我 忙-并 手 揮-并 停止-使-完

擺

38-30 si ume ekxe-re，（二18a2-3）

你 不要 急-未

38-31 bi qimari farhvn suwaliya-me gene-fi，（二18a3）

我 明天 昏暗 混合-并 去-順

黑朧朧

38-32 xangga-tai gisure-qi waji-ha。（二18a3-4）

完成-極 説-條 完結-完

第39條

39-1[A] si nikan bithe bahana-ra niyalma kai，（二18a5）

你 漢 書 學會-未 人 啊

39-2 ubliyambu-re be taqi-qi，nokai ja dabala，（二18a5-6）

翻譯-未 賓 學-條 很 容易 罷了

很容易

39-3 gvnin sithv-fi giyalan lakqan akv，（二18a6）

心思 專心-順 間斷 中斷 否

没間斷

39-4 emu anan -i taqi-me o-ho-de，（二18b1）

一 順序 工 學-并 成爲-完-位

一氣兒

39-5 juwe ilan aniya-i siden-de，（二18b1）

二 三 年-屬 期間-位

39-6 ini qisui dube da tuqi-mbi，（二18b1-2）

他.屬 擅自 尖端 頭 出-現

頭緒

39-7 aika don don[1] -i taqi-re qurhvn qurhvn -i urebu-re oqi，

如果 一翅一翅 工 學-未 一翅 一翅 工 練習-未 若是

零 落 間 乎 （二18b2-3）

39-8 uthai orin aniya bithe hvla-ha seme inu mekele o-mbi。

就算 二十 年 書 讀-完 即使 也 徒然 成爲-現（二18b3-4）

---

1 don：指禽類扇動一次翅膀飛出的距離，後文的qurhvn亦同。

39-9B age mini ere ubaliyambu-ha-ngge be tuwa-fi,（二18b4-5）

阿哥 我.屬 這個 翻譯-完-名 賓 看-順

39-10 majige dasata-rau。（二18b5）

稍微 改正-祈

改正

39-11A sini taqi-ha-ngge labdu nonggi-bu-ha,（二18b5）

你.屬 學-完-名 大 提升-使-完

長了

39-12 gisun tome ijishvn,（二18b5-6）

話語 每 順當

准

39-13 hergen aname tomorhvn,（二18b6）

文字 依次 清楚

39-14 majige qilqin akv,（二18b6）

稍微 不通順 否

39-15 simne-qi sefere-hei baha-mbi,（二18b6-19a1）

考試-條 握-持 得到-現

39-16 ere mudan ubliyambu-re be, simne-re de,（二19a1）

這 次 翻譯-未 賓 考試-未 位

39-17 gebu alibu-ha-u akv-n?（二19a1-2）

名字 呈遞-完-疑 否-疑

遞

39-18B akv, simne-qi o-qi, esi sain o-qi,（二19a2）

没有 考試-條 可以-條 當然 好 成爲-條

39-19 damu bithe-i xusai ainahai o-mbi-ni。（二19a2-3）

但是 文-**屬** 秀才 未必 成爲-**現**-呢

文秀才

39-20[A] fe kouli de，（二19a3）

舊 規則 **位**

39-21 sini gese-ngge jakvn gvsa-ngge gemu simne-qi o-mbime，

（二19a3-4）

你.**屬** 一様-**名** 八 旗-**名** 都 考試-**條** 可以-而且

39-22 simbe teile simne-bu-ra-kv doro bi-u?（二19a4-5）

你.**賓** 衹有 考試-**使**-**未**-**否** 道理 有-**疑**

39-23 tere anggala，（二19a5）

那個 而且

39-24 jurgangga taqikv-i juse gemu simne-qi o-joro ba-de，

義 學校-**屬** 孩子.**複** 都 考試-**條** 可以-**未** 地方-**位**

義 學 生 （二19a5-6）

39-25 xusai be ai hendu-re，（二19a6）

秀才 **賓** 什麼 說-**未**

39-26 simne-qi o-me ofi，（二19a6）

考試-**條** 可以-**并** 因爲

39-27 mini deu ere siden-de，（二19a6-19b1）

我.**屬** 弟弟 這個 期間-**位**

39-28 teni haqihiya-me manju bithe hvla-mbi-kai，（二19b1）

纔 催促-**并** 滿洲 書 讀-**現**-啊

赶着

39-29 hvdun gebu alibu,（二19b2）

快 名字 呈遞.祈

39-30 ume nashvn ufara-bu-re。（二19b2）

不要 機會 錯過-使-未

機會

第40條

40-1[A] sikse we-i bou-de gene-he,（二19b3）

昨天 誰-屬 家-與 去-完

40-2 tuttu goida-fi teni ji-he,（二19b3）

那樣 遲-順 纔 來-完

40-3[B] mini emu guqu be tuwa-na-ha bihe,（二19b3-4）

我.屬 一 朋友 賓 看-去-完 過

40-4 qeni te-he-ngge aldangga,（二19b4）

他們.屬 住-完-名 遠

住的甚遠

40-5 wargi heqen -i genqehen de bi,（二19b4-5）

西 城 屬 邊沿 位 在

根

40-6 ere da-de geli yamji buda ulebu-re jakade,（二19b5-6）

這個 原本-位 又 晚 飯 款待-未 因爲

40-7 majige sita-ha。（二19b6）

稍微 遲到-完

遲了些

40-8[A] bi sinde emu gisun hebde-ki se-me，（二19b6）

我 你.與 一 話語 商議-祈 想-并

商議

40-9 ududu mudan niyalma takvra-fi soli-na-bu-qi，（二19b6-20a1）

很多 次 人 差遣-順 邀請-去-使-條

請

40-10 sini bou-i urse simbe sejen te-fi tuqi-ke，（二20a1-2）

你.屬 家-屬 人們 你.賓 車 坐-順 出去-完

留

40-11 aibi-de gene-mbi se-me gisun weri-he-kv se-mbi，（二20a2）

哪裏-與 去-現 説-并 話語 留-完-否 助-現

40-12 bodo-qi sini feliye-re ba umesi tongga kai，（二20a3）

算-條 你.屬 來往-未 地方 非常 少 啊

聚會 有數

40-13 fulingga muse-i ere udu guqu -i bou-de dabala，（二20a3-4）

有福人 咱們-屬 這 幾 朋友 屬 家-位 罷了

有福人

40-14 tokto-fi mini bou-de dari-mbi se-me aliya-qi，aba，（二20a4-5）

確定-順 我.屬 家-位 路過-現 助-并 等待-條 何處

順便 等

40-15 xun dabsi-tala umai ji-he-kv，（二20a5）

太陽 傾斜-至 完全 來-完-否

日平西

40-16 mekele emu inenggi aliya-ha se-qina。（二20a5-6）

徒然 一 日子 等待-完 助-祈

40-17[B] inu age-i bou-i niyalma isi-nggala，（二20a6）
是 阿哥-屬 家-屬 人 到達-前

40-18 bi aifini bou-qi tuqi-ke，（二20a6-20b1）
我 早就 家-從 出去-完

40-19 amasi ji-fi bou-i urse-i ala-ha-ngge，（二20b1）
返回 來-順 家-屬 人們-屬 告訴-完-名

40-20 age，niyalma unggi-fi emu siran -i juwe ilanngeri ji-he，
阿哥 人 派遣-順 一 陸續 屬 二 三次 來-完
一連 （二20b1-2）

40-21 nergin-de，bi uthai ji-ki se-mbihe，（二20b2-3）
頃刻-位 我 就 來-祈 想-過

40-22 abka yamji-ha，（二20b3）
天 天黑-完

40-23 geli hiyatari yaksi-rahv se-mbi，（二20b3）
又 柵欄 關-虛 助-現
柵欄 關

40-24 tuttu bi enenggi ji-he。（二20b4）
那樣 我 今天 來-完

第41條

41-1[A] tere bithe be gaji-ha-bi-u?（二20b5）
那個 書 賓 取來-完-現-疑

41-2[B] gana-fi gaji-re unde。（二20b5）
去取-順 取來-未 尚未

41-3[A] we-be takvra-ha? （二20b5）

誰-賓 派遣-完

41-4 ertele hono ji-dera-kv。（二20b6）

至今 還 來-未-否

41-5[B] eljitu[1] be unggi-fi gana-bu-ha，（二20b6）

厄爾濟圖 賓 派遣-順 去取-使-完

41-6 neneme，be，imbe gene se-qi，（二20b6-21a1）

起先 我們 他.賓 去.祈 助-條

41-7 i，meni gisun be gai-mbi-u? （二21a1）

他 我們.屬 話語 賓 接受-現-疑

41-8 ebi habi akv[2] erin xun be touka-bu-me，（二21a1-2）

氣 餒 否 時候 瞬間 賓 耽誤-使-并

無精打彩的 耽誤

41-9 emdubei elhexe-mbi，（二21a2）

衹管 磨蹭-現

磨蹬

41-10 amala age-i gisun bi se-re jakade，（二21a2-3）

後來 阿哥-屬 話 有 説-未 因爲

41-11 teni ebuhu sabuhv gene-he，（二21a3）

纔 急忙 慌忙 去-完

急忙

41-12 emu yohi duin dobton waka-u? （二21a3）

一 部 四 册 不是-疑

---

1 eljitu：此爲人名。

2 ebi habi akv：此爲固定用法，意爲“無精打采”。

部　　　套

41-13 ekxe-me saksi-me gene nakv,（二21a4）

急忙-并　慌忙-并　去.祈　之後

慌忙

41-14 damu ilan dobton gaji-ha,（二21a4）

衹是　三　冊　取來-完

41-15 tere emu dobton melebu-he,（二21a4-5）

他　一　冊　遺漏-完

落下了

41-16 tede si jai hvdun gene akv-qi fede,（二21a5）

因此 你 再　快　去.祈　否-條 努力

緊着

41-17 age ji-he manggi,（二21a6）

阿哥 來-完　以後

41-18 si tede nikqa-ha se-me bodo se-re-de,（二21a6）

你 那.位　吃虧-完　助-并　籌算.祈 助-未-位

你爛給他瞧

41-19 elemangga meni ala-ha-ngge hvlhi,（二21a6-21b1）

反而　我們　告訴-完-名　糊塗

反　告訴的　糊塗

41-20 getuken akv,（二21b1）

清楚　否

41-21 ai we-i se-me gasa-hai gene-he,（二21b1）

什麽 誰-屬　助-并　抱怨-持　去-完

41-22 gene-qi gene-he，tetele kemuni ji-dere unde，（二21b2）
去-**條** 去-**完** 至今 還 來-**未** 尚未

41-23 niyalma takvra-fi imbe okdo-no-bu-ki se-qi，（二21b2-3）
人 派遣-**順** 他.**賓** 迎接-去-**使**-**祈** 想-**條**
迎

41-24 geli jugvn de jurqenje-re ayou se-mbi。（二21b3）
又 道路 **與** 相互錯開-**未** **虛** **助**-**現**
差 怕

41-25[A] ere gese bulqakv deberen geli bi-ni，（二21b3-4）
這 樣子 偷懶 崽子 也 有-呢
滑懶 載子

41-26 urunakv yamaka kumungge ba-de efi-me gene-he，（二21b4-5）
必定 可能 熱鬧 地方-**位** 玩-**并** 去-**完**

41-27 qiralame jafata-ra-kv oqi，（二21b5）
嚴厲 約束-**未**-**否** 若是

41-28 aina-ha se-me banjina-ra-kv，（二21b5）
做什麼-**完** **助**-**并** 滋生-**未**-**否**

41-29 ji-he manggi，（二21b6）
來-**完** 之後

41-30 huthu-fi nixa emu jergi ura tv-qi，（二21b6）
捆-**順** 結實 一 次 屁股 打-**條**
捆上 結結實實的 打

41-31 teni sain，（二21b6）
纔 好

41-32　akvqi taqi-ha manggi，（二22a1）

否則　習慣-**完**　以後

　　慣

41-33　tuwa-ra ba akv o-mbi。（二22a1）

看-**未**　地方 **否**　成爲-**現**

第42條

42-1[A]　sini manjura-ra-ngge majige muru tuqi-ke-bi。（二22a2）

你.**屬**　説滿語-**未-名**　稍微　樣子　出-**完-現**

42-2[B]　aibi-de，（二22a2）

哪裏-**位**

42-3　niyalma-i gisure-re be bi ulhi-re gojime，（二22a2-3）

人-**屬**　説-**未**　**賓**　我 明白-**未**　雖然

42-4　mini beye gisure-me o-ho-de，oron unde，（二22a3-4）

我.**屬**　自己　説-**并**　成爲-**完-位**　踪迹　尚未

　　影兒

42-5　gvwa -i adali，（二22a4）

别人　**屬**　一樣

42-6　fiyelen fiyelen -i gisure-me mute-ra-kv se-re anggala，（二22a4-5）

一段　一段　**工**　説-**并**　能够-**未-否**　**助-未**　而且

42-7　emu siran -i duin sunja gisun gemu sirabu-me mute-ra-kv，

一　陸續　**工**　四　五　話語　都　接續-**并**　能够-**未-否**

　　接連（二22a5-6）

42-8　tere anggala，hono emu aldungga ba-bi，（二22a6）

那個　而且　還　一　奇怪　地方-有

42-9 gisure-re onggolo，（二22a6-22b1）

說-未 之前

42-10 baibi taxarabu-rahv qalabu-rahv se-me，（二22b1）

衹是 弄錯-虛 過失-虛 助-現

42-11 gelhun akv kengse lali gisure-ra-kv，（二22b1-2）

敢 否 果斷 爽快 說-未-否

42-12 uttu ba-de mimbe adarame gisure se-mbi，（二22b2）

這樣 地方-位 我.賓 怎麼 說.祈 助-并

42-13 bi inu usa-ka，（二22b3）

我 也 灰心-完

傷心灰心

42-14 gvni-qi ai haqin -i taqi-ha se-me，（二22b3）

想-條 什麽 種類 工 學-完 助-并

42-15 ineku ere hvman dabala，（二22b3-4）

還是 這個 本事 罷了

本事

42-16 nonggi-bu-re ai-bi。（二22b4）

提升-使-未 什麽-有

42-17[A] ere gemu sini ure-he-kv -i haran，（二22b4-5）

這 都是 你.屬 熟練-完-否 屬 原因

緣故

42-18 bi sinde taqibu-re，（二22b5）

我 你.與 教導-未

42-19 yaya we-be se-me ume bodo-ro，（二22b5）

凡是 誰-賓 助-并 不要 想-未

42-20 damu uqara-ha uqara-hai，uthai amqa-ta-me gisure，（二22b5-6）
祇要 遇見-完 遇見-持 就 追趕-常-并 說.祈
上赶着

42-21 jai，bithe de xungke sefu be bai-fi hvla，（二22b6-23a1）
再 書 位 通達 師傅 賓 求-順 讀.祈
通達

42-22 gisun de mangga，guqu-se de adana-fi gisure，（二23a1-2）
話語 位 擅長 朋友-複 與 陪-順 說.祈
朋友們 陪

42-23 inenggi-dari hvla-qi gisun eje-mbi，（二23a2）
日子-每 讀-條 話語 記得-現

42-24 erindari gisure-qi ilenggu ure-mbi，（二23a2-3）
總是 說-條 舌頭 熟練-現
舌頭

42-25 uttu taqi-me ohode，（二23a3）
這樣 學-并 若

42-26 manggai emu juwe aniya-i siden-de，（二23a3-4）
不過 一 二 年-屬 期間-位

42-27 ini qisui gvnin -i qihai angga-i iqi tang se-mbi-kai，
他.屬 擅自 心 工 任意 口-屬 順應 流利 說-現-啊
随 熟練（二23a4-5）

42-28 mute-ra-kv jalin de geli aiseme jobo-mbi-ni。（二23a5）
能够-未-否 爲了 位 又 爲什麼 煩惱-現-呢
煩

第43條

43-1[A] age sini tere erihe be bi gama-ki se-hei，（二23a6）

阿哥 你.屬 那個 數珠 賓 我 拿-祈 想-持

數珠

43-2 jiduji baha-fi gama-ha-kv，（二23a6-23b1）

到底 能够-順 拿-完-否

43-3 turgun ai se-qi，（二23b1）

原因 什麼 助-條

43-4 ji-he-dari si gemu bou-de akv，（二23b1）

來-完-每 你 都 家-位 否

43-5 simbe aqa-ha-kv de，（二23b2）

你.賓 見面-完-否 位

43-6 ai hendu-me buksuri，（二23b2）

怎麼 説-并 含糊

含忽

43-7 sini jaka be gama-mbi，（二23b2-3）

你.屬 東西 賓 拿-現

43-8 uttu ofi，bi enenggi qohome，（二23b3）

這様 因爲 我 今天 特意

43-9 sinde aqa-fi ala-ha manggi gama-ki se-mbi，（二23b3-4）

你.與 見面-順 告訴-完 以後 拿-祈 想-現

43-10 tede tehere-bu-me，（二23b4）

那.與 相稱-使-并

43-11 si ai jaka gaji se-qi，（二23b4）

你 什麼 東西 拿來.祈 助-條

43-12 bi sini gvnin de aqabu-me,（二23b4-5）

我 你.屬 心 與 相合-并

43-13 uda-fi hvlaxa-ki,（二23b5）

買-順 交換-祈

43-14 uthai puseli de unqa-ra,（二23b5-6）

就算 鋪子 位 賣-未

43-15 sain ningge akv bi-qibe,（二23b6）

好 東西 否 有-讓

43-16 bi inu urunakv baba-de ula-me bai-fi sinde bu-re,（二23b6-24a1）

我 也 必定 各處-位 傳達-并 尋求-順 你.與 給-未

43-17 sini gvnin de antaka?（二24a1）

你.屬 心 位 如何

43-18[B] si kemuni jondo-fi aina-mbi,（二24a1-2）

你 還 提起-順 做什麼-現

提

43-19 inemene gama-ha bi-qi, sain bihe,（二24a2）

乾脆 拿-完 有-條 好 過

43-20 aina-ha, waliya-bu-ha,（二24a2-3）

做什麼-完 丢失-被-完

丢了

43-21 hairakan, bodisu ningge ai yada-ra,（二24a3）

可惜 菩提子 東西 什麼 稀少-未

可惜 菩提子 算什麼

43-22 damu tede isi-re-ngge umesi komso,（二24a3-4）

衹是 那.與 達到-未-名 非常 少

少

43-23 tuttu waka o-qi ai，（二24a4）

那樣 不是 成爲-條 什麽

43-24 inenggi-dari jafaxa-hai，gemu siberi da-ha，（二24a4-5）

日子-每 握-持 全都 汗 干涉-完

拿着 汗漚透了

43-25 umesi nilgiyan o-ho，（二24a5）

非常 光滑 成爲-完

光潤

43-26 jafaxa-ra-kv gvwabsi gene-mbihe-de，（二24a5-6）

握-未-否 別處 去-過-位

43-27 tere-be horho de asara-mbihe，（二24a6）

那個-賓 櫃子 位 收藏-過

櫃子 收

43-28 inu waliya-bu-re giyan o-fi，（二24a6-24b1）

也 丢失-被-未 道理 成爲-順

43-29 mana-ha biyade[1] yafan de gene-re de，（二24b1-2）

已過-完 月份 園子 與 去-未 位

坟

43-30 onggo-fi，huwejen de lakiya-fi bargiya-ha-kv，（二24b2）

忘記-順 影壁 位 挂-順 收斂-完-否

忘 牌插 挂 收

1 manaha biyade：此爲固定用法，意爲“上個月”。

43-31 amasi ji-fi bai-qi aba，（二24b2-3）

返回 來-順 找尋-條 哪裹

43-32 arun durun sabu-ra-kv o-ho，（二24b3）

影子 樣子 看見-未-否 成爲-完

踪影

43-33 we-de hvlha-me gama-bu-ha be inu sar-kv，（二24b3-4）

誰-與 偷-并 拿-被-完 賓 也 知道.未-否

偷

43-34 merki-me bai-ha se-me fuhali baha-kv。（二24b4）

回憶-并 找尋-完 助-并 完全 得到.完-否

找尋

第44條

44-1[A] si kemuni jura-ra unde-u?（二24b5）

你 還 出發-未 尚未-疑

起身

44-2[B] yamji qimari uthai jura-mbi，（二24b5）

晚上 明天 就 出發-現

44-3 aqiha fulmiyen gemu en jen -i[1] dasata-me waji-ha，（二24b5-6）

馱子 行李 全都 妥 當 工 整理-并 完結-完

行李 置

44-4 damu kunesulere menggun kemuni eden，（二24b6-25a1）

衹是 盤纏 銀子 還 欠缺

---

1 en jen -i：en與jen各自無確切的實際意義，此爲固定用法，意爲“妥當”。

盤費 欠

44-5 tasha be jafa-ra-ngge ja，（二25a1）

虎 賓 捉-未-名 容易

虎 擒

44-6 niyalma de bai-re-ngge mangga se-he gisun be，（二25a1-2）

人 與 求-未-名 難 助-完 話語 賓

告 難

44-7 bi enenggi teile teni akda-ha，（二25a2）

我 今天 纔是 剛剛 相信-完

信

44-8 dere xele-fi baba-de juwen bai-qi baha-ra-kv，（二25a2-3）

臉 捨-順 各處-位 借債 尋求-條 得到-未-否

44-9 umainaqi o-jora-kv o-fi，（二25a3-4）

怎麼樣 可以-未-否 成爲-順

不得已

44-10 age-i jakade ji-he，（二25a4）

阿哥-屬 跟前 來-完

44-11 menggun o-qibe，damtun o-qibe，（二25a4）

銀子 可以-讓 典當物 可以-讓

44-12 minde majige aisila-rau，（二25a5）

我.與 稍微 幫助-祈

帮助

44-13 amasi ji-he manggi，（二25a5）

返回 來-完 以後

44-14 beye madagan be touda-me bu-ki。（二25a5-6）

本身 利息 賓 償還-并 給-祈

本 利 償還

44-15A jabxan de sini ji-he-ngge erde，（二25a6）

幸而 位 你.屬 來-完-名 早

44-16 majige sitabu-qi inu amqabu-rakv o-ho，（二25a6-25b1）

稍微 耽誤-條 也 追趕-虛 成爲-完

遲

44-17 jakan tokso-qi udu yan menggun gaji-ha，（二25b1-2）

新近 村莊-從 幾 兩 銀子 拿來-完

新近 屯

44-18 kemuni baitala-ra unde，（二25b2）

還 使用-未 尚未

44-19 si dulin gama-fi takv-ra，（二25b2）

你 一半 拿-順 差遣-未

一半

44-20 qai omi-ha manggi，（二25b3）

茶 喝-完 以後

44-21 dengsele-fi sinde bu-re，（二25b3）

稱重-順 你.與 給-未

稱了 給你

44-22 sini ere tuktan mudan bigara-me yabu-mbi waka-u?

你.屬 這 初 次 外出-并 行走-現 不是-疑

初 次 出外 （二25b3-4）

44-23[B] inu。（二25b4）

是

44-24[A] bi sinde emu ba-be ala-ki，（二25b4）

我 你.與 一 事情-賓 告訴-祈

44-25 goromime yabu-re doro，（二25b5）

向遠方 行走-未 道理

長行

44-26 guqu-se de hvwaliyasun dele，（二25b5）

朋友-複 位 和睦 寶貴

44-27 jai fejergi alban urse be，tuku doko se-me faksala-ra-kv，

再 下面 官員 人們 賓 表面 裏面 助-并 區別-未-否

裹 面 （二25b5-6）

44-28 emu adali gosi，（二25b6-26a1）

一 樣子 疼愛.祈

疼愛

44-29 uthai menggun baha-ra jiha buta-ra ba bi-he seme，

就算 銀子 得到-未 錢 掙錢-未 地方 有-完 儘管（二26a1）

44-30 dere oyonggo，（二26a2）

顔面 重要

臉

44-31 ume gala golmin o-joro，（二26a2）

不要 手 長 成爲-未

長

44-32 tuttu ohode，（二26a2）

那樣 若

44-33 labdu gebu algin de holbobu-mbi。（二26a3）
大 名字 名聲 與 有關-現
名 聲

44-34B age -i jombu-re-ngge，（二26a3）
阿哥 屬 提醒-未-名

44-35 aisin gu -i gese gisun kai，（二26a3-4）
金 玉 屬 一樣 話語 啊
金 石

44-36 mini gvnin de fali-me eje-ki。（二26a4）
我的.屬 心 位 牢固-并 記住-祈
牢

第45條

45-1A age atanggi tokso-qi ji-he?（二26a5）
阿哥 什麼時候 村莊-從 來-完
屯

45-2B bi isinji-fi kejine inenggi o-ho。（二26a5）
我 到來-順 好久 日子 成爲-完

45-3A age -i ji-he be bi fuhali oron donji-ha-kv，（二26a6）
阿哥 屬 來-完 賓 我 完全 全然 聽-完-否

45-4 donji-ha biqi，inu tuwa-nji-ha bihe。（二26a6-26b1）
聽-完 若是 也 看-來-完 過

45-5B muse te-he falga enqu，（二26b1）
咱們 住-完 場所 相異
鄉黨 不同

45-6 geli alban -i beye，（二26b1）

又 官員 屬 身體

45-7 donji-ha-kv-ngge giyan dabala。（二26b2）

聽-完-否-名 道理 罷了

45-8[A] suweni tokso aibi-de bi?（二26b2）

你們.屬 村莊 哪裏-位 有

45-9[B] bira-i qargi ba jeu -i harangga ba-de bi。（二26b2-3）

河-屬 那邊 霸 州 屬 所轄 地方-位 在

45-10[A] niuwanggiyaha bira-u?（二26b3）

清 河-疑

清 河

45-11[B] waka， hunehe bira。（二26b3-4）

不是 渾 河

渾

45-12[A] ere aniya tuba-i jeku antaka?（二26b4）

這 年 那裏-屬 米 如何

如何

45-13[B] sain umesi elgiyen，（二26b4-5）

好 非常 豐富

豐富

45-14 ambula bargiya-ha，（二26b5）

大 收穫-完

45-15 neneme bisa-ka se-re，（二26b5）

起先 洪澇-完 說-未

澇了

45-16 amala geli ai hiyaribu-ha se-re，（二26b5-6）

後來 又 什麼 乾旱-完 說-未

旱了

45-17 tere gemu yoro gisun，（二26b6）

那個 全都 謠 言

謠言

45-18 akda-qi o-jora-kv，（二26b6）

相信-條 可以-未-否

45-19 gvwa-be hono ai se-mbi。（二26b6-27a1）

其他-賓 還 什麼 說-現

45-20[A] haqin haqin -i turi hvda mujakv ja se-qina，（二27a1-2）

種類 種類 屬 豆子 價格 很 便宜 說-祈

豆 價 很

45-21 juwan udu jiha de emu moro hiyase baha-mbi，（二27a2）

十 幾 錢 位 一 升 斗 得到-現

升

45-22 utala aniya inu ere gese akv bihe，（二27a2-3）

至今 年 也 這個 樣子 否 過

45-23 yargiyvn?（二27a3）

果真

45-24[B] mujangga。（二27a3）

確實

45-25[A] age jai aika bou-i niyalma takvra-qi，（二27a3-4）

阿哥 再 如果 家-屬 人 派遣-條

45-26 mini funde udu hule liyou turi uda-bu-re，（二27a4-5）

我.屬 代替 幾 石[1] 料 飼料 買-使-未

石

45-27 udu yan menggun salibu-re ba-be，（二27a5）

幾 兩 銀子 估算-未 地方-賓

45-28 hengkile-bu-me bodo-fi minde ala，（二27a5-6）

叩-使-并 計算-順 我.與 告訴.祈

扣算

45-29 bi da uda-ha ton -i songkoi，（二27a6）

我 原本 買-完 數目 屬 按照

45-30 age de menggun benji-bu-re，（二27a6-27b1）

阿哥 與 銀子 送來-使-未

45-31 inu kai，（二27b1）

是 啊

45-32 sini bou-de udu morin hvwaita-ha-bi。（二27b1）

你.屬 家-位 幾 馬 拴-完-現

拴

45-33[B] sunja morin hvwaita-ha-bi，（二27b2）

五 馬 拴-完-現

45-34[A] tuttu oqi，giyan ningge，（二27b2）

那樣 若是 當然 事情

45-35 muse uba-i mangga hvda-i uda-ra anggala，（二27b2-3）

咱們 這裏-屬 高 價格-工 買-未 與其

---

1 石：此處爲計量單位。

45-36 tuba-qi uda-fi gaji-qi，（二27b3）

那裏-從 買-順 拿來-條

45-37 ubu ubu-i jabxan baha-mbi-kai.，（二27b3-4）

倍 倍-工 便宜 得到-現-啊

加倍 便宜

第46條

46-1[A] age iqe aniya amba urgun kai。（二27b5）

阿哥 新 年 大 喜慶 啊

新

46-2[B] je，（二27b5）

是

46-3 sasa urgun o-kini，（二27b5）

共同 喜慶 成爲-祈

同

46-4 age te-ki，（二27b6）

阿哥 坐-祈

46-5 aina-mbi?（二27b6）

做什麽-現

46-6[A] age-de aniyai doro-i hengkile-ki。（二27b6）

阿哥-與 年 禮儀-屬 叩頭-祈

46-7[B] ai geli，ji-he be dahame，uthai jou kai。（二27b6-28a1）

什麽又 來-完 賓 既然 就 行了 啊

罷呀

46-8 ai gisun se-re-ngge。（二28a1）

什麼 話 說-未-名

46-9[A] sakda ahvn kai，（二28a1-2）

老 兄長 啊

老

46-10 hengkile-re-ngge giyan waka se-me-u，（二28a2）

叩頭-未-名 道理 錯誤 助-并-疑

叩

46-11 je hafan hali wesi-kini，（二28a2-3）

是 官 吏 上升-祈

官員 升

46-12 juse dasu fuse-kini，（二28a3）

子 女 生養-祈

46-13 bayan wesihun banji-kini。（二28a3）

富 貴 生活-祈

發 福

46-14[B] age ili，（二28a3）

阿哥 站.祈

46-15 wesihun te，（二28a4）

向上 坐.祈

46-16 beleni buju-ha aniya-i efen udu fali jefu。（二28a4）

現成 煮-完 年-屬 餃子 幾 碟 吃.祈

煮 碟

46-17[A] bi bou-qi je-fi tuqi-ke。（二28a5）

我 家-從 吃-順 出-完

46-18[B] je-ke-ngge tuttu ebi-he-bi-u?（二28a5）

吃-**完**-**名** 那樣 飽-**完**-**現**-**疑**

飽

46-19 suweni gese asihata，（二28a5-6）

你們.**複** 一様 青年.**複**

年輕

46-20 teike jefu manggi teike yadahvxa-mbi-kai，（二28a6）

剛纔 吃 之後 一會 餓-**現**-啊

餓

46-21 si ainqi manggaxa-mbi ayou。（二28a6-28b1）

你 或許 羞-**現** **虚**

口羞

46-22[A] yargiyan，（二28b1）

當真

46-23 age-i bou-de kai，（二28b1）

阿哥-**屬** 家-**位** 啊

46-24 bi geli antahaxa-mbi-u?（二28b1）

我 又 客氣-**現**-**疑**

46-25 holto-qi moniu o-kini。（二28b2）

撒謊-**條** 猴子 成爲-**祈**

撒謊 猴兒

46-26[B] je，waji-ha，（二28b2）

是 完結-**完**

46-27 qai aqa-bu-fi benju。（二28b2）

茶 適應-**使**-**順** 拿來.**祈**

46-28[A] age bi omi-ra-kv。（二28b2-3）

阿哥 我 喝-未-否

46-29[B] ainu?（二28b3）

怎麽

46-30[A] bi kemuni gvwa ba-de gene-ki se-mbi,（二28b3）

我 還要 其他 地方-與 去-祈 想-現

46-31 gene-qi aqa-ra bou labdu,（二28b3-4）

去-條 應該-未 家 多

46-32 onggo-fi sita-fi jai gene-me o-ho-de,（二28b4）

忘記-順 遲-順 再 去-并 成爲-完-位

遲

46-33 niyalma gemu gvninja-ra de isina-mbi,（二28b4-5）

人 都 思索-未 與 以至於-現

46-34 age uthai jefu,（二28b5）

阿哥 就 吃.祈

46-35 mimbe ume fude-re,（二28b5-6）

我.賓 不要 送行-未

送

46-36 amtan gama-rahv。（二28b6）

味道 拿-虛

味

46-37[B] ai geli,（二28b6）

什麽 又

46-38 uqe be tuqi-ra-kv doro bi-u,（二28b6）

房門 賓 出-未-否 道理 有-疑

46-39 je，xada-ha，（二29a1）

是 疲乏-完

受乏

46-40 ji-fi untuhusaka，（二29a1）

來-順 空乏

46-41 qai inu omi-ha-kv，（二29a1）

茶 也 喝-完-否

46-42 bou-de isina-ha manggi，（二29a1-2）

家-與 到達-完 以後

46-43 sain-be fonji-ha se。（二29a2）

好-賓 問-完 助.祈

問

第47條

47-1[A] sini tere baita absi o-ho?（二29a3）

你.屬 那個 事情 怎樣 成爲-完

47-2[B] bi ede jing gvnin bai-bu-mbi-kai，（二29a3）

我 這.位 正好 心思 尋求-使-現-啊

47-3 yabu-ki se-qi，（二29a4）

去-祈 想-條

47-4 majige holbobu-re ba bi-sire gese de yabu-ra-kv，（二29a4）

稍微 有關係-未 地方 有-未 一樣 位 行事-未-否

47-5 aldasi naka-qi，（二29a5）

半截 停止-條

47-6 umesi hairakan，（二29a5）

非常 可惜

可惜

47-7 ne je[1] angga de isinji-ha jaka be je-tera-kv，（二29a5-6）

現在 是 口 **與** 到來-**完** 東西 **賓** 吃-**未-否**

47-8 baibi niyalma de anabu-mbi-u，（二29a6）

白白 人 **與** 謙讓-**現-疑**

47-9 yabu-qi waka，（二29a6）

去-**條** 錯誤

47-10 naka-qi geli waka，（二29b1）

停止-**條** 也 錯誤

47-11 yargiyan -i juwe-de gemu mangga o-ho-bi，（二29b1）

確實 **工** 二-**位** 都 難 成爲-**完-現**

47-12 adarame o-ho-de emu tumen de youni o-joro arga baha-qi，

怎樣 成爲-**完-位** 一 万 **位** 全部 可以-**未** 方法 得到-**條**（二29b1-2）

47-13 teni sain，（二29b2）

纔 好

47-14 uttu ofi，（二29b3）

這樣 因爲

47-15 qohome sinde gvnin bai-me ji-he。（二29b3）

特意 你.**與** 想法 尋求-**并** 來-**完**

47-16[A] age si minde hebexe-mbi-kai，（二29b3-4）

阿哥 你 我.**與** 商量-**現**-啊

---

1 ne je：此爲固定用法，意爲“立刻，馬上”。

47-17 bi ainame ainame[1] iqi tamin -i jabu-fi unggi-qi，（二29b4）

我 敷衍 敷衍 順應 毛皮的毛梢 工 回答-順 打發-條

47-18 niyaman se-re-ngge ai tusa，（二29b5）

親戚 説-未-名 什麽 利益

47-19 ere baita iletusaka，（二29b5）

這個 事情 明顯

47-20 ai gvnin baha-ra-kv se-re ba-bi，（二29b5-6）

什麽 主意 得到-未-否 助-未 地方-有

47-21 amaga inenggi urunakv bultahvn tuqi-nji-mbi，（二29b6-30a1）

後來 日子 必定 露出 出-來-現

明露出

47-22 yabu-ra-kv oqi，（二30a1）

行事-未-否 若是

47-23 sini jabxan，（二30a1）

你.屬 幸運

47-24 yabu-ha se-he-de，（二30a1）

行事-完 説-完-位

47-25 we-i angga be butule-qi o-mbi，（二30a1-2）

誰-屬 口 賓 堵-條 可以-現

堵

47-26 dur se-he manggi，（二30a2）

議論紛紛貌 助-完 以後

宣出

1 ainame ainame：二詞聯用意爲“苟且敷衍，隨隨便便”。

47-27 tere erin-de teni mangga de ili-na-mbi-kai，（二30a2-3）

那個 時候-位 纔 困難 位 興起-去-現-啊

47-28 ai o-qibe，（二30a3）

怎麽 成爲-讓

47-29 enduringge niyalma-i gisun sain，（二30a3-4）

聖 人-屬 話 好

47-30 niyalma goro seule-ra-kv o-qi，（二30a4）

人 遠 思慮-未-否 成爲-條

人 無 遠慮

47-31 urunakv hanqi jobolon bi se-he-bi，（二30a4-5）

必定 近 煩惱 有 助-完-現

必 有 近憂

47-32 ere yasa-i juleri majige aisi be，（二30a5）

這個 眼睛-屬 前面 少許 利益 賓

眼 前 利

47-33 urgun se-qi o-mbi-u?（二30a6）

喜慶 説-條 可以-現-疑

47-34 tob se-me amaga inenggi -i amba jobolon -i ursan，

正好 助-并 後來 日子 屬 大 憂患 屬 苗頭

害 苗頭（二30a6-30b1）

47-35 dalda-ki se-hei iletule-mbi-kai，（二30b1）

隐藏-祈 想-持 顯露-現-啊

露

47-36 jabxa-ki se-hei ufara-bu-mbi-kai，（二30b1-2）

得便宜-祈 想-持 失誤-使-現-啊

47-37　aisi bi-qi, jobolon akv o-bu-me mute-ra-kv kai,（二30b2）

利益 有-**條**　憂愁　**否**　成爲-**使**-**并**　可能-**未**-**否**　啊

47-38　mini gvnin ohode,（二30b3）

我.**屬**　想法　若

47-39　si ume tathvnja-ra,（二30b3）

你　不要　猶豫-**未**

猶豫

47-40　kafur se-me ashv-qi waji-ha,（二30b3-4）

爽快貌 **助**-**并**　拋棄-**條**　完結-**完**

47-41　aika mini gisun be donji-ra-kv,（二30b4）

如果　我.**屬**　話語　**賓**　聽-**未**-**否**

47-42　emdubei jequhunje-me lashala-ra-kv o-qi,（二30b4-5）

衹顧　遲疑-**并**　决斷-**未**-**否**　成爲-**條**

遲疑

47-43　ta-ha manggi bele baha-ra-kv bime,（二30b5）

絆-**完**　以後　米　得到-**未**-**否**　而且

絆住　米

47-44　fulhv waliya-bu-re balama,（二30b5-6）

口袋　丟失-**使**-**未**　輕浮

口袋　乏

47-45　ai gese boqihe tuwa-bu-re be,（二30b6）

什麽 樣子　醜態　看-**使**-**未**　**賓**

醜

47-46　gemu boljo-qi o-jora-kv-ngge kai,（二30b6-31a1）

全　預測-**條**　可以-**未**-**否**-**名**　啊

保不定

47-47　tere　erin-de，（二31a1）
那個　時候-位

47-48　mimbe　xa-me tuwa-me　tafula-ra-kv　se-me　ume　gasa-ra。（二31a1-2）
我.賓　瞧-并　看-并　勸-未-否　助-并　不要　抱怨-未

第48條

48-1[A]　yaya niyalma damu akdun bi-qi，（二31a3）
大凡　人　衹要　忠信　有-條

48-2　niyalma teni gvnin baha-mbi，（二31a3）
人　纔　心　得到-現

48-3　enenggi o-qi qimari se-re，（二31a4）
今天　成爲-條　明天　説-未

48-4　qimari o-ho manggi geli qoro se-re，（二31a4）
明天　成爲-完　以後　又　後天　説-未

48-5　erken terken -i inenggi anata-hai，（二31a5）
推三　阻四　工　日子　推脱-持
支吾　推脱

48-6　atanggi dube da，（二31a5）
什麼時候　末端　根源

48-7　ali-me gaisu manggi，（二31a5-6）
受-并　取.祈　之後

48-8　geli angga aifu-re，（二31a6）
又　嘴　説謊-未

48-9 eqimari uttu o-joro, yamji tuttu o-joro o-qi, （二31a6-31b1）
早上 這樣 成爲-未 晚上 那樣 成爲-未 成爲-條

48-10 niyalma jai adarame sini gisun be akda-mbi, （二31b1）
人 再 怎麽 你.屬 話語 賓 相信-現

48-11 ere durun -i uxan faxan -i kengse lasha akv o-joro anggala,
這個 樣子 工 拉扯 紛亂 工 果 斷 否 成爲-未 與其
拉扯 （二31b1-2）

48-12 doigon qi emu yargiyan ba-be, （二31b3）
以前 從 一 確實 地方-賓

48-13 tede ulhi-bu-qi, （二31b3）
他.與 明白-被-條

48-14 niyalma inu gvnin usa-fi, （二31b3-4）
人 也 心 絶望-順
死了

48-15 jai ere-me gvni-ra-kv o-mbi。（二31b4）
再 希望-并 想-未-否 成爲-現

48-16[B] waka, （二31b4）
不是

48-17 bi aimaka ba-de, （二31b4-5）
我 好像 地方-位

48-18 yamaka baita de akdun be ufara-bu-ha bihe-u? （二31b5）
可能 事情 位 忠信 賓 錯失-使-完 過-疑
失

48-19 si te jori-me tuqi-bu, （二31b5-6）
你 現在 指示-并 出-使.祈

指

48-20 baita oron unde kai，（二31b6）

事情 踪影 尚未 啊

48-21 afanggala si uttu algingga jube-ngge[1]，（二31b6-32a1）

預先 你 這様 名聲 揚-**名**

預先 聲 揚

48-22 ini funde faqihiyaxa-fi aina-mbi，（二32a1）

他.**屬** 代替 着急-**順** 做什麽-**現**

張羅

48-23 baita de teisule-bu-fi，（二32a1-2）

事情 **與** 遇見-**被**-**順**

48-24 kimqi-ha da-de geli kimqi-fi，（二32a2）

審查-**完** 地方-**位** 又 審查-**順**

48-25 urunakv gvnin baha manggi，（二32a2-3）

必定 主意 得到.**完** 以後

48-26 teni yabu-qi o-joro dabala，（二32a3）

纔 行事-**條** 可以-**未** 罷了

48-27 suweni adali hvluri malari yabu-re baha，（二32a3-4）

你們.**屬** 一様 糊里 糊塗 行事-**未** 得到.**完**

48-28 nambu-hai gisure-re o-qi o-mbi-u?（二32a4）

分辨-**持** 説-**未** 成爲-**條** 可以-**現**-**疑**

48-29 tere anggala，（二32a4-5）

那個 而且

---

1 jubengge：意不詳，據原文“揚”字暫作此標注。

48-30 yabu-qi mini qiha，（二32a5）

行事-條 我.屬 任意

48-31 yabu-ra-kv o-qi inu mini qiha，（二32a5-6）

行事-未-否 成爲-條 也 我.屬 任意

48-32 si xorgi-fi aina-mbi，（二32a6）

你 催逼-順 做什麽-現

催逼

48-33 bi banitai uthai uttu qamangga，（二32a6-32b1）

我 本性 就是 這樣 難纏

難纏

48-34 baita be yargiyala-ha-kv de，（二32b1）

事情 賓 確認-完-否 位

没應驗

48-35 bukda-me jafa-fi mimbe uttu oso se-qi，（二32b1-2）

屈服-并 捉-順 我.賓 這樣 成爲.祈 助-條

48-36 tenteke basuqun weri-fi gisun -i anakv o-joro baita be，

那樣 笑話 留-順 話語 屬 藉口 成爲-未 事情 賓

笑話 留 （二32b2-3）

48-37 bi ajigan qi taqi-ha-kv，（二32b3）

我 幼小 從 學-完-否

48-38 i akda-qi aliya se，（二32b3-4）

他 相信-條 等待.祈 助.祈

等

48-39 akda-ra-kv oqi，（二32b4）

相信-未-否 若是

48-40 qihangga ba-de gene-fi，（二32b4）

情願 地方-**位** 去-**順**

48-41 enqu niyalma de yandu-kini dere，（二32b5）

另外 人 **與** 委託-**祈** 吧

煩

48-42 we imbe ili-bu-ha-bi-u?（二32b5）.

誰 他.**賓** 站-**使**-**完**-**現**-**疑**

第49條

49-1[A] ini tere arbuxa-ra-ngge absi yabsi，（二32b6）

他.**屬** 那個 舉動-**未**-**名** 怎麼樣 好不

甚麼樣

49-2 neneme sebkesaka imbe aqa-ha de，（二32b6-33a1）

起先 難得 他.**賓** 見面-**完** **位**

稀疏

49-3 nomhon -i ergi-de bi se-mbihe，（二33a1）

老實 **工** 這邊-**位** 在 **助**-**過**

49-4 te tuwa-qi nomhon -i teile waka，（二33a1-2）

現在 看-**條** 老實 **工** 不僅 不是

49-5 fuhali niyalma de ele-bu-ra-kv，（二33a2）

完全 人 **與** 滿意-**被**-**未**-**否**

足

49-6 albatu ten de isina-ha-bi，（二33a2-3）

粗俗 極端 **與** 達到-**完**-**現**

大架子

49-7　niyalma-i juleri bubu baba，（二33a3）

人-屬　面前　拙沌　磕絆

49-8　absi fonji-re absi jabu-re be gemu sar-kv，（二33a3-4）

怎麽　問-未　怎麽　回答-未　賓　全都　知道.未-否

49-9　qiqi goqi adarame ibe-re，adarame bedere-re be，（二33a4-5）

畏首　畏尾　怎麽　前進-未　怎麽　後退-未　賓

畏首畏尾　進　退

49-10　gemu ulhi-ra-kv，（二33a5）

都　明白-未-否

不懂

49-11　gete-qibe weri -i amga-ra adali，（二33a5）

醒-讓　別人 屬　睡-未　一樣

醒　睡

49-12　bai niyalma-i ton dabala，（二33a6）

白白　人-屬　數目　而已

49-13　hvlhi lampa -i adame[1] baji-ha-bi，（二33a6）

糊里　糊塗 工　怎麽　生活-完-現

49-14　suwe banji-re sain bihe kai，（二33b1）

你們　相處-未　好　過　啊

49-15　tede majige jorixa-qi aqa-mbi dere。（二33b1-2）

那.位　稍微　指示-條　應該-現　呀

49-16[B]　age，suwe emu ba-de guqule-me goida-ha-kv ofi，（二33b2）

阿哥　你們　一　地方-位　交往-并　長久-完-否　因爲

1　adame：疑爲adarame之誤。

49-17 hono tengki-me sa-ra unde，（二33b2-3）
還 深刻-并 知道-未 尚未

49-18 ere-qi injequke baita geli bi-ni，（二33b3）
這個-從 可笑 事情 又 有-呢

49-19 ishunde te-qe-fi gisun gisure-mbihe-de，（二33b4）
互相 坐-齊-順 話 説-過-位

49-20 ere-be gisure-me bihe-ngge，（二33b4）
這個-賓 説-并 過-名

49-21 holhonde tere-be gvni-na-fi leule-mbi，（二33b5）
突然 那個-賓 想-出-順 談論-現

49-22 akvqi，（二33b5）
要不然

49-23 angga labdahvn ergen sukdun akv，（二33b5-6）
嘴 下垂 氣息 呼氣 否
搭拉着

49-24 yasa-i faha gurinje-ra-kv，（二33b6）
眼睛-屬 球 動-未-否

49-25 hada -hai simbe tuwa-mbi，（二33b6-34a1）
釘-持 你.賓 看-現

49-26 gaitai gaitai，（二34a1）
忽然 忽然

49-27 emu uju unqehen akv beliyen gisun tuqi-ke-de，（二34a1-2）
一 頭 尾 否 傻 話 出-完-位
傻

49-28 niyalma duha be lakqa-tala fanqa-me inje-bu-mbi，（二34a2）
人 腸子 賓 斷-至 憋氣-并 笑-使-現

49-29 qananggi mimbe tuwa-na-me gene-he，（二34a3）
前幾天 我.賓 看-去-并 去-完

49-30 amasi gene-re de xuwe yabu-ra-kv，（二34a3）
返回 去-未 位 徑直 去-未-否

49-31 fisa foro-fi amasi sosoro-me tuqi-mbi，（二34a4）
後背 朝向-順 往後 退-并 出-現

49-32 tede bi age bokson de guwelke se-re，（二34a4-5）
那.位 我 阿哥 門檻 與 小心.祈 説-未

49-33 gisun waji-nggala，（二34a5）
話語 完結-前

49-34 bethe ta-fi saksari onqohon tuhe-ne-re be，（二34a5-6）
脚 絆-順 仰面 向 跌倒-去-未 賓

49-35 bi ekxe-me julesi ibe-fi，（二34a6）
我 忙-并 向前 前進-順

49-36 hvsun ebsihe-i tata-me jafa-ra jakade，（二34a6-34b1）
力量 盡力-工 拉-并 抓-未 因爲
儘着力

49-37 arkan se-me tamila-bu-ha，（二34b1）
剛剛 助-并 扶-使-完

49-38 neneme bi hono ton akv[1] tafula-mbihe，（二34b1-2）
起先 我 還 數量 否 勸諫-過

---

1 ton akv：此爲固定用法，意爲“不時，時常”。

49-39 amala dasa-ra hala-ra muru akv be tuwa-qi，（二34b2）

後來 改正-**未** 改變-**未** 樣子 **否** **賓** 看-**條**

49-40 hvwaxa-ra tetun waka kai，（二34b2-3）

成長-**未** 器皿 不是 啊

49-41 aiseme angga xada-bu-me gisure-mbi。（二34b3）

爲什麽 口 勞乏-**使**-**并** 説-**現**

第50條

50-1[A] age yalu，（二34b4）

阿哥 騎.**祈**

50-2 bi sinde jaila-ha kai，（二34b4）

我 你.**與** 躲避-**完** 啊

50-3 xada-me geli aiseme o-bu-mbi？（二34b4-5）

勞乏-**并** 又 爲什麽 成爲-**使**-**現**

50-4[B] ai gisun se-re-ngge，（二34b5）

什麽 話 **助**-**未**-**名**

50-5 sabu-ha-kv oqi aina-ra，（二34b5）

看見-**完**-**否** 若是 做什麽-**未**

50-6 bi kejine aldangga qi uthai simbe sabu-ha ba-de，（二34b5-6）

我 很 遠 **從** 就 你.**賓** 看見-**完** 地方-**位**

50-7 morila-hai dule-re kouli bi-u？（二34b6-35a1）

騎馬-**持** 通過-**未** 道理 有-**疑**

50-8[A] age bou-de dosi-fi te-ra-kv-n？（二35a1）

阿哥 家-**與** 進入-**順** 坐-**未**-**否**-**疑**

50-9[B] inu kai，（二35a1）

是 啊

50-10 muse aqa-ha-kv-ngge inenggi goida-ha kai，（二35a1-2）

咱們 見面-完-否-名 日子 長久-完 啊

久

50-11 bi dosi-fi majige te-ki，（二35a2）

我 進去-順 稍微 坐-祈

50-12 ara utala haqingga mou ilha tebu-he-bi-u?（二35a3）

哎呀 這麼多 各種 樹 花 種植-完-現-疑

50-13 geli kejine aisin boqo-i nisiha uji-he-bi-u?（二35a3-4）

又 好多 金 色-屬 魚 養-完-現-疑

50-14 wehe ai jibsi-me muhaliya-ha-ngge inu sain，（二35a4-5）

石頭 什麼 重疊-并 堆積-完-名 也 好

50-15 gvnin isina-ha ba umesi faksi，（二35a5）

心思 到達-完 地方 非常 巧妙

50-16 jergi jergi gemu durungga，（二35a5-6）

層級 層級 都 有模有樣

有樣兒

50-17 ere bithe-i bou yala bolgo，（二35a6）

這個 書-屬 房 確實 乾净

50-18 absi tuwa-qi，（二35a6）

怎麼 看-條

50-19 absi iqangga，（二35b1）

怎麼 舒服

50-20 tob se-me musei bithe hvla-qi aqa-ra ba kai。（二35b1）

正好 助-并 咱們 書 讀-條 應該-未 地方 啊

50-21[A] age-i gisun inu，（二35b2）

阿哥-屬 話 正確

50-22 damu korso-ro-ngge minde asuru guqu duwali akv，

衹是 怨恨-未-名 我.與 很 朋友 夥伴 否（二35b2-3）

50-23 emhun bithe hvla-qi，（二35b3）

獨自 書 讀-條

50-24 dembei simeli。（二35b3）

甚是 冷清

冷清

50-25[B] ede ai mangga，（二35b3）

這.位 什麼 難

50-26 age si ek se-ra-kv oqi，（二35b4）

阿哥 你 厭煩貌 助-未-否 若是

厭煩

50-27 bi sinde guqu ara-me ji-qi antaka?（二35b4-5）

我 你.與 朋友 做-并 來-條 如何

50-28[A] tuttu oqi，mini kesi o-ho，（二35b5）

那樣 若是 我.屬 恩惠 成爲-完

50-29 solina-ki se-he se-me hono ji-dera-kv ayou se-re ba-de，（二35b5-6）

邀請-祈 想-完 助-并 還 來-未-否 虚 助-未 地方-位

50-30 yala ji-qi mini jabxan dabala，（二35b6-36a1）

果真 來-條 我.屬 幸福 罷了

50-31 ek se-re doro geli bi-u?（二36a1）

厭煩貌 助-未 道理 又 有-疑

第51條

51-1[A] niyalma se-me jalan de banji-fi，（三1a1）

人 助-并 世間 位 生活-順

生

51-2 uju qoho de taqi-re-ngge oyonggo，（三1a1）

第一 特別 位 學-未-名 重要

51-3 bithe hvla-ra-ngge，（三1a2）

書 讀-未-名

51-4 qohome jurgan giyan be getukele-re jalin，（三1a2）

特意 義 理 賓 顯明-未 爲了

義 禮 明

51-5 taqi-fi jurgan giyan be getukele-he se-he-de，（三1a2-3）

學-順 義 理 賓 顯明-完 説-完-位

51-6 bou-de bi-qi，niyaman de hiyouxula-ra，（三1a3-4）

家-位 在-條 親人 與 孝順-未

親 孝

51-7 hafan te-qi，ejen de hvsun bu-re，（三1a4）

官人 坐-條 主人 與 力 給-未

出力

51-8 ai ai[1] baita be ini qisui mute-mbi，（三1a4-5）
什麽 什麽 事情 賓 他.屬 擅自 能够-現

51-9 te bi-qibe[2]，（三1a5）
現在 有-讓

51-10 unenggi taqi-ha erdemu bi-qi，（三1a5）
真實 學-完 德 有-條

51-11 yaya ba-de isina-ha manggi，（三1a6）
所有 地方-與 涉及-完 之後

51-12 niyalma kundule-re teile akv，（三1a6）
人 尊敬-未 祇有 否
恭敬

51-13 uthai beye yabu-re de inu hou se-mbi，（三1a6-1b1）
就 自身 走-未 位 也 昂然 助-現

51-14 ememu urse umai bithe hvla-ra-kv，（三1b1-2）
有的 人們 全然 書 讀-未-否
或

51-15 yabun be dasa-ra-kv，（三1b2）
行爲 賓 治理-未-否
品行

51-16 baibi gvldura-me enqehexe-me，urui sihexe-me aqa-bu-re be，
祇管 鑽營-并 圖謀-并 經常 阿諛-并 適合-使-未 賓
鑽 幹 營求（三1b2-3）

---

1 ai ai：二詞聯用意爲“各種”。

2 te biqibe：此爲固定用法，意爲“比如説”。

51-17 bengsen o-bu-re-ngge，（三1b3）

本事 成爲-使-未-名

本領

51-18 terei gvnin de absi o-joro be sar-kv，（三1b3-4）

他.屬 心 位 怎様 成爲-未 賓 知道.未-否

51-19 bi yargiyan -i ini funde giru-mbi korso-mbi，（三1b4）

我 真是 工 他.屬 代替 害羞-現 抱怨-現

憾

51-20 enteke-ngge，（三1b5）

這様-名

51-21 beye fusihvxa-bu-re yabun efuje-re be hono aise-mbi，

身體 忽視-使-未 行爲 破壞-未 賓 還 説什麼-現

敗壞 （三1b5）

51-22 weri ini ama aja be suwaliya-me gemu tou-mbi-kai。

别人 他.屬 父 母 賓 合并-并 都 罵-現-啊

罵（三1b5-6）

51-23[B] age si bai gvni-me tuwa，（三1b6-2a1）

阿哥 你 衹管 想-并 看.祈

51-24 ama eme -i kesi de，（三2a1）

父親 母親 屬 恩惠 與

51-25 emgeri karula-me mute-mbi-u?（三2a1）

一次 報恩-并 可以-現-疑

51-26 fiyan nonggi-me eldem-bu-ra-kv oqi，jou dere，（三2a1-2）

顔色 增加-并 光輝-使-未-否 若是 算了 吧

51-27 fudarame firu-me tou-bu-re-de isibu-qi，（三2a2）
反倒 詛咒-**并** 罵-**被**-**未**-**與** 以至於-**條**
反倒 咒 罵

51-28 gushe-ra-kv-ngge ai dabala，（三2a3）
長進-**未**-**否**-**名** 什麼 罷了
不長進

51-29 ere-be kimqi-me gvni-ha de，（三2a3）
這個-**賓** 詳細-**并** 想-**完** **位**

51-30 niyalma ofi bithe hvla-ra-kv-qi o-mbi-u?（三2a3-4）
人 作爲 書 讀-**未**-**否**-**條** 可以-**現**-**疑**

第52條

52-1[A] juse be uji-re-ngge，（三2a5）
孩子.**複** **賓** 培養-**未**-**名**
養

52-2 daqi sakda-ra be belhe-re jalin，（三2a5）
原來 老-**未** **賓** 防備-**未** 爲了
原 防備

52-3 jui o-ho niyalma，（三2a5-6）
孩子 成爲-**完** 人

52-4 ama eme -i uji-he hvwaxa-bu-ha jobo-ho suila-ha kesi be gvni-qi，
父 母 **屬** 培養-**完** 生育-**使**-**完** 勞苦-**完** 辛苦-**完** 恩惠 **賓** 想-**條**
養 育 勞苦 辛苦（三2a6）

52-5 niyaman -i sakda-ra onggolo be amqa-me，（三2b1）
親人 **屬** 老-**未** 前 **賓** 趁-**并**

52-6 sain etuku etu-bu-me, iqangga jaka ali-bu-me, （三2b1-2）

好 衣服 穿-使-并 好吃 東西 受-使-并

52-7 inje-re qira ijishvn gisun -i urgunje-bu-qi aqa-mbi, （三2b2）

笑-未 臉 和順 話語 工 歡喜-使-條 應該-現

和 容 順 語

52-8 aikabade etu-re je-tere be da-ra-kv, （三2b3）

如果 穿-未 吃-未 賓 管-未-否

不管

52-9 beye-re yuyu-re be fonji-ra-kv, （三2b3）

凍-未 餓-未 賓 問-未-否

凍 飢

52-10 jugvn yabu-re niyalma -i adali o-bu-me, （三2b3-4）

路 走-未 人 屬 一樣 成爲-使-并

陌 路

52-11 we-i guwanta se-me, （三2b4）

誰-屬 管他 助-并

52-12 sakda-sa be aka-ra gingka-ra-de isibu-qi, （三2b4-5）

老人-複 賓 悲傷-未 憂悶-未-與 以至於-條

悲傷 鬱悶

52-13 akv o-ho manggi, （三2b5）

没有 成爲-完 之後

52-14 ai haqin -i gosiholo-me songgo-ho se-me ai baita, （三2b5-6）

什麽 種類 屬 痛哭-并 哭-完 助-并 什麽 事情

痛哭 哭

52-15 unenggi gvnin qi tuqi-ke-ngge se-me we akda-ra，（三2b6）

誠懇 心 從 出-完-名 説-并 誰 相信-未

信

52-16 niyalma-i basu-re de gele-me holto-ro-ngge dabala，（三3a1）

人-屬 嘲笑-未 與 怕-并 歪曲-未-名 罷了

恥笑 怕

52-17 ai haqin -i iqangga amtangga jaka dobo-ho seme，（三3a1-2）

什麽 種類 屬 好吃 甜 東西 供奉-完 雖然

上供

52-18 fayangga je-he sukji-he be we sabu-ha，（三3a2）

靈魂 吃-完 享受-完 賓 誰 看見-完

魂 受享

52-19 ineku weihun urse sisi-ha dabala，（三3a2-3）

原樣 活的 人們 插入-完 罷了

活 聽嗓

52-20 ufara-ha niyalma de ai baha，（三3a3）

亡故-完 人 位 什麽 得到.完

亡 人

52-21 geli dabana-ha-ngge，（三3a3）

又 超過-完-名

52-22 ama eme be se de goqi-mbu-ha，（三3a3-4）

父 母 賓 年齡與 抽-被-完

抽

52-23 sakda-fi oibo-ko se-me，（三3a4）

老-順 悖晦-完 助-并

背誨

52-24 daixa-hai ergele-me bou delhe-bu-he-ngge gemu bi，（三3a4-5）

鬧-持 威脅-并 家 分割-使-完-名 都 有.現

鬧 勒 分

52-25 gisun ede isinji-fi，（三3a5）

話語 這.與 到來-順

52-26 niyalma esi se-qi o-jora-kv nasa-mbime fanqaquka，（三3a5-6）

人 當然 知道-條 可以-未-否 嘆息-而且 生氣

由不得 嘆 可氣

52-27 enteke niyalma abka na bakta-mbu-ra-kv，（三3a6）

這樣 人 天 地 允許-使-未-否

載

52-28 hutu enduri uhei seye-re be dahame，（三3a6-3b1）

鬼 神 一共 恨-未 賓 跟隨

鬼 神 恨

52-29 adarame baha-fi sain -i dube-mbi，（三3b1）

爲什麽 得到-順 好 工 完結-現

善 終

52-30 damu ekisaka tuwa，（三3b1-2）

祇是 安静 看.祈

52-31 giyanakv udu goida-mbi，（三3b2）

能有 如何 長久-現

52-32 yasa habtala-ra siden-de，（三3b2）

眼睛 眨-未 期間-位

展

52-33 ini juse omosi songko de songko o-mbi-kai。（三3b2-3）

他.屬 孩子.複 孫子.複 足迹 位 足迹 成爲-現-啊

第53條

53-1[A] ahvn deu se-re-ngge，（三3b4）

兄 弟 助-未-名

53-2 emu tebku qi banji-ha-ngge，（三3b4）

一 胎胞 從 生-完-名

胎包

53-3 ajigan fonde，（三3b4）

幼少 時候

53-4 je-qi uhe，（三3b4-5）

吃-條 同樣

53-5 efi-qi sasa，（三3b5）

玩-條 一起

53-6 umai meni meni akv，（三3b5）

全然 各自 各自 否

53-7 antaka senggime，（三3b5）

如何 友愛

何等 友愛

53-8 antaka haji bi-he，（三3b5-6）

如何 情愛 有-完

53-9 mutu-fi，ulhiyen -i fakqashvn o-ho-ngge，（三3b6）

長大-順 逐漸 工 離心 成爲-完-名

長大了 生分

53-10 amba muru[1]，（三3b6）

大 概貌

大 盖

53-11 gemu sargan guweleku -i xusihiye-re gisun de hvli-mbu-fi，

都 妻子 小妾 **屬** 挑唆-**未** 話語 **與** 迷惑-**被**-**順**

妻 妾 挑唆 惑（三3b6-4a1）

53-12 bou boigon temxe-re，（三4a1）

家 家産 争-**未**

争

53-13 hetu niyalma-i jakana-bu-re gisun de dosi-fi，（三4a1-2）

鄰居 人-**屬** 隔開-**使**-**未** 話語 **與** 進入-**順**

離間

53-14 teisu teisu gvnin te-bu-re qi banjina-ha-ngge labdu，（三4a2-3）

各自 各自 心 存積-**使**-**未** **從** 生-**完**-**名** 多

53-15 adarame se-qi，（三4a3）

如何 説-**條**

53-16 inenggi-dari ere jergi ehequ-re gisun be donji-fi，（三4a3-4）

日子-每 這 種類 毁謗-**未** 話語 **賓** 聽-**順**

毁謗

53-17 gvnin de eje-hei dolo jalu-pi，（三4a4）

心 **位** 記録-**持** 裏面 滿-**延**

滿

1 amba muru：此爲固定用法，意爲“大概”。

53-18 emu qimari andande kiri-me mute-ra-kv de，（三4a4-5）

一 早上 立刻 忍耐-并 可以-未-否 位

忍

53-19 uthai beqen jaman dekde-bu-re de isina-fi，（三4a5）

就 口 吵架 引起-使-未 與 到達-順

争

53-20 kimun bata o-ho-bi，（三4a5-6）

仇 敵 成爲-完-現

仇 敵

53-21 si gvni-me tuwa，（三4a6）

你 想-并 看.祈

53-22 hethe waji-qi，（三4a6）

家産 完結-條

家産

53-23 dasame ili-bu-qi o-mbi，（三4a6）

再 站-使-條 可以-現

53-24 sargan buqe-qi，（三4a6-4b1）

妻子 死-條

53-25 dasame gai-qi o-mbi，（三4b1）

再 娶-條 可以-現

53-26 ahvn deu -i dorgi-de emken kokira-ha se-he-de，（三4b1）

兄 弟 屬 中間-位 一個 打傷-完 説-完-位

傷損

53-27 uthai gala bethe emke biya-ha adali，（三4b2）

就 手 脚 一個 折斷-完 一樣

折

53-28 dahvme baha-qi o-mbi-u?（三4b2）

再 得到-條 可以-現-疑

復

53-29 talude kesi akv,（三4b2-3）

偶然 幸運 否

倘或 不幸

53-30 emu jobolon baita tuqi-nji-ke de,（三4b3）

一 灾禍 事 出現-來-完 位

禍

53-31 inu ahvn deu siren tata-bu-me,（三4b3-4）

又 兄 弟 脉絡 牽扯-被-并

關 切

53-32 beye sisa-fi faqihiyaxa-me aitu-bu-re dabala,（三4b4）

自己 投入-順 努力-并 蘇生-使-未 罷了

上緊 救

53-33 hetu niyalma uxa-bu-rahv se-me, jaila-me jabdu-ra-kv ba-de,

鄰居 人 連累-被-虛 助-并 回避-并 趕上-未-否 地方-位

傍 連累 躲 不及（三4b4-5）

53-34 sini funde hvsutule-re mujangga-u?（三4b5）

你.屬 代替 盡力-未 確實-疑

出力

53-35 ere-be tuwa-qi,（三4b5-6）

這個-屬 看-條

53-36 ahvn deu de isi-re-ngge akv kai，（三4b6）

兄 弟 **與** 達到-**未-名** **否** 啊

53-37 niyalma ainu uba-be kimqi-me gvni-ra-kv ni。（三4b6-5a1）

人 爲什麽 這裏-**賓** 慎重-**并** 想-**未-否** 呢

第54條

54-1[A] guqule-ki se-qi，（三5a2）

交流-**祈** 想-**條**

54-2 julge-i guwan jung，bou xu be alhvda，（三5a2）

古時-**屬** 管 仲 鮑 叔 **賓** 模仿.**祈**

管仲 鮑叔 效

54-3 ere juwe nofi emu inenggi xehun bigan de yabu-re de.

這 二 人 一 日子 空曠 原野 **位** 走-**未** **位**

位 曠 野（三5a2-3）

54-4 tuwa-qi，jugvn -i，dalba-de emu aisin xoge makta-fi bi.

看-**條** 道路 **屬** 旁邊-**位** 一 金 塊 拋-**順** 有

旁 金（三5a3-4）

54-5 ishunde anahvnja-hai，（三5a4）

互相 讓步-**持**

謙讓

54-6 yaya we gaija-ra-kv，（三5a4-5）

凡是 誰 取-**未-否**

54-7 waliya-fi gene-re de，（三5a5）

放棄-**順** 去-**未** **位**

54-8 emu usin -i haha be uqara-fi，（三5a5）

一 田地 屬 男人 賓 遇到-順

農 遇

54-9 jori-me hendu-me，（三5a6）

指示-并 說-并

指 說

54-10 tuba-de emu aisin xoge bi，（三5a6）

那裏-位 一 金 塊 有

54-11 si gene-fi gaisu se-re-de，（三5a6）

你 去-順 取.祈 助-未-位

54-12 tere usin -i haha，（三5b1）

那 田地 屬 男人

54-13 ekxe-me gene-fi gai-qi，（三5b1）

急忙-并 去-順 求-條

忙忙

54-14 aisin xoge be sabu-ra-kv，（三5b1）

金 塊 賓 看見-未-否

見

54-15 juwe ujungga meihe emken sabu-ha，（三5b2）

二 有頭 蛇 一個 看見-完

54-16 ambula golo-fi，（三5b2）

大大 驚嚇-順

怕

54-17 homin -i meihe be juwe meyen o-bu-me lashala-me saqi-fi.

鋤子 工 蛇 賓 二 段 成爲-使-并 截斷-并 斬-順

鋤　　　　　　　　　　　　　　　　　斷（三5b2-3）

54-18 amqa-na-fi jamara-me hendu-me，（三5b3）

追趕-去-**順**　嚷-**并**　說-**并**

赶　嚷

54-19 bi suwende aika kimun bi-u?（三5b3-4）

我　你們.**與**　什麼　仇　有-**疑**

仇

54-20 juwe ujungga meihe be，（三5b4）

二　有頭　蛇　**賓**

54-21 ainu minde aisin xoge se-me holto-me ala-mbi，（三5b4-5）

爲什麼 我們.**與**　金　塊　說-**并**　欺哄-**并**　告訴-**現**

54-22 elekei mini ergen be joqi-bu-ha se-re jakade，（三5b5）

幾乎　我.**屬**　命　**賓**　落下-**使**-**完**　助-**未**　因爲

命

54-23 juwe nofi akda-ra-kv，（三5b5-6）

二　人　相信-**未**-**否**

54-24 emgi sasa gene-fi tuwa-qi，（三5b6）

共同　一起　去-**順**　看-**條**

54-25 fe an -i aisin xoge saqi-bu-fi，（三5b6-6a1）

以前 樣子 **工** 金子　塊　切斷-**被**-**順**

照舊

54-26 juwe dalame o-fi，na de bi-sire be，（三6a1）

二　塊　成爲-**順** 地　**位**　有-**未**　**賓**

塊

54-27 guwan jung, bou xu emte dulin gai-ha, （三6a1-2）
管 仲 鮑 叔 一.分 一半 取-完
一半

54-28 tere usin -i haha, （三6a2）
那 田地 屬 男人

54-29 kemuni untuhun gala-i amasi gene-he, （三6a2-3）
還 空 手-工 返回 去-完
空

54-30 julge-i niyalma-i guqule-re doro uttu, （三6a3）
古時-屬 人-屬 交流-未 道理 這樣
交情

54-31 ere udu julen -i gisun de hanqi bi-qibe, （三6a3-4）
這個 雖然 古詞 屬 話語 與 近 有-讓
古 詞 近

54-32 yargiyan -i te -i forgon -i aisi be temxe-re urse de,
確實 工 現在 屬 時節 屬 利益 賓 争-未 人們 與
今 時 （三6a4）

54-33 durun tuwakv o-bu-qi o-mbi。（三6a5）
模子 典範 成爲-使-條 可以-現
榜 樣

第55條

55-1A we[1] be amqa-bu-ha niyalma, （三6a6）
以前 賓 追趕-使-完 人

1 we：疑爲fe之誤。

55-2 qingkai enqu，（三6a6）
完全 異樣
迥然

55-3 niyalma be aqa-ha de keb se-me haji halhvn，（三6a6-6b1）
人 賓 遇見-完 位 親熱 助-并 關係 好
親熱

55-4 emu ba-de te-qe-fi，（三6b1）
一 地方-位 坐-齊-順

55-5 bithe qagan taqin fonjin be leule-mbihe-de，（三6b1-2）
書 文書 學 問 賓 討論-過-位
學 問 議論

55-6 wakai urgunje-mbi，（三6b2）
很 歡樂-現
很

55-7 yar se-me xuntuhuni gisure-he se-me xada-ra ba inu akv.
屢屢貌 助-并 一整天 說-完 助-并 累-未 地方 也 否
乏（三6b-3）

55-8 niyalma de jorixa-qi aqa-ra ba-de jorixa-ra，（三6b3）
人 與 指示-條 應該-未 地方-位 指示-未
指

55-9 taqibu-qi aqa-ra ba-de taqibu-re，（三6b3-4）
教導-條 應該-未 地方-位 教導-未

55-10 julge-i baita be yaru-me，（三6b4）
古時-屬 事情 賓 教導-并
古

55-11　te　-i niyalma de duibuleme，（三6b4-5）
現在 屬　人　與　比如説

55-12　asiha-ta be nesuken gisun -i faksikan -i sain ba-de yarhvda-mbi，
年輕人-複 賓　温柔　話語 工　巧妙　工 好 地方-位　教導-現
和平　引導
（三6b5-6）

55-13　geli umesi gosingga，（三6b6）
又　非常　有慈悲

55-14　dembei karaba，（三6b6）
極爲　親熱
護庇

55-15　niyalma-i gosihon be sabu-qi，（三6b6-7a1）
人-屬　辛苦　賓　看見-條

55-16　uthai beye tuxa-ha adali faqihiyaxa-me，（三7a1）
就　自己　遭遇-完 一樣　着急-并
遭遇　張羅

55-17　urunakv mutere-i teile[1] aitu-bu-me tuwaxata-mbi，（三7a1-2）
必定　能力-屬　衹有　蘇醒-使-并　照顧-現
救

55-18　yala suje-i gese，（三7a2）
確實 絹-屬　一樣

55-19　ler　se-me emu hvturi isibu-re sengge se-qina，（三7a2-3）
端莊貌 助-并　一　福　送到-未　長者　説-祈
和藹　有壽

1　muterei teile：此爲固定形式，意爲“盡量，盡力”。

55-20 uttu ofi，（三7a3）

這樣 因爲

55-21 udu inenggi giyala-fi tuwa-na-ra-kv oqi，（三7a3-4）

幾 日子 隔開-**順** 訪問-去-**未**-**否** 若是

隔

55-22 gvnin de baibi o-jora-kv，（三7a4）

心 **位** 空閑 成爲-**未**-**否**

55-23 dekdeni hendu-he-ngge，（三7a4）

俗語 説-**完**-**名**

俗

55-24 emu niyalma de hvturi bi-qi，（三7a4-5）

一 人 **位** 福 有-**條**

一 人 有福

55-25 bou -i gubqi kesi be ali-mbi se-he-bi，（三7a5）

家 **屬** 全部 福 **賓** 受-**現** 説-**完**-**現**

托在滿屋

55-26 ere-i bou boigon bayanda-ra，（三7a5-6）

這個-**屬** 家 家産 豐富-**未**

豐富

55-27 juse omosi mukdende-re-ngge，（三7a6）

孩子.**複** 孫子.**複** 繁榮-**未**-**名**

興旺

55-28 gemu sakda niyalma yabu-ha sain -i karulan de kai。

全都 老 人 做-**完** 好 **工** 報恩 **位** 啊

報（三7a6-7b1）

第56條

56-1[A] sakda amban erdemu daqun kafur se-mbi，（三7b2）

老 大臣 才能 敏捷 決斷貌 助-現

才力敏捷

56-2 yaya baita isinji-me jaka，（三7b2）

所有 事 到來-并 之後

56-3 uthai giyan fiyan -i[1] waqihiya-bu-mbi，（三7b3）

就 道理 顔色 工 處理-使-現

有條有理

56-4 ere da-de，dolo getuken niyalma be taka-mbi，（三7b3-4）

這 原本-位 心 正確 人 賓 認識-現

認

56-5 sain ehe be ini yasa de aina-ha seme ende-ra-kv，（三7b4）

善 惡 賓 他.屬 眼睛 位 做什麼-完 無論 欺騙-未-否

瞞不住

56-6 alban de kiqebe，yebken asiha-ta be wakai gosi-mbi，（三7b5）

公務 與 謹慎 英俊 年輕人-複 賓 拼命 慈愛-現

俊 很

56-7 wesi-re forgoxo-ro ba-de isina-ha manggi，（三7b5-6）

上升-未 轉換-未 地方-與 到達-完 之後

升 轉

56-8 yala meihere-me daha-bu-mbi se-qina，（三7b6）

的確 擔當-并 聽從-使-現 説-祈

1 giyan fiyan -i：此爲固定用法，意爲“按照順序”。

擔當 荐舉

56-9 aikabade alban de bulqakvxa-me，（三7b6-8a1）

如果 公務 **位** 懶惰-**并**

猾

56-10 dede dada[1] sain sabu-bu-me，（三8a1）

不 穩重 好 看見-**使**-**并**

不稳重

56-11 jabxan be bai-me yabu-re o-ho-de，（三8a1-2）

便宜 **賓** 求-**并** 做-**未** 成爲-**完**-**位**

便宜

56-12 tede farkan se-me bodo，（三8a2）

那.**位** 發昏 **助**-**并** 籌算.**祈**

昏

56-13 nambu-ha se-he-de，ja -i sinda-ra kouli akv，（三8a2-3）

拿獲-**完** 説-**完**-**位** 容易 **工** 放-**未** 道理 否

56-14 hendu-he gisun uttu，（三8a3）

説-**完** 話語 這樣

56-15 deu-te inenggi-dari yasa hada-hai xa-me tuwa-me，（三8a3-4）

弟弟-**複** 日子-每 眼睛 釘-**持** 瞧-**并** 看-**并**

56-16 minde akda-fi niyalma o-ki se-mbi-kai，（三8a4）

我.**與** 賴-**順** 人 成爲-**祈** 想-**現**-啊

56-17 tukiye-qi aqa-ra-ngge be tukiye-ra-kv，（三8a4-5）

推薦-**條** 應該-**未**-**名** **賓** 推薦-**未**-否

---

1 dede dada：二詞各自無實際意義，聯用意爲“輕狂，不穩重”。

舉

56-18 jafata-qi aqa-ra-ngge be jafata-ra-kv oqi，（三8a5）

約束-條 應該-未-名 賓 約束-未-否 若是

約束

56-19 sain niyalma aide huwekiye-mbi，（三8a6）

好 人 爲什麽 發奮-現

鼓勵

56-20 ehe niyalma aide ise-mbi，（三8a6）

壞 人 爲什麽 畏懼-現

怕

56-21 banitai gvnin tondo angga sijirhvn，（三8a6-8b1）

本性 心 公正 口 真言

生成的

56-22 gisun yabun tob tab ofi，（三8b1）

話語 行爲 端 正 因爲

端方

56-23 niyalma gemu hungkere-me gvnin daha-fi，（三8b1-2）

人 都 傾服-并 心 隨從-順

傾 心

56-24 ishunde huwekiyendu-me，（三8b2）

互相 發奮-并

56-25 julesi waqihiyaxa-me hvsun bu-mbi。（三8b2-3）

往前 努力-并 力 給-現

前 力 出

第57條

57-1[A] sini daqila-ra-ngge tere age waka-u? （三8b4）

你.屬 詢問-未-名 那個 阿哥 不是-疑

詢問

57-2 tere se-re-ngge，（三8b4）

他 助-未-名

57-3 fulhv -i dorgi suifun，（三8b4-5）

口袋 屬 中間 錐子

口袋 錐子

57-4 yali -i dorgi u -i adali，（三8b5）

肉 屬 中間 刺子 屬 一樣

刺

57-5 urunakv dube tuqi-mbi，（三8b5）

必定 尖端 出-現

57-6 turgun ai se-qi，（三8b5-6）

原因 什麽 説-條

57-7 banitai ujen jingji ambula taqi-ha-bi，（三8b6）

本性 沉 厚 很 學-完-現

沉 重

57-8 yabu-qi durun，axxa-qi kemun，（三8b6-9a1）

做-條 規範 動-條 規則

57-9 alban de o-qi emu julehen -i yabu-mbi，（三9a1）

公務 位 成爲-條 一 意志 工 走-現

一 意行 走

57-10 bou-de o-qi emu suihen -i banji-mbi,（三9a1-2）

家-**位** 成爲-**條** 一 心 **工** 生活-**現**

一意度日

57-11 yargiyan -i heni majige haqin demun akv,（三9a2）

真實 **工** 略 稍微 種類 怪樣 **否**

57-12 ama eme de hiyouxungga,（三9a3）

父 母 **與** 孝順

57-13 ahvn deu de haji,（三9a3）

兄 弟 **與** 親切

57-14 ere da-de guqu gargan de umesi karaba,（三9a3-4）

這 原本-**位** 朋 友 **與** 非常 親切

護庇

57-15 yaya we inde emu baita yandu-ha de,（三9a4）

凡是 誰 他.**與** 一 事 委託-**完** **與**

煩

57-16 ali-me gaija-ra-kv oqi waji-ha,（三9a5）

接-**并** 受-**未**-**否** 若是 完結-**完**

57-17 uju gehexe-he se-he-de,（三9a5）

頭 點-**完** 說-**完**-**位**

點頭

57-18 urunakv beye sisa-fi sini funde waqihiyaxa-mbi,（三9a5-6）

必定 身體 投入-**順** 你.**屬** 代替 努力-**現**

57-19 mute-bu-ra-kv oqi, naka-ra kouli akv,（三9a6）

實現-**使**-**未**-**否** 若是 中止-**未** 理由 **否**

57-20 uttu ofi we imbe kundule-ra-kv，（三9b1）

這樣 因爲 誰 他.賓 尊敬-未-否

敬

57-21 we hanqi o-ki se-ra-kv，（三9b1）

誰 近 成爲-祈 想-未-否

57-22 sain niyalma abka tata-mbi se-he-bi，（三9b1-2）

好 人 天 生長-現 説-完-現

吉 人 天 相

57-23 enteke niyalma mekele banji-fi untuhuri waji-re ai-bi?

這樣 人 枉然 生活-順 徒然 完結-未 什麼-有

徒然（三9b2-3）

57-24 abka urunakv hvturi isibu-re dabala。（三9b3）

天 必定 福 送到-未 罷了

第58條

58-1[A] si donji-ha-u?（三9b4）

你 聽-完-疑

58-2 ujan xala de，（三9b4）

盡頭 邊沿 位

58-3 gemu mimbe hoilashvn se-me yekerxe-mbi kai，（三9b4）

都 我.賓 陳腐 説-并 打趣-現 啊

勒肯 打趣

58-4 bi bardanggila-ra-ngge waka，（三9b5）

我 誇口-未-名 不是

誇口

58-5 moniu sa, teniken juse, （三9b5）
猴子 複 剛剛 孩子.複

58-6 giyanakv udu inenggi siteku, （三9b5-6）
能有 幾 日子 尿精

尿精

58-7 ere qeni sa-ra baita waka mujangga, （三9b6）
這個 他們.屬 知道-未 事情 不是 確實

58-8 iqe etuku se-re-ngge, （三9b6）
新 衣服 助-未-名

58-9 sebkesaka baita sita de etu-qi aqa-ra-ngge, （三10a1）
首次 事情 事務 位 穿-條 應該-未-名

58-10 mini ere bai an -i etu-re-ngge kai, （三10a1-2）
我.屬 這個 衹是 日常 屬 穿-未-名 啊

58-11 majige fere-ke de ai-bi, （三10a2）
稍微 變舊-完 位 什麽-有

戳舊

58-12 uthai majige mana-ha de, geli ai-bi, （三10a2-3）
就是 稍微 破爛-完 位 也 什麽-有

破爛

58-13 haha niyalma erdemu akv jalin giru-qi aqa-mbi dere, （三10a3）
男 人 才能 否 爲了 害羞-條 應該-現 罷了

58-14 etu-re etu-ra-kv de ai holbobu-ha ba-bi, （三10a3-4）
穿-未 穿-未-否 與 什麽 有關係-完 地方-有

58-15 te bi-qibe, （三10a4）
現在 有-讓

58-16 bi udu sain ningge etu-ra-kv bi-qibe，（三10a4-5）

我 雖然 好 東西 穿-未-否 有-讓

58-17 gvnin -i dolo elehun，（三10a5）

心 屬 裏面 安然

安然

58-18 adarame se-qi，（三10a5）

如何 説-條

58-19 niyalma de giuhoxo-me bai-ra-kv，（三10a5-6）

人 與 討飯-并 求-未-否

央 求

58-20 bekdun edele-ra-kv，（三10a6）

債務 欠-未-否

債 負

58-21 ere uthai giquke se-re ba akv，（三10a6-10b1）

這個 就 羞耻 助-未 地方 否

58-22 aika qeni gese asiha-ta be o-qi，（三10b1）

如果 他們.屬 一樣 年輕人-複 賓 成爲-條

58-23 mini yasa-i hoxo de inu akv kai，（三10b1-2）

我.屬 眼睛-屬 角 位 也 否 啊

58-24 damu ginqihiyan ningge etu-fi，（三10b2）

衹是 鮮明 東西 穿-順

鮮明

58-25 maimada-me gohodo-ro be sa-ra dabala，（三10b2-3）

摇擺着走-并 裝浪子-未 賓 知道-未 罷了

摇擺 浪子

58-26 haha-i erdemu be taqi-re be sa-mbi-u?（三10b3）

男人-屬 才藝 賓 學-未 賓 知道-現-疑

58-27 tenteke-ngge udu gequheri junggin -i hvsi-bu-ha se-re，

那樣-名 雖然 綾子 錦子 工 包-被-完 助-未

蟒緞 錦 裹了（三10b3-4）

58-28 ai ferguwequke，（三10b4）

怎樣 奇特

奇特

58-29 umesi buya fusihvn，（三10b4）

非常 小 貧賤

58-30 yasa faha akv urse，（三10b5）

眼睛 珠子 否 人們

眼 珠

58-31 balai febgiye-me，（三10b5）

妄自 說胡話-并

58-32 imbe wesihun derengge se-me，（三10b5-6）

他.賓 高貴 光榮 助-并

58-33 sonqoho makta-fi tuwa-ra dabala，（三10b6）

辮子 贊揚-順 看-未 罷了

58-34 bi terebe etuku lakiya-ra golbon se-mbi-kai，（三10b6-11a1）

我 他.賓 衣服 挂-未 衣架 說-現-啊

挂 衣架

58-35 elemangga mimbe kederxe-re de ai gaji-ha。（三11a1）

反而 我.賓 譏諷-未 位 什麼 拿來-完

譏誚

第59條

59-1[A] sain baita yabu-mbi se-re-ngge，（三11a2）
好 事情 做-現 助-未-名

59-2 musei akvmbu-qi aqa-ra，（三11a2）
咱們.屬 盡力-條 應該-未

59-3 hiyouxun deuqin tondo akdun se-re udu haqin be hendu-he-bi，
孝 悌 忠 信 助-未 幾 種類 賓 說-完-現
孝 悌 忠 信 （三11a2-3）

59-4 umai fuqihi enduri be dobo-ro，（三11a3-4）
全然 佛 神 賓 供-未
佛 神 供

59-5 hvwaxan douse se-de ulebu-re de akv，（三11a4）
和尚 道士 複-與 款待-未 位 否
和尚 道士 喂

59-6 duibuleqi ehe be yabu-ha urse，（三11a4-5）
比如說 壞 賓 做-完 人們

59-7 ai haqin -i xayola-ra，（三11a5）
什麽 種類 屬 吃素-未
持齋

59-8 jugvn juki-ha douhan qa-ha se-me，（三11a5-6）
路 修-完 橋 搭-完 助-并
墊道 搭橋

59-9 ini weile be su-qi o-mbi-u?（三11a6）
他.屬 罪 賓 解脫-條 可以-現-疑
解脫

59-10　udu fuqihi enduri se-me，（三11a6-11b1）

雖然　佛　神　助-并

59-11　inde hvturi isibu-me banjina-ra-kv kai，（三11b1）

他.與　福　達到-并　生成-未-否　啊

59-12　xayola-ra urse，（三11b1）

吃素-未　人們

59-13　abka-i jugvn de tafa-mbi，（三11b1-2）

天-屬　路　位　昇-現

59-14　yali je-tere-ngge，（三11b2）

肉　吃-未-名

59-15　na -i gindana de tuxa-mbi se-re，（三11b2）

地 屬　牢獄　位　遇到-現　助-未

牢

59-16　hala haqin -i gisun，（三11b3）

各個　種類　屬　話語

各　樣

59-17　gemu hvwaxan douse -i angga hetumbu-re ganahan[1]，（三11b3）

都　和尚　道士　屬　口　糊口-未　借口

糊　口　指項

59-18　hiri akda-qi o-mbi-u?（三11b4）

絶對　靠-條　可以-現-疑

全然不信

1　ganahan：疑爲kanagan之誤。

59-19 qe aika uttu tuttu se-re nimequke gisun -i jalida-me,
他們 如果 這樣 那樣 說-未 厲害 話語 工 使奸計-并
詐（三11b4-5）

59-20 niyalma be hoxxo-ra-kv,（三11b5）
人 賓 騙哄-未-否
哄

59-21 fuqihi -i xajin be daha-me,（三11b5）
佛 屬 律法 賓 隨從-并
律

59-22 juktehen -i duka be yaksi-fi,（三11b6）
廟 屬 門 賓 關閉-順
廟 閉

59-23 ekisaka maqihi jafa-ra omun hvla-ra oqi,（三11b6-12a1）
安靜 戒律 持-未 經典 讀-未 若是
坐靜

59-24 je-qi je-tere-ngge akv,（三12a1）
吃-條 吃-未-名 否

59-25 etu-qi etu-re-ngge akv o-mbi-kai,（三12a1）
穿-條 穿-未-名 否 成爲-現-啊

59-26 we qembe uji-mbi,（三12a1-2）
誰 他們.賓 養-現
養

59-27 edun ukiye-me banji se-mbi-u?（三12a2）
風 喝-并 生活.祈 說-現-疑
風 喝 活

第60條

60-1[A] waka，（三12a3）

不是

60-2 sini ere absi se-re-ngge，（三12a3）

你.屬 這個 怎樣 說-未-名

60-3 inenggi-dari ebi-tele jefu manggi，（三12a3）

日子-每 飽-至 吃.祈 之後

飽

60-4 fifan tenggeri tebeliye-hei fithe-re-ngge，（三12a4）

琵琶 絃 抱-持 彈-未-名

琵琶 絃子 抱着

60-5 aika alban se-mbi-u?（三12a4）

什麽 公務 想-現-疑

60-6 gebu o-ki se-mbi-u?（三12a4-5）

名字 成爲-祈 想-現-疑

60-7 eiqi ede akda-qi banji-ki se-mbi-u?（三12a5）

或者 這.與 靠-條 生活-祈 想-現-疑

仗着

60-8 muse jabxan manju ofi，（三12a5）

咱們 幸而 滿洲 因爲

60-9 je-tere-ngge alban -i bele，（三12a6）

吃-未-名 官 屬 米

60-10 kakvra-ra-ngge qaliyan -i menggun，（三12a6）

供給-未-名 錢糧 屬 銀子

60-11 bou-i gubqi uju -i hukxe-he bethe -i fehu-he-ngge,
家-屬 全部 頭 屬 頂戴-完 脚 工 踏-完-名
頭 頂 脚 跴（三12a6-12b1）

60-12 gemu ejen ningge kai,（三12b1）
都 天子 東西 啊

60-13 umai jingkini erdemu be taqi-ra-kv,（三12b1-2）
全然 真正 才藝 賓 學-未-否

60-14 alban de faxxa-me yabu-ra-kv oso nakv,（三12b2）
公務 與 努力-并 做-未-否 成爲.祈 之後

60-15 baibi ede girkv-fi taqi-qi,（三12b3）
衹管 這.位 專心-順 學-條

60-16 manju be gvtu-bu-ha ai dabala,（三12b3）
滿洲 賓 耻辱-使-完 什麽 罷了
玷辱

60-17 baitangga gvnin be baitakv ba-de faya-bu-re anggala,
有用 心 賓 無用 地方-位 費-使-未 而且（三12b3-4）

60-18 bithe taqi-re de isi-ra-kv,（三12b4）
書 學-未 與 及-未-否

60-19 uqun be taqi-re-ngge, uqe -i amala ili-mbi,（三12b5）
詩歌 賓 學-未-名 房門 屬 後面 站-現

60-20 baksi be taqi-re-ngge bakqin de te-mbi se-he-bi,（三12b5-6）
學者 賓 學-未-名 對面 位 坐-現 説-完-現

60-21 ai haqin -i ferguwequke mangga de isina-ha se-me,
什麽 種類 屬 珍奇 貴重 與 到達-完 助-并（三12b6-13a1）

60-22 niyalma de efiku injeku ara-ra dabala，（三13a1）
人 與 耍戲 笑話 做-未 罷了
頑 笑 鬥

60-23 nantuhvn fusihvn se-re gebu qi guwe-me mute-ra-kv kai，
貪贜 貧賤 助-未 名字 從 免-并 可以-未-否 啊（三13a1-2）

60-24 jingkini siden -i ba-de isina-ha manggi，（三13a2-3）
真正 公 屬 地方-與 到達-完 之後

60-25 fithe-re haqin be bengsen o-bu-qi o-mbi-u?（三13a3）
彈-未 種類 賓 本事 成爲-使-條 可以-現-疑

60-26 mini gisun be temgetu akv，（三13a3-4）
我.屬 話語 賓 根據 否

60-27 akda-qi o-jora-kv se-qi，（三13a4）
信-條 可以-未-否 說-條

60-28 amba-sa hafa-sa-i dorgi-de，（三13a4）
大臣-複 官人-複-屬 中間-位

60-29 ya emken fithe-re qi beye tuqi-ke-ngge be，（三13a4-5）
哪 一個 彈-未 從 身體 起-完-名 賓

60-30 si te jori-me tuqi-bu。（三13a5）
你 現在 指示-并 出-使.祈

第61條

61-1[A] bithe tuwa-ki se-qi，hafu buleku[1] be tuwa，（三13a6）
書 看-祈 想-條 通徹 鏡子 賓 看.祈
通 鑒

1 hafu buleku：此爲書名，即《通鑒》。

61-2 taqin fonjin nonggi-bu-mbi, （三13a6）

學 問 加上-使-現

61-3 julge-i baita be, （三13b1）

以前-屬 事情 賓

61-4 targaqun o-bu-re oqi, （三13b1）

忌諱 成爲-使-未 若是

誡

61-5 beye gvnin de tusangga, （三13b1）

身體 心 位 有益

61-6 julen -i bithe se-re-ngge, （三13b2）

古詞 屬 書 助-未-名

61-7 gemu niyama-i balai banji-bu-ha oron akv gisun, （三13b2-3）

都 人-屬 輕慢 製作-使-完 靈魂 否 話語

混 編

61-8 udu minggan minggan debtelin tuwa-ha seme, （三13b3）

即使 一千 一千 卷 看-完 雖然

本

61-9 ai baita, （三13b3）

什麽事

61-10 ememu niyalma hono dere jilerxe-me, （三13b3-4）

有的 人 還 臉 恬然-并

恬不知耻

61-11 niyalma de donji-bu-me hvla-mbi, （三13b4）

人 與 聽-使-并 讀-現

61-12 ya gurun -i forgon de，（三13b4-5）

哪 國家 屬 時代 位

61-13 we-i emgi udu mudan afa-ha，（三13b5）

誰-屬 共同 幾 次 戰爭-完

61-14 tere loho -i saqi-qi，（三13b5）

那個 腰刀 工 砍-條

砍

61-15 ere gida -i ali-bu-ha，（三13b6）

這個 槍 工 接-使-完

架

61-16 ere gida -i toko-qi，（三13b6）

這個 槍 工 刺-條

刺

61-17 tere loho -i jaila-bu-ha，（三13b6）

那個 腰刀 工 躲避-使-完

61-18 burula-ha se-he-de，（三14a1）

敗走-完 說-完-位

敗走

61-19 soli-me gaji-ha-ngge，（三14a1）

邀請-并 拿來-完-名

61-20 gemu tugi qi ji-dere，（三14a1）

都 雲 從 來-未

61-21 talman deri gene-re，（三14a1-2）

霧 經 去-未

霧

61-22 fa bahana-ra enduri sa，（三14a2）

法術 懂得-未 神 複

法術

61-23 orho faita-fi morin ubaliya-mbi，（三14a2）

草 割-順 馬 變-現

割 變

61-24 turi so-fi niyalma ubaliya-mbi se-mbi，（三14a2-3）

豆 撒-順 人 變-現 助-現

豆 撒

61-25 iletu holo gisun bi-me，（三14a3）

明顯 謊言 話語 有-并

61-26 hvlhi urse，（三14a3-4）

愚昧 人們

61-27 yargiyan baita o-bu-fi，（三14a4）

真實 事 成爲-使-順

61-28 menekesaka amtangga-i donji-mbi，（三14a4）

呆然 有興趣-工 聽-現

61-29 sa-ra bahana-ra niyalma sabu-ha de，（三14a4-5）

知道-未 懂得-未 人 看見-完 位

61-30 basu-re teile akv，（三14a5）

嘲笑-未 衹有 否

譏笑

61-31 yargiyan -i eime-me tuwa-mbi kai，（三14a5）

真實 工 討厭-并 看-現 啊

61-32 ede gvnin sithv-fi aina-mbi。（三14a6）

這.**位** 心 使用-**順** 做什麼-**現**

第62條

62-1[A] simbe tuwa-qi，（三14b1）

你.**賓** 看-**條**

62-2 arki nure de hon haji，（三14b1）

燒酒 黄酒 **位** 很 親近

62-3 dartai andande seme alja-bu-qi o-jora-kv，（三14b1-2）

頃刻 瞬間 雖然 離開-**使**-**條** 可以-**未**-**否**

62-4 yu-mpi dosi-ka-bi，（三14b2）

耽溺-**延** 陷入-**完**-**現**

深 入

62-5 omi-ha-dari urui lalanji hepere-fi，（三14b2）

喝-**完**-每 經常 爛醉 醉-**順**

濘醉

62-6 ili-me tokto-ra-kv o-ho manggi，（三14b3）

站-**并** 固定-**未**-**否** 成爲-**完** 之後

62-7 teni naka-mbi，（三14b3）

纔 停止-**現**

62-8 sain baita waka kai，（三14b3）

好 事 不是 啊

62-9 majige targa-ha de sain，（三14b4）

稍微 戒-**完** **位** 好

62-10 sarin yengsi de o-qi ai hendu-re，（三14b4）

宴 席 位 成爲-條 什麼 説-未

筵席

62-11 baita sita bi-qi aina-ra，（三14b5）

事情 事務 有-條 做什麼-未

62-12 baita o-bu-me，（三14b5）

事情 成爲-使-并

62-13 hvntahan jaxa-hai angga qi hoko-bu-ra-kv makta-qi，（三14b5-6）

杯子 把握-持 口 從 離開-使-未-否 拿上-條

62-14 ai sain ba banjina-ra，（三14b6）

什麼 好 地方 産生-未

62-15 muse niyalma omi-fi juse sargan de eime-bu-he，

咱們 人 喝-順 孩子.複 妻子 位 厭煩-被-完

厭煩（三14b6-15a1）

62-16 ungga dangga de waka baha，（三15a1）

長輩 前輩 位 不禮貌 得到.完

長 上 得 罪

62-17 amba jobolon neqi-he，（三15a1-2）

大 灾禍 犯-完

62-18 oyonggo baita be touka-bu-ha-ngge be sabu-ha dabala，

重要 事情 賓 耽誤-使-完-名 賓 看見-完 罷了

誤 （三15a2）

62-19 omi-ha turgunde，tenteke bengsen taqi-ha，（三15a3）

喝-完 緣故 那樣 本事 學-完

62-20 erdemu nonggi-bu-ha，（三15a3）
才能 增加-使-完

62-21 niyalma de kundule-bu-he，（三15a3-4）
人 與 尊敬-被-完

62-22 jingkini baita be mute-bu-he-ngge be，（三15a4）
正經 事情 賓 成就-使-完-名 賓

62-23 yala donji-ha ba inu akv，（三15a4-5）
完全 聽-完 地方 也 否

62-24 banin be faquhvra-ra beye-be kokira-bu-re ehe okto kai，
本性 賓 打亂-未 身體-賓 打傷-使-未 壞 藥 啊
亂 傷 毒 藥（三15a5）

62-25 qingkai omi-qi o-mbi-u?（三15a6）
衹管 喝-條 可以-現-疑

62-26 akda-ra-kv oqi，（三15a6）
相信-未-否 若是

62-27 si bulekuxe-me tuwa，（三15a6）
你 照鏡子-并 看.祈

62-28 oforo gemu ufuhune-he-bi，（三15a6-15b1）
鼻子 都 糟-完-現

62-29 ubu waliya-bu-re niyalma waka kai，（三15b1）
身份 放棄-使-未 人 不是 啊
丟身分

62-30 inenggi dobori akv uttu bexe-me omi-qi，（三15b1-2）
白天 晚上 否 這樣 浸透-并 喝-條
透

62-31 beye beye-be hvdula-ra-ngge waka-u?（三15b2）

自己 自己-**賓** 急忙-**未**-**名** 不是-**疑**

第63條

63-1[A] age si teng se-me uttu mara-ra-ngge,（三15b3）

阿哥 你 結實 **助**-**并** 這樣 辭退-**未**-**名**

結實

63-2 bi yala sesula-me waji-ra-kv,（三15b3）

我 真是 驚訝-**并** 完結-**未**-**否**

驚訝

63-3 mimbe ji-he-ngge sita-ha se-me uttu arbuxa-mbi-u?（三15b4）

我.**賓** 來-**完**-**名** 遲-**完** **助**-**并** 這樣 行動-**現**-**疑**

晚了

63-4 eiqi adarame-u?（三15b4）

或者 怎麼-**疑**

63-5 an -i uquri, hono te se-me feliye-mbi-me,（三15b4-5）

日常 **屬** 時候 還 現在 **助**-**并** 來往-而且

常

63-6 sakda niyalma-i sain inenggi de,（三15b5）

老 人-**屬** 好 日子 **位**

63-7 bi elemangga ji-dera-kv oqi,（三15b6）

我 反而 來-**未**-**否** 若是

63-8 guqu se-re-de ai-be,（三15b6）

朋友 **助**-**未**-**位** 什麼-**賓**

63-9 oron sar-kv-ngge tumen yargiyan，（三15b6-16a1）

全然 知道.未-否-名 一萬 真實

63-10 unenggi sa-qi，（三16a1）

果然 知道-條

63-11 yala onggolo ji-qi aqa-mbihe，（三16a1）

誠然 提前 來-條 應該-過

63-12 mini beye bi-qi fulu akv，（三16a1-2）

我.屬 自己 有-條 充分 否

63-13 akv o-qi ekiyehun akv bi-qibe，（三16a2）

否 成爲-條 缺少 否 有-讓

63-14 sini funde antaha-sa be tuwaxata-qi inu sain kai，（三16a2-3）

你.屬 代替 客人-複 賓 照顧-條 也 好 啊

待

63-15 te bi-qibe，（三16a3）

現在 有-讓

63-16 wesihun niyaman hvnqihin -i benji-he sain jaka ai yada-ra，

（三16a3-4）

高貴 親戚 親族 屬 拿來-完 好 東西 什麼 窮-未

63-17 gvni-qi je-me waji-ra-kv kai，（三16a4）

想-條 吃-并 完結-未-否 啊

63-18 mini ser se-me majige jaka be（三16a5）

我.屬 微小貌 助-并 稍微 東西 賓

微些

63-19 geli dabu-fi gisure-qi o-mbi-u?（三16a5）

又 輕看-順 說-條 可以-現-疑

63-20 tuttu seme, inu mini emu majige mujilen kai, （三16a5-6）

那樣 雖然 也 我.屬 一 稍微 心情 啊

63-21 ai gelhun akv, sakda niyalma be urunakv jefu se-re,

什麽 敢 否 老 人 賓 必定 吃飯.祈 説-未（三16a6-16b1）

63-22 damu majige mangga isi-qi, （三16b1）

衹是 稍微 口 到達-條

嘗

63-23 uthai mimbe gosi-ha, （三16b1-2）

就 我.賓 慈愛-完

63-24 mini ji-he gvnin inu waji-ha, （三16b2）

我.屬 來-完 心 也 完結-完

63-25 si emdubei bargiya-ra-kv o-qi, （三16b2-3）

你 衹管 收-未-條 成爲-條

63-26 bi eiqi uba-de te-re-u? （三16b3）

我 或者 這裏-位 坐-未-疑

63-27 amasi gene-re-u? （三16b3）

返回 去-未-疑

63-28 yargiyan -i mimbe mangga de dabu-ha-bi。（三16b3-4）

確實 工 我.賓 困難 與 算-完-現

第64條

64-1[A] musei dolo kai, （三16b5）

咱們.屬 裏面 啊

64-2 si aika gurun gvwa-u? （三16b5）

你 如果 國家 别的-疑

64-3　mimbe tuwa-nji-qi，（三16b5）
我.賓　看-來-條

64-4　uthai xuwe dosi-mbi dere，（三16b5-6）
就　徑直　進入-現　吧

64-5　geli hafu-mbu-re de ai gana-ha，（三16b6）
又　通曉-使-未　與 什麽 去取-完

64-6　duka de isinju nakv，（三16b6-17a1）
門　與 到來.祈 之後

64-7　uthai amasi gene-he-ngge，（三17a1）
就　返回　去-完-名

64-8　bou-i niyalma，（三17a1）
家-屬　人

64-9　mimbe bou-de akv se-he gisun de usha-ha-u? aina-ha-u?
我.賓　家-位　否　説-完　話語 位 發怒-完-疑　怎麽樣-完-疑
惱（三17a1-2）

64-10　turgun de tuqi-bu-me ala-ra-kv oqi，（三17a2-3）
原因　與　學-使-并　告訴-未-否 若是

64-11　gvni-qi si ainambaha-fi sa-ra，（三17a3）
想-條　你　怎麽得-順　知道-未

64-12　ere uquri muse tere emu feniyen -i age-sa，（三17a3-4）
這 時候　咱們　那　一　群　屬 阿哥-複

64-13　dakvla aqa-fi jiha efi-re falan nei-he-bi，（三17a4-5）
再　集合-順 錢　耍-未　地方　開-完-現
肚子連上

64-14 jakan ji-fi，（三17a5）

剛纔 來-**順**

64-15 gashvme gari-me mimbe inu urunakv gene se-mbi，

起誓 發誓-**并** 我.**賓** 也 必定 去.**祈** **助-現**

起誓 發願 （三17a5-6）

64-16 mini beye xolo akv ba si sar-kv ai-bi，（三17a6）

我.**屬** 自己 空閑 **否** 地方 你 知道.**未-否** 什麽-有

64-17 teike alban ai boljon，（三17a6-17b1）

一會 公務 什麽 定準

64-18 jai fafun xajin geli umesi qira，（三17b1）

再 禁令 法律 又 非常 嚴格

法 律 嚴

64-19 talude emu baita tuqi-nji-qi，（三17b1-2）

偶然 一 事 出-來-**條**

64-20 dere be absi o-bu-mbi，（三17b2）

臉 **賓** 怎樣 成爲-**使-現**

64-21 uttu ofi usha-qi，hvi usha-kini dabala，（三17b2-3）

這樣 因此 抱怨-**條** 任憑 抱怨-**祈** 罷了

64-22 bi jiduji gene-he-kv，（三17b3）

我 到底 去-**完-否**

64-23 bou-i urse de hendu-fi，（三17b3-4）

家-**屬** 人們 **與** 説-**順**

64-24 yaya we mimbe baiha-ji-qi，（三17b4）

凡是 誰 我.**賓** 找-來-**條**

64-25 bou-de akv se-me jabu，（三17b4-5）
家-位 否 助-并 回答.祈

64-26 gvni-ha-kv sini beye ji-he-de，（三17b5）
想-完-否 你.屬 自己 來-完-位

64-27 dulba ahasi inu songkoi jabu-fi，（三17b5-6）
糊塗 僕人.複 也 沿襲 回答-順
笨

64-28 unggi nakv，（三17b6）
差遣.祈 之後

64-29 teni dosi-fi minde ala-ha，（三17b6）
纔 進入-順 我.與 告訴-完

64-30 tede bi ekxe-me niyalma takvra-fi amqa-na-bu-qi，
那.位 我 急忙-并 人 派遣-順 趕-去-使-條
趕（三17b6-18a1）

64-31 amqabu-ha-kv se-re-de，（三18a1）
趕得上-完-否 説-未-位

64-32 mini dolo labsa yala absi yabsi o-joro ba sar-kv o-ho-bi。
我.屬 心 失望 確實 怎麽樣 好不 成爲-未 地方 知道.未-否 成爲-完-現
失望 （三18a1-2）

第65條

65-1[A] sini tafula-ra-ngge sain gisun waka o-qi ai，（三18a3）
你.屬 勸諫-未-名 好 話語 不是 成爲-條 什麽

65-2 damu minde emu enqu gvnin ba-bi，（三18a3-4）
衹是 我.與 一 另外 想法 地方-有

65-3 unenggi okto omi-qi aqa-qi, （三18a4）

果然 藥 喝-**條** 應該-**條**

65-4 bi mou xolon waka kai, （三18a4-5）

我 木頭 杈 不是 啊

杈

65-5 jiha menggun be haira-me, （三18a5）

錢 銀子 **賓** 愛惜-**并**

惜

65-6 beye-be dasa-ra-kv doro bi-u? （三18a5）

身體-**賓** 治療-**未-否** 道理 有-**疑**

65-7 adarame se-qi, （三18a6）

爲什麼 説-**條**

65-8 qara aniya bi okto de endebu-fi, （三18a6）

前 年 我 藥 **與** 失誤-**順**

藥 吃錯了

65-9 elekei ergen joqi-bu-ha-kv, （三18a6-18b1）

差點 性命 喪失-**使-完-否**

65-10 tetele gvni-ha-dari, silhi gemu meiye-mbi, （三18b1）

至今 想-**完**-每 胆 都 碎-**現**

胆 碎

65-11 te bi-qibe oktosi sa-i dorgi-de, （三18b1-2）

現在 有-**讓** 醫生 **複-屬** 裏面-**位**

65-12 sain ningge fuhali akv se-qi, （三18b2）

好 人 全然 **否** 説-**條**

65-13 qe inu sui mangga，（三18b2-3）

他們 也 罪 難

65-14 bi-qi，bi-dere，（三18b3）

有-條 有-吧

65-15 damu muse tengkime sa-ra-ngge umesi tongga，（三18b3-4）

衹是 咱們 明確 知道-未-名 很 罕見

65-16 tere anggala nikede-qi o-joro-ngge，（三18b4）

那個 而且 依靠-條 可以-未-名

倚靠

65-17 inu talude emke juwe bi-sire dabala，（三18b4-5）

也 偶然 一個 兩個 有-未 罷了

65-18 tere-qi funqe-he-ngge，（三18b5）

那個-從 排除-完-名

65-19 damu jiha menggun be buta-ra be sa-mbi，（三18b5-6）

衹是 錢 銀子 賓 挣錢-未 賓 知道-現

65-20 sini banji-re buqe-re be，（三18b6）

你.屬 生-未 死-未 賓

活 死

65-21 i geli bodo-mbi-u?（三18b6）

他 又 謀算-現-疑

65-22 akda-ra-kv oqi，（三18b6）

相信-未-否 若是

65-23 si bai qende-me fonji-me tuwa，（三19a1）

你 衹是 試-并 尋問-并 看.祈

65-24 okto-i banin be sa-ha-u unde-u?（三19a1）

藥-屬 性質 賓 知道-完-疑 不是-疑

性

65-25 uthai amban -i mana-me，（三19a2）

就 大概 工 處理-并

65-26 nimeku be dasa-mbi，（三19a2）

病 賓 治療-現

病

65-27 ekxe-me saksi-me sini bou-de jiu nakv，（三19a2-3）

急忙-并 慌忙-并 你.屬 家-位 來.祈 之後

65-28 me jafa-mbi se-me，（三19a3）

脉 診察-現 助-并

65-29 gala be simhun -i balai emu jergi bixuxa-fi，（三19a3-4）

手 賓 指頭 工 輕慢 一 遍 摸-順

65-30 ainame ainame，emu okto-i dasargan ili-bu nakv，（三19a4）

怎樣 怎樣 一 藥-屬 藥方 站-使.祈 之後

65-31 morin -i jiha be gai-fi yo-ha，（三19a5）

馬 屬 錢 賓 取-順 走-完

65-32 yebe oqi，ini gungge，（三19a5）

好 若是 他.屬 功績

好 功

65-33 endebu-qi sini hesebun se-me，（三19a5-6）

失誤-條 你.屬 命運 助-并

命

65-34 inde fuhali daljakv，（三19a6）
他.與 完全 無關

65-35 beye-i nimeku be beye ende-mbi-u?（三19a6-19b1）
自己-**屬** 病 **賓** 自己 瞞得過-**現**-**疑**

65-36 haqingga okto baitala-ra anggala，（三19b1）
各種 藥 使用-**未** 而且

65-37 beye ekisaka uji-re-ngge dele。（三19b1）
自己 安静 養-**未**-**名** 寶貴
靜養

第66條

66-1[A] tuktan imbe aqa-ha de，（三19b2）
最初 他.**賓** 遇見-**完** **位**

66-2 niyalma-i baru dembei habqihiyan kvwalar se-mbi，（三19b2-3）
人-**屬** 向 極爲 親熱 正直 **助**-**現**
親熱 響快

66-3 terei banin giru eldengge fiyangga，（三19b3）
他.**屬** 容貌 儀容 光彩 軒昂
光采 軒昂

66-4 angga senqehe daqun sain de，（三19b3-4）
口 言辭 鋭利 好 **位**
口 齒

66-5 bi mujakv buye-me tuwa-ha，（三19b4）
我 非常 愛慕-**并** 看-**完**

66-6 adarame baha-fi ini baru guqule-re se-me，（三19b4-5）

怎樣 得到-順 他.屬 向 交流-未 助-并

66-7 angga qi hoko-ra-kv makta-mbihe，（三19b5）

口 從 離開-未-否 贊揚-過

離 誇贊

66-8 amala feliye-fi emu ba-de fumere-hei，（三19b5-6）

後來 走-順 一 地方-位 摻和-持

66-9 ini yabu-ha ele baita be kimqi-qi，（三19b6）

他.屬 做-完 所有 事情 賓 審查-條

66-10 dule emu tondokon niyalma waka bi-he-ni，（三19b6-20a1）

原來 一 忠直 人 不是 有-完-呢

忠直

66-11 fiyanara-ra mangga，holo qanggi，（三20a1）

說謊-未 善於 謊言 全是

拌子 謊話

66-12 terei yargiyan taxan be niyalma aibi-deri na-mbu-mbi，（三20a1-2）

他.屬 真實 虛僞 賓 人 哪裏-經 捕捉-使-現

66-13 tuttu bi-me gvnin butemji，（三20a2-3）

那樣 而且 心 陰險

陰險

66-14 niyalma de sain jugvn baha-bu-ra-kv，（三20a3）

人 與 好 路 得到-被-未-否

66-15 angga-i ergi-de sini baru banji-re sain se-re gojime，（三20a3-4）

口-屬 方面-位 你.屬 向 生活-未 好 助-未 雖然

66-16　enggiqi ba-de tuhe-bu-re-ngge ja akv，（三20a4）

背後　地方-位　跌倒-使-未-名　輕鬆 否

陷害

66-17　terei uku de dosi-ka se-he-de，（三20a5）

他.屬 計略 與 進入-完 說-完-位

上圈套

66-18　sarbatala o-mbi，（三20a5）

向上仰　成爲-現

66-19　te bi-qibe，ini gala de joqi-bu-ha niyalma，（三20a5-6）

現在 有-讓　他.屬 手 與 破敗-被-完　人

66-20　aika komso se-me-u?（三20a6）

難道　少　助-并-疑

66-21　simhun bukda-fi tolo-qi waji-ra-kv kai，（三20a6-20b1）

指頭　屈折-順　算-條　完結-未-否 啊

66-22　ede guqu-se imbe jondo-mbihe-de，（三20b1）

這.位 朋友-複 他.賓　想起-過-位

66-23　gemu ededei se-me uju finta-ra-kv-ngge akv，（三20b1-2）

都　可怕　助-并 頭　疼-未-否-名　否

噯呀

66-24　yalgiyan -i yarga -i boqo oilo，（三20b2）

真是　工　豹　屬　臉　表面

豹　浮面

66-25　niyalma-i boqo dolo se-he-ngge，（三20b3）

人-屬　臉 内面　說-完-名

66-26 qohome ere gese niyalma be hendu-he-bi，（三20b3）
特意 這 一樣 人 賓 說-完-現

66-27 yala mini jabxan，（三20b4）
真是 我.屬 幸運

66-28 gvnin werexe-fi aldangga o-bu-ra-kv bi-qi，（三20b4）
心 確認-順 遠 成爲-使-未-否 有-條

66-29 ini geuden de tuhene-ra-kv bi-he-u?（三20b4-5）
他.屬 奸計 位 陷入-未-否 有-完-疑
局騙

第67條

67-1[A] tere sabi akv-ngge be si absi tuwa-ha-bi，（三20b6）
那 吉祥 否-名 賓 你 爲什麼 看-完-現
吉祥

67-2 niyalma-i sukv nere-qibe，（三20b6-21a1）
人 屬 皮 披-讓
人 皮 披

67-3 ulha -i duha kai，（三21a1）
獸 屬 内臟 啊
獸

67-4 jaila-me yabu-ha de sain，（三21a1）
回避-并 走-完 位 好

67-5 fuhali baita akv de baita dekde-bu-re，（三21a1-2）
完全 事情 否 位 事情 引起-使-未

67-6 emu faquhvn da se-qina，（三21a2）

一 混乱 原本 說-祈

67-7 gvnin silhingga，oforodo-ro mangga，（三21a2-3）

心 嫉妒 説讒言-未 巧妙

胆量

67-8 yala sabu-ha de saksari，（三21a3-4）

真是 看見-完 位 仰面朝天

67-9 donji-ha de，dokdori，（三21a3-4）

聽-完 位 猛然站起

67-10 qihe use -i gese ajige baita bi-qi，（三21a4）

虱子 跳蚤 屬 一樣 小 事情 有-條

虱子 蟣子

67-11 ini angga de isina-ha se-he-de，（三21a4-5）

他.屬 嘴 與 到達-完 助-完-位

67-12 jubexe-hei badara-mbu-fi fikatala gene-mbi，（三21a5）

誹謗-持 擴大-使-順 往遠 去-現

背地裏

67-13 uba-i baita be tuba-de ula-na-me，（三21a5-6）

這裏-屬 事情 賓 那裏-位 傳達-去-并

傳

67-14 tuba-i gisun be uba-de ala-nji-me，（三21a6）

那裏-屬 話語 賓 這裏-位 告訴-來-并

67-15 juwe ergi be kimutule-bu nakv，（三21a6-21b1）

兩 方面 賓 結仇-使.祈 之後

結仇

67-16 i kekeri tata-me siden-deri sain niyalma ara-mbi，（三21b1）

他 巧言 拉-并 中間-經 好 人 做-現

巧舌

67-17 mini gisun be temgetu akv se-qi，（三21b2）

我.屬 話語 賓 根據 否 説-條

67-18 si tuwa，（三21b2）

你 看.祈

67-19 ini baru guqule-re niyalma akv se-re anggala，（三21b2-3）

他.屬 向 交流-未 人 否 助-未 而且

67-20 fisa jori-me tou-ra-kv o-qi uthai ini jabxan，（三21b3-4）

背 指-并 罵-未-否 成爲-條 就 他.屬 幸運

脊背 罵

67-21 ai，nasaquka，（三21b4）

哎 可嘆

嘆

67-22 ere-i ama eme fili fiktu akv，（三21b4）

這個-屬 父親 母親 什麼 理由 否

67-23 ere fusi de uxa-bu-fi niyalma de tou-bu-re-ngge，（三21b4-5）

這個 下賤 與 拖-被-順 人 與 罵-被-未-名

賤貨

67-24 ai sui。（三21b5）

什麼 罪

罪

第68條

68-1[A] we qihanggai ini baita de dana-ki se-mbihe，（三21b6）
誰 自願 他.屬 事情 與 干涉-祈 想-過

68-2 bi se-re-ngge hojoksaka bou-de te-re niyalma kai，
我 助-未-名 無事的 家-位 坐-未 人 啊（三21b6-22a1）

68-3 i aibi-deri ulan ulan -i[1] daqila nakv，（三22a1）
他 哪裏-經 傳遞 傳遞 工 調查.祈 之後

68-4 tere niyalma be taka-mbi se-me，（三22a2）
那個 人 賓 認識-現 助-并

68-5 emu nurhvn -i ududu mudan ji-fi，（三22a2）
一 連續 工 許多 次 來-順

68-6 mini baru age mini ere baita fita sinde akda-ha-bi，
我.屬 向 阿哥 我.屬 這 事情 確實 你.與 信賴-完-現（三22a3）

68-7 xada-mbi se-me aina-ra，（三22a3-4）
疲乏-現 助-并 做什麼-未

68-8 gosi-qi mini funde gisure-re bi-he-u se-me，（三22a4）
疼愛-條 我.屬 代替 説-未 有-完-疑 助-并

68-9 fisa-i amala dahala-hai aika mimbe sinda-mbi-u?（三22a4-5）
背-屬 後邊 跟隨-持 難道 我.賓 放-現-疑

68-10 mini dere daqi uyan bi-he-ngge be，（三22a5）
我.屬 臉 原來 軟 有-完-名 賓

軟

1 ulan ulan -i：此爲固定用法，意爲“相繼，接連”。

68-11 si tengkime sa-ra-ngge，（三22a5-6）

你 深刻 知道-未-名

68-12 weri uttu hafira-bu-fi，（三22a6）

别人 這様 逼迫-被-順

逼

68-13 niyakvn hengkin -i bai-mbi-kai，（三22a6）

跪坐 叩頭 工 請求-現-啊

68-14 ai hendu-me，yokto akv amasi unggi-mbi，（三22b1）

怎麽 説-并 趣味 否 返回 派遣-現

不好意

68-15 anata-me baha-ra-kv ofi，（三22b1）

推托-并 能够-未-否 因爲

推托

68-16 tuttu bi ali-me gai-fi，（三22b2）

那様 我 接-并 取-順

68-17 tere guqu de giyan giyan -i[1] hafukiya-me ala-ha，（三22b2-3）

那 朋友 與 道理 道理 工 透徹-并 告訴-完

清清 楚楚 透徹

68-18 gvni-ha-kv ini emhun -i baita waka，（三22b3）

想-完-否 他.屬 一人 屬 事情 不是

68-19 niyalma geren mayan tata-bu-mbi se-me ali-me gai-ha-kv，

人 衆多 肘 拉-被-現 助-并 告訴-并 取-完-否

掣肘 （三22b3-4）

1 giyan giyan -i：意爲“清楚詳細地”。

68-20 tede bi kemuni iqixa-me gisure-ki se-mbihe，（三22b4-5）

那.位 我 還 討好-并 説-祈 想-過

就勢

68-21 amala gvni-fi jou，（三22b5）

後來 想-順 算了

68-22 baita-i arbun be tuwa-qi，mari-bu-me mute-ra-kv kai，

事情-屬 樣子 賓 看-條 挽回-使-并 可以-未-否 啊

挽回 （三22b5-6）

68-23 yasa niqu nakv ergele-me ali-me guisu se-re kouli bi-u?

眼睛 閉.祈 之後 逼迫-并 接-并 取.祈 助-未 道理 有-疑（三22b6-23a1）

68-24 uttu ofi，bi amasi inde mejige ala-me gene-he-de，（三23a1）

這樣 因爲 我 往後 他.與 消息 告訴-并 去-完-位

68-25 elemangga ini baita be efule-he se-me，（三23a2）

反倒 他.屬 事情 賓 破壞-完 助-并

壞

68-26 mini baru xakxaha muri-mbi，（三23a2-3）

我.屬 向 下顎 擰-現

68-27 absi koro，（三23a3）

何其 可恨

68-28 sa-ha bi-qi，（三23a3）

知道-完 有-條

68-29 ablan hala akv ai jojin bi-he-ni。（三23a3-4）

後 悔 否 爲什麼 來 有-完-呢

有要無緊 爲什麼來

第69條

69-1[A] sikse bi gvwabsi gene-re jakade，（三23a5）

昨天 我 向别處 去-未 因爲

69-2 fatan ahasi uthai qihai balai emu falan daixa-ha，（三23a5-6）

下賤 奴僕.複 就 任意 恣意 一 陣 狼藉-完

下賤

69-3 bi amasi ji-he erin-de，（三23a6）

我 返回 來-完 時候-位

69-4 moniu sa jing ge ga se-me qurgi-hei bi，（三23a6-23b1）

猴子 複 正好 嘎嘎吵嚷貌 助-并 喧嘩-持 現

争鬧 喧譁

69-5 tede bi kak se-me emgeri，（三23b1）

那.位 我 咳嗽貌 助-并 一次

69-6 bilha dasa-fi dosi-ka bi-qi，（三23b1-2）

嗓子 清理-順 進入-完 有-條

69-7 leksei jilgan naka-fi，（三23b2）

一齊 聲音 停止-順

普

69-8 si bi ishunde kvlisita-me，yasa ara-fi，（三23b2-3）

你 我 互相 賊眉鼠眼-并 眼睛 做-順

眼睁睁

69-9 son son -i melerje-me yo-ha，（三23b3）

紛 紛 工 逃走-并 走-完

紛紛 溜邱

69-10 mini ji-he-ngge inu goida-ha，（三23b3-4）

我.屬 來-完-名 也 遲-完

69-11 beye inu xada-ha turgunde，（三23b4）

身體 也 疲勞-完 因爲

69-12 umai se-he-kv，（三23b4）

全然 説-完-否

69-13 kiri-fi amga-ha，（三23b4-5）

忍耐-順 睡-完

69-14 qimari ili-fi tuqi-ke-de，（三23b5）

早上 起來-順 出-完-位

69-15 waburu sa gemu ji-he，（三23b5）

該死的 複 都 來-完

69-16 ahasi meni buqe-re giyan isi-ka se-me，（三23b5-6）

奴僕.複 我們.屬 死-未 道理 到-完 助-并

69-17 emu teksin -i godohon -i niyakvra-fi，（三23b6）

一 整齊 工 直竪 工 跪-順

齊 直竪

69-18 bai-re-ngge bai-re，（三24a1）

求-未-名 求-未

69-19 hengkixe-re-ngge hengkixe-re jakade，（三24a1）

叩頭-未-名 叩頭-未 因爲

69-20 mini jili teni majige nitara-ka，（三24a1-2）

我.屬 怒氣 纔 稍微 緩和-完

氣 消

69-21 tede bi suwe aina-ha-bi，（三24a2）

那.**位** 我 你們 做什麽-**完**-**現**

69-22 taifin -i banji-ra-kv，（三24a2）

平安 **工** 生活-**未**-**否**

太平

69-23 yali yoyohoxo-mbi-u?（三24a3）

肉 癢-**現**-**疑**

癢癢的不能忍

69-24 urunakv tanta-bu-ha de ai baha-mbi-u?（三24a3）

必定 打-**被**-**完** **位** 什麽 得到-**現**-**疑**

69-25 fede，（三24a3）

安分.**祈**

69-26 ere-qi julesi jai ere gese mudan bi-qi，（三24a4）

這個-**從** 以後 再 這 一樣 機會 有-**條**

69-27 yasa faha guwelke，（三24a4）

眼睛 珠 小心.**祈**

69-28 fita jokja-ra-kv oqi，（三24a5）

結實 打-**未**-**否** 若是

結結實實着實打

69-29 gvni-qi suwe inu ise-ra-kv se-he manggi，（三24a5）

想-**條** 你們 也 怕-**未**-**否** **助**-**完** 因爲

怕

69-30 gemu je je se-fi gene-he。（三24a6）

都 是 是 説-**順** 去-**完**

第70條

70-1[A] ai baha-ra-kv ferguwequke jaka，（三24b1）

什麽 得到-未-否 奇怪 東西

70-2 sabu-ha dari baibi gejing se-me nanda-me gai-re-ngge，

看見-完 每 衹管 絮煩 助-并 要求-并 取-未-名

絮煩 白要賴着（三24b1-2）

70-3 jaqi derakv bai，（三24b2）

太 没體面 啊

70-4 weri dere de ete-ra-kv de，（三24b2）

别人 臉 位 忍耐-未-否 與

70-5 ineku sinde kejine bu-he，（三24b3）

還 你.與 許多 給-完

70-6 gvnin de kemuni ele-me sar-kv，（三24b3）

心 位 還 足够-并 知道.未-否

厭足

70-7 ergele-tei waqihiya-me gaji se-re-ngge，（三24b3-4）

强迫-極 完全-并 拿來.祈 説-未-名

70-8 ai doro，（三24b4）

什麽 道理

70-9 sinde bu-qi baili，（三24b4）

你.與 給-條 人情

人情

70-10 bu-ra-kv o-qi teisu kai，（三24b4-5）

給-未-否 成爲-條 本分 啊

本分

70-11 fudarame jilida-me niyalma be lasihida-ra-ngge，（三24b5）

反倒 發怒-并 人 賓 摔打-未-名

氣 撒摔

70-12 fiyokoro-ho ai dabala，（三24b5-6）

胡謅-完 什麽 罷了

胡謅

70-13 duibuleqi sini jaka o-kini，（三24b6）

比如説 你.屬 東西 成爲-祈

比如

70-14 niyalma buye-qi，（三24b6）

人 愛-條

愛

70-15 si buye-ra-kv-n?（三24b6-25a1）

你 愛-未-否-疑

70-16 fuhali sinde sali-bu-ra-kv，（三25a1）

完全 你.與 自主-使-未-否

主

70-17 fere heqe-me kob se-me waqihiya-me gama-qi，（三25a1-2）

底下 乾净-并 盡情 助-并 完成-并 拿走-條

徹底 兜底兒儘情

70-18 sini gvnin de adarame，（三25a2）

你.屬 心 位 怎麽様

70-19 sikse mini beye ofi，（三25a2-3）

昨天 我.屬 自己 因爲

70-20 sini nantuhvn jili be kiri-ha dabala,（三25a3）

你.屬 髒 怒氣 賓 忍耐-完 罷了

70-21 tere-qi yaya we se-he seme,（三25a3-4）

那個-從 凡是 誰 說-完 雖然

70-22 sinde ana-bu-re ai-bi,（三25a4）

你.與 推托-被-未 什麼-有

70-23 mini gisun be eje,（三25a4）

我.屬 話語 賓 記録.祈

70-24 hala-ha de sain,（三25a4-5）

改-完 位 好

70-25 si jakan aika fuhali enqehen akv oqi,（三25a5）

你 剛纔 如果 完全 能力 否 若是

方才 力量

70-26 geli emu hendu-re ba-bi,（三25a5-6）

又 一 說-未 地方-有

70-27 je-qi kemuni baha-ra, etu-qi gemu mute-re ergi-de bi-kai,

吃-條 還 得到-未 穿-條 都 可以-未 方面-位 有-啊（三25a6）

70-28 urui ajige jabxaki be bai-me yabu-re o-ho-de,（三25b1）

經常 小 便宜 賓 求-并 做-未 成爲-完-位

便宜

70-29 enggiqi ba-de niyalma simbe yasa niuwanggiyan se-ra-kv-n?

背後 地方-位 人 你.賓 眼睛 緑色 說-未-否-疑

眼淺（三25b1-2）

第71條

71-1[A] ere niyengniyeri dubesile-he erin-de, （三25b3）

這 春天 將結束-**完** 時候-**位**

71-2 bou-de noro-hoi bi-qi dembei alixaquka, （三25b3-4）

家-**位** 留住-**持** 有-**條** 很 煩悶

堆 可悶

71-3 sikse mini deu ji-he, （三25b4）

昨天 我.**屬** 弟弟 來-**完**

71-4 hoton -i tule sargaxa-qi aqa-mbi se-me, mimbe guile-fi,

城 **屬** 外面 散步-**條** 應該-**現** **助**-**并** 我.**賓** 約-**順**（三25b4-5）

71-5 ildun duka-i tule gene-he, （三25b5）

方便 門-**屬** 外面 去-**完**

便門

71-6 xehun bigan de isina-fi tuwa-qi, （三25b5-6）

空曠 原野 **與** 到達-**順** 看-**條**

71-7 niyengniyeri arbun absi buyequke saikan, （三25b6）

春天 風景 何其 可愛 好

71-8 bira-i xurdeme emu girin -i ba-de, （三25b6-26a1）

河-**屬** 周邊 一 地帶 **屬** 地方-**位**

河 沿 一帶

71-9 toro ilha fularja-me, （三26a1）

桃 花 紅潤-**并**

桃 紅潤

71-10 fodoho gargan sunggelje-mbi, （三26a1-2）

柳 枝 搖擺-**現**

顫巍

71-11 qeqike -i jilgan jingjing jangjang，（三26a2）

小鳥 屬 聲音 唧唧叫貌 喳喳叫貌

群鳥春鳴聲

71-12 mou abdaha niuweri niuweri，（三26a2-3）

樹 葉子 绿色 鮮明

绿色 鮮明

71-13 niyengniyeri edun falga falga da-me，（三26a3）

春天 風 一陣 一陣 吹-**并**

陣陣

71-14 orho-i wa guksen guksen ji-mbi，（三26a3-4）

草-**屬** 香 一片 一片 來-**現**

一陣

71-15 bira de jahvdai te-me efi-re-ngge，（三26a4）

河 **位** 船 坐-**并** 玩-**未**-**名**

71-16 tashv-me dule-me ere ergi dalin de nure omi-re urse，

來往-**并** 通過-**并** 這 方面 岸 **位** 酒 喝-**未** 人們

往來不絶 岸 （三26a4-5）

71-17 ilan sunja -i feniyele-he-bi，（三26a5-6）

三 五 **工** 成群-**完**-**現**

71-18 yen jugvn deri bujan -i xumin -i ba-de gene-qi，（三26a6）

彎曲 路 經 樹林 **屬** 深處 **屬** 地方-**與** 去-**條**

蚰蜒小路 樹林

71-19 fithe-me uqule-re ba gemu qai nure unqa-ra puseli，

彈-**并** 唱-**未** 地方 都 茶 酒 賣-**未** 店鋪

彈 唱 （三26b1）

71-20 ere da-de weihun nimaha sampa，hvda gemu umesi ja，

這 原本-位 活 魚 蝦 價錢 都 很 便宜

活 魚 蝦米 （三26b1-2）

71-21 tuttu ofi be ele-tele emu inenggi sargaxa-ha，（三26b2-3）

那樣 因爲 我們 足够-至 一 日子 游玩-完

逛

71-22 giyan be bodo-qi simbe guile-qi aqa-mbihe，（三26b3-4）

道理 賓 計劃-條 你.賓 約-條 應該-過

會

71-23 sinde mejige isibu-ha-kv-ngge，（三26b4）

你.與 消息 送到-完-否-名

71-24 umai gvnin bi-fi simbe gobolo-ki se-re-ngge waka，

全然 心思 有-順 你.賓 故意遺漏-祈 想-未-名 不是

偏 （三26b4-5）

71-25 ere-i dorgi-de sinde aqa-ra-kv niyalma bi-fi kai。（三26b5-6）

這個-屬 裏面-位 你.與 適合-未-否 人 有-順 啊

第72條

72-1[A] daqi ai etuhun beye，（三27a1）

原來 什麽 結實 身體

72-2 tere da-de geli uji-re be sar-kv，（三27a1）

那個 原本-位 又 養-未 賓 知道.未-否

72-3 nure boqo de dosi-fi，（三27a1-2）

酒 色 與 進入-順

72-4　balai kokira-bu-re jakade,（三27a2）

輕慢　打傷-**被**-**未**　因爲

72-5　te nimeku de hvsi-bu-fi,（三27a2）

現在 病 **與** 纏住-**被**-**順**

染

72-6　dembei sirge o-ho-bi,（三27a3）

幾乎　一根 成爲-**完**-**現**

厭纏

72-7　sikse bi tuwa-na-ha de,（三27a3）

昨天 我 看-去-**完** **位**

72-8　kemuni katunja-me qin -i bou-de ji-fi,（三27a3-4）

還　忍耐-**并**　正 **屬** 房-**位** 來-**順**

72-9　mini baru age ji-me jobo-ho kai,（三27a4）

我.**屬** 向 阿哥 來-**并** 辛苦-**完** 啊

72-10　ere gese hvkta-me halhvn de,（三27a4-5）

這 一樣 悶-**并**　熱 **位**

躁熱

72-11　ta se-me tuwa-nji-re,（三27a5）

經常 **助**-**并** 看-來-**未**

72-12　ton akv jaka benji-bu-he-ngge,（三27a5-6）

數 **否** 東西 送來-**使**-**完**-**名**

72-13　ambula xada-ha,（三27a6）

非常　勞累-**完**

72-14　umesi baniha,（三27a6）

很　感謝

72-15 inu niyaman hvnqihin -i dolo siren tata-bu-me ofi,
也 親戚 親族 **屬** 裏面 脉絡 牽-**使**-**并** 因爲
牽 挂（三27a6-27b1）

72-16 uttu dabala，（三27b1）
這様 罷了

72-17 hetu dalba oqi，（三27b1）
横 旁邊 若是

72-18 geli mimbe gvni-re isi-ka bi-u?（三27b2）
又 我.**賓** 想-**未** 到-**完** 現-**疑**

72-19 bi labdu hukxe-mbi，（三27b2）
我 非常 感激-**現**

72-20 damu hada-hai gvnin de eje-fi，（三27b2-3）
衹是 釘-**持** 心 **位** 記録-**順**
憦憦

72-21 yebe o-ho erin-de，（三27b3）
好 成爲-**完** 時候-**位**

72-22 jai hengkixe-me baniha bu-ki，baili jafa-ki se-me，（三27b3-4）
再 叩頭-**并** 感謝 給-**祈** 恩惠 報答-**祈** 想-**并**
道謝 報恩

72-23 angga de uttu gisure-qibe，（三27b4）
嘴 **位** 這様 説-**讓**

72-24 beye sere-bu-me katunja-me mute-ra-kv，（三27b4-5）
身體 發覺-**使**-**并** 忍耐-**并** 可以-**未**-**否**

72-25 tuttu ofi，（三27b5）
那様 因爲

72-26 bi age si sure niyalma kai，（三27b5）
我 阿哥 你 聰明 人 啊
明白

72-27 mini fulu gisure-re be baibu-mbi-u?（三27b6）
我.屬 多餘 說-未 賓 必要-現-疑

72-28 beye-be saikan uji-kini，（三27b6）
身體-賓 好好 養-祈

72-29 hvdun yebe o-kini，（三27b6-28a1）
快 好 成爲-祈

72-30 xolo de bi jai simbe tuwa-nji-re se-fi，amasi ji-he。
空閑 位 我 再 你.賓 看-來-未 說-順 返回 來-完（三28a1）

第73條

73-1[A] muse tere guqu aina-ha-bi，（三28a2）
咱們 那個 朋友 做怎麽-完-現

73-2 ere uquri tere be buqe-bu nakv munahvn -i joboxo-ro-ngge，
這 時候 那個 賓 死-使.祈 之後 無精打采 工 擔心-未-名（三28a2-3）

73-3 maka ai turgun bi-sire be sar-kv，（三28a3）
到底 什麽 理由 有-未 賓 知道.未-否

73-4 an -i uquri aga labsan inenggi oqi，（三28a3-4）
平常 屬 時候 雨 雪 日子 若是

73-5 bou-de bi-sire dabala，（三28a4）
家-位 有-未 罷了

73-6 tere-qi tulgiyen，（三28a4-5）
那個-從 以外

73-7 murakv ba-de gemu xodono-mbi-kai，（三28a5）

所有 地方-位 都 逛-現-啊

逛

73-8 baibi bou-de te-me doso-mbi-u?（三28a5-6）

白白 家-位 坐-并 忍耐-現-疑

73-9 ere uquri duka uqe be tuqi-ke-kv，（三28a6）

這 時候 門 房門 賓 出-完-否

鍬

73-10 bou-de noro-hoi te-he-bi，（三28a6-28b1）

家-位 留住-持 坐-完-現

堆

73-11 sikse bi tuwa-na-me gene-he-de，（三28b1）

昨天 我 看-去-并 去-完-位

73-12 tuwa-qi，qira ai kemuni nenehe adali se-mbi-u?（三28b1-2）

看-條 臉 什麽 還 以前 一樣 説-現-疑

73-13 sere-bu-me wasi-ka，（三28b2）

發覺-使-并 瘦-完

覺 瘦了

73-14 tuqi-re dosi-re de fuhali te-me tokto-ra-kv，（三28b2-3）

出-未 入-未 位 全然 坐-并 確定-未-否

無定向

73-15 ebsi qasi akv se-qina，（三28b3）

這樣 那樣 否 説-祈

73-16 kede[1] bi labdu kenehunje-me,（三28b3-4）
那.位 我 非常 疑惑-并
疑

73-17 ere aina-ha ni,（三28b4）
這 做什麼-完 呢

73-18 tede fonji-ki se-re-de,（三28b4）
那.位 尋問-祈 想-未-位

73-19 ini emu niyamangga niyaman jiu nakv xakala-bu-ha,
他.屬 一 親戚 親人 來.祈 之後 插話-使-完
差了（三28b4-5）

73-20 ara, bi bodo-me bahana-ha,（三28b5-6）
哎呀 我 籌算-并 懂得-完

73-21 ainqi tere baita de lahin ta-fi,（三28b6）
恐怕 他 事 與 繁瑣 牽累-順
被牽累

73-22 gvnin farfa-bu-ha aise,（三28b6-29a1）
心 打亂-被-完 想必
迷亂

73-23 tuttu seme aga de usihi-bu-he niyalma,（三29a1）
那樣 雖然 雨 與 淋濕-被-完 人

73-24 silenggi de gele-ra-kv se-he kai,（三29a1-2）
露 與 怕-未-否 說-完 啊
露

1 kede：疑爲tede之誤。

73-25 seibeni antaka antaka angga[1] baita be，（三29a2）
曾經 如何 如何 困難 事情 **賓**
昔日

73-26 i gemu uksa faksa waqihiya-ha ba-de，（三29a2-3）
他 都 斷然 直接 完成-**完** 地方-**位**
從從容容

73-27 ere giyanakv ai holbobu-ha se-me，（三29a3-4）
這 究竟 什麽 有關係-**完** 助-**并**

73-28 jing tuttu joboxo-mbi。（三29a4）
衹管 那樣 煩悶-**現**
煩悶

第74條

74-1[A] tumen jaka qi umesi wesihun ningge be niyalma se-mbi，
萬 物 **從** 更 寶貴 東西 **賓** 人 説-**現**（三29a5）

74-2 niyalma o-fi sain ehe be ilga-ra-kv，（三29a5-6）
人 成爲-**順** 善 惡 **賓** 區别-**未-否**

74-3 doro giyan be faksala-ra-kv o-qi，（三29a6）
道理 規則 **賓** 區分-**未-否** 成爲-**條**
分

74-4 ulha qi ai enqu，（三29b1）
畜牲 **從** 什麽 異樣
畜牲

---

1 angga：據前後文，疑爲mangga之誤，語法標注據mangga而出。

74-5　te bi-qibe, guqu-se-i dolo,（三29b1）

現在 有-讓　朋友-複-屬 裏面

74-6　si bi ishunde kundule-qi sain akv-n?（三29b1-2）

你 我　互相　尊敬-條　好　否-疑

敬

74-7　aika o-ho-de, aidahaxa-me latu-nju nakv,（三29b2-3）

假如 成爲-完-位　逞凶-并　靠近-來.祈 之後

發豪横

74-8　dere ura be tuwa-ra-kv,（三29b3）

臉　屁股 賓　看-未-否

74-9　angga iqi balai labsi-tala tou-he-ngge,（三29b3-4）

口　順應 輕慢　亂説-至　罵-完-名

噙

74-10　beye-i bengsen ara-mbi-u?（三29b4）

自己-屬　本事　算-現-疑

74-11　adarame banji-ha demun be tuwa-qina,（三29b4-5）

怎麽　生長-完　詭計　賓　看-祈

74-12　hefeli wakjahvn fuhali beliyen waji-ha bi-me,（三29b5）

肚子　下垂　竟然　癡人　完結-完　有-并

肚大垂着　呆

74-13　xuqila-me taqi nakv,（三29b5-6）

假裝知道-并 學.祈 之後

假在行充知道

74-14　absi niyalma be yali mada-bu-mbi,（三29b6）

真是　人　賓　肉　腫脹-使-現

肉　麻

74-15 indahvn -i gese ger se-re be，（三29b6-30a1）

狗 屬 一様 相争貌 助-未 賓

狗呲牙叫

74-16 niyalma gemu ek se-fi donji-ra-kv o-ho kai，（三30a1）

人 都 厭煩貌 助-順 聽-未-否 成爲-完 啊

74-17 majige niyalma-i gvnin bi-qi，（三30a1-2）

稍微 人-屬 心 有-條

74-18 inu sere-qi aqa-mbihe，（三30a2）

也 發覺-條 應該-過

覺

74-19 kemuni jilerxe-me，（三30a2）

還 恬然做-并

恬不知耻

74-20 aimaka we imbe saixa-ha adali，（三30a3）

好像 誰 他.賓 賞贊-完 一様

74-21 ele huwekiye-he-ngge ainu，（三30a3）

越發 發奮-完-名 爲什麽

74-22 ere-i ama inu emu jalan -i haha se-me yabu-mbihe kai，

（三30a3-4）

這個-屬 父親 也 一 代 屬 男人 助-并 做-過 啊

74-23 aide sui ara-fi，（三30a4-5）

爲什麽 罪 做-順

罪

74-24 ere gese fusi banji-ha，（三30a5）

這 一様 下賤 出生-完

　　　　賤貨

74-25　ai，waliya-ha，（三30a5）
　　　哎　抛棄-完

74-26　hvturi gemu ini ama-i fayangga gama-ha，（三30a5-6）
　　　福　都　他.屬 父親-屬　靈魂　拿走-完

74-27　ere uthai ini dube o-ho kai，（三30a6-30b1）
　　　這個　就　他.屬 末端 成爲-完 啊

74-28　kemuni wesi-ki mukde-ki se-qi ainahai mute-re。（三30b1）
　　　還　上升-祈　爬上-祈　想-條　未必　可以-未

第75條

75-1[A]　juwari forgon de kemuni katunja-qi o-mbihe，（三30b2）
　　　夏天　時候　位　還　忍耐-條　可以-過

75-2　bi-he bi-hei[1] ulhiyen -i nimeku nonggi-bu-fi，（三30b2-3）
　　　有-完 有-持　逐漸　工　病　增加-被-順

75-3　fuhali makta-bu-ha-bi，（三30b3）
　　　竟然　摔下-被-完-現

　　　　病倒了

75-4　ere-i turgun de，（三30b3）
　　　這個-屬　理由　位

75-5　bou-i gubqi，buran taran maxan baha-ra-kv，（三30b3-4）
　　　家-屬　全部　亂　紛紛　辦法　得到-未-否

　　　　亂紛紛　　　不得主意

1　bihe bihei：二詞聯用意爲“過了一段時間”。

75-6 sakda-sa-i yali gemu waji-ha，（三30b4-5）

老人-複-屬 肉 都 完結-完

75-7 dolo faqa-ha sirge -i gese o-ho-bi，（三30b5）

裏面 亂-完 絲 屬 一樣 成爲-完-現

75-8 imbe tuwa-qi，gebsere-fi giranggi teile funqe-he-bi，（三30b5-6）

他.賓 看-條 瘦-順 骨頭 衹有 剩-完-現

很瘦了

75-9 nagan de dedu nakv，（三30b6）

炕 位 躺.祈 之後

炕

75-10 ergen hebtexe-mbi，（三31a1）

呼吸 喘氣-現

掏氣

75-11 tede bi elhei hanqi ibe-fi，（三31a1）

那.位 我 慢慢 近 上前-順

75-12 si majige yebe-u se-me，fonji-re jakade，（三31a1-2）

你 稍微 好-疑 助-并 尋問-未 因爲

好

75-13 yasa nei-fi mini gala be jafa-fi geli jafa-xa-me，（三31a2-3）

眼睛 開-順 我.屬 手 賓 握-順 又 握-常-并

75-14 ai，age ere mini gaji-ha erun sui，（三31a3）

哎 阿哥 這 我.屬 拿來-完 刑罰 罪過

刑罰 罪孽

75-15 nimeku faqukvn ba-de dosi-na-fi，（三31a3-4）

病 膏肓 地方-與 進入-去-順

膏肓

75-16 ebsi dule-me mute-ra-kv be,（三31a4）

以後 回復-并 可以-未-否 賓

75-17 bi ende-mbi-u?（三31a4）

我 欺瞞-現-疑

瞞

75-18 nime-he-qi ebsi,（三31a4-5）

生病-完-條 以來

75-19 ya oktosi de dasa-bu-ha-kv,（三31a5）

哪 醫生 與 治療-被-完-否

治

75-20 ai okto omi-ha-kv,（三31a5）

什麼 藥 喝-完-否

藥

75-21 yebe o-jorolame geli busubu-he-ngge,（三31a5-6）

好 成爲-伴 又 復發-完-名

重落

75-22 ere uthai hesebun,（三31a6）

這 就是 命運

命

75-23 ede bi umai koro se-re ba akv,（三31a6-31b1）

這.位 我 全然 怨恨 説-未 地方 否

75-24 damu ama eme se de o-ho,（三31b1）

衹是 父親 母親 歲數 與 成爲-完

75-25 deu-te geli ajige,（三31b1-2）

弟弟-複 又 幼小

75-26 jai niyaman hvnqihin giranggi yali,（三31b2）

再 親戚 親族 骨頭 肉

骨 肉

75-27 gemu mimbe tuwa-xa-hai bi-kai,（三31b2-3）

都 我.賓 看-常-持 現-啊

75-28 bi mangga mujilen -i yamka be lashala-me mute-re se-re,

我 硬 心 工 誰 賓 斷絶-并 可以-未 助-未

硬 斷絶（三31b3）

75-29 gisun waji-nggala,（三31b4）

話語 完結-前

話將完

75-30 yasa-i muke fir se-me eye-he,（三31b4）

眼睛-屬 泪水 哭泣貌 助-并 流-完

流

75-31 ai，absi usaquka,（三31b4）

哎 何其 感傷

可傷

75-32 udu sele wehe-i gese niyalma se-he seme,（三31b5）

即使 鐵 石-屬 一樣 人 説-完 雖然

鐵 石

75-33 terei gisun de mujilen efuje-ra-kv-ngge akv。（三31b5-6）

他.屬 話語 位 心 疼-未-否-名 否

傷

第76條

76-1[A] eiten jaka be haira-me malhvxa-qi，（四1a1）
所有 東西 **賓** 愛惜-**并** 節省-**條**
愛惜 節省

76-2 teni banji-re we-re niyalma-i doro，（四1a1-2）
纔 生-**未** 存活-**未** 人-**屬** 道理

76-3 simbe gisure-ra-kv oqi，（四1a2）
你.**賓** 説-**未**-**否** 若是

76-4 bi eiqibe o-jora-kv，（四1a2-3）
我 或許 可以-**未**-**否**

76-5 je-me waji-ra-kv funqe-he tutala buda jeku be，（四1a3）
吃-**并** 完結-**未**-**否** 剩下-**完** 那麼多 飯 食物 **賓**

76-6 bou-i urse de ulebu-qi，inu sain kai，（四1a4）
家-**屬** 人們 **與** 喂-**條** 也 好 啊

76-7 gvnin -i qihai waqihiya-me ko sangga de doula-ka-ngge ainu，
意念 **屬** 任意 完成-**并** 陰 溝 **位** 倒-**完**-**名** 爲什麼
洋 溝 倒（四1a4-5）

76-8 sini gvnin de inu elhe baha-mbi-u?（四1a5-6）
你.**屬** 心 **位** 也 平安 得到-**現**-**疑**

76-9 si damu buda je-tere be sa-ra gojime，（四1a6-1b1）
你 衹是 飯 吃-**未** **賓** 知道-**未** 雖然

76-10 jeku -i mangga ba-be sa-ha-kv-bi，（四1b1）
食物 **屬** 困難 地方-**賓** 知道-**完**-**否**-**現**

76-11 tari-re niyalma juwe-re urse，（四1b2）
耕地-**未** 人 運送-**未** 人們

76-12 ai gese jobo-me suila-hai，（四1b2）

什麽 一樣 受苦-**并** 勞累-**持**

76-13 teni uba-de isinji-ha，（四1b3）

纔 這裏-**與** 到來-**完**

76-14 emu belge seme ja de baha-ngge se-me-u?（四1b3-4）

一 米粒 雖然 容易 **位** 得到.**完-名** 説-**并-疑**

粒

76-15 tere anggala，muse ai bayan mafa seme，（四1b4）

那個 而且 咱們 什麽 富貴 祖先 雖然

76-16 ere-be je-me tere-be kidu-me，（四1b4-5）

這個-**賓** 吃-**并** 那個-**賓** 想-**并**

想

76-17 gvni-ha gvni-hai uthai uda-fi，（四1b5）

想-**完** 想-**持** 就 買-**順**

76-18 waliya-me gemin -i mamgiya-mbi，（四1b5-6）

抛棄-**并** 不惜 **工** 浪費-**現**

不惜 奢 費

76-19 angga de ai kemun，（四1b6）

嘴 **位** 什麽 規則

76-20 je-tere de ai dube，（四1b6-2a1）

吃-**未** **位** 什麽 末端

76-21 qingkai uttu oqi，（四2a1）

衹管 這樣 若是

76-22 hvturi ekiye-bu-mbi，se-re anggala，（四2a1）

福 減少-**使-現** **助-未** 而且

減

76-23 ai bi-he seme waji-ra-kv，（四2a2）

什麼 有-**完** 雖然 完結-**未-否**

76-24 sakda-sa-i gisun，haira-me je-qi jeku -i da，（四2a2-3）

老人-**複-屬** 話語 愛惜-**并** 吃-**條** 食物 **屬** 原本

儉食 吃的 打頭

76-25 haira-me etu-qi etuku -i da se-he-bi，（四2a3）

愛惜-**并** 穿-**條** 衣服 **屬** 原本 説-**完-現**

儉衣 穿的 打頭

76-26 sini gaji-ha hvturi giyanakv udu，（四2a3-4）

你.**屬** 拿來-**完** 福 能有 幾個

76-27 ere durun -i sota-qi，fe-de[1]，（四2a4）

這 樣子 **工** 抛散-**條** 誰-**與**

抛撒

76-28 beye-de sui mai[2] isi-fi，（四2a4-5）

自己-**位** 罪 什麼 涉及-**順**

76-29 omihon de amqa-bu-ha erin-de，（四2a5）

飢餓 **與** 追趕-**被-完** 時候-**位**

76-30 aliya-ha seme amqabu-ra-kv kai。（四2a5-6）

後悔-**完** 雖然 趕得上-**未-否** 啊

不及

1 fede：疑爲wede之誤。

2 mai：疑爲ai之誤。

第77條

77-1[A] age si tuwa, （四2b1）
阿哥 你 看.祈

77-2 ai jui geli bi-ni, （四2b1）
什麼 孩子 又 有-呢

77-3 niyalma uttu tuttu se-me inde jombu-re-ngge, （四2b1-2）
人 這樣 那樣 **助-并** 他.**與** 建議-**未**-**名**
提白

77-4 ineku imbe sain o-kini, （四2b2）
同樣 他.**賓** 好 成爲-**祈**

77-5 ehe taqi-re ayou se-re gvnin, （四2b2-3）
惡 學-**未** **虛** **助-未** 思念

77-6 hvla-ha fe bithe be majige urebu-qi bahana-ra-kv se-mbi-u?
讀-完 舊 書 **賓** 稍微 復習-**條** 懂得-**未**-**否** **助-現-疑**（四2b3-4）

77-7 jingkini bengsen be taqi-re de umesi mangga bi-me, （四2b4-5）
真正 本事 **賓** 學-**未** **位** 很 難 有-**并**

77-8 ehe demun inde nokai ja, （四2b5）
壞 習慣 他.**與** 很 容易
很容易

77-9 si ai haqin -i angga hvwaja-tala gisure-he seme, （四2b5-6）
你 什麼 種類 **屬** 嘴 破裂-**至** 説-**完** 雖然
説破

77-10 i donji-qi ai bai-re, （四2b6）
他 聽-**條** 什麼 求-**未**

77-11 nememe ebi habi nakv[1]，（四2b6-3a1）

反倒 呆 迷 否

反倒 無精打彩

77-12 angga mongniuhon -i dere yasa waliyata-mbi，（四3a1）

嘴 無言 工 臉 眼睛 抛棄-現

撅着嘴

77-13 tede bi tuwa-hai dolo doso-ra-kv，（四3a1-2）

那.位 我 看-持 心 忍耐-未-否

77-14 fanqa-fi hiyang se-me emgeri esukiye-re jakade，（四3a2-3）

發怒-順 叱責貌 助-并 一次 吆喝-未 因爲

生氣 吆喝

77-15 dere fulara nakv，（四3a3）

臉 發紅.祈 之後

紅

77-16 fudarame mini baru，（四3a3-4）

反倒 我.屬 向

反

77-17 si mimbe qihala-fi aina-mbi se-me，（四3a3-4）

你 我.賓 尋求-順 做什麼-現 助-并

尋趁

77-18 yasa-i muke gelerje-mbi，（四3a4）

眼睛-屬 泪水 泪汪汪-現

泪汪汪

1 ebi habi nakv：nakv疑爲akv之誤。整個短語意爲“無精打采”。

77-19 ai，hvlhi kesi akv ai dabala，（四3a4-5）

哎 糊塗 幸運 **否** 什麼 罷了

77-20 hendu-re balame，（四3a5）

説-**未** 雖然

77-21 sain okto angga de gosihon，（四3a5-6）

好 藥 口 **位** 苦

良藥 苦口

77-22 tondo gisun xan de iqakv se-he-bi，（四3a6）

忠實 話語 耳 **位** 逆 **助-完-現**

忠言 逆耳

77-23 aika giranggi yali waka oqi，（四3a6-3b1）

如果 骨頭 肉 不是 若是

77-24 bi damu ainame hoxxo-me urgunje-bu-qi waji-ha kai，（四3b1）

我 衹是 苟且 哄騙-**并** 高興-**使-條** 完結-**完** 啊

哄誘

77-25 urunakv inde eime-bu-re-ngge ai hala。（四3b2）

必定 他.**與** 厭煩-**被-未-名** 什麼 樣子

厭煩

第78條

78-1[A] anda niyalma baita dule-mbu-he-kv oliha ten，（四3b3）

朋友 人 事 經過-**使-完-否** 膽怯 極端

怯

78-2 gisun bi-qi，aiseme dolo gingka-mbi，（四3b3-4）

話語 有-**條** 爲什麼 心中 鬱悶-**現**

鬱悶

78-3 xuwe gene-fi，（四3b4）

直接 去-順

直

78-4 ini baru getuken xetuken -i neile-me gisure-qina，（四3b4-5）

他.屬 向 明白 清楚 工 開-并 説-祈

78-5 tere inu niyalma dabala，（四3b5）

他 也 人 罷了

78-6 doro giyan be bai-me yabu-ra-kv mujangga-u?（四3b5-6）

道理 規則 賓 求-并 做-未-否 確實-疑

78-7 turgun be tuqibu-me，（四3b6）

原因 賓 顯明-并

78-8 da-qi ana-me su-me faksala-ha de，（四3b6-4a1）

原本-從 擴-并 解-并 區分-完 位

解 分

78-9 simbe aina-rahv se-mbi-u?（四4a1）

你.賓 做什麽-虛 助-現-疑

78-10 wa-rahv se-mbi-u?（四4a1）

殺-虛 助-現-疑

78-11 eiqi je-terahv se-mbi-u?（四4a1-2）

或者 吃-虛 助-現-疑

78-12 tere anggala，weri tuba-de umai asuki wei akv ba-de，

那個 而且 别人 那裏-位 完全 聲 音 否 地方-位

没動静 （四4a2-3）

78-13 afanggala kvli-fi fekun waliyabu nakv，（四4a3）

預先 吃驚-順 跳一下 迷失.祈 之後

沒見怎麽樣唬住 迷了

78-14 uttu tuttu se-me toso-ho-ngge，（四4a3-4）

這樣 那樣 **助-并** 防範-**完-名**

防範

78-15 aika haha -i wa bi-u?（四4a4）

什麽 男人 **屬** 味道 有-**疑**

味

78-16 hvwanggiya-ra-kv，（四4a4）

妨礙-**未-否**

無妨

78-17 si damu gvnin be sulakan -i sinda，（四4a4-5）

你 衹是 心 **賓** 放鬆 **工** 放.**祈**

鬆鬆的

78-18 tere unenggi o-jora-kv，（四4a5）

他 真實 可以-**未-否**

78-19 aina-ki se-qi sinde dere banji-mbi-u?（四4a5-6）

做什麽-**祈** 想-**條** 你.**與** 臉 生長-**現-疑**

留臉

78-20 si uttu tuttu gele-he seme，（四4a6）

你 這樣 那樣 怕-**完** 雖然

怕

78-21 baha-fi bolgokon -i ukqa-ra ai-bi，（四4a6-4b1）

得到-**順** 乾净 **工** 脱離-**未** 什麽-有

乾净 脱

78-22 tetele umai mejige akv be tuwa-qi，（四4b1-2）

至今 完全 消息 否 賓 看-條

78-23 gvni-qi，aifini qi hv -i da -i amala makta-fi onggo-ho-bi，

想-條 早就 從 腦 屬 原本 屬 後邊 抛-順 忘記-完-現

早已放在腦後 忘了（四4b2-3）

78-24 hon akda-ra-kv oqi jenduken -i mejigele，（四4b3）

全然 相信-未-否 若是 悄悄 工 探聽.祈

悄悄 探信

78-25 bi akda-fi hvwanggiya-ra-kv o-bu-re。（四4b3-4）

我 相信-順 妨礙-未-否 成爲-使-未

無妨

第79條

79-1[A] guwejihe tata-bu-ha-bi，（四4b5）

胃 安置-使-完-現

79-2 mimbe weihukele-re-ngge ja akv，（四4b5）

我.賓 輕視-未-名 容易 否

79-3 bi sini baru gisun gisure-qi，（四4b5-6）

我 你.屬 向 話語 説-條

79-4 teisu akv se-me-u?（四4b6）

平衡 否 説-并-疑

79-5 ji-me o-ho-de，faksi gisun -i mimbe kederxe-re-ngge，

來-并 成爲-完-位 巧妙 話語 工 我.賓 譏誚-未-名

譏誚（四4b6-5a1）

79-6 beye-be ai o-bu-ha-bi, （四5a1）

自己-**賓** 什麽 成爲-**使**-**完**-**現**

79-7 dere yasa emu ba-de fumere-me ofi, （四5a1-2）

臉 眼睛 一 地方-**位** 混合-**并** 因爲

混

79-8 bi damu gisure-ra-kv dabala, （四5a2）

我 衹是 説-**未**-**否** 罷了

79-9 da sekiyen, be tuqi-bu-he de, （四5a2-3）

原本 根源 **賓** 拿來-**使**-**完** **位**

根源

79-10 geli mimbe fetereku se-re, （四5a3）

又 我.**賓** 刨根問底 説-**未**

抉短

79-11 sini da gaxan, （四5a3-4）

你.**屬** 原本 家鄉

家鄉

79-12 mini fe susu we-be we sar-kv, （四5a4）

我.**屬** 舊 原籍 誰-**賓** 誰 知道.**未**-**否**

籍貫

79-13 niyalma de monjirxa-bu-ra-kv ofi, （四5a4-5）

人 **與** 揉搓-**被**-**未**-**否** 因爲

揉挫

79-14 giyanakv udu goida-ha, （四5a5）

能有 幾個 長久-**完**

79-15 aka-bu-me，te geli mini baru beileqile-ki se-mbi，（四5a5-6）

傷心-使-并 現在 又 我.屬 向 尊大-祈 想-現

傷心 長毛

79-16 inemene gisun ende-bu-he se-qi，（四5a6）

不如 話語 欺騙-被-完 説-條

79-17 mini dolo hono yebe，（四5a6-5b1）

我.屬 心 還 好些

79-18 muritai ini gisun be uru ara-fi，（四5b1）

執意 他.屬 話語 賓 正確 做-順

繆到底

79-19 aina-ha seme waka be ali-me gai-ja-ra-kv kai，（四5b1-2）

做什麼-完 雖然 錯誤 賓 受-并 取-常-未-否 啊

79-20 tede niyalma esi hvr se-qi，（四5b2-3）

那.位 人 自然 發怒貌 助-條

79-21 mini ai ba-be tuwa-ha-bi，（四5b3）

我.屬 什麼 地方-賓 看-完-現

79-22 ya fiyangji de ertu-fi，（四5b3）

誰 屏障 位 依靠-順

屏 仗

79-23 enenggi teile gala elki-me mimbe jiu se-mbi，（四5b4）

今天 衹有 手 搖擺-并 我.賓 來.祈 説-現

點手 招呼

79-24 yala we-be we aina-mbi，（四5b4-5）

真是 誰-賓 誰 怎麼做-現

79-25 we-de we gele-mbi，（四5b5）

誰-**與** 誰 怕-**現**

怕

79-26 meke qeke qende-ki se-qi，（四5b5）

背面 表面 試驗-**祈** 想-**條**

背地裏

79-27 mini gvnin de kek se-re dabala，（四5b6）

我.**屬** 意念 **位** 稱心貌 **助-未** 罷了

合意

79-28 majige tathvnja-qi，（四5b6）

稍微 猶豫-**條**

猶豫

79-29 inu haha waka kai，（四5b6-6a1）

也 男人 不是 啊

第80條

80-1[A] utala inenggi tab tib se-me sirkede-me aga-hai，（四6a2）

許多 日子 滴答下雨貌 **助-并** 連續-**并** 下雨-**持**

許久 連陰

80-2 dolo gemu ure-he，（四6a2-3）

心 都 熟-**完**

熟了

80-3 uba sabda-ka，（四6a3）

這裏 漏-**完**

漏

80-4 tuba usihi-he amga-ra ba gemu akv o-ho,（四6a3-4）
那裏 濕-完 睡-未 地方 都 否 成爲-完
濕

80-5 ere da-de wahvn umiyaha suran ai xufa-ra-ngge,（四6a4）
這 根本-位 臭 蟲子 跳蚤 什麼 叮咬-未-名
叮

80-6 fuhali hami-qi o-jora-kv,（四6a4-5）
全然 忍耐-條 可以-未-否

80-7 kurbuxe-hei tanggv ging tuli-tele amu isinji-ra-kv,（四6a5-6）
翻身-持 一百 更 通過-至 睡眠 至於-未-否
翻身 睡不着

80-8 yasa be eteme niqu-bu nakv,（四6a6）
眼睛 賓 勉强 閉-使.祈 之後

80-9 geli majige kiri-ha bi-qi,（四6a6-6b1）
又 稍微 容忍-完 有-條

80-10 arkan buru bara amuxabura-ha,（四6b1）
恰好 朦朦 朧朧 想睡-完
渺茫

80-11 jing sere-me amga-ra de,（四6b1）
正好 發覺-并 睡覺-未 位

80-12 gaitai wargi amargi hoxo qi,（四6b2）
突然 西 北 角 從

80-13 uthai alin uleje-he na fakqa-ha adali,（四6b2-3）
就 山 崩-完 地 裂-完 一樣
崩 裂

80-14 kunggur se-me emgeri guwe-re jakade，（四6b3）

雷鳴貌 助-并 一次 鳴響-未 因爲

80-15 tar se-me dokdosla-fi gete-he，（四6b3-4）

驚嚇貌 助-并 吃驚-順 醒-完

嚇一跳 醒了

80-16 kejine goida-fi，（四6b4）

許久 經過-順

80-17 beye kemuni xurge-me dargi-me niyaman jaka tuk tuk se-mbi，

身體 還 震動-并 顫抖-并 心 窩 突突跳貌 助-現

戰兢兢 心 窩 跳（四6b4-5）

80-18 yasa nei-fi tuwa-qi，（四6b5）

眼睛 開-順 看-條

80-19 bou nagan agvra tetun umainakv，（四6b5-6）

家 炕 食 器 完全没有

80-20 ekxe-me niyalma takvra-fi tuwa-na-bu-qi，（四6b6）

慌忙-并 人 派遣-順 看-去-使-條

80-21 adaki bou-i fiyasha aga de xeke-bu-fi tuhe-ke se-mbi，

鄰居 家-屬 墻壁 雨 與 濕-被-順 倒-完 説-現

濕透（四7a1）

80-22 tere asuki be amu tolgin de donji-ha turgun-de，（四7a1-2）

那 聲音 賓 睡眠 夢 位 聽-完 原因-位

夢

80-23 urkin ai tuttu amba bi-he-ni。（四7a2-3）

響聲 爲什麽 那樣 大 有-完-呢

響聲

第81條

81-1[A] qananggi, be wargi alin de, （四7a4）

前日 我們 西 山 位

81-2 oihori sebjele-he bihe, （四7a4）

偶然 歡樂-完 過

81-3 inenggi xun de sarxa-ra efi-re be hono ai se-he, （四7a4-5）

白天 時候 位 逛-未 玩-未 賓 還 什麼 説-完

游 玩

81-4 dobori o-ho manggi, （四7a5-6）

晚上 成爲-完 之後

夜

81-5 ele se sela-ha, （四7a6）

越發 大大 爽快-完

爽快

81-6 meni udu nofi yamji buda je-fi, （四7a6）

我們.屬 幾 人 晚 飯 吃-順

81-7 jahvdai de te-he manggi goida-ha-kv, （四7b1）

船 位 坐-完 之後 久-完-否

船

81-8 biya mukde-fi gehun elden foso-ko-ngge, （四7b1-2）

月亮 出來-順 明亮 光 照-完-名

照

81-9 uthai inenggi xun -i adali, （四7b2）

就 白晝 時候 屬 一様

81-10 elhei xuru-bu-me，（四7b2）

慢慢 撑-使-并

撑

81-11 eyen -i iqi wasihvn gene-hei，（四7b3）

水流 **屬** 順應 往下 去-**持**

流

81-12 alin -i oforo be muri-me dule-fi tuwa-qi，（四7b3-4）

山 **屬** 角 **賓** 拐-**并** 通過-**順** 看-**條**

山 角 拐

81-13 abka bira -i boqo fuhali ilga-bu-ra-kv hvwai se-mbi，

天 河 **屬** 顔色 完全 區别-**被**-**未**-**否** 水大貌 **助**-**現**

大水無邊（四7b4-5）

81-14 yala alin genggiyen muke bolgo se-qi o-mbi，（四7b5）

真是 山 明 水 清 **助**-**條** 可以-**現**

81-15 selbi-hei ulhv noho xumin ba-de isina-ha bi-qi，（四7b5-6）

划-**持** 蘆葦 祇有 深 地方-**與** 到達-**完** 有-**條**

81-16 holkonde jungken -i jilgan，yang yang se-me，（四7b6-8a1）

突然 鐘 **屬** 聲音 當當響貌 **助**-**并**

鐘 尹 尹

81-17 edun -i iqi xan de baha-bu-re jakade，（四8a1-2）

風 **屬** 順應 耳朵 **位** 得到-**使**-**未** 因爲

順

81-18 tumen haqin -i gvnin seulen ede isinji-fi，（四8a2）

一萬 種類 **屬** 心思 思慮 這.**與** 至於-**順**

慮

81-19　uthai muke de obo-ho adali，（四8a2-3）

就　水　位　洗-完　一樣

81-20　geterembu-he-kv-ngge akv，（四8a3）

除盡-完-否-名　否

除盡

81-21　udu jalan qi qolgoro-me tuqi-ke enduri se-he seme，

幾　世代　從　脫離-并　出-完　神仙　助-完　雖然

神仙（四8a3-4）

81-22　manggai tuttu sebjele-re dabala，（四8a4-5）

不過　那樣　歡樂-未　罷了

81-23　tuttu ofi ishunde omi-qa-hai，（四8a5）

那樣　因爲　互相　喝-齊-持

81-24　herqun akv de atanggi gere-ke be gemu sar-kv o-ho-bi，

意中　否　位　什麽時候　亮-完　賓　都　知道.未-否　成爲-完-現

不覺　亮　（四8a6）

81-25　niyalma se-me jalan de banji-fi，（四8b1）

人　助-并　世間　位　出生-順

81-26　enteke genggiyen biya sain arbun giyanakv udu，（四8b1-2）

這樣　明亮　月亮　好　風景　能有　幾個

81-27　untuhuri dule-mbu-qi，hairaka akv se-me-u?（四8b2-3）

徒然　過去-使-條　愛惜　否　助-并-疑

徒然　豈不惜哉

第82條

82-1[A] ere udu inenggi baita bi-fi，（四8b4）

這 幾 日子 事情 有-順

82-2 emu siran -i juwe dobori yasatabu-ha turgun-de，（四8b4-5）

一 連續 屬 二 晚 熬夜-完 理由-位

一連 熬眼

82-3 beye-i gubqi fakjin akv liyar se-mbi，（四8b5）

身體-屬 全部 力量 否 無力貌 助-現

無力

82-4 sikse yamji-ha erin-de，（四8b6）

昨天 天黑-完 時候-位

82-5 bi uthai amga-ki se-mbihe，（四8b6）

我 就 睡-祈 想-過

82-6 niyaman hvnqihin leksei uba-de bi-sire jakade，（四8b6-9a1）

親戚 親族 全部 這裏-位 有-未 因爲

82-7 bi ai hendu-me waliya-fi amga-mbi，（四9a1-2）

我 什麽 説-并 拋棄-順 睡-現

82-8 tuttu ofi，katunja-fi geli katunja-me，（四9a2）

那樣 因爲 掙扎-順 又 掙扎-并

扎掙

82-9 beye udu simen ara-me te-qe-qibe，（四9a2-3）

身體 即使 趣味 做-并 坐-齊-讓

陪

82-10 yasa baibi o-jora-kv，humsun debsehun，（四9a3）

眼睛 白白 成爲-未-否 眼瞼 下垂

眼包 下垂

82-11 murhu farhvn -i o-me gene-mbi，（四9a3-4）

昏沉 恍惚 **工** 成爲-**并** 去-**現**

昏沉

82-12 amala antaha faqa-me，（四9a4）

後來 客人 散-**并**

82-13 bi，uthai emu qirku sinda-fi，（四9a4-5）

我 就 一 枕頭 放-**順**

枕頭

82-14 etuku nisi-hai uju makta-fi hiri amga-ha，（四9a5）

衣服 穿-**持** 頭 甩-**順** 充分 睡-**完**

睡熟

82-15 jai ging o-tolo teni gete-he，（四9a6）

二 更 成爲-**至** 纔 醒-**完**

醒了

82-16 tede majige xahvra-ka，（四9a6-9b1）

那.**位** 稍微 冷-**完**

82-17 aina-ha be sar-kv，（四9a6-9b1）

怎麽樣-**完 賓** 知道.**未**-**否**

82-18 dolo umesi kuxun ping se-mbi，（四9b1）

肚子 很 不舒暢 膨悶貌 **助**-**現**

膨 悶

82-19 beye-i gubqi wenje-re-ngge，（四9b1-2）

身體-**屬** 全部 發燒-**未**-**名**

發燒

82-20 uthai tuwa de fiyakv-bu-re adali，（四9b2）

就 火 **與** 烤-**被**-**未** 一樣

烤

82-21 ere da-de，xan geli sulhu-me ofi，（四9b2-3）

這 原本-**位** 耳朵 又 酥軟-**并** 因爲

生耳底

82-22 tata-bu-fi，jayan ergi gemu suksure-ke-bi，（四9b3-4）

拉-**被**-**順** 牙關 周邊 都 腫-**完**-**現**

牙床子 腫了

82-23 je-qi omi-qi amtan akv，（四9b4）

吃-**條** 喝-**條** 味道 **否**

82-24 te-qibe ili-qibe elhe akv，（四9b4）

坐-**讓** 站-**讓** 平安 **否**

82-25 bi ere ainqi jeku sanasali-bu-ha ayou se-me，（四9b5）

我 這 恐怕 食物 停滯-**使**-**完** **虛** **助**-**并**

積

82-26 emu jemin wasi-bu-re okto omi-re jakade，（四9b5-6）

一 劑 降-**使**-**未** 藥 喝-**未** 因爲

劑

82-27 sain ehe jaka gemu wasi-nji-ha，（四9b6）

好 壞 東西 都 降-**來**-**完**

82-28 tede teni majige sulaka o-ho。（四9b6-10a1）

那.**位** 纔 稍微 輕鬆 成爲-**完**

鬆快

第83條

83-1[A] si sar-kv，（四10a2）

你 知道.未-否

83-2 ini ere gemu se asiha，（四10a2）

他.屬 這個 都 歲數 年輕

年 輕

83-3 senggi sukdun etuhun -i haran，（四10a2-3）

血 氣 强壯 屬 緣由

83-4 udu mudan koro baha manggi，（四10a3）

幾 次 痛苦 得到.完 之後

吃虧

83-5 si tuwa，ini qisui amtan tuhe-mbi kai，（四10a3-4）

你 看.祈 他.屬 任意 興趣 跌倒-現 啊

掃興

83-6 aide sa-ha se-qi，（四10a4）

爲什麼 知道-完 助-條

83-7 bi da-qi uthai basilara de mujakv amuran，（四10a4-5）

我 原本-從 就 武術 與 的確 愛好

把式 真 好

83-8 mini emu mukvn -i ahvn -i emgi，（四10a5-6）

我.屬 一 族 屬 兄長 屬 一起

83-9 inenggi-dari urebu-mbihe，（四10a6）

日子-每 練習-過

煉

83-10 mini ahvn gidala-ra-ngge umesi mangga，（四10a6-10b1）
我.屬 兄長 刺扎-未-名 很 巧妙
精

83-11 juwan udu niyalma se-he seme，（四10b1）
十 幾 人 助-完 雖然

83-12 ini beye-de hanqi o-jora-kv，（四10b1-2）
他.屬 身體-位 近 可以-未-否
近不得前

83-13 uttu ofi amala hono emu mangga bata be uqara-ha-bi，
這樣 因爲 後來 更 一 難 敵人 賓 遇見-完-現
硬 對 遇（四10b2-3）

83-14 nekqu -i bou-de ji-he emu tokso-i niyalma，（四10b3）
舅母 屬 家-位 來-完 一 屯-屬 人
屯

83-15 bethe doholon，（四10b3-4）
脚 瘸
瘸

83-16 loho maksi-me bahana-mbi se-mbi，（四10b4）
腰刀 跳舞-并 可以-現 助-現

83-17 juwe niyalma emu ba-de uqara-fi，（四10b4-5）
二 人 一 地方-位 遇見-順

83-18 erdemu be qende-ki se-me，（四10b5）
本事 賓 試驗-祈 助-并
本事

83-19 teisu teisu agvra be gai-ha manggi, （四10b5-6）

各自 各自 武器 賓 拿-完 之後

83-20 mini age yasa de geli imbe dabu-mbi-u? （四10b6-11a1）

我.屬 阿哥 眼睛 位 又 他.賓 認識-現-疑

83-21 anahvnja-ra ba inu akv, （四11a1）

謙讓-未 地方 也 否

讓

83-22 uthai gida be dargiya-fi, （四11a1-2）

就 槍 賓 舉起-順

83-23 niyaman jaka be bai-me emgeri gidala-ha de, （四11a2）

心臟 處所 賓 求-并 一次 刺扎-完 位

心 窩 扎

83-24 doholon majige ekxe-ra-kv, （四11a2-3）

瘸子 稍微 慌忙-未-否

瘸子 忙

83-25 elhe nuhan -i jeyen -i exe-me, （四11a3）

平安 從容 工 刃 工 斜-并

刀刀 斜看

83-26 emgeri jaila-bu-me saqi nakv, （四11a3-4）

一次 躲避-使-并 砍.祈 之後

砍

83-27 gida -i dube mokso emu meyen gene-he, （四11a4-5）

槍 屬 尖端 截斷 一 節 去-完

齊齊的折一節

83-28 gida be goqi-me jabdu-nggala,（四11a5）
槍 賓 抽-并 趕上-前
抽

83-29 loho aifini monggon de sinda-ha,（四11a5-6）
腰刀 早已 脖子 位 放-完

83-30 teni jaila-ki se-re-de,（四11a6）
纔 躲-祈 助-未-位
躲

83-31 monggon be hahvra nakv,（四11a6）
脖子 賓 掐.祈 之後
脖子 掐

83-32 lasihi-me emgeri faha-ra jakade,（四11b1）
摔-并 一次 摔-未 因此
摔 摺

83-33 ududu okson -i dube-de makta-fi,（四11b1-2）
幾 步 屬 末端-位 拋-順
幾 步

83-34 kub se-me tuhe-ke,（四11b2）
倒下貌 助-并 倒-完
實迫 倒

83-35 tere-qi niyanqan biya-fi,（四11b2）
那-從 銳氣 折斷-順
折了銳氣

83-36 jai jai taqi-ra-kv o-ho,（四11b2-3）
再 再 學-未-否 成爲-完

再 再

83-37 ere-be tuwa-qi,（四11b3）

這個-**賓** 看-**條**

83-38 abka-i fejergi amba kai,（四11b3）

天-**屬** 下面 大 啊

83-39 mangga urse ai yadara,（四11b4）

善於 人們 怎麽 少

善於 少嗎

第84條

84-1[A] meni juwe nofi,（四11b5）

我們 二 人

84-2 da-qi banji-re sain bi-me,（四11b5）

原本-**從** 生活-**未** 好 有-**并**

84-3 te geli ududu ursu niyaman dari-bu-ha-bi,（四11b5-6）

現在 又 許多 層 親戚 經過-**使**-**完**-**現**

幾 層 結

84-4 utala aniya baha-fi sabu-ha-kv de,（四11b6）

好多 年 得到-**順** 看見-**完**-**否** **位**

84-5 bi qouha-i ba-qi amasi isinji-me,（四12a1）

我 軍隊-**屬** 地方-**從** 往後 到來-**并**

出兵

84-6 uthai imbe baiha-na-fi kidu-ha gvnin be gisure-ki se-mbihe,

就 他.**賓** 訪問-去-**順** 想念-**完** 思念 **賓** 說-**祈** 想-**過**

找 （四12a1-2）

84-7 gvni-ha-kv baita de sidere-bu nakv, （四12a2-3）

想-**完-否** 事情 **與** 糾纏-**被.祈** 之後

糾纏

84-8 fuhali xolo baha-ra-kv, （四12a3）

完全 空閑 得到-**未-否**

84-9 sikse ildun de ini bou-de dari-fi fonji-qi, （四12a3-4）

昨天 順便 **位** 他.**屬** 家-**位** 通過-**順** 尋問-**條**

順便 過

84-10 guri-fi kejine goida-ha, （四12a4）

搬-**順** 很 長久-**完**

搬

84-11 ne siyou giyei -i dolo, （四12a4-5）

現在 小 街 **屬** 裏面

84-12 wargi ergi genqehen -i murihan de te-he-bi se-mbi,

西 周邊 根 **屬** 彎曲 **位** 住-**完-現** **助-現**

根 轉灣（四12a5-6）

84-13 ala-ha songkoi bai-me gene-fi tuwa-qi, （四12a6）

告訴-**完** 依照 求-**并** 去-**順** 看-**條**

84-14 umesi koqo wai, （四12a6-12b1）

很 彎彎 曲曲

84-15 duka yaksi-fi bi, （四12b1）

門 閉-**順** 有

84-16 bou-i urse duka su se-me hvla-qi, （四12b1）

家-**屬** 人們 門 開.**祈** **助-并** 叫-**條**

84-17 umai jabu-re niyalma akv, （四12b2）

全然 回答-未 人 否

84-18 geli duka toksi-me kejine hvla-ha manggi, （四12b2-3）

又 門 敲-并 許久 叫-完 之後

84-19 emu tuhe-me sakda-ka mama tuqi-ke, （四12b3）

一 倒-并 老-完 祖母 出-完

84-20 ini ejen be bou-de akv, （四12b3-4）

他.屬 主人 賓 家-位 否

84-21 gvwabsi yo-ha se-mbi, （四12b4）

向別處 去-完 助-現

去

84-22 bi sini louye amasi ji-he manggi ala, （四12b4-5）

我 你.屬 老爺 往後 來-完 之後 告訴.祈

告訴

84-23 mimbe tuwa-nji-ha se se-re-de, （四12b5）

我.賓 看-來-完 說.祈 助-未-位

84-24 xan umesi jigeyen fuhali donji-ha-kv, （四12b5-6）

耳朵 很 遠 全然 聽-完-否

聾

84-25 tuttu ofi bi arga akv, （四12b6）

那樣 因爲 我 辦法 否

84-26 qeni adaki ajige puseli de fi yuwan bai-fi, （四12b6-13a1）

他們.屬 隔壁 小 店鋪 位 筆 硯 求-順

隔壁 筆 硯

84-27 mini gene-he ba-be bithele-fi weri-he。（四13a1-2）

我.屬 去-完 地方-賓 寫-順 留-完

職名 留下了

第85條

85-1[A] sikse dobori absi beiguwen,（四13a3）

昨天 晚上 怎麼 冷

夜 冷

85-2 amu tolgin de beye-hei gete-he,（四13a3）

睡 夢 位 凍-持 醒-完

睡夢裏 凍醒了

85-3 abka gere-me, bi ekxe-me ili-fi uqe nei-fi tuwa-qi,

天 亮-并 我 急忙-并 站-順 門 開-順 看-條

亮 門（四13a4）

85-4 tule xahvn ambarame nimara-ha ni-kai,（四13a4-5）

外邊 白 大大 下雪-完 呢-啊

85-5 buda je-fi inenggishvn o-ho manggi,（四13a5-6）

飯 吃-順 接近中午 成爲-完 之後

傍午

85-6 labsan labsan -i kiyalma-me ele amba o-ho,（四13a6）

雪片 雪片 工 鑲嵌-并 更 大 成爲-完

雪片 風雪飄飄

85-7 bi ere baita akv de,（四13a6-13b1）

我 這 事情 否 位

85-8 adarame baha-fi emu niyalma ji-fi gisure-me te-qe-ki se-re-de,
怎麼 得到-順 一 人 來-順 説-并 坐-齊-祈 想-未-位
（四13b1-2）

85-9 bou-i niyalma dosi-fi efu ji-he se-me ala-ra jakade,（四13b2-3）
家-屬 人 進-順 姑爺 來-完 助-并 告訴-未 因爲
姑爺

85-10 mini dolo se sela-ha,（四13b3）
我.屬 心 大 暢快-完

85-11 emu dere-i nure bouha be dagila-bu-ha,（四13b3-4）
一 桌-工 酒 菜 賓 準備-使-完
桌子 預備

85-12 emu dere-i qing se-re, emu fileku yaha dabu-fi,（四13b4）
一 桌-工 火旺貌 助-未 一 火盆 炭 起-順
旺旺 火盆 炭

85-13 amba age, ilaqi deu be helne-me gaji-tele,（四13b5）
大 阿哥 三.序 弟弟 賓 邀請-并 拿來-至

85-14 nure bouha en jen -i belhe-me jabdu-ha,（四13b5-6）
酒 菜 妥 當 工 準備-并 趕上-完

85-15 tukiye-fi elhei omiqa-me,（四13b6-14a1）
拿起-順 慢慢 喝-并

85-16 hida be den hete-fi tuwa-qi,（四14a1）
簾子 賓 高 捲-順 看-條
簾子 高 捲

85-17 nimanggi -i arbun yaya qi bolgo saika,（四14a1-2）
雪 屬 風景 任何 從 乾净 美麗

清　雅

85-18 sor sar se-mbi，（四14a2）

籔籔下雪貌 助-現

風雪有聲

85-19 abka na tumen jaka gemu der se-me xeyen o-ho，（四14a3-4）

天 地 萬 物 都 雪白貌 助-并 白 成爲-完

85-20 tuwa-hai ele yenden nere-bu-fi，（四14a4）

看-持 更 興盛 積盛-使-順

高　興

85-21 toniu gaji-fi tak tik se-me sinda-hai，（四14a4-5）

棋 拿-順 堅决貌 助-并 置-持

棋

85-22 yamji buda je-fi dengjan dabu-tala teni faqa-ha。（四14a5-6）

晚 飯 吃-順 燈 點火-至 纔 散-完

掌燈

第86條

86-1[A] sikse umai edun su akv，（四14b1）

昨天 完全 風 絲 否

風　絲

86-2 abka hoqikosaka bihe-ngge，（四14b1）

天氣 爽快 過-名

爽晴

86-3 gaitai ehere-fi sohon ofi，（四14b2）

突然 不好-順 黄色 因爲

忽然　天變了

86-4　xun -i elden gemu fundehun o-ho-bi，（四14b2-3）

太陽 屬　光　都　慘白　成爲-完-現

慘淡

86-5　tede，bi，faijima，（四14b3）

那.位　我　怪異

不妥

86-6　ayan edun da-ra isi-ka，（四14b3-4）

大　風　吹-未　到-完

大　風

86-7　baji edun dekde-re onggolo，muse yo-ki se-fi，（四14b4）

一會　風　起-未　之前　咱們　走-祈　説-順

少時

86-8　beri beri faqa-fi bou-de isina-ra-ngge，（四14b4-5）

紛　紛　散-順　家-與　到達-未-名

紛紛

86-9　hvng se-me amba edun da-me deri-bu-he，（四14b5-6）

刮風貌 助-并　大　風　吹-并　開始-使-完

刮

86-10　mou-i subehe edun de febu-me lasihi-bu-re asuki，（四14b6）

樹-屬　梢　風　位　向-并　打-被-未　聲音

樹梢兒　折斷

86-11　absi ersun，（四15a1）

何其　厲害

憎

86-12 hvji-me da-hai, dobori dulin o-tolo teni majige doro-ko,

刮-**并** 吹-**持** 夜 一半 成爲-**至** 纔 稍微 定-**完**

夜 定了（四15a1-2）

86-13 eqimari ebsi ji-dere de,（四15a2）

今天早上 這裏 來-**未** **位**

86-14 jugvn giyei de yabu-re urse,（四15a2-3）

路 街 **位** 走-**未** 人們

86-15 gemu ili-me mute-ra-kv,（四15a3）

都 站-**并** 可以-**未**-**否**

86-16 ho ha se-me suju-mbi,（四15a3）

喘氣貌 **助**-**并** 跑-**現**

寒冷

86-17 bi aika edun -i qashvn bi-qi hono yebe bihe,（四15a4）

我 如果 風 **屬** 順着 有-**條** 還 稍好 **過**

順

86-18 geli edun -i ishun o-joro jakade,（四15a4-5）

又 風 **屬** 迎着 成爲-**未** 因爲

迎

86-19 dere ai fuhali ulme -i tokoxo-ro adali, qak qak se-mbi,

臉 什麽 全然 針 **工** 刺扎-**未** 一樣 凜冽貌 **助**-**現**

針 戳扎 （四15a5-6）

86-20 gala simhun bebere-fi,（四15a6）

手 指 抽搐-**順**

手 指 凍拘攣

86-21 xusiha jafa-ra de gemu fakjin baha-ra-kv o-ho-bi，
鞭 拿-未 位 完全 倚靠 得到-未-否 成爲-完-現
鞭子 巧 （四15a6-15b1）

86-22 juliya-ha qifenggu na de isina-nggala，（四15b1-2）
吐-完 唾沫 地 與 到達-前
吐 唾沫

86-23 uthai juhene nakv，（四15b2）
就 結冰.祈 馬上就
成冰

86-24 katak se-me meyen meyen -i lakqa-mbi，（四15b2-3）
結冰貌 助-并 節 節 工 斷開-現
斷

86-25 adada，banji-ha qi ebsi，（四15b3）
哎呀 出生-完 從 以來
噯呀

86-26 ere gese beiguwen be we dule-mbu-he bihe-ni，（四15b3-4）
這 様子 寒冷 賓 誰 經過-使-完 過-呢
經過

第87條

87-1[A] donji-qi，muse tere gabula，（四15b5）
聽-條 咱們 那 饞嘴
饞嘴

87-2 jaqi-fi umesi oitobu-ha，（四15b5）
困住-順 很 窮困-完

窮困

87-3 hexene-he giuhoto -i adali，（四15b5-6）

衣衫襤褸-**完** 乞丐 **屬** 一様

衣衫襤褸 乞丐

87-4 dardan se-me ilban nagan de xoyo-koi，（四15b6）

打戰貌 **助-并** 土 炕 **位** 蜷縮-**持**

渾身打戰 光炕 抽抽了

87-5 emu farsi mana-ha jibehun nere-he-bi se-mbi，（四16a1）

一 張 破爛-**完** 被子 披-**完-現** **助-現**

被 披

87-6[B] hojo sanggv giyan，（四16a1-2）

很 正確 道理

很 該

87-7 waburu ainqi wasihvn bethe gai-ha aise，（四16a2）

該死的 大約 下邊 脚 取-**完** 或是

87-8 duleke aniya ai sui tuwa-ha-kv，（四16a2-3）

去 年 什麼 罪 受-**完-否**

罪

87-9 ai gosihon dule-mbu-he-kv，（四16a3）

什麼 困苦 經歷-**被-完-否**

87-10 majige niyalma-i gvnin bi-qi，（四16a3-4）

稍微 人-**屬** 心 有-**條**

87-11 inu aliya-me gvni-fi hala-ha-bi，（四16a4）

又 後悔-**并** 想-**順** 改-**完-現**

87-12 dekden-i gisun，（四16a4-5）

諺語-屬 話語

87-13 bayan se-be amqa-mbi se-hei，（四16a5）

富貴 複-賓 追趕-現 助-持

跟

87-14 beye bethe niuhuxun o-mbi se-he-bi，（四16a5-6）

自己 脚 赤裸 成爲-現 説-完-現

光着

87-15 akabu-re-ngge，i geli ai gvnin bi-fi，（四16a6）

傷心-未-名 他 又 什麽 心 有-順

傷心

87-16 uba-i nure tumin，（四16a6-16b1）

這裏-屬 酒 濃厚

味濃

87-17 tuba-i bouha amtangga se-me，（四16b1）

那裏-屬 菜 好吃 助-并

87-18 bayan urse -i gese，（四16b1）

富貴 人們 屬 一樣

87-19 sasa baba-de sargaxa-mbi，（四16b2）

共同 各地-位 游樂-現

逛

87-20 tede bi gequhun -i erin-de isina-fi，（四16b2）

那.位 我 冰凍 屬 時候-與 到達-順

上凍

87-21 jai tuwa-ra dabala se-qi，（四16b3）

再 看-未 罷了 助-條

87-22 te，yala hendu-re gisun de aqana-ha，hendu-me，（四16b3-4）

現在 真是 説-未 話語 與 遇見-完 説-并

87-23[A] uttu hendu-qibe，（四16b4）

這樣 説-讓

87-24 eiqi aina-ra，（四16b4）

到底 做什麼-未

87-25 yargiyan -i xa-me tuwa-me buqe-bu-mbi-u?（四16b4-5）

真實 工 瞧-并 看-并 死-使-現-疑

87-26 mini gvnin de，muse uhei majige xufa-fi，（四16b5）

我.屬 思念 位 咱們 一起 稍微 凑集-順

攢凑

87-27 inde aisila-qi teni sain，（四16b5-6）

他.與 援助-條 纔 好

87-28[B] menggun hono faijima，（四16b6）

銀 尚且 不妥

不妥

87-29 adarame se-qi，（四16b6）

爲什麼 説-條

87-30 ini banin be si sar-kv ai-bi，（四16b6-17a1）

他.屬 氣性 賓 你 知道.未-否 什麼-有

87-31 gvni-qi，gala de isina nakv，（四17a1）

想-條 手 與 到達.祈 之後

87-32　je-ke yada-hai waji-fi，（四17a2）
吃-**完**　窮困-**持**　完結-**順**

87-33　da　an -i fulahvn o-joro dabala，（四17a2）
原來 經常 **屬**　赤貧　成爲-**未**　罷了
照舊　　赤貧

87-34　ai funqe-mbi，（四17a2-3）
什麼 剩下-**現**

87-35　inemene emu jergi etuku uda-fi bu-qi，（四17a3）
不如　一　套　衣服　買-**順**　給-**條**
套　買

87-36　inde hono tusangga dere。（四17a3-4）
他.**與**　尚且　有益　吧
有益

第88條

88-1[A]　i ji-dere fonde bi hono amga-ha bihe，（四17a5）
他 來-**未**　時候　我　還　睡-**完**　過
睡

88-2　sek　se-me gete-fi donji-qi，（四17a5-6）
驚醒貌 **助-并**　醒-**順**　聽-**條**
猛醒

88-3　qin -i bou-de niyalma ji-fi，（四17a6）
正面 **屬**　房-**位**　人　來-**順**

88-4　den jilgan -i gisun gisure-mbi，（四17a6-17b1）
高　聲　**工**　話語　説-**現**

高　聲

88-5　we ji-he-ni，（四17b1）

誰 來-完-呢

88-6　ai　uttu konggolo den，（四17b1）

爲什麼 這樣 嗓子 大

食嗓大

88-7　ainqi tere usun dakvla ji-he aise se-me，（四17b1-2）

也許 那 厭惡 東西 來-完 或是 助-并

厭惡

88-8　gene-fi tuwa-qi，（四17b2）

去-順 看-條

88-9　waka o-qi ai，（四17b2-3）

不是 成爲-條 什麼

88-10　toktokon -i te nakv，（四17b3）

端然 工 坐.祈 之後

端然

88-11　jing amtangga-i leule-me bi，（四17b3）

正在 有趣-工 談論-并 現

談論

88-12　ji-he-qi angga majige mimi-ha-kv，（四17b3-4）

來-完-從 嘴 稍微 閉-完-否

閉

88-13　uttu tuttu se-hei，（四17b4）

這樣 那樣 説-持

88-14 juwe erin -i buda je-fi，（四17b4-5）

二 次 屬 飯 吃-順

88-15 gerhen mukiye-tele teni gene-he，（四17b5）

光明 入暮-至 纔 去-完

黄 昏

88-16 haha niyalma，baita akv de，（四17b5-6）

男 人 事情 否 位

88-17 weri bou-de xuntuhun-i te-me doso-mbi-u?（四17b6）

别人 家-位 整天-工 坐-并 忍耐-現-疑

整日 受

88-18 aibi onggo-ho xada-ha baita be gisure-hei，（四17b6-18a1）

什麽地方 忘-完 疲乏-完 事情 賓 說-持

忘了 乏

88-19 niyalma-i fehi gemu nime-he，（四18a1）

人-屬 腦子 都 疼-完

腦子

88-20 damu uttu oqi，ai bai-re，（四18a1-2）

衹是 這様 若是 什麽 求-未

88-21 yaya jaka be hono inde sabu-bu-qi o-jora-kv，（四18a2-3）

所有 東西 賓 尚且 他.與 看見-被-條 成爲-未-否

88-22 emgeri yasala-bu-ha se-he-de，（四18a3）

一次 看中-被-完 助-完-位

過眼

88-23 fonjin hese akv，（四18a3）

提問 言語 否

88-24 nambu-ha be tuwa-me uthai gala-i iqi gama-mbi，（四18a4）

拿獲-**完** **賓** 看-**并** 就 手-**屬** 順應 拿去-**現**

赶上就要

88-25 yala beye dube-tele damu gaji se-re be sa-mbi，（四18a4-5）

真是 身體 末端-**至** 衹是 拿來 **助-未** **賓** 知道-**現**

88-26 ma se-re be fuhali sar-kv se-qina，（四18a5-6）

給予貌 **助-未** **賓** 全然 知道.**未-否** 説-**祈**

88-27 enteke niyalma duha do，（四18a6）

這樣 人 臟 腑

臟腑

88-28 absi banji-ha be，bi yargiyan -i sar-kv，（四18a6-18b1）

怎樣 生長-**完** **賓** 我 真是 **工** 知道.**未-否**

88-29 imata si jabxa-mbi-u？（四18b1）

都 你 得便宜-**現-疑**

都是

88-30 si baha-mbi-u？（四18b1）

你 得到-**現-疑**

88-31 abka de yasa bi-kai，（四18b1-2）

天 **位** 眼睛 有-啊

88-32 aina-ha-i sinde o-mbi-ni，（四18b2）

怎樣-**完-工** 你.**與** 成爲-**現**-呢

第89條

89-1[A] buqu-re giyan waka oqi，（四18b3）

死-**未** 道理 不是 若是

死

89-2 ini qisui emu nashvn tuqi-nji-mbi，（四18b3）

他.屬 擅自 一 機會 出現-來-現

機會

89-3 tere dobori ujele-fi，（四18b4）

那 夜晚 病重-順

病重

89-4 fara-bi[1] aiturla-me，nege negele-he bihe，（四18b4）

發昏-延 醒過來-并 站立 站立-完 過

發昏 上恍

89-5 bi angga de udu hvwanggiya-ra-kv，（四18b5）

我 嘴 位 幾 妨礙-未-否

89-6 suwe gvnin be sulakan -i sinda se-me，（四18b5-6）

你們 心 賓 輕鬆 工 放.祈 助-并

89-7 sakda-sa be neqihiye-qibe，（四18b6）

老人-複 賓 安慰-讓

安慰

89-8 gvnin de yargiyan -i erequn akv，usatala o-ho，（四18b6-19a1）

心 位 真實 工 希望 否 憂鬱 成爲-完

指望 心灰了

89-9 yala mafa ama -i kesi，（四19a1）

真是 祖輩 父輩 屬 恩惠

德行

1 farabi：疑爲farapi之誤。

89-10 ini hvturi de，（四19a1-2）

他.屬 福 位

造化

89-11 jai inenggi enqu emu oktosi hala-fi，dasa-bu-re jakade，

再有 日子 別的 一 醫生 替換-順 治療-被-未 因爲

大夫 治（四19a2-3）

89-12 yasa tuwa-hai，（四19a3）

眼睛 看-持

89-13 emu inenggi qi emu inenggi yebe o-ho，（四19a3）

一 日子 從 一 日子 稍好 成爲-完

89-14 bi qananggi tuwa-na-me gene-he-de tuwa-qi，（四19a4）

我 前日 看-去-并 去-完-位 看-條

89-15 da beye baha-ra unde bi-qibe，（四19a4-5）

原來 身體 得到-未 尚未 有-讓

復原

89-16 qira inu aitu-ha，（四19a5）

臉色 也 恢復-完

顏色

89-17 yali inu majige nonggi-ha，（四19a5）

肉 也 稍微 增加-完

長了

89-18 jing qirku de nike-me te-fi jaka jeku je-me bi，

正在 枕頭 位 靠-并 坐-順 食 物 吃-并 現

枕頭 靠 （四19a5-6）

89-19 tede, bi sini jabxan kai, （四19a6-19b1）

那.位 我 你.屬 幸運 啊

僥倖

89-20 urgun kai, （四19b1）

喜慶 啊

89-21 ere mudan buqe-he-kv bi-qibe, （四19b1-2）

這 次 死-完-否 有-讓

89-22 sukv emu jergi kobqi-ha kai se-qi, （四19b2）

皮膚 一 張 脱落-完 啊 説-條

皮 脱

89-23 mini baru ijarxa-me inje-mbi, （四19b2-3）

我.屬 向 笑盈盈-并 笑-現

笑盈盈

89-24 ere be tuwa-qi, （四19b3）

這個 賓 看-條

89-25 bayan wesihun o-joro-ngge abka de bi, （四19b3-4）

富 貴 成爲-未-名 天 位 有

富 貴

89-26 buqe-re banji-re-ngge hesebun de bi se-he-ngge, （四19b4）

死-未 活-未-名 命运 位 有 説-完-名

死 生 命

89-27 yala taxan akv kai。（四19b5）

真是 虚假 否 啊

第90條

90-1[A] eqimari qeni bithe be xejile-bu-qi,（四19b6）

今天早上 他們.屬 書 賓 背誦-使-條

背

90-2 emke qi emken eshun,（四19b6）

一個 從 一個 生疏

生

90-3 eke eke se-me gahvxa-me,（四20a1）

口吃貌 助-并 張口-并

不能答

90-4 deng deng se-me ilinja-mbi,（四20a1）

咯噔不暢貌 助-并 止住-現

止住

90-5 tede bi takasu,（四20a1-2）

那.位 我 停.祈

且住

90-6 mini gisun be donji,（四20a2）

我.屬 話語 賓 聽.祈

聽

90-7 suwe manju bithe be hvla-qi tetendere,（四20a2-3）

你們 滿洲 書 賓 讀-條 既然

90-8 uthai hing se-me emu julehen -i taqi-qina,（四20a3）

就 專心 助-并 一 意 工 學-祈

專心 一意

90-9 ere gese ton ara-me，untuhun gebu gai-qi，（四20a3-4）

這 一樣 數量 裝-并 空虛 名字 取-條

虛 名

90-10 atanggi dube da，（四20a4）

什麽時候 尖端 原本

90-11 yala suwe untuhun inenggi be mana-bu-ha se-re anggala，

真是 你們 空虛 日子 賓 度過-使-完 助-未 而且

度 （四20a5）

90-12 bi inu mekele hvsun baibu-ha se-qina，（四20a5-6）

我 也 徒然 力氣 必要-完 說-祈

90-13 eiqi suwe beye-be suwe sarta-bu-ha se-mbi-u?（四20a6-20b1）

或者 你們 自己-賓 你們 耽誤-使-完 說-現-疑

耽誤

90-14 eiqi bi suwembe touka-bu-ha se-mbi-u?（四20b1）

或者 我 你們.賓 耽擱-使-完 說-現-疑

耽擱

90-15 qiksi-ka amba haha oso nakv，（四20b1-2）

長大-完 大 男人 成爲.祈 之後

90-16 hendu-tele，geli tuttu xan de donji-fi，（四20b2-3）

說-至 又 那樣 耳朵 位 聽-順

90-17 gvnin de waliya-bu-ha-ngge，（四20b3）

心 位 抛棄-被-完-名

丢

90-18 dere jaqi silemin bai，（四20b3）

臉 甚 皮實 啊

皮憨

90-19 mini ere gosihon gisun gisure-re be,（四20b3-4）

我.屬 這 苦 話語 説-未 賓

90-20 suwe ume gejenggi se-re,（四20b4）

你們 不要 囉嗦 説-未

嘴碎

90-21 fiktu bai-mbi se-re,（四20b4-5）

嫌隙 求-現 説-未

釁隙

90-22 te bi-qibe mini beye alban ka-me,（四20b5）

現在 有-讓 我.屬 自己 公務 擔當-并

90-23 funqe-he xolo de majige erge-qi oihori,（四20b5-6）

剩下-完 空閑 位 稍微 休息-條 疏忽

很難妄動

90-24 baibi suwembe qanggi, ere tere se-re-ngge,（四20b6-21a1）

衹管 你們.賓 僅是 這 那 説-未-名

90-25 ai hala,（四21a1）

什麼 姓

90-26 ineku giranggi yali ofi,（四21a1）

本來 骨 肉 因爲

骨 肉

90-27 suwembe hvwaxa-kini,（四21a1）

你們.賓 長大-祈

90-28 niyalma o-kini se-re gvnin kai,（四21a2）

人 成爲-祈 助-未 意念 啊

90-29 aina-ra，（四21a2）

做什麽-未

90-30 bi gvnin akvmbu-me taqibu-re，（四21a2-3）

我 心 竭盡-并 教導-未

90-31 giyan -i taqibu-qi waji-ha，（四21a3）

道理 工 教導-條 完結-完

90-32 donji-re donji-ra-kv-ngge suweni qihai dabala，（四21a3-4）

聽-未 聽-未-否-名 你們.屬 任憑 罷了

由

90-33 mimbe aina se-mbi。（四21a4）

我.賓 做什麽.祈 説-現

第91條

91-1[A] simbe tuwa-qi，bai angga qanggi，（四21a5）

你們.賓 看-條 衹是 口 僅是

91-2 oilo getuken -i gese bi-qibe，（四21a5）

表面 明白 屬 一樣 有-讓

浮面 明白

91-3 dolo surhvn akv，（四21a6）

心 明確 否

内裏不了亮

91-4 tere sinde latu-nji-ra-kv oqi，（四21a6）

他 你.與 靠近-來-未-否 若是

招惹

91-5 uthai sini jabxan kai，（四21a6-21b1）

就 你.屬 幸運 啊

91-6 geli terebe neqi-fi aina-mbi，（四21b1）

又 他.賓 招惹-順 做什麼-現

91-7 sain gisun be umai donji-ra-kv，（四21b1-2）

好 話語 賓 全然 聽-未-否

91-8 aimaka qirgi-qi[1] tokoxo-ro adali，（四21b2）

好像 對面-從 刺戳-未 一樣

戳

91-9 muri-me gene-fi，（四21b2）

勉强-并 去-順

91-10 naranggi giruqun tuwa-bu-ha-bi，（四21b2-3）

終須 羞耻 看-被-完-現

終須 羞耻

91-11 tere xakxan be，（四21b3）

那 狡猾人 賓

狡猾

91-12 si we se-he ja akv，（四21b3）

你 誰 想-完 容易 否

91-13 gebungge nimequke niyalma kai，（四21b4）

有名的 厲害 人 啊

出名 利害

---

1 qirgiqi：疑爲qargiqi之誤。

91-14 atanggi niyalma de ba bu-mbihe，（四21b4）

幾時 人 與 地方 給-過

91-15 tede daljakv baita o-qi，yaya demun o-qi o-mbi，（四21b5）

他.與 無涉 事情 成爲-條 凡是 詭計 成爲-條 可以-現

91-16 majige uxa-bu-re tata-bu-re ba bi-qi，（四21b5-6）

稍微 連累-被-未 拉-被-未 地方 有-條

91-17 yaya we-de seme ba bu-ra-kv kai，（四21b6）

凡是 誰-與 雖然 地方 給-未-否 啊

91-18 fakjila-hai urunakv giyan be ejele-fi，（四22a1）

依靠-持 必定 道理 賓 占據-順

91-19 jabxa-ha manggi teni naka-mbi，（四22a1）

得便宜-完 之後 纔 停止-現

91-20 je ere kai，（四22a1-2）

是 這個 啊

91-21 jiduji dedu-he tasha be dekde-bu nakv，（四22a2）

究竟 卧-完 老虎 賓 醒-使.祈 之後

91-22 kangsiri fori-bu-fi munahvn -i amasi ji-he，（四22a2-3）

鼻根 打擊-被-順 無精打采 工 返回 來-完

碰了釘子

91-23 ere ai yokto，（四22a3）

這 什麽 目的

91-24 teifu-ngge tuhe-ra-kv，（四22a3）

拄杖-名 顛倒-未-否

91-25 hebe-ngge ufara-ra-kv se-he-bi，（四22a4）

和睦-名 失敗-未-否 説-完-現

91-26 sini emhun sa-ha -i teile aibi-de isina-mbi，（四22a4-5）

你.屬 一人 知道-完 屬 衹是 哪裏-與 到達-現

91-27 ai o-qibe，（四22a5）

什麽 成爲-讓

91-28 bi sinqi lakqa-fi udu se ahvn kai，（四22a5）

我 你.從 出衆-順 幾 歲 兄長 啊

91-29 unenggi yabu-re giyan oqi，（四22a6）

真實 做-未 道理 若是

91-30 sini gvnin de udu gene-ra-kv o-ki seme，（四22a6-22b1）

你.屬 心 位 即使 去-未-否 成爲-祈 雖然

91-31 bi hono jombu-me haqihiya-me gene se-mbi-kai，（四22b1）

我 還 建議-并 勸諫-并 去.祈 説-現-啊

91-32 fudarame ilibu-re kouli bi-u?（四22b2）

反倒 勸止-未 理由 有-疑

第92條

92-1[A] bi daqi sini ere baita be，（四22b3）

我 原來 你.屬 這 事情 賓

92-2 tede gisu-re nokai ja se-mbihe，（四22b3-4）

他.與 説-條 非常 容易 想-過

92-3 eimede uttu jayan qira，（四22b4）

討厭人 這樣 牙關 硬

討人嫌 口緊

92-4 fangnai o-jora-kv be we gvni-ha，（四22b4-5）

執意 可以-未-否 賓 誰 想-完

92-5 ede mujakv gvnin baibu-ha[1] se-qina，（四22b5）
這.位 很 心 必要-完 説-祈

92-6 musei hebxe-he ba-be inde ala-ha de，（四22b5-6）
咱們.屬 商量-完 地方-賓 他.與 告訴-完 位

92-7 dere efule-fi mini gisun be fiyokoro-ho-bi se-mbi，
臉 變-順 我.屬 話語 賓 胡説-完-現 説-現
胡謅（四22b6-23a1）

92-8 tede bi hvr se-me，（四23a1）
那.位 我 發怒貌 助-并

92-9 jili monggon -i da deri isinji-ha，（四23a1-2）
怒氣 喉 屬 原本 經 到達-完

92-10 aina-qi aina-kini dabala se-me，（四23a2）
怎樣-條 怎樣-祈 罷了 助-并

92-11 imbe neqi-ki se-re，gvnin jalu jafa-ha bihe，（四23a2-3）
他.賓 招惹-祈 助-未 心 滿 拿-完 過

92-12 amala gvni-fi beye-de beye fonji-me，（四23a3）
後來 想-順 自己-與 自己 尋問-并

92-13 si taxara-bu-ha-bi，（四23a4）
你 錯-使-完-現

92-14 ere ji-he-ngge beye-i baita waka，（四23a4）
這 來-完-名 自己-屬 事情 不是

92-15 guqu -i jalin kai，（四23a4-5）
朋友 屬 理由 啊

92-16 imbe majige hoxxo-ro de geli ai faya-mbi se-me，（四23a5）
他.賓 稍微 許容-未 位 又 什麼 花費-現 助-并

1 gvnin baibuha：此爲固定用法，意爲"用心了，費心了"。

92-17 ini ele-re ebsihei akxula-me beqe-re be kiri-fi geli kiri-me，
他.屬 足够-未 儘量 罵-并 責備-未 賓 忍耐-順 又 忍耐-并
儘着 責備 （四23a6）

92-18 damu jilgan wei akv，（四23b1）
衹是 聲音 一點 否

92-19 ijishvn -i ali-me gai-ha，（四23b1）
温順 工 接-并 受-完

92-20 geli kejine goida-me te-fi，（四23b1-2）
又 很 長久-并 坐-順

92-21 terei arbun be tuwa-me，（四23b2）
他.屬 形象 賓 看-并

92-22 iqi de aqabu-me，（四23b2）
順應 與 相合-并

92-23 elheken -i nilukan gisun -i bai-re jakade，（四23b3）
慢慢 工 柔和 話語 工 求-未 因爲
柔和

92-24 arkan teni uju gehexe-he，（四23b3-4）
好不容易 纔 頭 點-完
點頭

92-25 si gvni-me tuwa，（四23b4）
你 想-并 看.祈

92-26 mini jili majige hahi oqi，（四23b4）
我.屬 怒氣 稍微 緊迫 若是

92-27 sini baita faijima bi-he waka-u?（四23b4-5）
你.屬 事情 怪異 有-完 不是-疑

第93條

93-1[A] bi sinde emu injeku ala-ra，（四23b6）

我 你.與 一 笑話 告訴.-未

笑話

93-2 teike mini emhun uba-de te-re de，（四23b6）

剛纔 我.屬 單獨 這裏-位 坐-未 位

93-3 fa -i duthe de emu qeqike do-ha-bi，（四24a1）

窗户 屬 窗欞 位 一 麻雀 住-完-現

欞

93-4 xun -i elden de helmexe-me gehu gehule-mbi，（四24a1-2）

太陽 屬 光 位 照影-并 首 點頭-現

照影兒

93-5 ede，bi asuki tuqi-bu-ra-kv，（四24a2）

那.位 我 聲音 出-使-未-否

93-6 elhei okso-me hanqi isina-fi，（四24a2-3）

慢慢 走-并 附近 到達-順

93-7 leb se-me emgeri jafa-ra jakade，（四24a3）

忽然貌 助-并 一次 捉-未 因爲

瞅冷兒

93-8 fa -i houxan fondo hvwaja-fi，（四24a3-4）

窗户 屬 紙 穿透 破-順

直透 破

93-9 lakdari nambu-ha，（四24a4）

正好 拿獲-完

恰好碰着

93-10 tuwa-qi, emu fiyasaha qeqike, （四24a4）

看-條 一 家 麻雀

93-11 gala guribu-me pur se-me deye-he, （四24a5）

手 遷移-并 起飛貌 助-并 飛-完

93-12 ekxe-me uqe dasi-fi jafa-qi, （四24a5）

急忙-并 房門 閉-順 拿捉-條

93-13 namburela-me geli turibu-he, （四24a6）

要拿獲-并 又 落下-完

93-14 uba tuba jing amqa-me jafa-ra siden-de, （四24a6）

這裏 那裏 正 趕-并 拿捉-未 期間-位

93-15 buya juse qeqike baha se-re be donji-re jakade, （四24b1）

小 孩子.複 麻雀 得到.完 説-未 賓 聽-未 因爲

93-16 kaiqa-ha giu -i gese tuhe-re afarai suju-me ji-fi, （四24b1-2）

吶喊-完 狍子 屬 一樣 倒-未 顛跑貌 跑-并 來-順

吶喊摇旗

93-17 bur bar se-me amqa-ra-ngge amqa-me, （四24b2）

雜亂紛繁貌 助-并 追趕-未-名 追趕-并

93-18 jafa-ra-ngge jafa-me, （四24b3）

捉-未-名 捉-并

93-19 mahala gai-fi, ungke nakv baha, （四24b3）

帽子 拿-順 叩.祈 之後 得到.完

叩

93-20 amala bi gvni-na-fi, （四24b3）

後來 我 想-去-順

93-21 niyalma hono ergengge jaka uda-fi sinda-mbi kai，（四24b4）
人 尚且 生靈 東西 買-順 放-現 啊
生靈

93-22 oron giyan akv，（四24b4-5）
全然 道理 否

93-23 muse ere-be jafa-fi aina-mbi，（四24b5）
咱們 這個-賓 拿捉-順 做什麽-現

93-24 sinda-ki se-re-de，buqe-me susa-me o-jora-kv，（四24b5-6）
放-祈 想-未-位 哭泣-并 殺-并 可以-未-否
撒潑打滚

93-25 lakdahvn -i wasi-fi gaji se-mbi，（四24b6）
下垂 工 下降-順 拿來.祈 説-現

93-26 jiduji bu-he manggi，（四24b6）
究竟 給-完 之後

93-27 teni urgunje-fi fekuqe-hei gene-he。（四25a1）
纔 歡喜-順 跳躍-持 去-完

第94條

94-1[A] tuktan bi abala-me gene-he-de，（四25a2）
初次 我 打圍-并 去-完-位
打圍

94-2 emu suru morin yalu-mbihe-bi，（四25a2）
一 白 馬 騎-過-現

94-3 katara-ra-ngge neqin，（四25a2-3）
顛-未-名 平穩
顛的 稳

94-4 feksi-re-ngge hvdun，（四25a3）

跑-未-名 快

94-5 jebele asha-hai，（四25a3）

箭袋 帶-持

洒袋

94-6 teni aba sara-fi gene-he-de，（四25a3-4）

纔 圍 擴大-順 去-完-位

撒圍

94-7 orho-i dorgi-qi emu jeren feksi-me tuqi-ke，（四25a4）

草-屬 裏面-從 一 黄羊 跑-并 出-完

黄羊

94-8 bi uthai morin be dabki-me，（四25a4-5）

我 就 馬 賓 拍鞭-并

拍馬

94-9 beri dari-fi emgeri gabta-qi，（四25a5）

弓 拉-順 一次 射-條

拉滿弓 射

94-10 majige amari-ha，（四25a5）

稍微 落後-完

落後

94-11 gala mari-fi niru gai-re siden-de，（四25a6）

手 回-順 箭 取-未 時候-位

鐵鏟箭

94-12 jeren -i unqehen dube axxan axxan，（四25a6-25b1）

黄羊 屬 尾巴 尖端 震動 震動

麅子

94-13 dartai andande，（四25b1）

瞬間 頃刻

94-14 emu meifehe be dule-fi，（四25b1）

一 山坡 賓 經過-順

山坡 過

94-15 alin -i antu ergi be bai-me wesihun iqi gene-he，（四25b1-2）

山 屬 南 方向 賓 求-并 上 順應 去-完

山陽

94-16 unqehen dahala-hai amqa-na-ha bi-qi，（四25b2-3）

尾巴 跟隨-持 追趕-去-完 有-條

94-17 geli alin be daba-me，（四25b3）

又 山 賓 跨越-并

94-18 boso ergi be wasi-fi gene-he-bi，（四25b3-4）

北 方向 賓 降下-順 去-完-現

山陰

94-19 tede bi morin be haqihiya-hai，（四25b4）

那.位 我 馬 賓 催促-持

催

94-20 hanqi amqa-na-fi emgeri gabta-qi，（四25b4-5）

附近 趕-去-順 一次 射-條

赶

94-21 geli uju be daba-me dule-ke，（四25b5）

又 頭 賓 跨越-并 通過-完

94-22 gvni-ha-kv qargi-qi emu buhv feksi-me ebsi ji-he,（四25b5-6）

想-完-否 對面-從 一 鹿 跑-并 這邊 來-完

鹿

94-23 teni alin be daba-me ishun ji-dere-ngge,（四25b6-26a1）

纔 山 賓 跨越-并 對面 來-未-名

迎着

94-24 tob se-me mini gabta-ha niru de hada-bu-fi,（四26a1）

恰好 助-并 我.屬 射-完 箭 與 釘-被-順

釘

94-25 kub se-me tuhe-ke,（四26a1-2）

倒地貌 助-并 倒-完

實拍倒地聲

94-26 yala injekv,（四26a2）

真是 笑話

真可樂

94-27 mayan sain,（四26a2）

運氣 好

彩頭好

94-28 amqa-ha-ngge turi-bu-he,（四26a2）

趕-完-名 落下-使-完

94-29 muru akv-ngge elemangga nambu-ha,（四26a3）

理由 否-名 反倒 捕捉-完

94-30 sar-kv urse de ala-qi,（四26a3）

知道.未-否 人們 與 告訴-條

94-31 aika yasa gehun holto-ro adali。（四26a3-4）

假若 眼睛 明顯 説謊-未 一樣

瞪着眼

第95條

95-1[A] teike bi yamula-fi amasi ji-dere de tuwa-qi，（四26a5）

剛纔 我 上衙門-順 返回 來-未 位 看-條

方才

95-2 kejine aldangga qi，（四26a5-6）

比較 遠方 從

95-3 kunggur se-me emu feniyen -i niyalma，（四26a6）

馬跑貌 助-并 一 群 屬 人

群

95-4 morila-hai ebsi ji-he，（四26a6-26b1）

騎馬-持 這邊 來-完

95-5 hanqi isinji-fi qinqila-me，emgeri taka-qi，（四26b1）

附近 到達-順 詳細-并 一次 確認-條

詳細看 認

95-6 muse fe adaki，（四26b1）

咱們 舊 街坊

街方

95-7 tere inu etu-re yalu-re-ngge absi etuhun，（四26b2）

他 也 穿-未 騎-未-名 非常 强壯

雄壯

95-8 tarhvn morin weihuken furdehe,（四26b2-3）

肥 馬 輕 裘

肥馬輕裘

95-9 qira xehun xahvn,（四26b3）

臉色 明亮 白

95-10 ambula tuleje-he,（四26b3）

大大地 胖-**完**

發福

95-11 mimbe sabu-re jakade,（四26b3）

我.**賓** 看見-**未** 因爲

95-12 fonji-re ba akv,（四26b4）

尋問-**未** 地方 否

95-13 dere be qasi foro-me,（四26b4）

臉 **賓** 那邊 向-**并**

95-14 abka be xa-me tuwa-me dule-ke,（四26b4-5）

天 **賓** 瞧-**并** 看-**并** 通過-**完**

95-15 nerginde bi uthai terebe hvla-me ili-bu-fi,（四26b5）

立即 我 就 他.**賓** 叫-**并** 止住-**使**-**順**

95-16 umesile-me giru-bu-ki se-mbihe,（四26b5-6）

實現-**并** 耻辱-**使**-**祈** 想-**過**

耻辱

95-17 amala gvni-fi jou,（四26b6）

後來 想-**順** 算了

95-18 aina-mbi,（四26b6）

做什麽-**現**

95-19　i mimbe herse-he de，（四26b6）

他 我.賓　理睬-完　位

95-20　bi uthai derengge se-mbi-u?（四27a1）

我　就　榮幸　想-現-疑

95-21　bi gvwa be holto-mbi dere，（四27a1）

我　別人　賓　欺哄-現　罷了

95-22　age si　sar-kv　ai-bi，（四27a1-2）

阿哥 你 知道.未-否 什麼-有

95-23　ilan aniya-i onggolo，（四27a2）

三　年-屬　前

95-24　fungsan yadahvn kai，（四27a2）

窮困　貧困　啊

窮的臭氣狗

95-25　erde je-ke manggi yamji-ngge bodo-mbi，（四27a3）

早上　吃-完　之後　晚上-名　思慮-現

95-26　inenggi-dari hergi-re fayangga adali，（四27a3-4）

日子-每　游蕩-現　靈魂　一樣

游蕩　魂

95-27　omihon hefeli -i baba-de faqihiyaxa-mbi，（四27a4）

飢餓　肚子　工　各處-位　努力-現

飢餓　肚子　用力巴結

95-28　emu dangxan orho tunggiye-me baha-qi，（四27a4-5）

一　枝　草　撿-并　得到-條

草芥　檢

95-29 gemu hihan ningge，（四27a5）

都 稀罕 東西

好

95-30 emu inenggi de absi akv juwe ilan mudan mini bou-de ji-fi，

一 日子 位 什麽 否 二 三 次 我.屬 家-與 來-順

（四27a5-6）

95-31 ere-be bai-ra-kv o-qi，（四27a6）

這個-賓 求-未-否 成爲-條

95-32 tere-be nanda-mbi，（四27a6-27b1）

那個-賓 欺騙-現

騙

95-33 mini-ngge i ai je-ke-kv，（四27b1）

我.屬-名 他 什麽 吃-完-否

95-34 sabka gemu mana-bu-ha kai，（四27b1）

筷子 都 毁-被-完 啊

筷子

95-35 te bi-qibe，niyalma de bai-ra-kv o-ho se-me，（四27b1-2）

現在 有-讓 人 與 求-未-否 成爲-完 助-并

95-36 emu andande uthai gvwaliya-fi，（四27b2-3）

一 瞬間 就 改變-順

一 但間 改變

95-37 fe be onggo-ho-bi，（四27b3）

以前 賓 忘-完-現

忘

95-38 beye-be beye tukiyeqe-re-ngge waka，（四27b3）
自己-賓 自己 贊揚-未-名 不是
贊揚

95-39 ini nantuhvn be we geli yasa de dabu-mbi。（四27b3-4）
他.屬 貪贜 賓 誰 又 眼睛 位 算-現

第96條

96-1[A] ere udu inenggi gvngka-me halhvn o-joro jakade，（四27b5）
這 幾 日子 悶熱-并 熱 成爲-未 因爲
悶熱

96-2 fa be suja-hai tanggvli de amga-ha bihe，（四27b5-6）
窗户 賓 支-持 外屋 位 睡-完 過
窗户 支着 明間

96-3 sikse dobori ilaqi ging ni erin-de isina-fi，（四27b6-28a1）
昨天 夜裏 三.序 更 屬 時候-與 到達-順
夜

96-4 dosi foro-me jing amga-me bi-sire de，（四28a1）
裏面 向-并 正在 睡-并 有-未 位

96-5 xan de asuki baha-bu-mbi，（四28a1-2）
耳朵 位 聲音 得到-被-現
響聲

96-6 amu suwaliya-me yasa nei-fi tuwa-qi，（四28a2）
睡眠 混合-并 眼睛 開-順 看-條
帶着困

96-7 uju-i ninggu-de emu aldungga jaka ili-ha-bi，（四28a2-3）

頭-**屬** 上-**位** 一 奇怪 東西 站-**完**-**現**

奇怪

96-8 dere xanyan houxan -i adali，（四28a3）

臉 白 紙 **屬** 一樣

白 紙

96-9 yasa qi senggi eye-mbi，（四28a4）

眼睛 **從** 血 流-**現**

血 流

96-10 beye-i gubqi xahvn，（四28a4）

身體-**屬** 全部 淡白色

96-11 uju-i funiyehe lekdehun，（四28a4-5）

頭-**屬** 頭髮 下垂

頭 髪 搭拉着

96-12 na de fekuqe-me bi，（四28a5）

地 **位** 跳躍-**并** **現**

96-13 gaitai sabu-re jakade bi ambula gvwaqihiyala-ha，（四28a5-6）

忽然 看見-**未** 因爲 我 大大 吃驚-**完**

吃驚

96-14 ara，ere uthai hutu se-re-ngge inu dere，（四28a6-28b1）

哎呀 這 就 鬼 **助**-**未**-**名** 是 吧

鬼

96-15 ini aina-ra be tuwa-ki se-me，（四28b1）

他.**屬** 怎樣-**未** **賓** 看-**祈** **助**-**并**

96-16 yasa jibere-fi tuwa-qi fekuqe-hei goida-ha-kv，（四28b1-2）

眼睛 眯縫-順 看-條 跳躍-持 長久-完-否

密縫着眼

96-17 uthai horho be nei-fi etuku adu be kejine tuqibu-fi，

就 櫃子 賓 開-順 衣 服 賓 許多 拿出-順

櫃子 （四28b2-3）

96-18 oho de，hafira nakv，（四28b3）

胳肢窩 位 夾.祈 之後

96-19 fa deri tuqi-fi gene-he，（四28b3）

窗户 經 出-順 去-完

96-20 tede，bi gaihari ulhi-fi dolori gvni-me，（四28b4）

那.位 我 突然 懂得-順 心裏 想-并

猛然 懂 默默的

96-21 hutu oqi etuku be gama-ra kouli bi-u se-me，（四28b4-5）

鬼 若是 衣服 賓 拿走-未 道理 有-疑 助-并

96-22 jing bodonggiya-ra de tere waburo[1] geli ji-he，

正 自言自語-未 位 那 該死的 又 來-完

自言自語（四28b5-6）

96-23 bi ekxe-me，

我 急忙-并（四28b6）

96-24 ili-fi loho be goqi-me tuqibu-fi，（四28b6）

站-順 腰刀 賓 拔-并 拿來-順

拔

1 waburo：疑爲waburu之誤。

96-25 jabdu-ra-kv de masila-me emgeri genqehele-re jakade，

趕上-未-否 位 結實-并 一次 砍背-未 因爲

冷不防 結結實實 以刀砍背（四28b6-29a1）

96-26 ara se-fi，na de sarba-tala tuhe-ke，（四29a1-2）

哎呀 說-順 地 位 仰面-至 倒-完

96-27 bou-i urse be hvla-me gaji-fi，（四29a2）

家-屬 人們 賓 叫-并 來-順

96-28 dengjan dabu-fi tuwa-qi，（四29a2）

燈 點火-順 看-條

96-29 umesi yobo，（四29a3）

非常 笑話

96-30 dule，emu butu hvlha jortai hutu ara-me，（四29a3）

原來 一 晦暗 賊 特意 鬼 做-并

竊賊

96-31 niyalma be gele-bu-mbihe-ni。（四29a4）

人 賓 害怕-使-過-呢

第97條

97-1[A] sikse erde ili-ha manggi，（四29a5）

昨天 早上 起來-完 之後

97-2 bou-i dolo dembei farhvn，（四29a5）

家-屬 裏面 非常 暗

97-3 bi ainqi kemuni gehun gere-re unde aise se-me，（四29a5-6）

我 也許 尚且 大 亮-未 尚未 想必 助-并

亮

97-4 hvwa de tuqi-fi tuwa-qi,（四29a6-29b1）

院子 位 出-順 看-條

院子

97-5 dule luk se-me tulhuxe-he-bi ni,（四29b1）

原來 天陰貌 助-并 天陰-完-現 呢

97-6 dere obo-fi teni yamula-ki se-re-de,（四29b1-2）

臉 洗-順 纔 上衙門-祈 想-未-位

洗臉

97-7 sebe saba emu juwe sabdan aga tuhe-nji-he,（四29b2-3）

點 點 一 二 滴 雨 落下-來-完

疏雨點點

97-8 baji aliya-ra siden-de, xor se-me asuki tuqi-ke-bi,（四29b3）

一會 等-未 期間-位 淅瀝貌 助-并 聲音 響-完-現

雨淅瀝聲 聲

97-9 geli majige te manggi,（四29b3-4）

又 稍微 坐 之後

97-10 emu hvntahan qai omi-ha bi-qi,（四29b4）

一 杯 茶 喝-完 有-條

鍾

97-11 gaitai kiyatar se-me emgeri akjan akja nakv,（四29b4-5）

突然 雷鳴貌 助-并 一次 雷 響 之後

焦雷

97-12 hvwanggar se-me aga-me deribu-he,（四29b5）

下暴雨貌 助-并 下雨-并 開始-完

水倒聲响流貌

97-13 bi ere bai emu burgin hukside-re aga dabala,（四29b6）
我 這 衹是 一 陣時 下暴雨-未 雨 罷了
陣 暴雨

97-14 dule-ke manggi jai yo-ki se-qi,（四29b6-30a1）
通過-完 之後 再 走-祈 想-條
走

97-15 gvni-ha-kv, yamji-tala hungkere-hei,（四30a1）
想-完-否 晚上-至 傾注-持
傾盆直倒

97-16 geli emu doboniu aga-fi gere-tele umai naka-ha-kv,
又 一 晚上 下雨-順 天亮-至 全然 止-完-否
夜 住（四30a1-2）

97-17 enenggi buda-i erin o-tolo,（四30a2）
今日 飯-屬 時候 成爲-至

97-18 teni buru bara xun -i elden be sabu-ha,（四30a2-3）
纔 渺 茫 太陽 屬 光 賓 看見-完
渺茫 日 光

97-19 yala erin-de aqabu-re sain aga,（四30a3-4）
真是 時機-與 相合-未 好 雨
應

97-20 gvni-qi, baba-i usin hafu-ka-kv-ngge akv kai,（四30a4）
想-條 各地-屬 田地 浸透-完-否-名 否 啊
透

97-21 bolori jeku elgiyen tumin -i bargiya-ra-kv aina-ha。（四30a4-5）
秋天 食物 豐富 富饒 工 收穫-未-否 做什麼-完
秋 豐

第98條

98-1[A] qananggi meni udu nofi ai sargaxa-mbi, （四30a6）

前日 我們 幾 人 什麽 游覽-現

位 逛

98-2 fuhali sui tuwa-ha kai, （四30a6）

終於 罪 受-完 啊

98-3 hoton be tuqi-fi, （四30b1）

城 賓 出-順

98-4 tob qin -i jugvn be yabu-ra-kv oso nakv, （四30b1-2）

正好 正面 屬 路 賓 行走-未-否 成爲.祈 之後

98-5 fe-me mudali-me aibi-de gene-he be sar-kv, （四30b2）

繞-并 拐彎-并 哪裏-與 去-完 賓 知道.未-否

繞彎

98-6 jugvn -i unduri aname fonji-hai, （四30b2-3）

路 屬 沿途 依次 尋問-持

沿

98-7 arkan kakv de isina-ha, （四30b3）

剛剛 水門 與 到達-完

98-8 jahvdai de te-fi ishunde gisure-qe-me omi-qa-me, （四30b3-4）

船 位 坐-順 互相 説-齊-并 喝-齊-并

船

98-9 dung g'au se-re ilha-i yafan de isina-tala, （四30b4-5）

東 臯 助-未 花-屬 園子 與 到達-至

98-10 geli amasi kakv de isinji-tele aifini xun dabsi-ha-bi,

又 返回 水門 與 到來-至 已經 太陽 偏斜-完-現

閘口　　　　　　　　日平西（四30b5）

98-11 buda je-me waji-me，（四30b6）

飯　吃-**并**　完結-**并**

98-12 bi，uthai age-sa yo-ki，（四30b6）

我　就　阿哥-**複**　走-**祈**

走

98-13 muse gemu yafa-ha kutule，（四30b6-31a1）

咱們　都　步行-**完**　跟馬人

步行　跟役

98-14 sandala-bu-ha-ngge geli kejine goro se-qi，（四31a1）

隔-**被**-**完**-**名**　又　許久　遠　想-**條**

遠

98-15 faha-me te nakv axxa-ra ba inu akv，（四31a1-2）

摔-**并**　坐.**祈**之後　動-**未**　地方　也　**否**

實坐　動

98-16 amala xun tuhe-re hami-ha be sabu-fi，（四31a2）

後來　太陽　落下-**未**　接近-**完**　**賓**　看見-**順**

98-17 teni morila-fi haqihiya-me amasi ji-he，（四31a3）

纔　騎馬-**順**　急忙-**并**　返回　來-**完**

98-18 guwali de isina-ha bi-qi，（四31a3）

關廂　**與**　到達-**完**　有-**條**

關廂

98-19 buruhun -i biya-i elden gemu sabu-ha，（四31a4）

朦朧　**工**　月亮-**屬**　光　都　看見-**完**

看不真切 月　光

98-20 hoton -i dolo tuqi-ke niyalma, gemu hasa amqa-qina,
城 屬 裏面 出-完 人 都 急速 趕-祈
城 内 急速（四31a4-5）

98-21 duka emu gargan dasi-ha-bi se-re jakade,（四31a5-6）
門 一 扇 閉-完-現 助-未 因爲
扇

98-22 gvnin -i dolo ekxe-he,（四31a6）
心 屬 裏面 慌忙-完
忙

98-23 morin be dabki-me emu ergen -i feksi-me amqa-hai,
馬 賓 拍鞭-并 一 氣 工 跑-并 趕-持
拍馬 一氣兒 （四31a6-31b1）

98-24 oforo sukiya-me amqabu-ha,（四31b1）
鼻子 控干-并 追趕-完

98-25 meni beye-se dosi-ka,（四31b1）
我們.屬 身體-複 進入-完

98-26 bou-i urse sibxa tuta-fi gemu tule yaksi-bu-ha,（四31b2）
家-屬 人們 驟然 留下-順 都 外面 關閉-被-完

98-27 yala amtanggai gene-he,（四31b2-3）
真是 有趣 去-完

98-28 usatala amasi ji-he se-qina。（四31b3）
憂鬱 返回 來-完 説-祈
灰心

第99條

99-1[A] ai fusi jaka geli bi-ni，（四31b4）

什麼 下賤 東西 又 有-呢

賤貨

99-2 niyalma-i deberen waka，（四31b4）

人-屬 崽子 不是

99-3 fuhali ini ama-i hvnqihin，（四31b4-5）

到底 他.屬 父親-屬 同族

99-4 absi tuwa-qi，absi ubiyada，（四31b5）

怎樣 看-條 非常 可恨

可恨

99-5 yaya ba-de takvrxa-qi，（四31b5-6）

諸凡 地方-位 派遣-條

99-6 yasa niqu niquxa-me eiten sabu-ra-kv balai qunggvxa-mbi，

眼睛 眨 眨-并 一切 看見-未-否 放肆 撞-現

亂撞 （四31b6）

99-7 angga-i dolo ulu wala se-me，（四32a1）

口-屬 裏面 話不明白貌 助-并

話不明白状

99-8 aimaka niyalma be niubo-ro adali，（四32a1）

好像 人 賓 戲弄-未 一樣

戲弄

99-9 we ini gisun be ulhi-mbi，（四32a2）

誰 他.屬 話語 賓 懂得-現

99-10 jingkini ba-de umai baitakv bi-me，（四32a2）

真正 地方-位 完全 無用 有-并

99-11 efi-mbi se-re-de jergi bakqin akv，（四32a3）

玩-現 助-未-位 同等 對手 否

99-12 jaka xolo tuqi-bu-ra-kv，（四32a3）

縫隙 空間 出-使-未-否

99-13 beye-i hanqi erxe-bu-qi hono yebe，（四32a3-4）

自己-屬 附近 服侍-使-條 還 好些

服侍

99-14 majige alja-bu-ha de，（四32a4）

稍微 離開-使-完 位

99-15 taji tuwa-ra ba akv，（四32a4-5）

淘氣 比-未 地方 否

99-16 fuhali emu abka-i ari，（四32a5）

到底 一 天-屬 淘氣鬼

啕氣精

99-17 tere-be gaisu ere-be sinda，（四32a5）

那個-賓 取.祈 這個-賓 放.祈

99-18 majige andan-de seme ekisaka bi-sira-kv，（四32a5-6）

一點 時間-位 雖然 安静 有-未-否

99-19 kvwak qak se-me moniuqila-mbi，（四32a6）

棍棒相打貌 助-并 像猴子一樣做-現

棍棒相打聲

99-20 jili nergin-de o-qi，（四32b1）

怒氣 頃刻-位 成爲-條

99-21 ere lehele -i duha be sara-bu-ha de，（四32b1）

這 野種 屬 腸子 賓 開-使-完 位

野種

99-22 teni kek se-re dabala，（四32b2）

纔 稱心 助-未 罷了

稱心

99-23 dule-ke manggi，（四32b2）

通過-完 之後

99-24 geli gvni-qi aina-ra，（四32b2）

又 想-條 做什麼-未

99-25 ya yargiyan -i imbe wa-mbi-u?（四32b3）

誰 真實 工 他.賓 殺-現-疑

99-26 emu-de o-qi，foholon taimin gala qi ai dalji，（四32b3-4）

第一-位 成爲-條 短 撥火棍 手 從 什麼 相干

99-27 jai de o-qi，bou-i ujin jui seme，（四32b4-5）

第二 位 成爲-條 家-屬 奴僕 孩子 雖然

家生子

99-28 baha-ra je-tere ba-de，（四32b5）

得到-未 吃-未 地方-位

99-29 geli esi se-qi o-jora-kv imbe fulu majige gosi-mbi。（四32b5-6）

又 自然 想-條 成爲-未-否 他.賓 多餘 稍微 疼愛-現

第100條

100-1[A] sain niyalma sinqi qala jai akv se-qina，（四33a1）

好 人 你.從 之外 再 否 說-祈

100-2 kemuni angga qi hoko-ra-kv，（四33a1-2）
尚且 口 從 離開-未-否

100-3 sini guqu be jondo-ro-ngge，（四33a2）
你.屬 朋友 賓 提起-未-名

100-4 jaqi nomhon dabana-ha-bi，（四33a2）
太 老實 超過-完-現

太 老實

100-5 tere nantuhvn，（四33a3）
那 貪贜

100-6 ai ton bi seme jing dabu-fi gisure-mbi，（四33a3）
什麽 數目 有 雖然 正好 算-順 説-現

100-7 niyalma de bai-re yandu-re uquri o-qi，（四33a4）
人 與 求-未 依賴-未 時候 成爲-條

100-8 muse ai se-qi uthai ai，（四33a4-5）
咱們 什麽 説-條 就 什麽

100-9 hese hese -i daha-me yabu-mbi，（四33a5）
言語 言語 屬 隨從-并 做-現

100-10 ini baita waji-me，（四33a5）
他.屬 事 完結-并

100-11 dere be emgeri mahvla nakv，（四33a5-6）
臉 賓 一次 消除.祈 之後

100-12 yaya we-be seme herse-ra-kv，（四33a6）
凡是 誰-賓 雖然 理睬-未-否

100-13 dule-ke aniya i hafira-bu-ha nergin-de，（四33a6-33b1）
通過-完 年 他 逼迫-被-完 時候-位

受困

100-14 we inde aika gaji se-mbi-u? （四33b1）

誰 他.**與** 難道 拿來.**祈** 想-**現**-**疑**

100-15 ini qisui minde sain bithe bi，（四33b1-2）

他.**屬** 自然 我.**與** 好 書 有

100-16 age tuwa-ki se-qi，（四33b2）

阿哥 看-**祈** 想-**條**

100-17 bi bene-bu-re，（四33b2）

我 送-**使**-**未**

送

100-18 ai wei se-me angga alja-ha，（四33b2-3）

什麽 一點 **助**-**并** 嘴 答應-**完**

100-19 amala baita waji-ha se-me，（四33b3）

後來 事情 完結-**完** **助**-**并**

100-20 jondo-ro ba inu akv o-ho，（四33b3-4）

想起-**未** 地方 也 **否** 成爲-**完**

100-21 tuttu ofi bi jakan dere toko-me[1]，（四33b4）

那樣 因爲 我 最近 臉 刺-**并**

當面

100-22 age si minde bu-mbi se-he bithe，（四33b4-5）

阿哥 你 我.**與** 給-**現** 説-**完** 書

100-23 absi o-ho se-me fonji-re jakade，（四33b5）

怎樣 成爲-**完** **助**-**并** 尋問-**未** 因爲

---

1 dere tokome：此爲固定用法，意爲“當面”。

100-24 dere emu jergi xahvn emu jergi fulahvn，（四33b6）

臉　一　陣　白色　一　陣　紅色

陣　白　紅

100-25 damu hetu gisun -i touka-bu-me，（四33b6-34a1）

衹是　別的　話語　工　推遲-使-并

100-26 gvwa be gisure-re dabala，（四34a1）

其他　賓　説-未　罷了

100-27 fuhali karu jabu-me baha-ra-kv o-ho-bi，（四34a1-2）

到底　回答　返-并　可以-未-否　成爲-完-現

100-28 te bi-qibe，emu yohi bithe，giyanakv ai hihan，（四34a2）

現在 有-讓　一　部　書　能有　什麼 稀罕

部

100-29 bu-he-de aina-mbi，（四34a3）

給-完-位　做什麼-現

100-30 bu-ra-kv o-ho-de geli aina-mbi，（四34a3）

給-未-否　成爲-完-位 又　做什麼-現

100-31 damu turgun akv niyalma be holto-ro-ngge，（四34a3-4）

衹是　根據　否　人　賓　欺騙-未-名

100-32 jaqi ubiyada。（四34a4）

很　可恨

漢文詞彙索引

X

Y

Z

北京大學中國語言學研究中心

早期北京話珍稀文獻集成
主編 劉雲

清代滿漢合璧文獻萃編
漢文主編 劉雲 陳曉
滿文主編 王碩 [日]竹越孝

卷二

一百條·清語易言

[清]智信 [清]博赫 編著
[日]竹越孝 陳曉 校注

北京大學出版社
PEKING UNIVERSITY PRESS

影印本

清字一百条 全四册

一

要緊

漢人

鄉談

繙譯

躭悞

老

難

推辭

疼愛

消閒

編

報達

外人

成就

報達

能 遠

住 新近 移徙

順便 經過

感 叩頭

依靠

生口瘡

妥

日

蹾

坐著

二

認得

另

預備

現成

現成

急速

揚茶

晾著

字

由此

國語

要津

短

楷書

眼前

雜話

現

從此

繙

附近

誰

教所

宗派

親

戚

上衙門

仍然

沒法

替

費

三

闖

間

或間

放了

急

要緊

促狀

小縫兒

空兒

脫

挿花

絆住

拉扯住了

急

不相干

旁

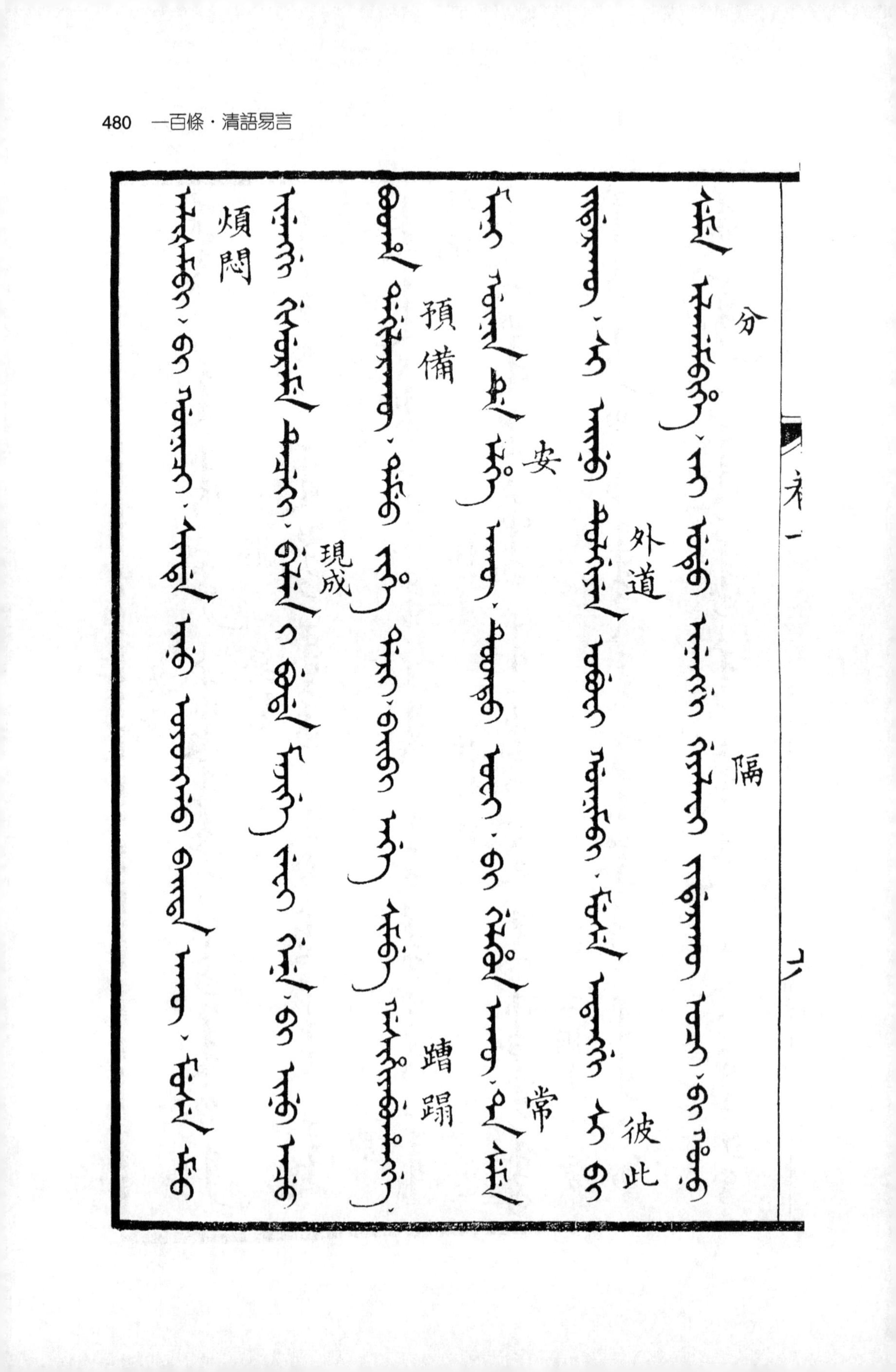

分
隔
外道
彼此
安
常
預備
蹧蹋
現成
煩悶

去請

空虛

何足掛齒

明明的

四

前日

坟

離的

本日

當日回

赶上 遠些 葬埋

歇著

供 東方亮

城 門 開 起身 至於晚

夜 住宿

窄狹急苦 勞苦 步行

總而言之

吉祥 坟塋

舊

子們 孫們 分

背燈　方才　請

祭肉

燒紙錢　焚

有出息　無出息

鐘子　燒酒　奠酒

這們幾個 家人們

猪 宰 腸子 收什 那

用 使喚

明 請 等

會 吃來了

遲悞 足以

謙讓 忌諱 六

客們 迎送

祖宗 讓

泡 錯了

序齒 一順坐 空湯

主 勞

卷二

乙

縁 結親

出衆 才能 奇特 本事

随了去 曠

棄

疼愛

叩頭

親 看見

長輩

對合 勞苦

由

妻 姻緣

老親 非親即友 骨頭肉 夫

没聽見麽 城 外 八字 看

合 叩頭 不遲 七

令進 彼此 意

通知 姑娘

奇 明

愚 女孩

接連　陸續　不斷　滿臍　神

箕

所過去　倒　相

仙風道骨

奇特　善於

父母

妻

什麽門氏

應

不錯

住

凶險

起先

問

表兄

對面

所

如何

煩悶

數目

八

曠

不化

聲兒 形像 女人們 動不動

鬧的 好 久而久之

拆毀 修盖 忽然 鬼 作祟

兒 兩邊 廂房 舊爛

直至到 層 順 乾淨 姪

族 門 房 間 底

就

死鬼

無心中遇

喪了命

跳神

送祟

没法

價

賣了

運

狐魅

邪星子

躲

逃去

惹

熱 定準

味 忽然 涼 忽然

溝 刨

怎麼了 白白的 忽然 覺瘦了 樣兒

買 由

九

胆 根底 實情 告訴

噪子 啞了 雲端 發暈

頭疼 鼻 齆了

涼快 碗 涼水

大汗貌 汗 袍子

受不得 焦躁 渾身

養 常制 涼涼的

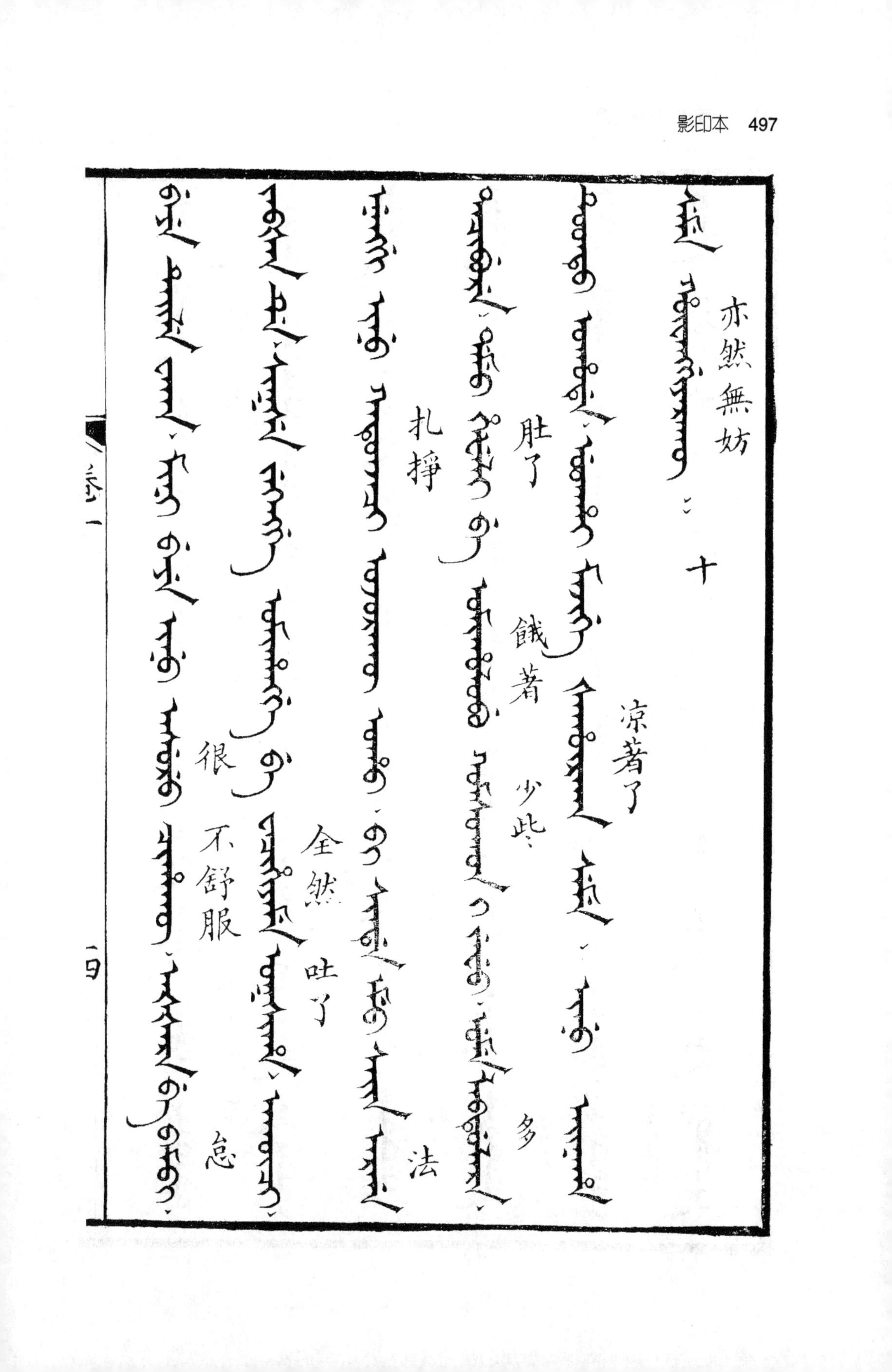

亦然無妨

十

涼著了

肚了

餓著

少些

多

扎掙

法

全然

吐了

很

不舒服

怠

有志者

事

定成

不在年歲

果然

起初

信

一半

疑

成人

老

街房

長大了

事 敬謹

混賬 步 公

博學

好

有出息 老實 學問

不認得 前鋒校

揀選 擬正 擬陪 誰

喜 章京 放 拏上了

應驗 十二

必有餘慶

就 正所謂 積善之家

圍 替 熟 箕

孔雀 翎子 換 預備 奇特

少

保不定

年分

朋友們

酒

箕什麼

故意

怕

大盏

十五善射

傷

鬬笑

反到

你的

十二

誰

隨後

陞

道

誰

答應

往 忍不住

眼 斜眼 多麻子 捲毛 純是 咬舌

藏 一隻

停勻 連鬢 鬍子 暴子眼 紫糖色

胖子 罯 高些

讓 拚命 回

亨名

昔日

咧咧

有内

提

易

歪歪

貌陋

猴兜

姓

留

拏

何等 亂鬧

十三

等 始終 困

了 動

可巧 厭煩 爛

絮叨 不要緊 輕易

由

片肉

若許菜

餓了

令速快

人衆忘名

桌子

放

節

之了

明日

著

怕

沒法

夫妻 結髮 續娶

疼愛 十四

飽 筷子

就菜 預備

能

酒菜 客 待

下嚇 閙 無能 鱉

自縊 自 刎

嗣 妾 放 提 横 躺下

醋 肯 過 子

活 計 欠

母孳 妨 相 貌

恐怕 怎麽樣的 疼愛

買 收了 胳肢窩 毛

新進

齊

暗 氣 生來生去的 喪了命了

怎麽樣

軟弱之至 押派 直 威 輸

對 配

陰壞 凶惡

娘家 告了 至今

揉搓 打來打去的 弔死

正 反到 孥 婢女 不及

違背 淫 娼婦 頂

望　不安　快

堆　屢續　鋪

晌午　大晴　回來

陰陰　有雨　㨨

快　殯　送

雨

背

園子

換

濕

野

躲去

雨衣

毡褂

風雨有聲

曠

跴

正說着

十六

冒

殺

小猪

鷙

有力

支着

肩膀

舒展

器械

毛病

出衆

拉

抱着

睡

把柄 拏手

軟

吐信子

乾淨

翎子

帶

摞兒

熟

撒放

大拇指

不順

指撥

規正

善於精

記住 改了

衆

十七

拴

草料

駑馬

顛

抬舉 生擒活捉 鴉鶻海青 老了 下頦

正可巧 撒袋 帶

走獸 牲 伶便馬

腿子 堅固 路程 耐又受得

跑 射馬箭 裏 消

凶惡 禍害 招惹

相稱 十八

差遣

腨

亂拳 哼哼 圍着

罵

摔撂 使倒

街房 旁邊 撒尿

打

角 自做自受 尋

刑 公麆

聲 部

器 皿 摔了 瓦

拆平了

咽氣 步甲

光華 情盼 軟顫

白潔細而長

潔白

一層套一層重

降下來 仙 女

香燒

十九

玉佩

銅鐵玉器磕碰聲

響

蘭花

麝香

一陣一陣

動景

受不得

披上

追赶

土

頭皮

斜瞧

溜湫

背地

影

風聞

白了 顔色

二十

猪狗吃食

陰德 積累 屎

瞞得住麽

訪問

陷進

債負

存

根基

罄淨

至少

寧可

行 揹 煞 領子 線

靣子 裹子 合 翻 大襟 縫

成

這些人 催

二十一

臯子 由 笑 有理

帽子 買 工錢

完

袖庄 烙 鈕子 釘

甚麽趣兒

二十二

拘泥

旂杆底下悞了操

白瞪眼

連

揹

搯

月盡

坟地

整

多僭

殯

喪服

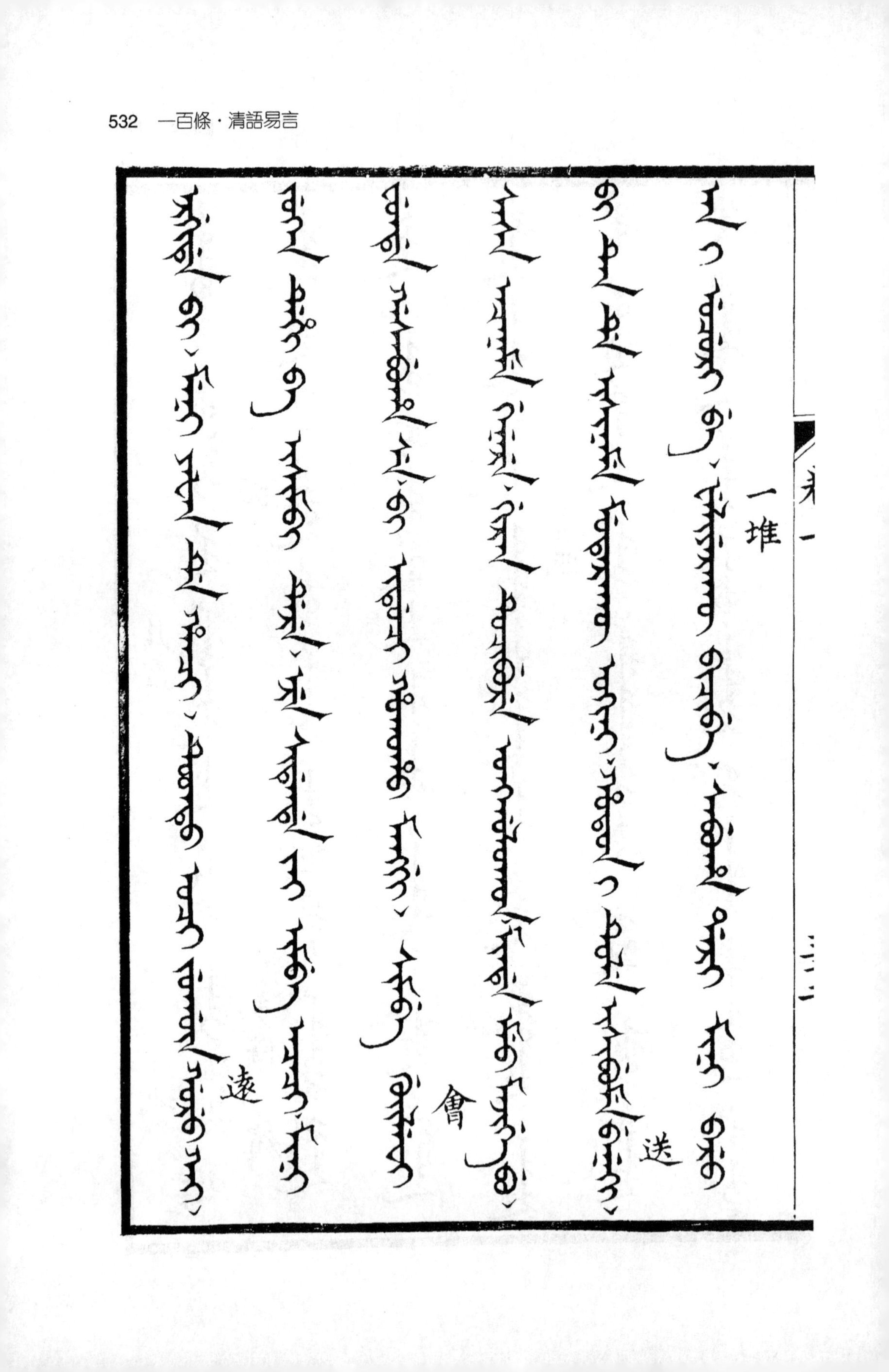

一堆

送

會

遠

值

價

猜

貂褂

買

廟

論

二十三

攀高

親熱

面厚 新花時樣

精緻 出鋒毛 齊 緞

顏色 黑 厚

賣

爛了

油性

往外

俸

打扮

好看

反

子孫娘娘 福 全

嫂子 賢惠 慣會

挨家的 存

老生子 出花

糙舊 正對 二十四

不舒服 武 職 分

厭煩

愛

熱了

喧呼

不甚

聒噪

孽

小些的

提

傷心

相貌

言談

迥然

不同

鮮明

温柔

可憐

到像是

[illegible] 許多 [illegible] 二十五

[illegible] 那摞 [illegible] 强 [illegible]

二

反倒　下頦

筋骨　色　味

老

梭　忽然間頭髮

浮生　真夢　能有多少

緊緊的攥着

賣

充足

富餘

揣度

樂

很

過逾

分兒

阻止

彼此相左

際　遇

手掌

二十六

整年

累月

尸像

巴結

爽快

彩頭好

岔

上氣

陞

二十七

努力

扳扯

不隨合

随众

梢兒

不爽利

妨碍

急燥

走

下不來

什麼趣味

氣往上擁

到像是

從從容容

氣極了

作威 不住

難 聚會

渟醉

二十八

直瞪着眼 聾子 啞叭

踉踉蹌蹌的

答 氣

騙

驢子

壓

寬宥

饒

枉死了

打

逃 改

渟醉

責 求 難

生成 不成器 鬼

血 親

聚

背地裡

好好

記仇

惱

門檻

跴

相好

不醉

照舊

交

遇

請

狗

話把

平白的

無坐性

穩重

三十

分

一概

透徹

理論

詭詐

受不得

多偺

毒

狼

惹

不覺

傍邊的

結吧

鬬笑

招

啞叭

漸漸的 畧曉的

過 好

長成漢子

傍不相干 人

辨嘴

隐瞒

瞒

逼

殴

不成人

患

三十一

醉

只當

頑笑

吽量

氣

反到

不住的

剜

出濃之出

醉鬼

背人

担量

紅

當真的

没理會

冒失

高興

理論

軟的欺硬的怕

可憐

陷害

誤

俗厭惡

老實

厭

可厭之人

試

浮面皮

錯

刻薄

圈套

要結實

善

預先

引

局弄

大模兒

觀

望

欠

斜瞟着眼看

正直

老

主意

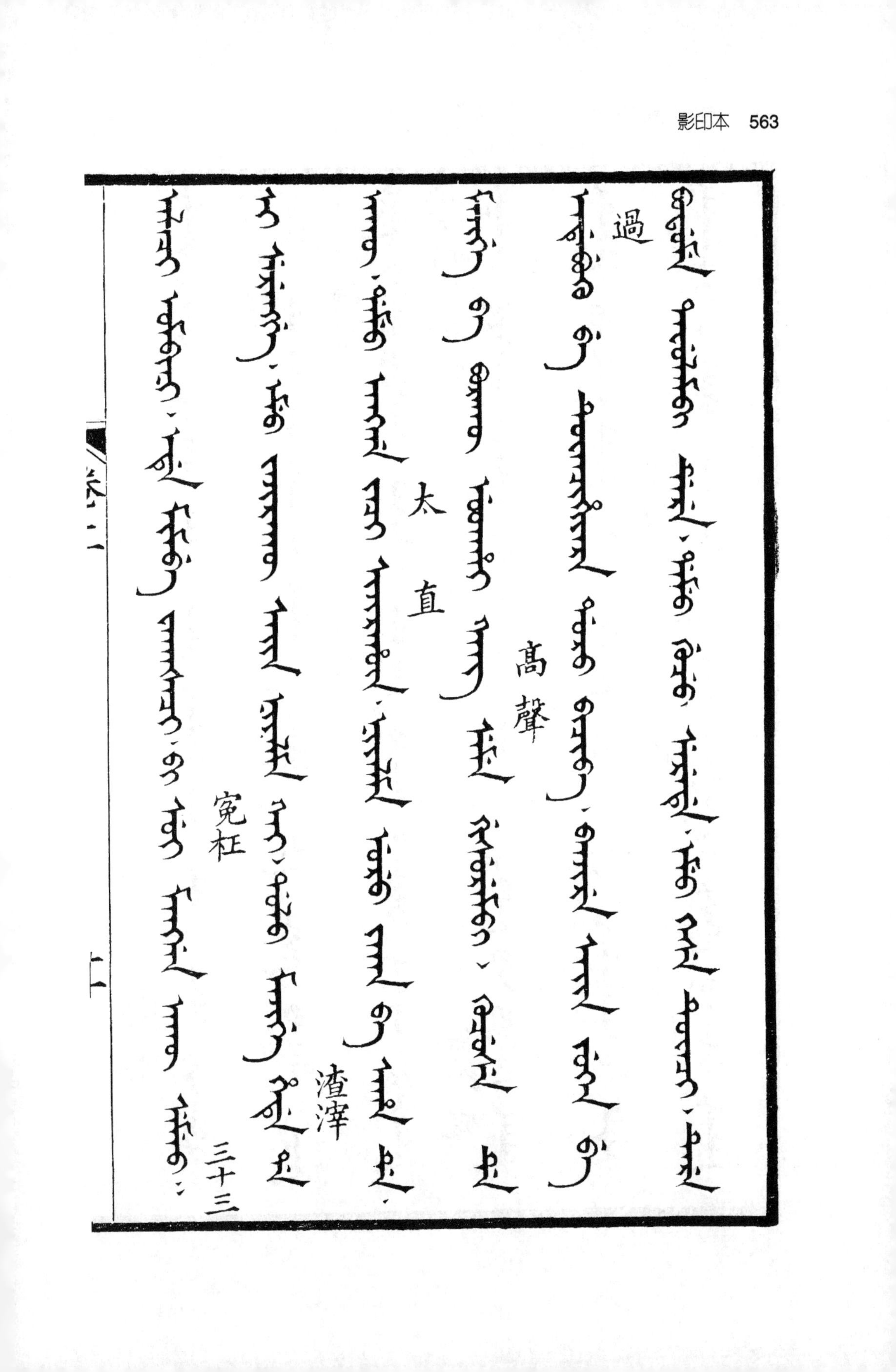

過

高聲

太直

渣滓

冤枉

癢癢

良葯

疑惑

提白

治

怔㤂㤂的發怔

小心著

保不定

方繞

遍

風絲

潮熱

夏

三十四

唖

情甘領受

着實的改

强

不可與言而言之

失

罪 命不要緊 官 差

怕 低頭

光着

乘涼 定 躁熱

渴 洗澡

一切 器 皿 氷 水

白 混 教 話 比如 市

沉重 挑担子 脖子 伸開

吆 喝 汗

度 相我 現成

自如 冬

冷 夏 熱

商議　傳揚

露　洩漏　瞞藏

記性

急躁　饒　三十五

受　凉爽

妖精

好好的

弄

真寃屈

牙闆

酸

分晰

信

ᡨᠠᡧᠠᠨ（悞） ᡨᡝᡵᡝ ᡤᡝᠮᡠ ᡤᡳᠰᡠᠨ ᡨᡝᡵᡝ ᡥᠣᠯᠣ ᠵᡳᡩᡝ ᡤᡝᠯᡝᡥᡝ ᡤᡡᠨᡳᠨ ᠨᡳᠩᡤᡠᠨ

ᠮᡠᡧᡝ ᠵᡠᡧᡝᠨ ᠪᡝ ᠰᠠᠮᠪᡳ ᠉

三十六

ᠵᠠᠴᡳ ᠪᠣᡳᡥᠣᠩᡤᠣ ᠮᡠᡴᡝ ᡥᡡᠸᠠᠩᡤᡳᠶᠠᡵᠠ ᡨᡝ ᠮᡠᡴᡝᠨ ᠪᡝ ᠪᠠᡳᠴᠠᠮᡝ ᠪᠣᡥᠣᠯᠣᡴᡡ ᠵᡠᠸᡝ

ᠨᡳᠩᡤᡠᠨ ᡝᡵᡤᡳ ᡳ ᡤᡝᠨᡝᡥᡝ ᠪᠣᡩᠣᠮᡝ ᡤᡳᠰᡠᡵᡝᠨ ᡝᡵᡤᡳᠴᡳ ᠪᡝ ᠪᠣᠯᠣᡳ ᠮᡠᠰᡝᠨ ᠪᠣᡩᠣ

ᠵᡠᡵᡤᠠᠨ ᡤᡝᡥᡠᠨ（明白） ᡤᡳᠰᡠᠨ ᠮᡠᡴᡝᠨ ᠮᡠᡨᡝᡥᡝ ᠰᡝ ᠮᡠᠰᡝᡵᡝ ᠪᡝ ᠪᡠᡥᡝ

ᠰᡳᠮᠪᡝ ᠮᡠᠰᡝ ᡝᠨᡝᠩᡤᡳ ᡤᡳᠰᡠᠨ ᠪᡠᠴᡝ ᠮᡠᠰᡝ ᠪᡳᡥᡝᡩᡝ ᠨᡠᡴᡠᠮᡝ ᡤᡝᠨᡝᠨ ᡳᠨᡝᠩᡤᡳ

卷二　　五

精明

相隔

比

過獎

准

學而知之

豈不錯了

去

好

深

會

離

太

差不多

三十七

拏定主意

結結實實的

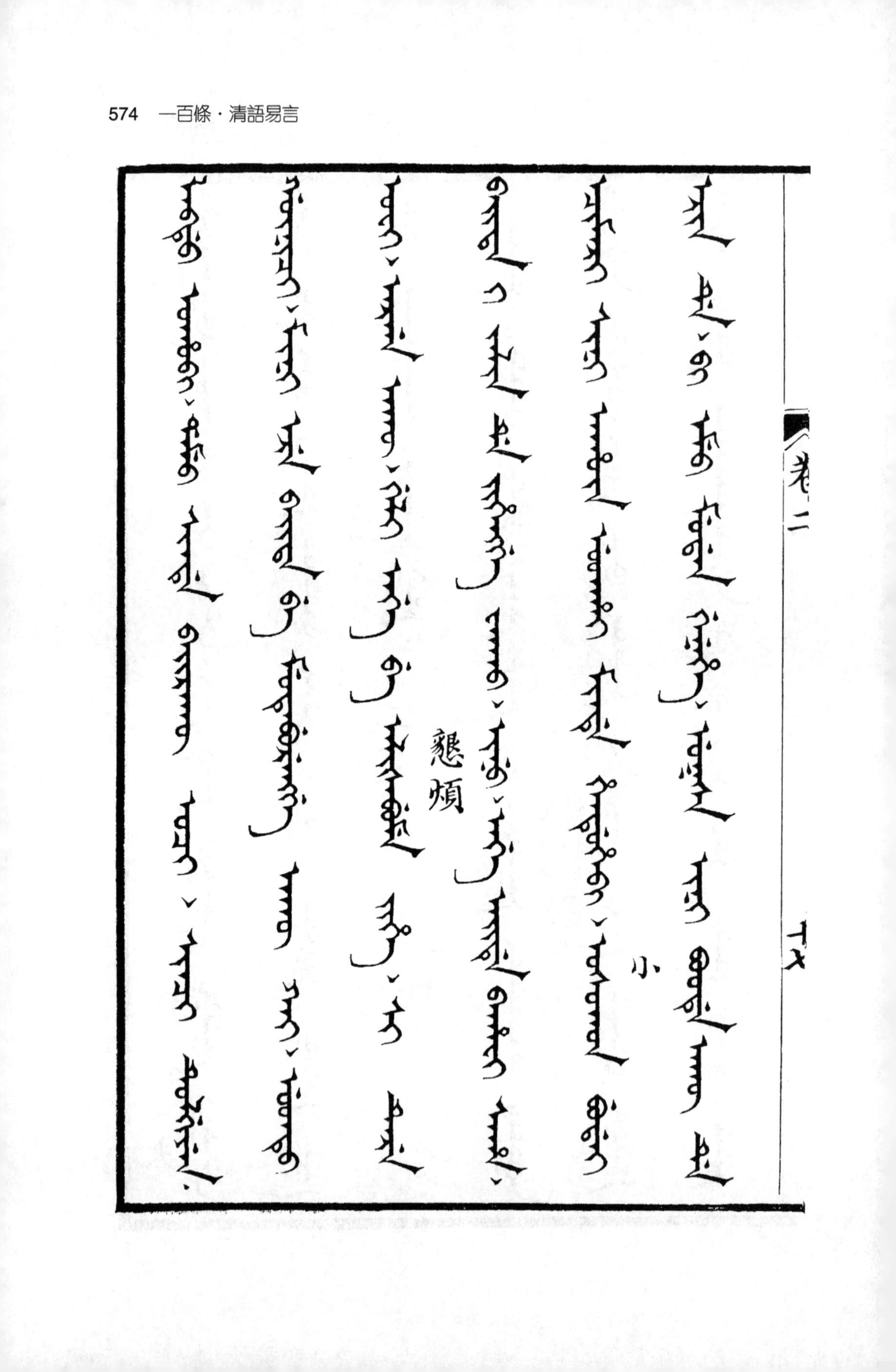

小

懇煩

攪混

認

半醉了

讓酒

回敬

窓

濕

窩攏

喧笑

很容易

沒間斷

三十八

黑朧朧

擺

抽

准

改正

長了

乎

頭緒

零落

間

一氣兒

義學生

文秀才

遞

遲了些

商議

根

住的甚遠

機會

三十九

趕着

等

日平西

順便

聚會

有數

有福人

留

請

一連

柵欄關

四十

你爛給他瞧

反

落下了

繫着

慌忙

急忙

部

套

耽悞

磨蹬

無精打彩的

捆上 結結實實的 打

滑懶 戴子

迎 差 怕

告訴的 糊塗

接連

影兒

慣

四十一

上赶着

緣故

本事

傷慼

數珠

熟練 煩 四十二

隨

舌頭

陪

通達 朋友們

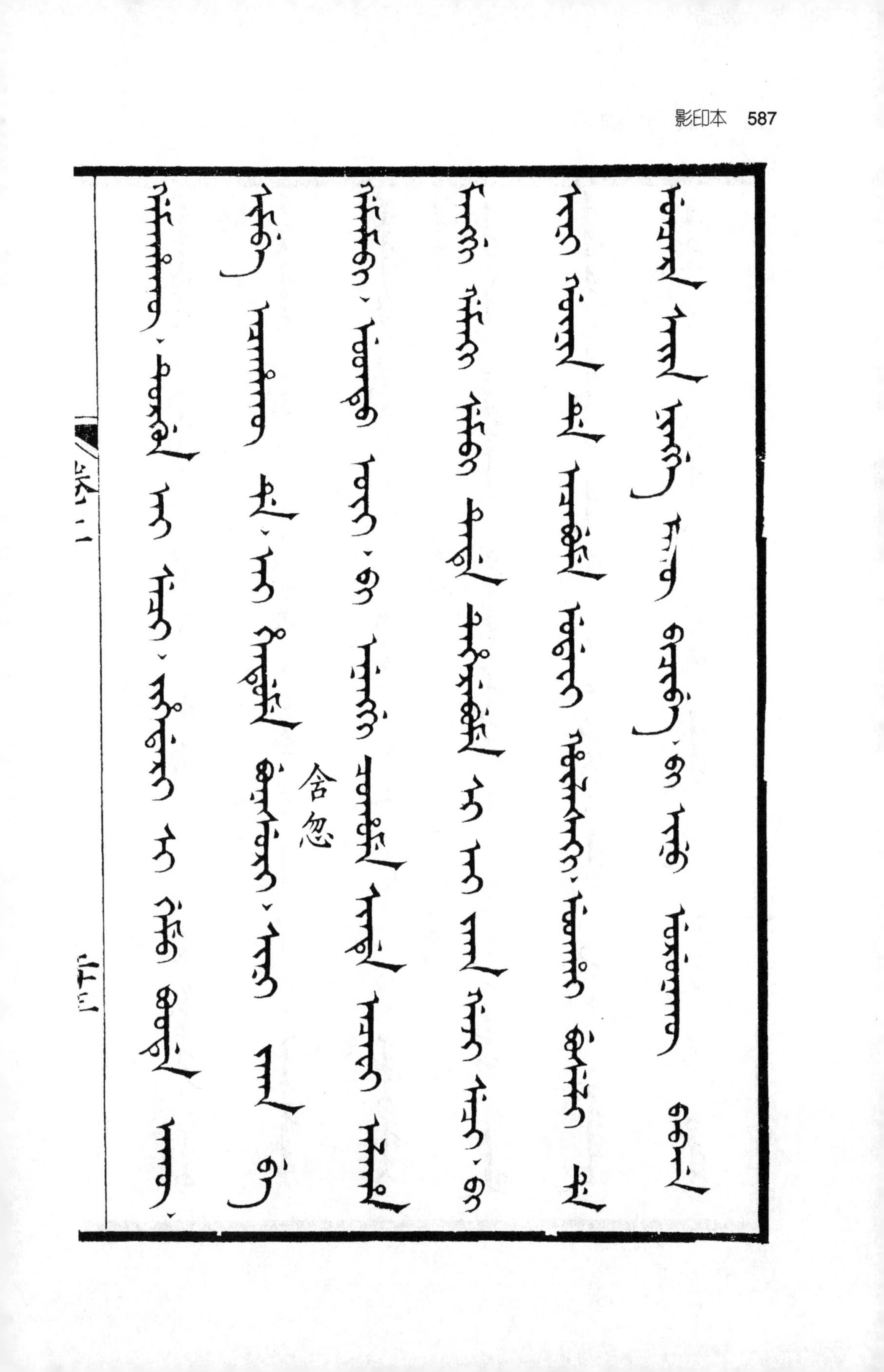

舍忽

櫃子 收

拏着 汗漚透了 光潤

少

丢了 可惜 菩提子 算什麽

提

置
盤費
起身
行李
找
尋
四十三
蹤影
偷
忘
牌插
掛
收
坟

償還 遲

幫助 本 利

不得已

難 信

欠 虎 擒 告

裡面

長行

次

出外

稱了

給你

一半

初

新近

屯

石 也

名 聲 牢

臉 長 四十四

疼愛 金

三六

旱了

謠言

豐富

澇了

渾

如何

清

河

鄉黨

不同

扣筭

石

升

豆價很

新

便宜

四十五

同

加倍

拴

年輕
餓
飽
煮
碟
陞
發福
叩
官員
罷呀
老

送味

遲

撒謊 猴兒

口羞

愛乏

四十六

閙

可惜

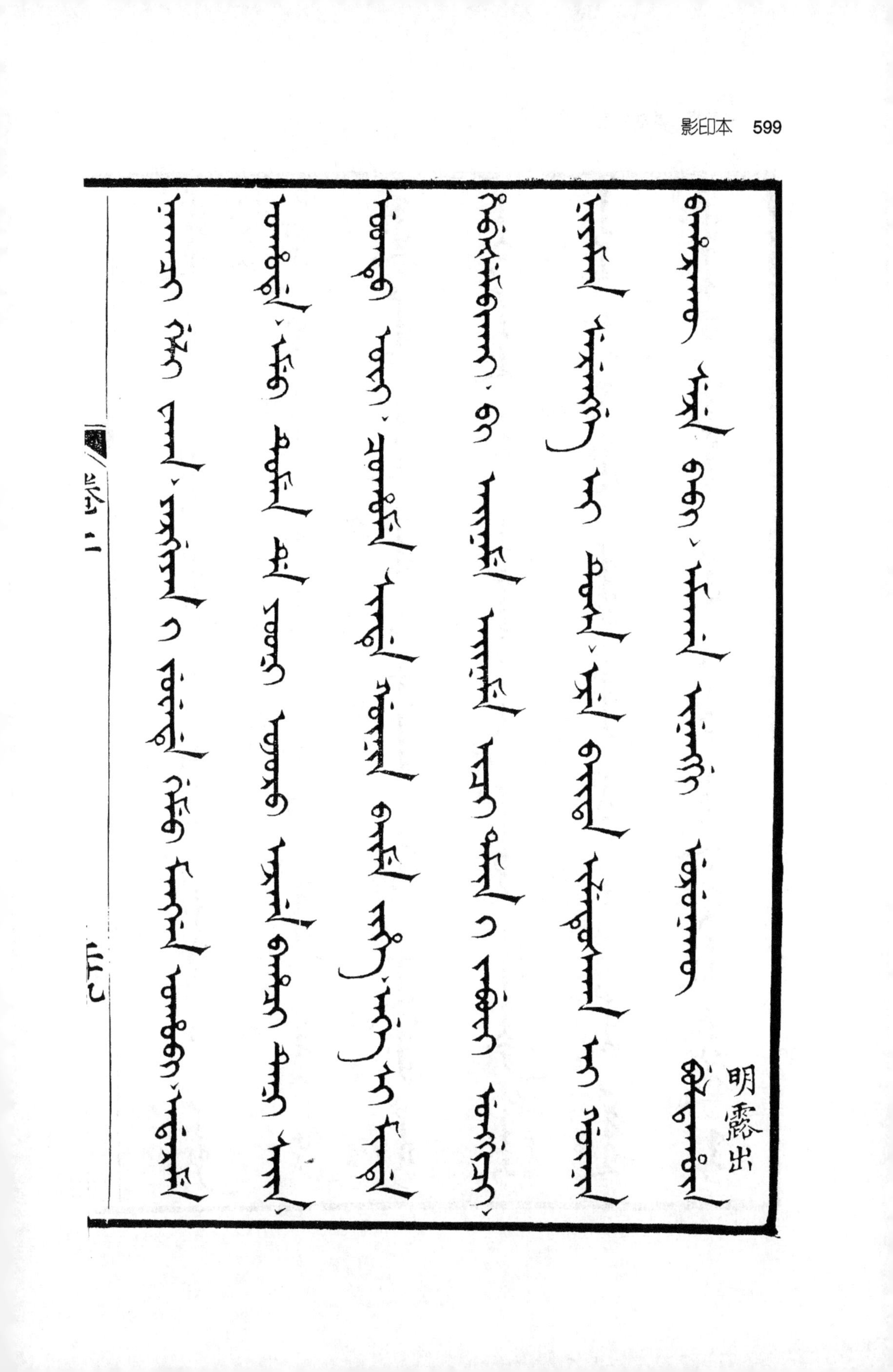

明露出

卷二

近憂

眼前

利

人

無

遠

慮

必

有

堵

宣出

乏

醜

保不定

絆住

米

口袋

遲疑

猶豫

害

苗頭

露

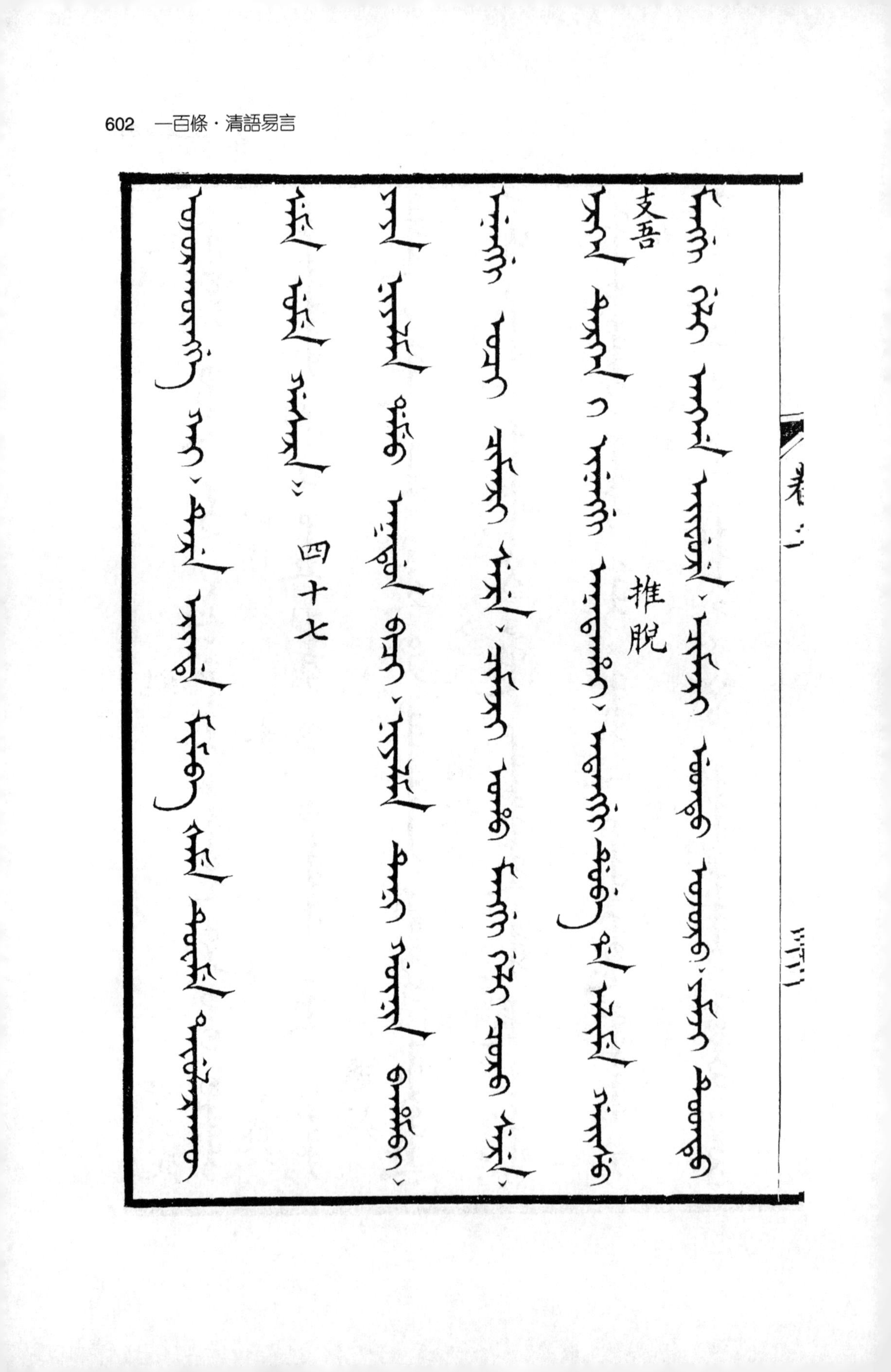

支吾

推脱

四十七

拉扯

死了

失

指

預先

催逼

聲揚

張羅

甚麽㨾

稀踈

煩

四十八

等

笑話

留

難纏

沒應驗

足

大架子

畏首畏尾

進

退

不懂

醒

睡

搭拉着

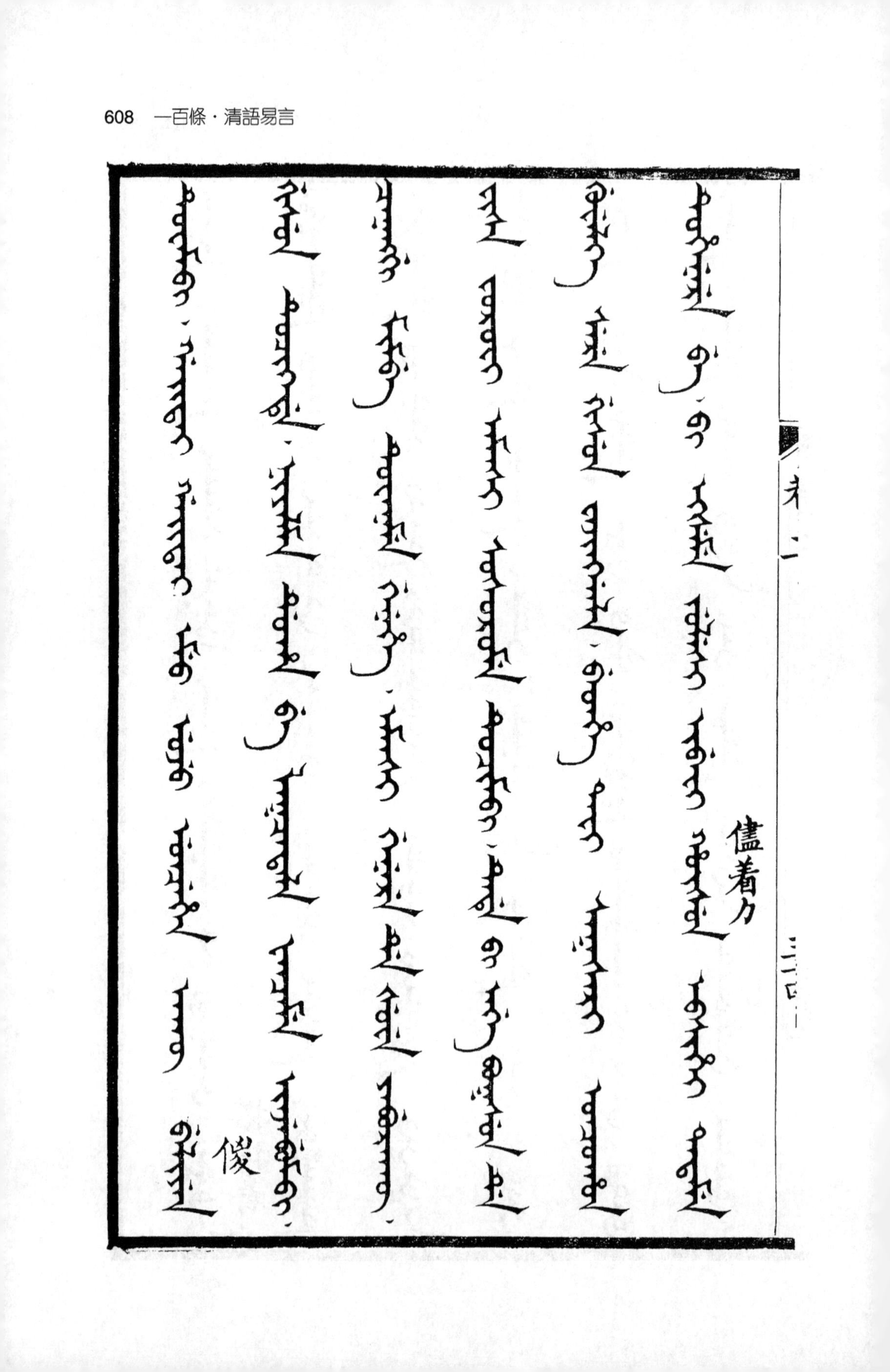

儘着力

傻

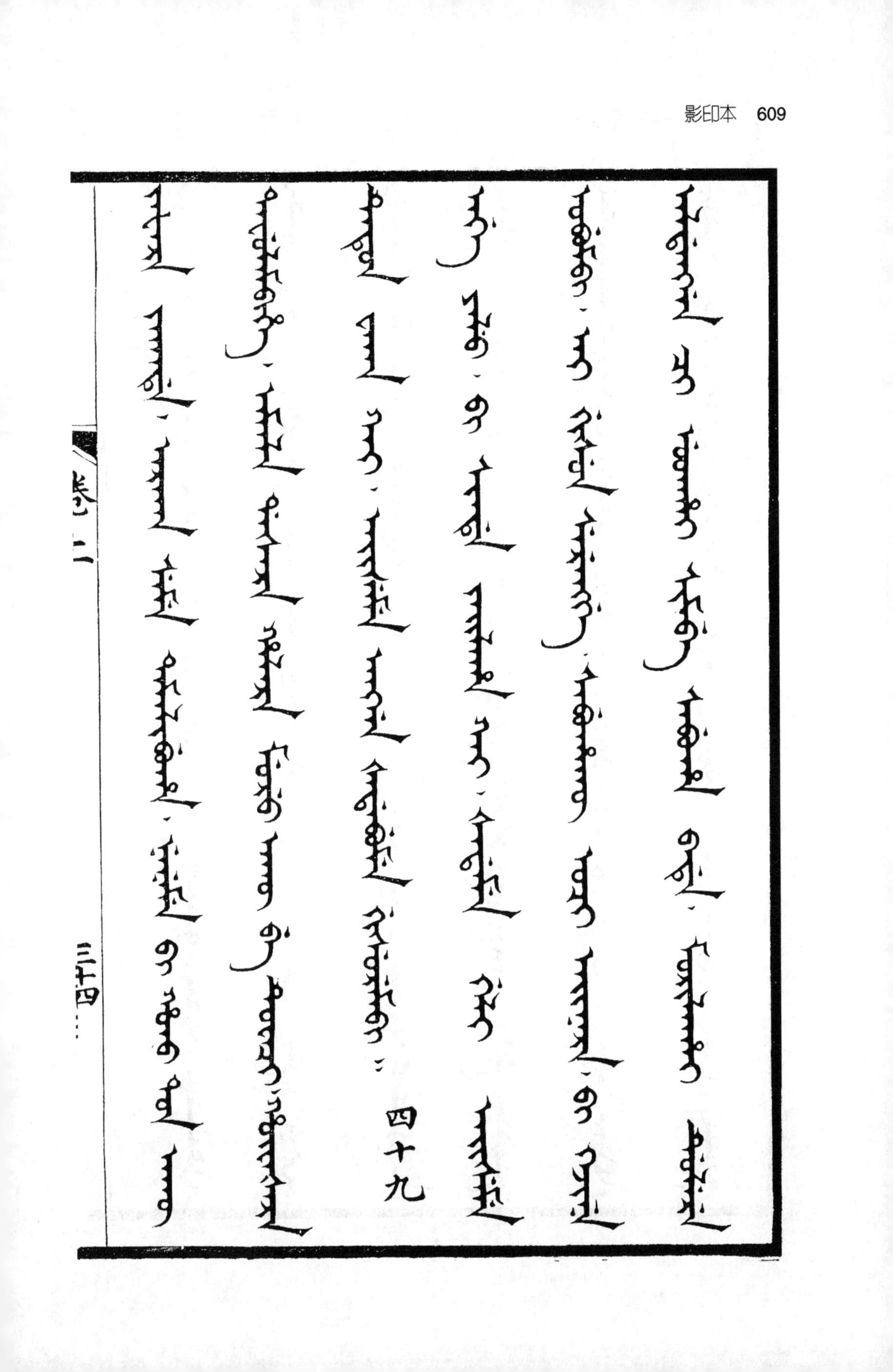

[illegible]

[illegible]

[illegible]

[illegible] 四十九

[illegible]

[illegible]

[illegible]

有㨾兒

久

厭煩

冷清

五十

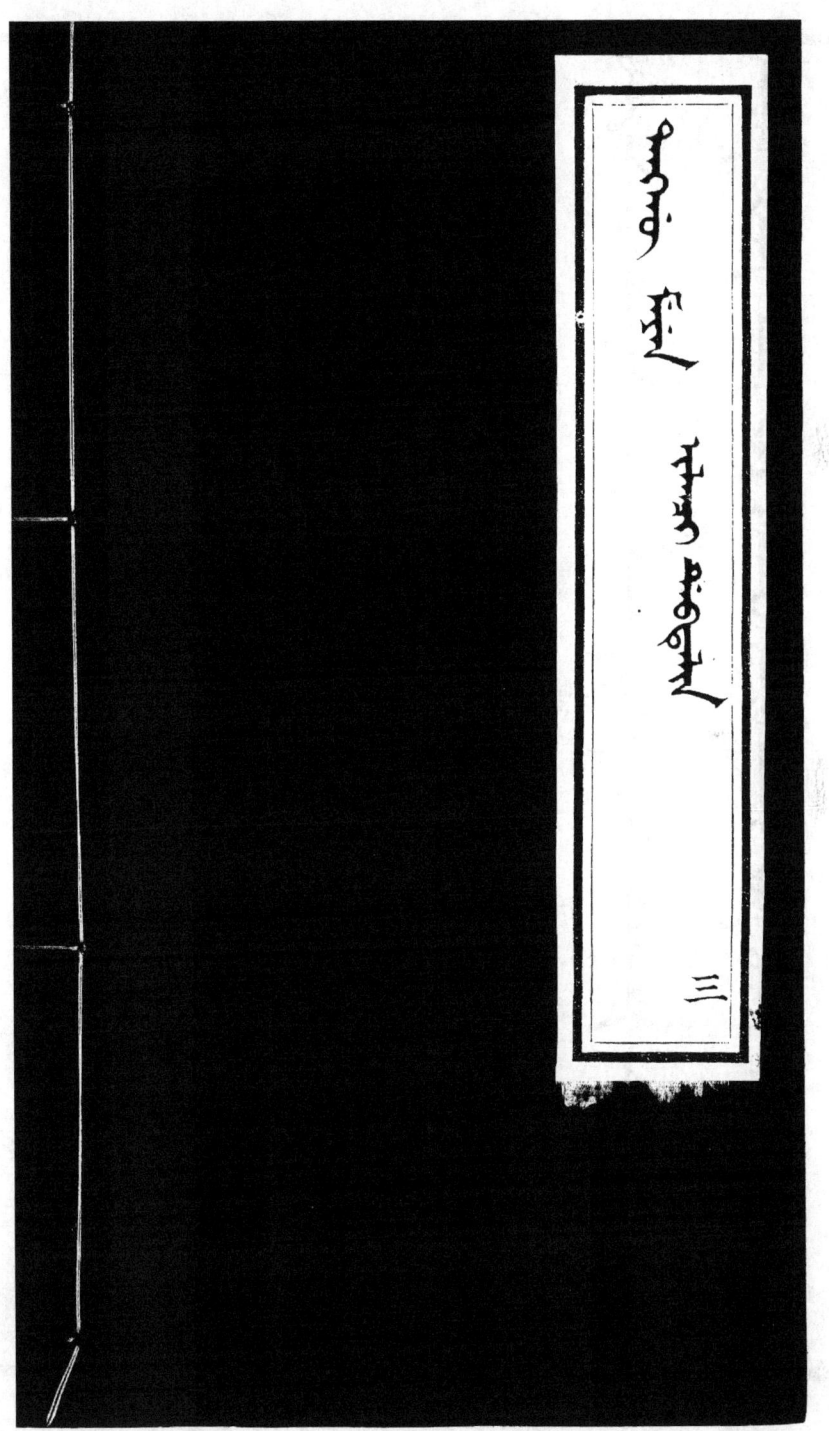
三

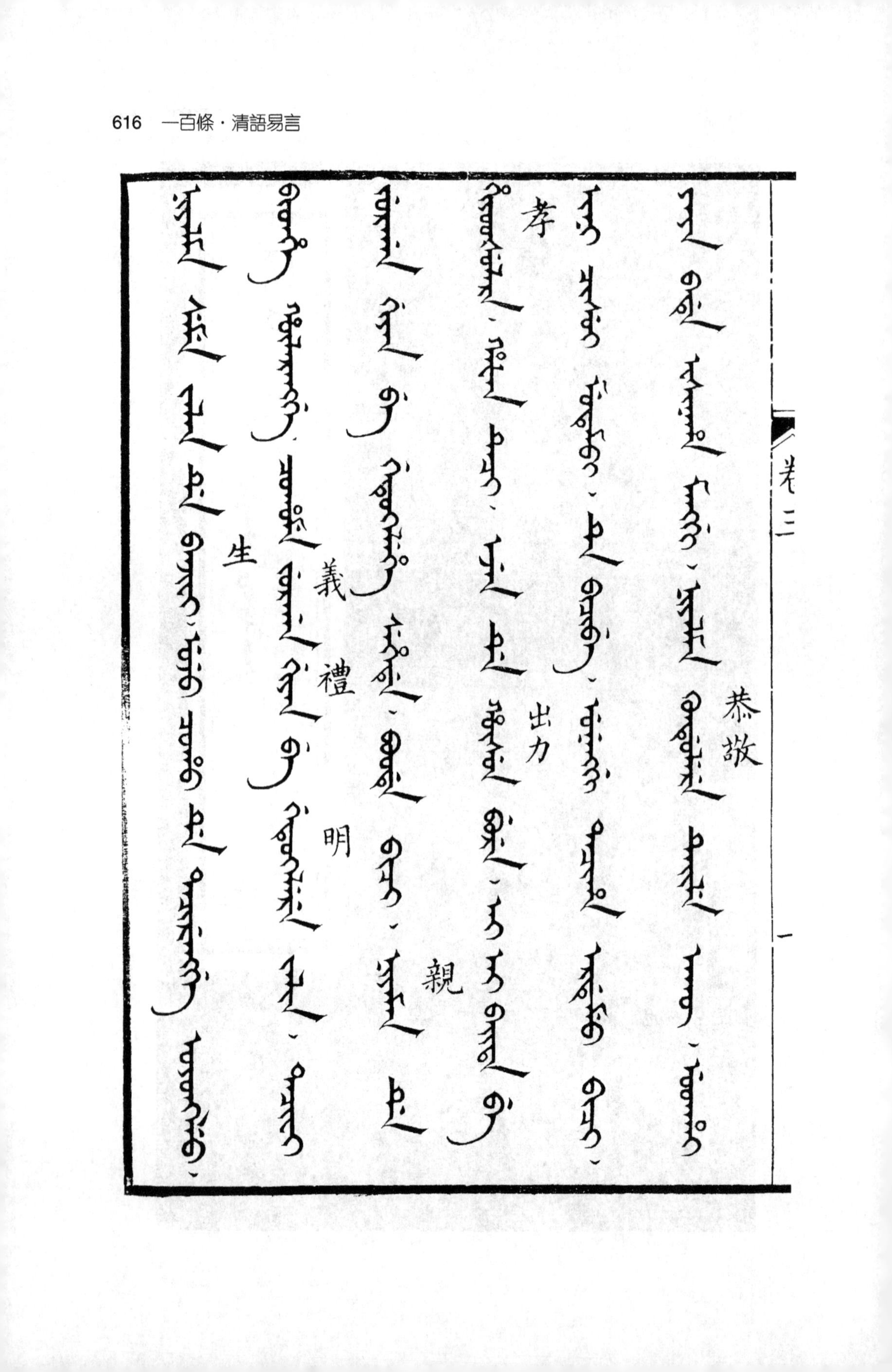

恭敬

孝

出力

親

義

禮

明

生

罵

敗壞

憾

營求

本領

品行

鑽幹

或

反到 咒罵

不長進

五十一

養 原 防備

養育 勞苦 辛苦

信

鬱悶

痛哭

哭

路

悲傷

不管凍飢

陌

和容順語

歎 可氣 載 鬼神

分 由不得

抽 背誨 鬧 勒

聽嗓 亡 人

上供 魂 受享 活

恥笑 怕

長大了

生分

大

盖

妻

何等

友愛

胎包

五十二

展

恨

善

終

妾

挑唆

惑

爭

離間

毀謗

滿

忍

爭

仇敵

家產

躲 不及 出力

切 上緊 救 傍 連累

不幸 禍 闖

折 復 倘或

傷損

指說

金

農

遇

謙讓

曠野

旁

管仲

鮑叔

效

位

五十三

照舊

命

仇

趕

嚷

斷

怕

鋤

忙忙

見

卷二　六　親熱

迥然

五十四

榜樣

近

今時

交情

古詞

一半

空

塊

引導

護庇

和平

古

揹

議論

很

乏

學問

六

豐富

興旺

有福

托在滿屋

俗

一人

有壽

隔

救

和諧

遭遇

張羅

轉 擔當 荐舉

俊 很 陞

認 瞞不住

有條有理

才力敏捷

報

五十五

鼓勵

怕

生成的

約束

舉

昏

猾

不穩重

便宜

沉重

錐子

刺

詢問

口袋

力

出

五十六

傾心

前

端方

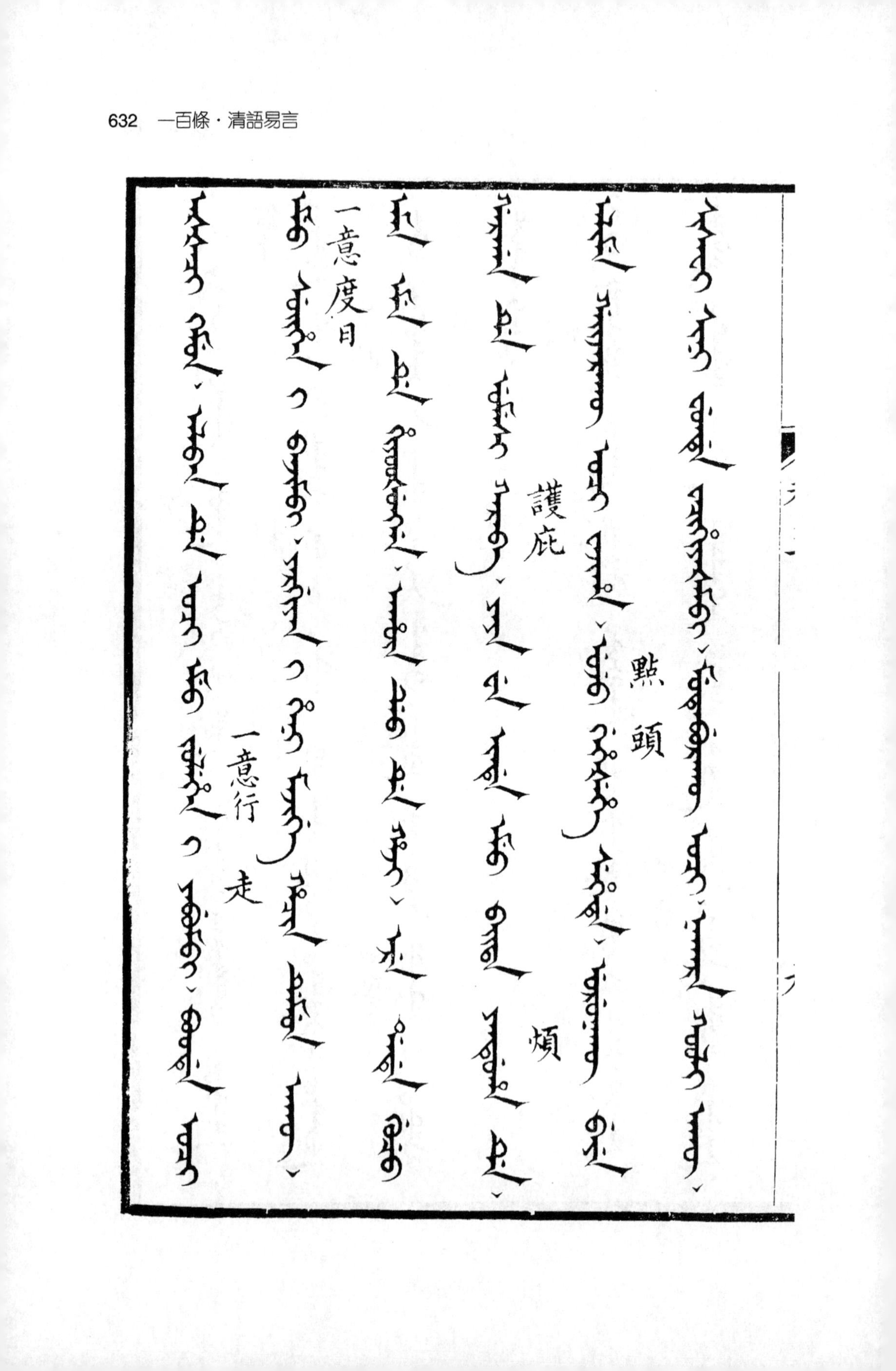

點頭

護庇

煩

一意度日

一意行走

尿精

誇口

勒肯

打趣

五十七

人

天

相

徒然

敬

吉

央求債負

安然

彰舊

破爛

掛衣架

眼珠

蟒緞錦

褁了

奇特

鮮明

搖擺

浪子

解脫

持齋

墊道

搭橋

神

供

和尚

道士

餽

忠

信

佛

孝

悌

譏誚

五十八

廟 閑 坐靜

詐 哄 律

全然不信

各樣 糊口 揹項、

牢

養 風 唱 活

五十九

飽

琵琶 絃子 抱着

仗着

玷辱

頭 頂 脚 趵

通鑑

六十

頑笑

鬪

架

剌

砍

恬不知恥

本

混

編

誡

六十一

譏笑

撒

法術

敗走

割

變

豆

霧

筵席

深入

渰醉

厭煩　長　上　得罪

悮

亂　傷　毒藥

常

晚了

結實

驚訝

透

六十二

丟身分

微

些

待

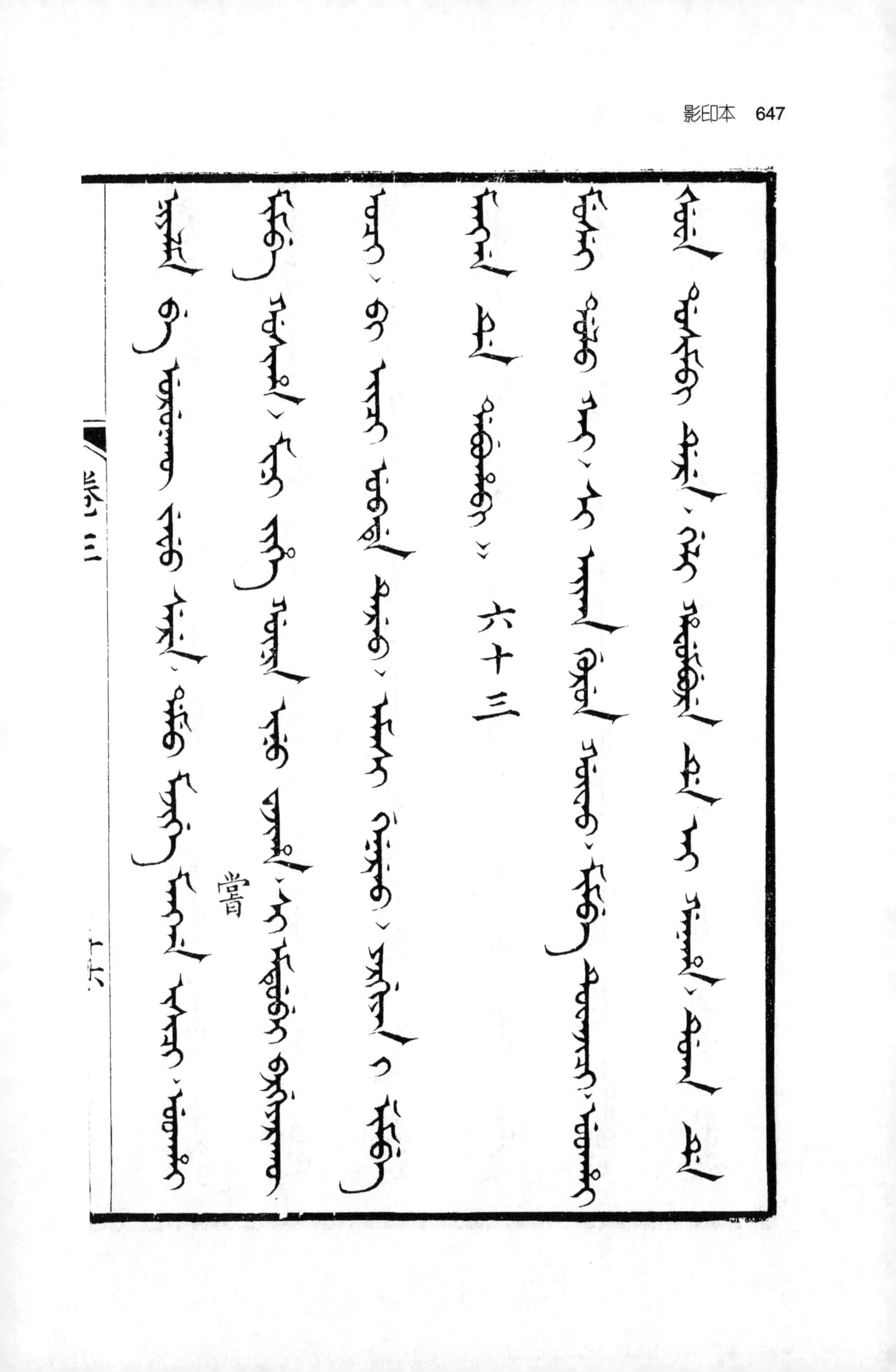

六十三

嘗

起誓 發願

肚子連上

惱

笨

法律

嚴

赶

失望

六十四

杌

惜

藥

吃錯了

卷三

活

死

倚靠

胆

碎

命

好

功

病

性

離

誇贊

光采

軒昂

口

齒

親熱

響快

靜養

六十五

上圈套

陷害

陰險

忠直

拌子

謊話

吉祥

人

皮

局騙

六十六

豹

浮面

嗳呀

傅

背地裡

虱子　蟣子

胆量

披　獸

結仇

巧舌

脊背

罵

歎

賤貨

罪

六十七

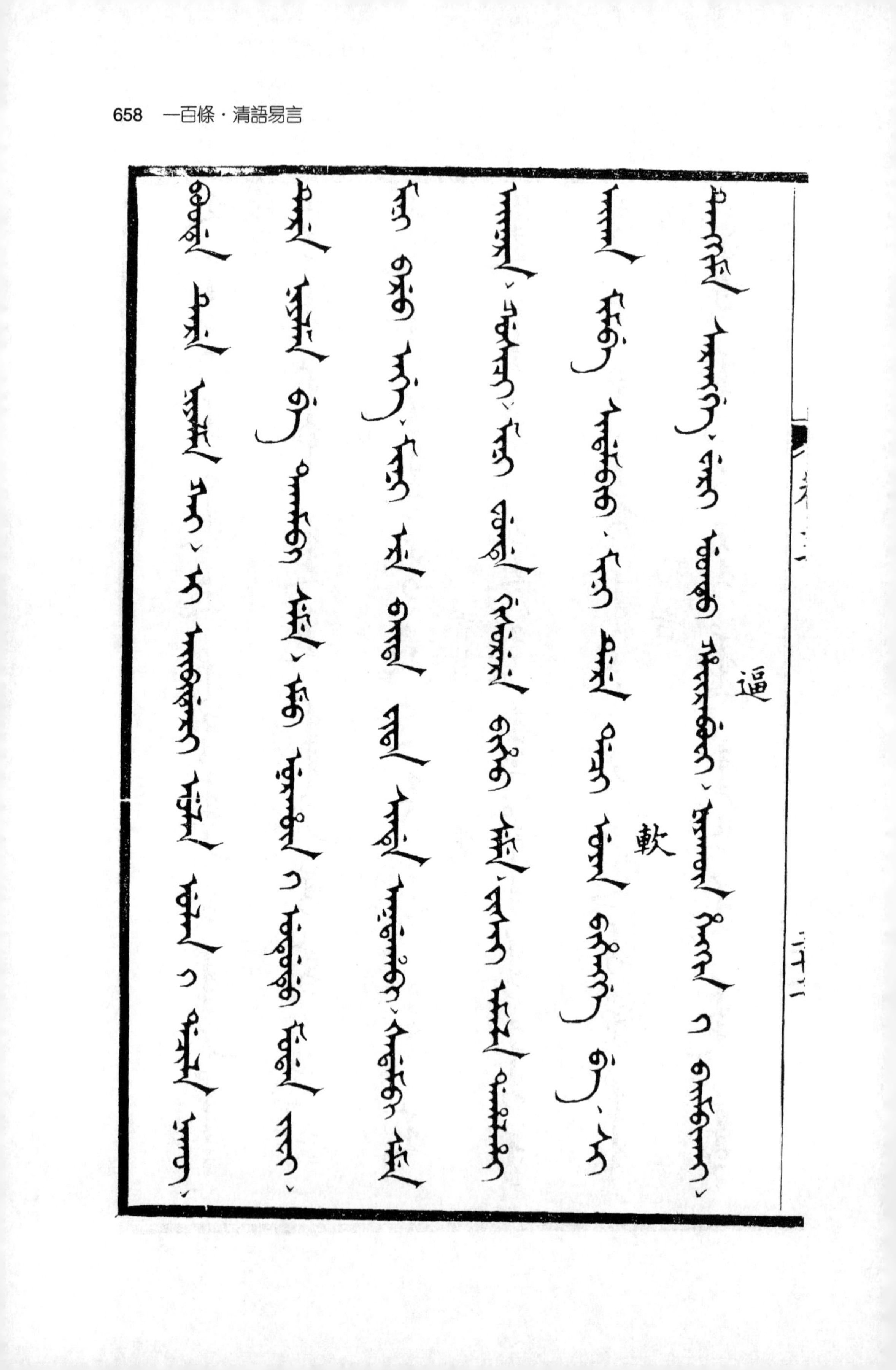

[illegible]

逼

軟

[illegible]

二十二

挽回

就勢

掣肘

清清楚楚

透徹

不好意

推托

壞

有要

無際

為什麼來

六十八

下賤

齊

直豎

眼睜睜

紛紛

溜邱

普

爭鬧

喧譁

六十九

結結實實 着實打

怕

癢癢的不能忍

消

太平

氣

絮煩

賴着白要

猒足

人情

本分

氣

撒捽

胡謅

比如

愛

卷三

方才

力量

主

徹底

儘情

兜底兒

河

便門

可悶

堆

眼浅

七十

便宜

沿 一帶 桃 紅潤

顫巍 羣鳥春鳴聲 綠色

鮮明 陣陣 一陣

往來不絕

岸

蚰蜒小路 樹林

七十一

偏

逛

會

活 魚 蝦米

彈 唱

躁熱

厭纏

染

明白

報恩

道謝

憦憦

牽

掛

杴

逛

堆

七十二

覺

瘦了

無定向

疑

差了

被牽累

迷亂

分

煩悶

七十三

從從容容

昔日

露

匆麻

狗呲

肚大垂着

獃

充知道假在行

噙

敬

發豪横

畜牲

罪

賤貧

覺

恬不知耻

牙咩

很瘦了

炕

亂紛紛

不得主意

病倒了

七十四

重落

命

治

葯

瞞

刑罰

罪孽

膏肓

掏氣

好

傷 七十五

鉄 石 流

話將完 可傷

硬 斷絶

骨 肉

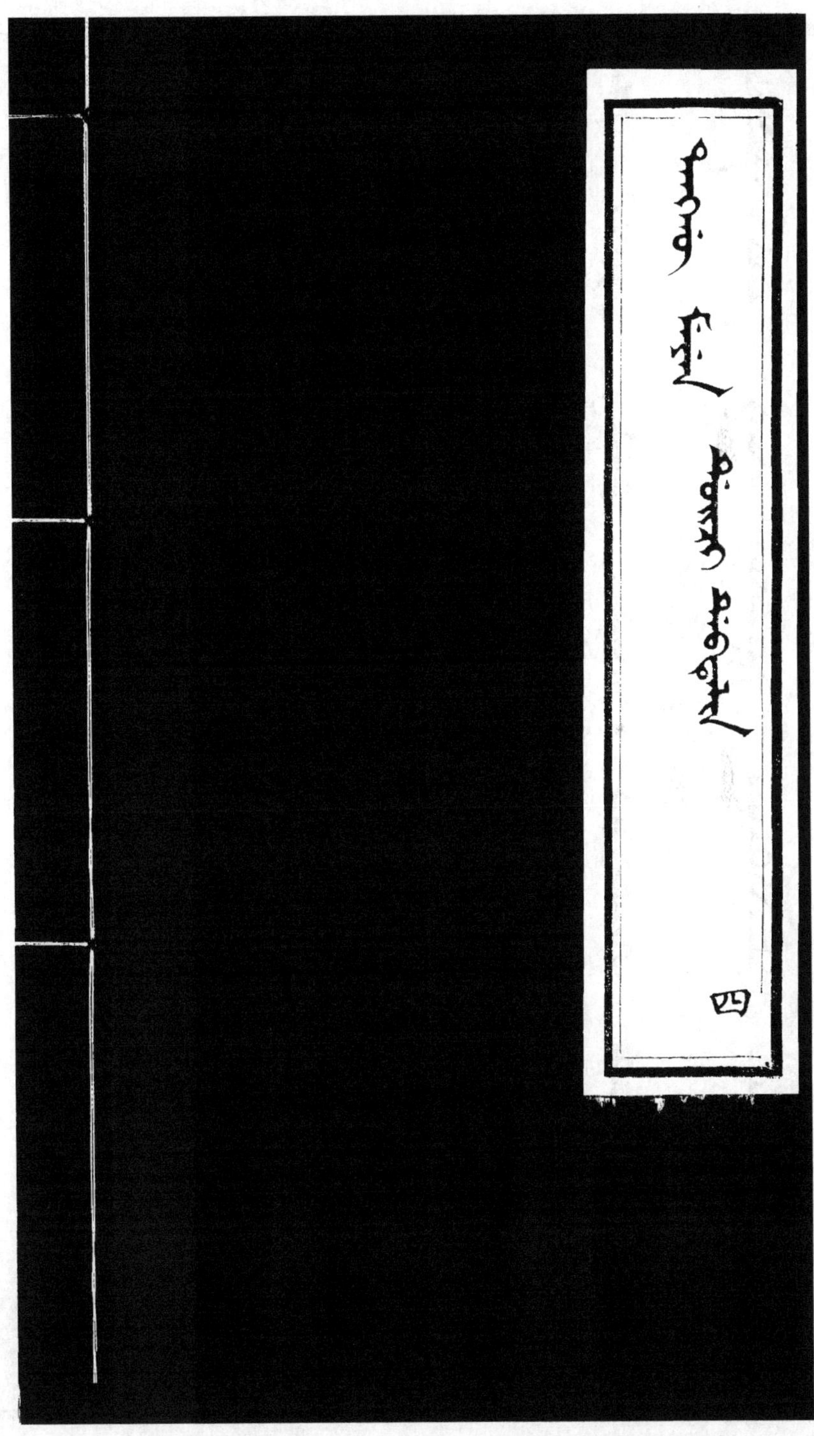
四

卷四

洋溝

倒

愛惜

節省

奢 費

想 不惜

粒

減

偷食

吃的

打頭

偷衣

穿的

打頭

拋撒

不及

七十六

說破

很容易

提白

反倒

無

苦口 忠言 逆耳 良藥

尋趁 淚汪汪

吆喝 紅 反

生氣

精打彩 搬着嘴

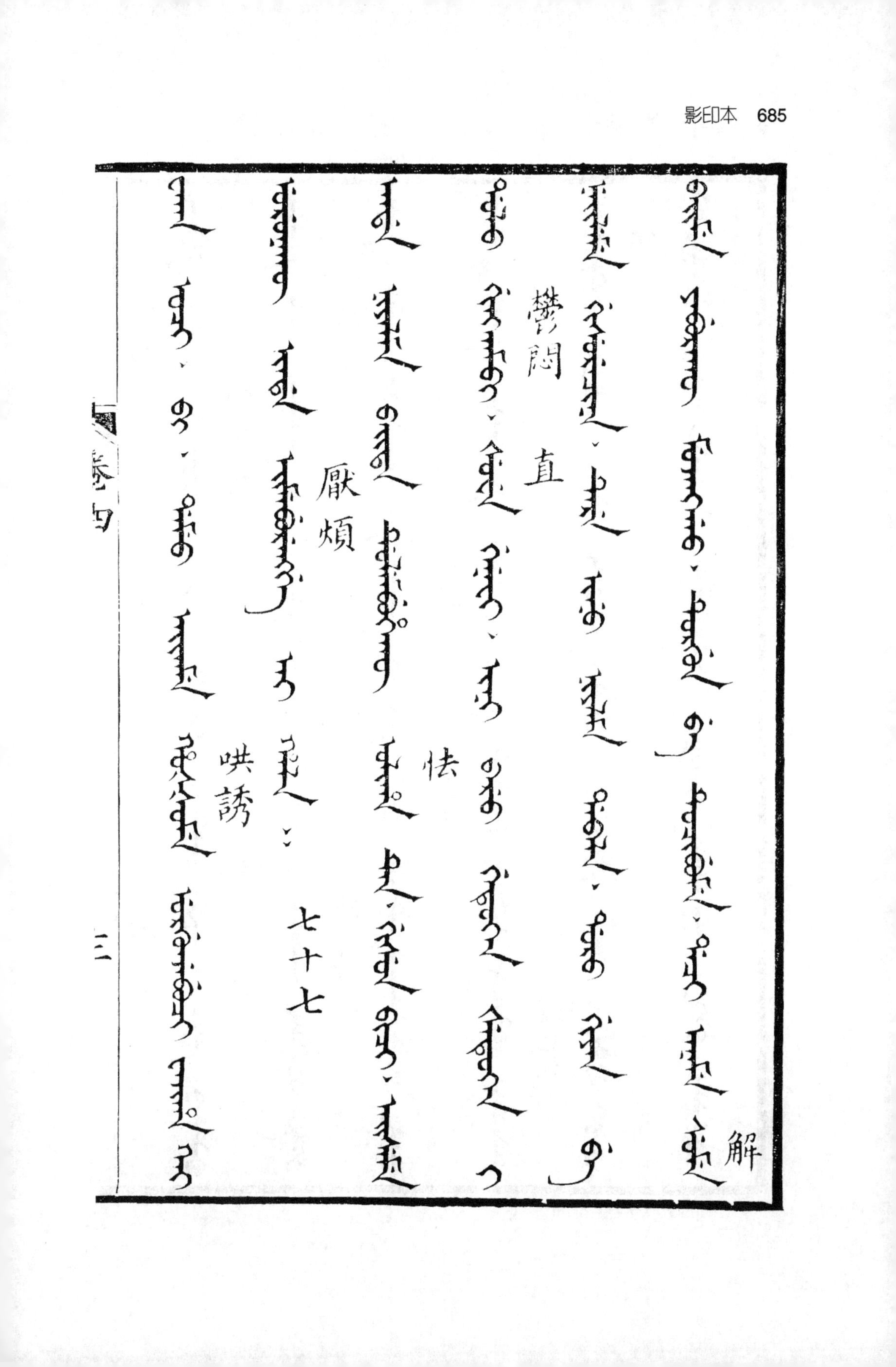

解

欝悶

直

怯

厭煩

哄誘

七十七

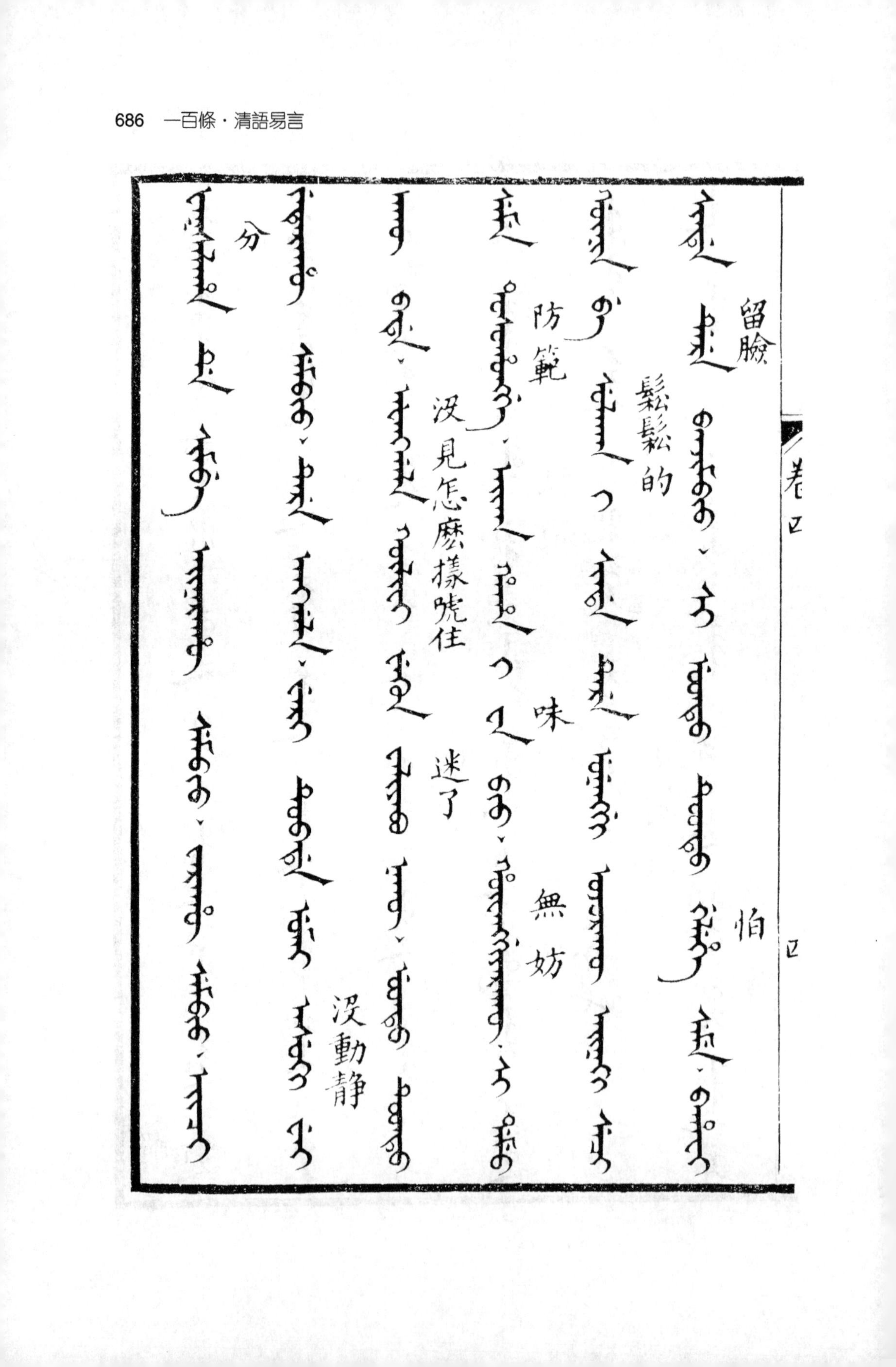

留臉

怕

鬆鬆的

防範

味

無妨

沒見怎麽樣唬住

迷了

沒動靜

分

無妨

七十八

忘了

悄悄

探信

早已放在腦後

乾淨

脫

長毛
揉挫
傷心
鄉
籍貫
源
家
抉短
混
根
譏誚

合意

猶豫

怕

背地裡

點手

招呼

屏

仗

繆到底

七十九

許久

連陰

熟了

漏

濕

叮

翻身

睡不着

心窩跳

嚇一跳

醒了

戰兢兢

裂

渺茫

崩

爽快

遊玩

夜

夢

八十

響聲

濕透

鐘

大水無邊

流

山 角 拐

照 撐

船

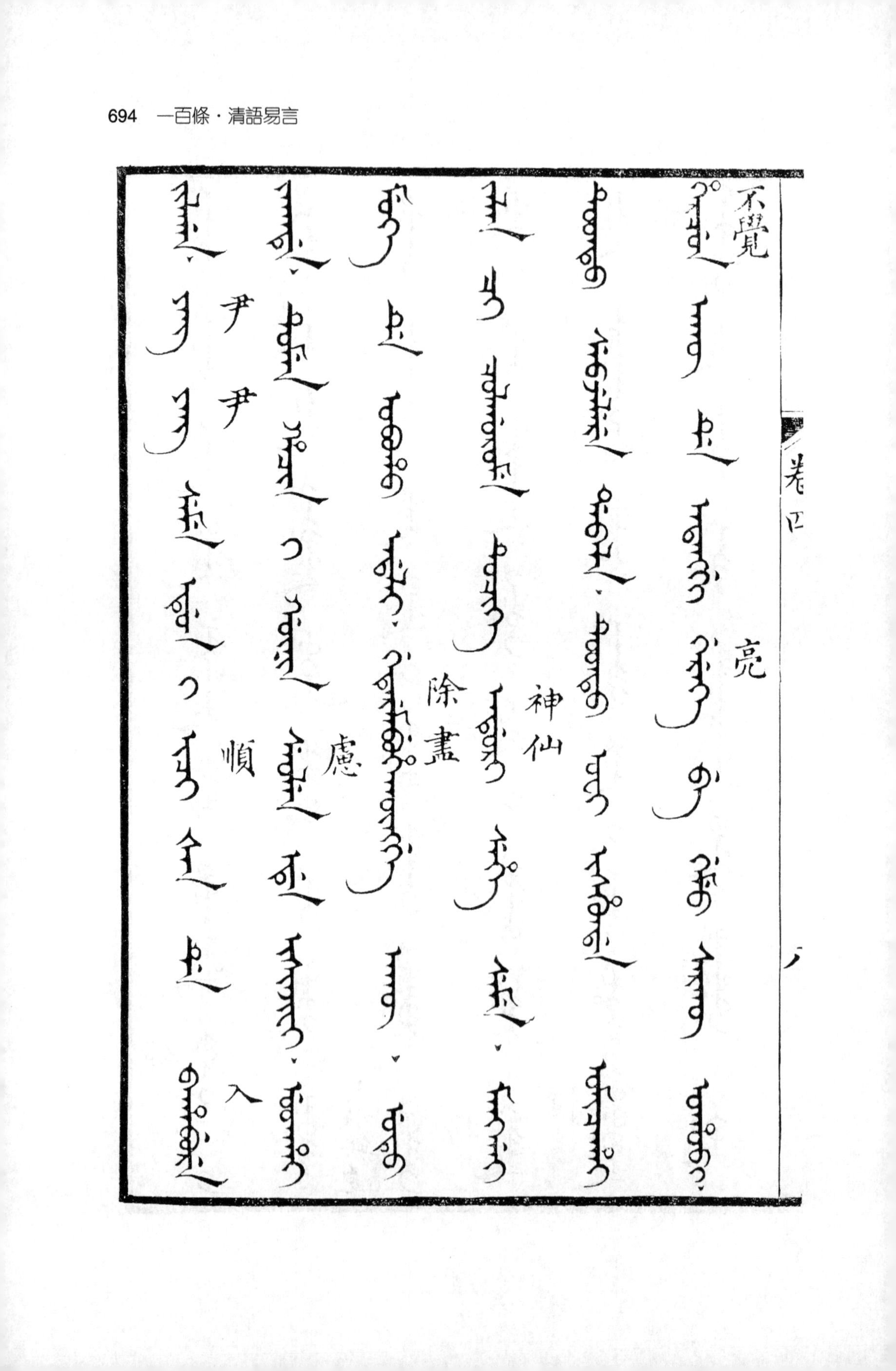

不覺

亮

神仙

除盡

慮

尹尹

順

入

熬眼

無力

一連

惜哉

八十一

徒然

豈不

卷四

醒了

枕頭

睡熟

眼包

下垂

昏沉

扎掙

陪

積

劑

腫了

生耳底

禾

床子

發燒

烤

膨

悶

煉

把式 真 好

掃 興

吃虧

年輕

鬆快

八十二

精

近不得前

硬對

遇

屯

痼

本事

髁

脖子

搖

柚

砍

齊齊的折一節

忙

刃刃

斜看

心

窩

扎

瘸子

讓

層

結

善於

幾

少

嗎

八十三

實迫

倒

折了銳氣

再

再

摔

揝

幾

步

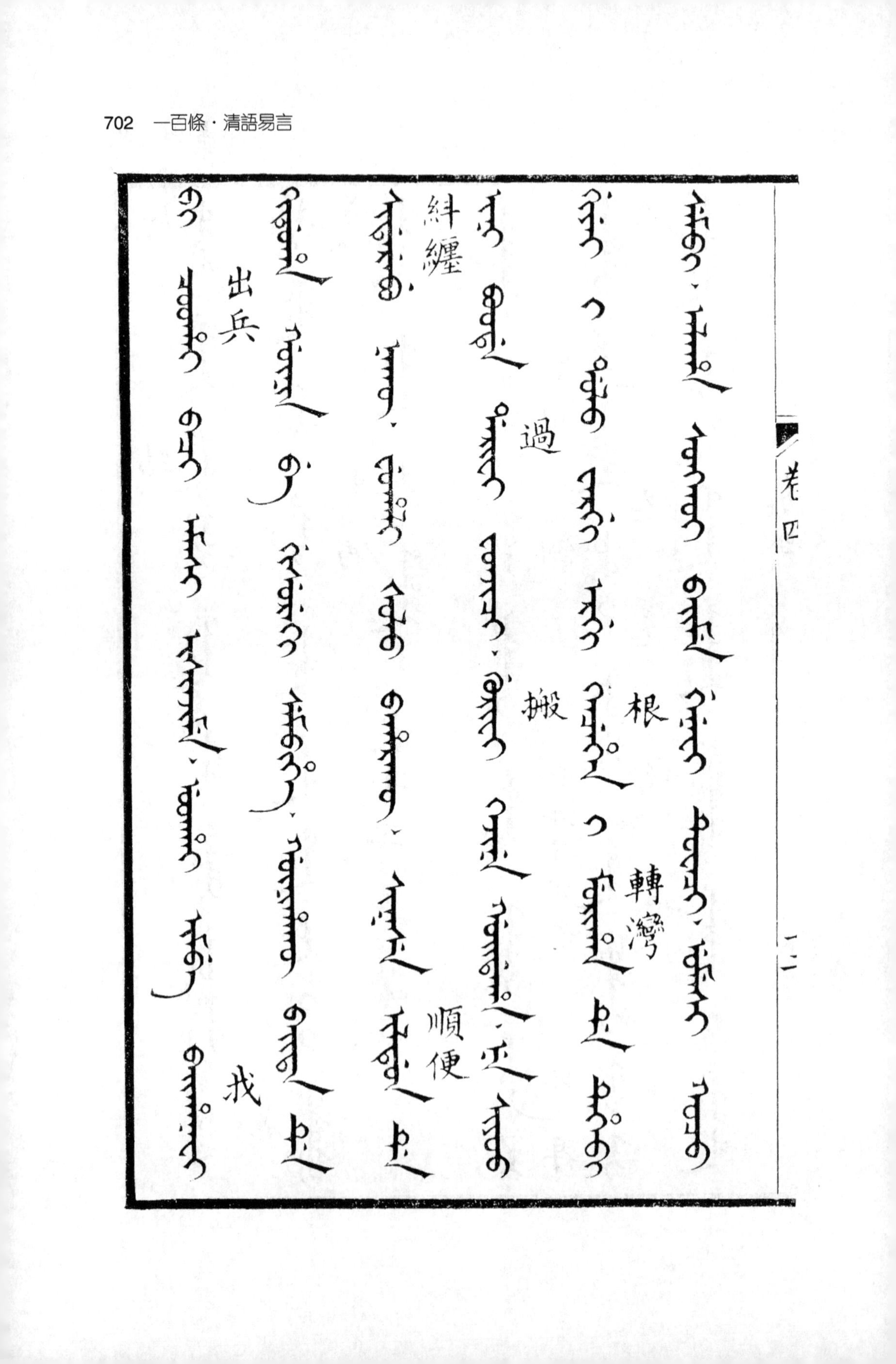

根

轉灣

過

搬

紏纏

順便

出兵

找

告訴

去

聾

雪片
風雪飄飄
傍午
亮
門
夜
冷
睡夢裡
凍醒了
職名
留下了
八十四
隔壁
筆硯

姑爺

桌子

火盆 炭

旺旺

預備

八十五

掌燈

高興

棋

清雅

風雪有聲

簾子

高捲

樹梢兒

折斷

刮

紛紛

少時

慘淡

不妥

大風

忽然

天變了

風絲

爽晴

戳扎

手指

凍拘攣

鞭子

迎

針

順

寒冷

定了

憎

夜

乞丐

渾身打戰

光炕

抽抽了

饞嘴

窮困

衣衫襤褸

經過

八十六

斷

噯呀

成氷

巧

吐

唾沫

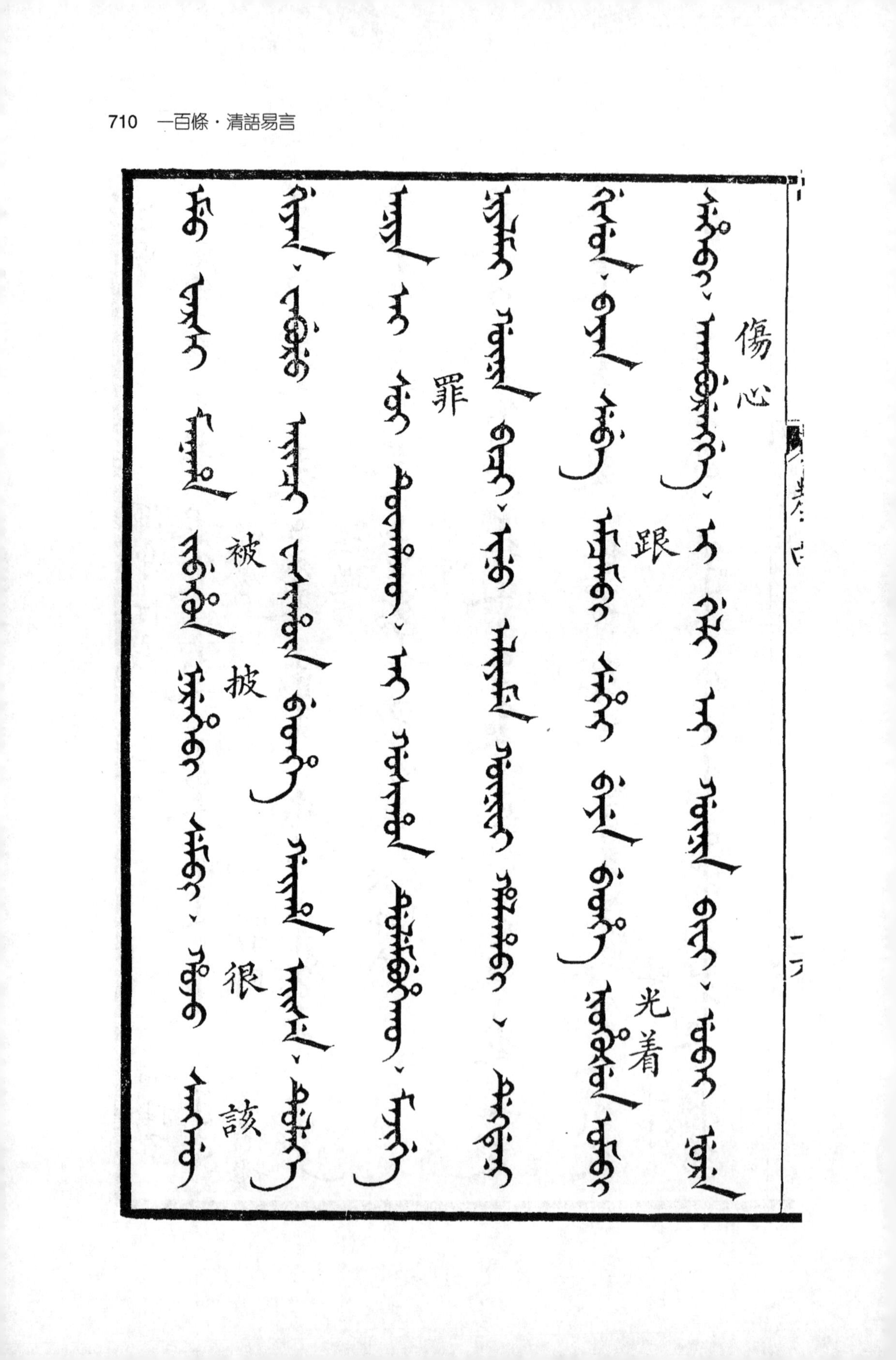

傷心

跟

光着

罪

被

披

很

該

味濃

逛

上凍

攢湊

不妥

高聲

睡

猛醒

有益

八十七

套

買

照舊

赤貧

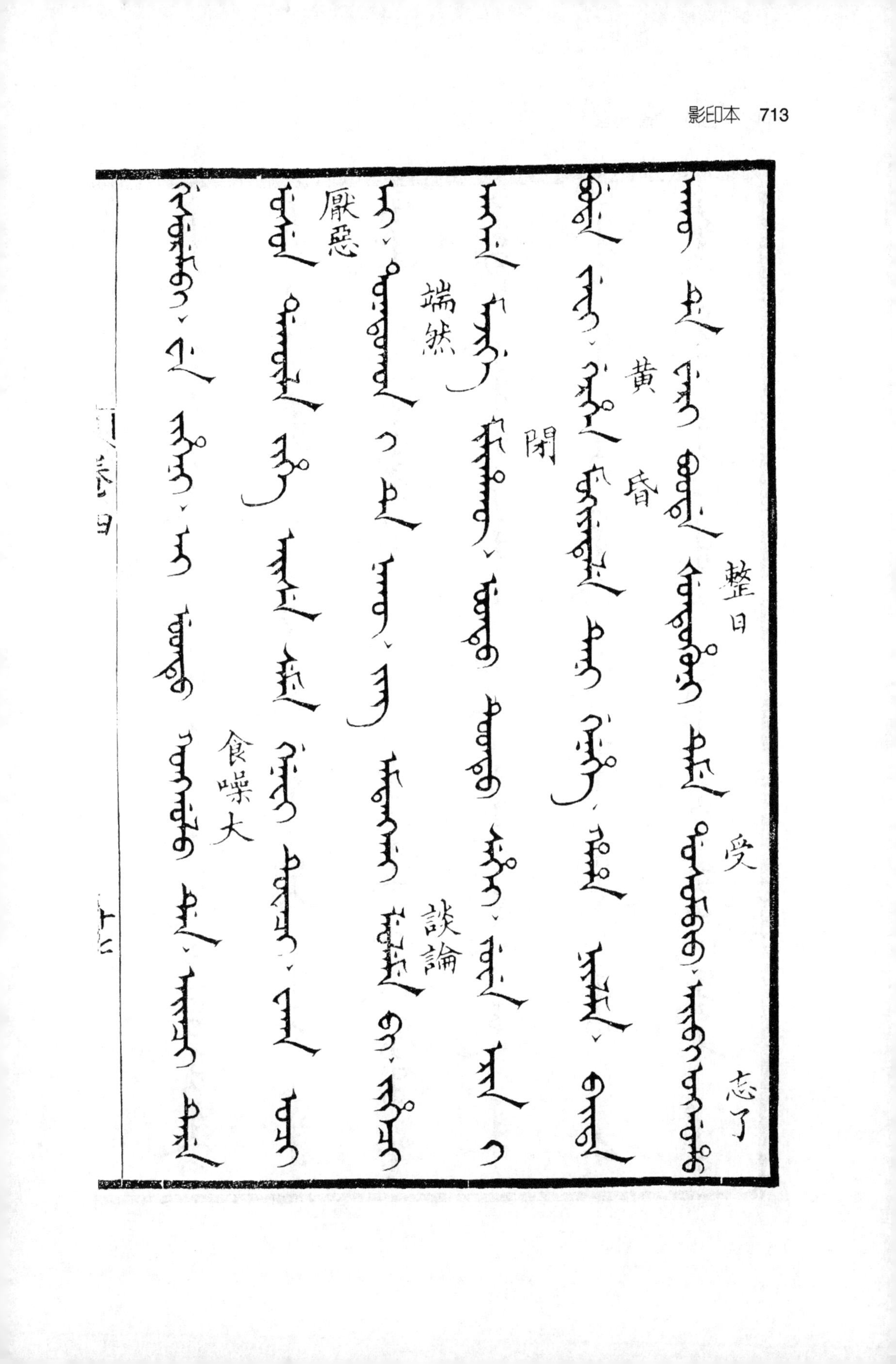

整日

受

忘了

黄昏

閒

端然

談論

厭惡

食噪大

臟腑

趕上就要

過眼

之

腦子

安慰

病重

發昏

上恍

死

機會

八十八

都是

枕頭

靠

顏色

長了

復

原

造化

大夫

治

指望

心厭了

德行

僥倖

皮 脫

笑盈盈 富貴

死 生 命

八十九

背 生

度

虛

名

專心

一意

且住

聽

不能答

止住

耽悞

耽擱

丟

皮憨

嘴碎

釁隙

很難妄動

內裡

不了亮

招惹

浮面 明白

由

九十

骨肉

出名

利害

羞恥

狡猾

戳

終須

卷四

磞了釘子

胡謅

討人嫌

口緊

九十一

儘着

責備

笑話

九十二

點頭

柔和

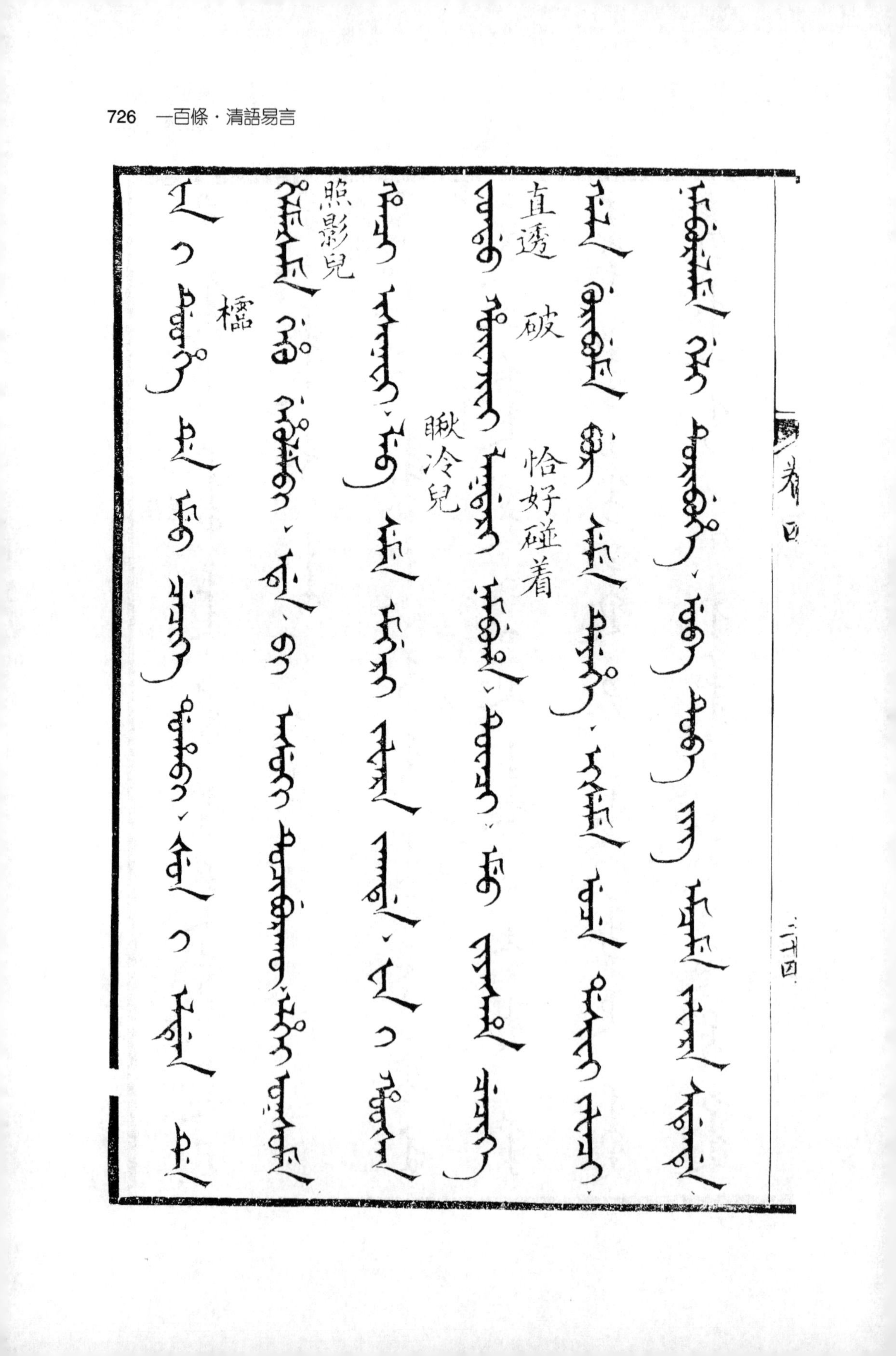

檽

照影兒

瞅冷兒

直透

破

恰好碰着

撒潑打潑

生靈

叩

吶喊搖旂

鉄鏟箭

麅子

拍馬

拉滿弓

射

落後

黄羊

稔

洒袋

撒圍

打圍

顛的

九十三

鹿

迎着

催

赶

山陽

山陰

山坡

過

羣

方才

瞪着眼

九十四

倒地聲

真可樂

彩頭好

釘

實拍

恥辱

裘

發福

雄壯

肥

馬

輕

詳細看

認

街方

窮的臭氣狗

遊蕩 魂

飢餓 肚子 用力 巴結 草芥

檢 好

明間

夜

悶熱

窗户

支着

九十五

改變

忘

贊揚

一

但間

騙

筷子

吃驚

鬼

搭拉着

血流

頭髮

奇怪

白紙

響聲

帶着困

拔

冷不防

自言自語

猛然

懂

默默的

櫃子

密縫着眼

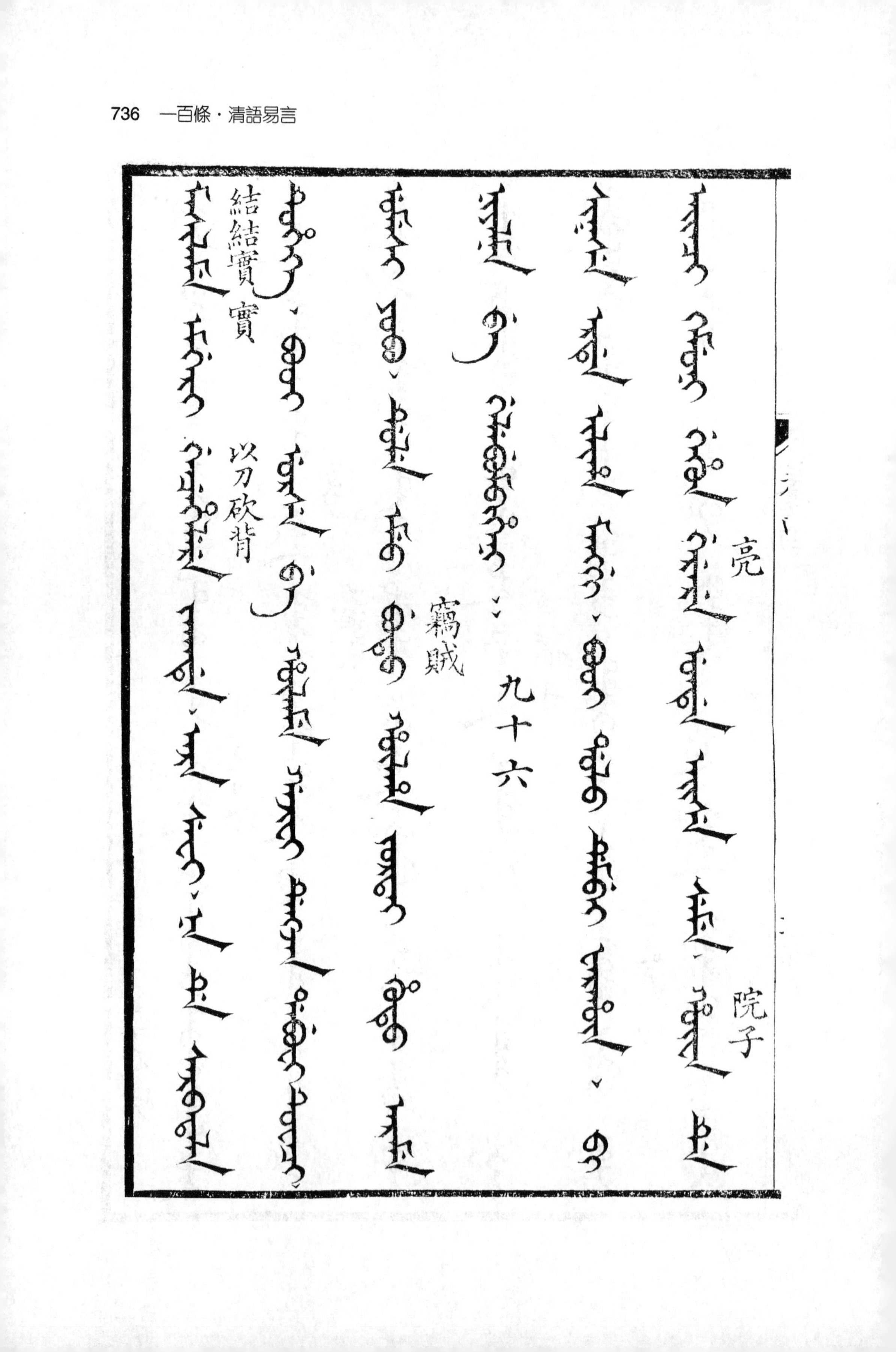

亮

院子

九十六

竊賊

結結實實

以刀砍背

陣

暴雨

水倒聲响流貌

鍾

焦雷

雨淅瀝聲

聲

踈雨點點

洗臉

位 逛

豐 九十七

透 秋

渺茫 日 光 應

住

走 傾盆直倒 夜

走
步行
閘口
日平西
船
遶彎
沿

忙
拍馬
一氣兒
急速
扇
看不真切
月光
城
内
關廂
動
跟役
遠
實坐

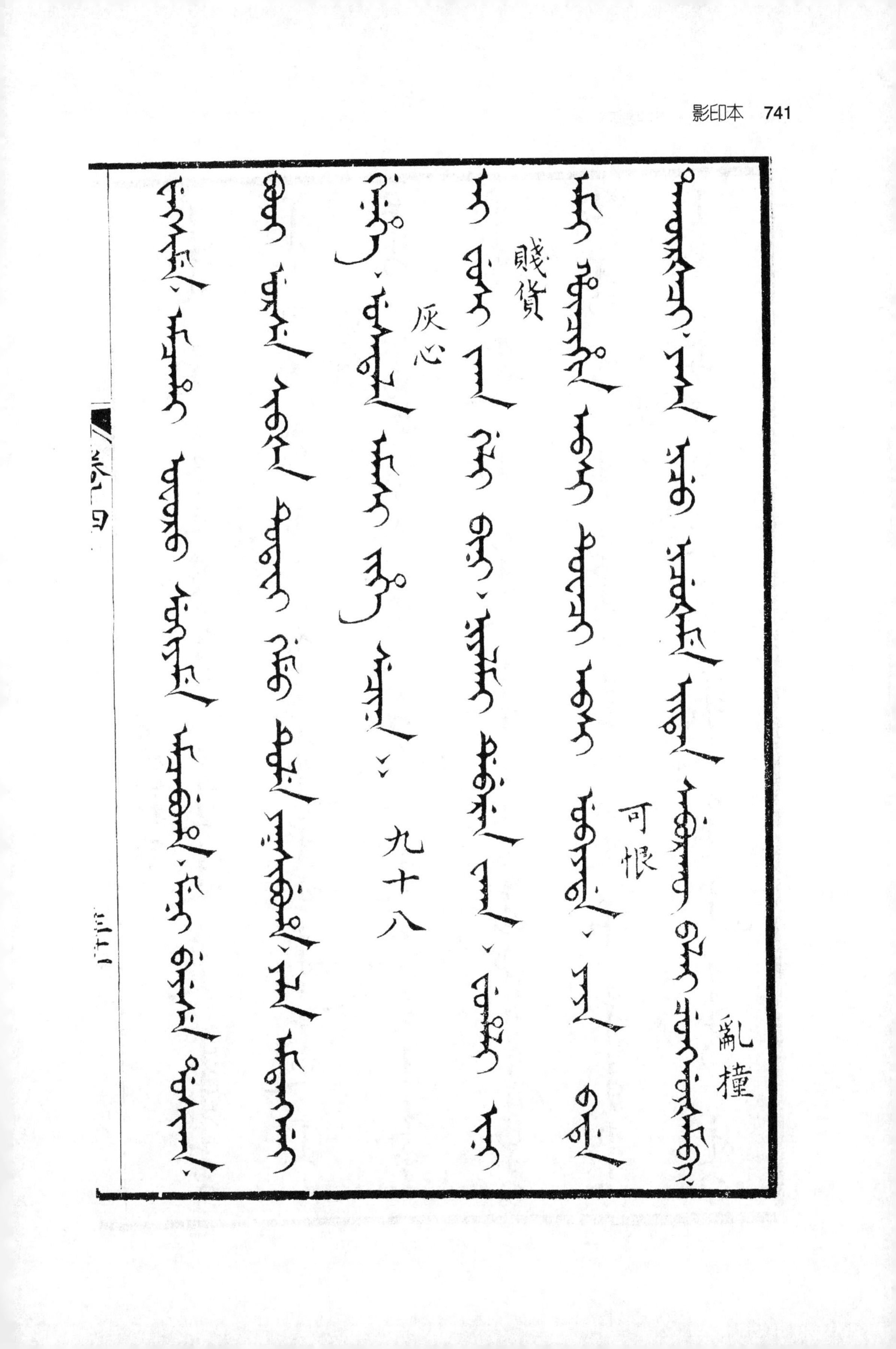

亂撞

可恨

賤貨

灰心

九十八

棍棒相打聲

呴氣精

服侍

話不明白狀

戲弄

九十九

家生子

稱心

野種

太

老實

陣

白

紅

當面

送

受困

一百

部

卷四

三四

北京大學中國語言學研究中心

早期北京話珍稀文獻集成
主編 劉雲

清代滿漢合璧文獻萃編
漢文主編 劉雲 陳曉
滿文主編 王碩 [日]竹越孝

卷三

一百條·清語易言

[清]智信 [清]博赫 編著
[日]竹越孝 陳曉 校注

北京大學出版社
PEKING UNIVERSITY PRESS

清語易言

目　録

導讀

[日]竹越孝　陳　曉

滿漢合璧文獻《清語易言》（Manju gisun be ja -i gisurere bithe）全一册，不分卷。卷首序文末尾題“乾隆三十一年鑲黄旗蒙古步軍統領衙門主事博赫解任養病之暇輯録”，據此可知成書年代應爲乾隆三十一年（1766）。作者博赫（Behe），生平不詳。

據筆者至今所見版本，《清語易言》的現存版本有如下三種（圓括號内爲藏書編號，方括號内爲校注時所使用的略稱）：

A．日本大阪大學圖書館藏刊本（Mn-390-13）【大阪大學本】：全29頁；

B．日本東洋文庫藏刊本（Ma2-5-7）【東洋文庫本】：全23頁；

C．中央民族大學圖書館藏刊本（滿45-5513）【民族大學本】：全25頁。

據曉春（2011）的研究[1]，以上所列B日本東洋文庫藏本與中國國家圖書館藏本完全相同，爲一個版本。以上三種版本最大的區别在於頁數的差異。A本頁數最多，内容也最爲豐富，B本頁數最少，C本居中。

A本與B本的序文末尾均題有“正白旗滿洲候補主事永寧校梓”，但C本與之不同，題爲“乾隆三十九年由外任回京改正”，可見此本是乾隆三十九年（1774）的一個改訂本。在版心大小、編排與字體方面，A本前後十分一致，B本編排亦與A本類似，但最後第23頁的版心大小與前面有異，因此B本有可能是依據A本截取而成的版本。另外，C本在第12頁以後，字體和内容与A、B二本均有較大差异，據此可見，C本序文的“回京改正”所指的修訂内容應集中于第12頁以後。根據以上特點，筆者推測A本應爲原刊本，B本爲原刊本的删略本，C本爲改訂本，此次點校本所依據的底本即A本。

1　參見曉春（2011）《清語易言》的語言學價值，《滿學論叢》，第1輯。

《清語易言》的内容雖基本是以對話形式而編排，但其中反復强調了“話韵”“用字”“字意”的重要性，因此其内容實際可看作是關於滿語發音、正字法、語法的概括説明。根據内容最爲豐富的大阪大學藏本，每部分所述内容可大致作如下分類：

（1）1a1-3b2：序文

（2）4a1-11b5：“alambi（告訴）”一詞的各種使用變化；

（3）12a1-14a1：滿語拼寫與發音變化；

（4）14a2-16a1：某些滿語詞匯的口語音；

（5）16a1-17b6：詞匯組合與語法位置；

（6）18a1-21b5：詞尾助詞與詞綴；

（7）21b5-23a1：詞匯派生變化；

（8）23a1-29b1：輔音和元音的發音方法，輕重音及元音和諧。

關於《清語易言》的研究，池上二良於1944年的東京帝國大學畢業論文（1986—1987年正式公開發表）中提到[1]，此書是研究滿語音韵史的重要歷史文獻。另外還包括季永海（1992）[2]、春花（2010）[3]、曉春（2011）[4]等也闡明了此書對於滿語歷史的研究有重要價值。但前人均注重其對滿語研究的價值，對漢語史的研究價值似乎重視不够。筆者認爲，此書可視爲研究清代北京話詞彙語法的重要材料，例如書中反映了一些北京話口語詞彙，例如：“多咱”“壓派”“各兒”“根（跟）前”“逼勒”“糊里抹兒”“不着調”“來着”“……是（似）的”“起根”“靴鞡子”“老家兒”等。另外，書中將句末語氣詞“罷”寫作“吧”，是筆者所見文獻中出現的最早用例。

1　參見池上二良（1986—1987）滿漢字清文啓蒙における滿洲語音韻の考察，《札幌大學女子短期大學部紀要》8，9，10。後見《滿洲語研究》，1999年，東京：汲古書院，第61~195頁。該論文儘管是以研究《清文啓蒙》爲中心，但其中也涉及了《清語易言》。

2　參見季永海（1992）《清語易言》語音探析——讀書筆記之二，《滿語研究》，第1期。

3　參見春花（2010）論清代滿蒙語文教科書——《阿拉篇》，《滿語研究》，第1期。

4　同注上頁1。

書中還反映了清代旗人的語言生活，以及他們對滿語如何認識分析，用漢語的何種語法成分來對應描述滿語等情況均有所體現，因此《清語易言》對研究滿語史和漢語史均有重要價值。

重排本

<序>

清語易言序

清語者 我國本處之語不可不識 但旗人在京與漢人

雜居年久 從幼即先習漢語 長成而後

始入清學 讀書學清語 讀書 一二年間

雖識字曉話 清語不能熟言者 皆助語不能順口

話韵用字 字意無得講究之故耳 所以

清語難熟言矣 愚將諸凡助語 皆於告訴之一句話上注

正白旗滿洲候補主事永寧校梓

鑲黃旗蒙古步軍統領衙門主事博赫解任養病之暇輯録

乾隆三十一年

不但自能清語　即筆力亦有少補云爾

將話韵用字　字意知明已後　再讀他書

淺陋不全　初學者　若先將此書熟讀　助語能順口

出　又連話韵用字　字意作爲一書　雖然

齊都告訴　起初爲什麼不告訴　這是無告訴的　那是不告訴的　所有的無有不告訴的

各項皆告訴畢了　至到此時没告訴麼　至今没告訴　還未告訴　并無告訴之處　衆齊告訴

這里來告訴　現今告訴去　如今告訴來　往那里告訴去　纔告訴了麼　將纔告訴了　諸凡都告訴畢了麼

這樣老兄長請坐　我把告訴的一句話調轉着説給聽　掘比　告訴　叫告訴　那里去告訴

你所學的話都記得麼　我所學的話皆記得　果然記得　求略説給聽聽　若是

讀什麼書呢　我念完十二個頭兒了　如今又念助語書呢　阿哥

阿哥讀過書麼　我先讀漢書來着　現今又讀滿洲書呢　阿哥你

<正文>

索性告訴了　既然告訴　已然告訴了　彼此對告訴　爲什麼情由告訴　告訴過的什麼原故

將告訴　若告訴不好了　告訴之外　既是告訴　告訴了而後　每遭告訴　每告訴　說是告訴了

雖是告訴　爲告訴　告訴的彼時　告訴的當時　告訴之間　如若告訴的時節　若是告訴　告訴的上頭

没告訴啊　不告訴啊　恐怕告訴　恐提着告訴　告訴之前　果然告訴麼　告訴吧咧　況且告訴

原來再四的告訴了呢　雖告訴不相干　只是愛告訴　告訴是啊　白告訴　不告訴罷呀　告訴啊

竟不告訴是怎麼了　或者告訴的上頭麼　但只寡告訴　告訴已來　純是告訴　未必告訴了呢

就告訴是呢　想是告訴吧　告訴有什麼呢　何從告訴了　從前爲什麼告訴　起先想敢告訴了吧

别告訴　如何告訴　多咱告訴　直不教告訴　被别人告訴了　必定告訴作什麼　由着告訴吧

遞着告訴　接緒着告訴　糊告訴　漸漸的告訴　含糊告訴了　冒壯告訴了　預先告訴了

告訴　几科里告訴　誰根前告訴　向誰告訴　推浮猾告訴　立刻告訴　一里一里的告訴　傳

怎得告訴　平常告訴　怎麼告訴　徒然告訴　空告訴　正然告訴　特特的告訴　遭遭

各自各自告訴　各自各自告訴　各自顧各兒告訴　推故告訴　反加告訴　再三告訴　常告訴

若先告訴　要後頭告訴　得要告訴　壓派着叫告訴麼　若告訴了不的了　必是告訴　自然告訴

普遍叫告訴了　一概叫告訴麼　普裏叫告訴　告訴了好些　告訴的許多　忍的告訴麼　不忍的告訴

略等等告訴　求替告訴　告訴即得知　告訴瞞得住麼　到底叫告訴麼　執意叫告訴　告訴是咧　全然告訴了

告訴了的如何　若不不用告訴　不用狠告訴　不告訴罷呀　緊只告訴麼　只是你告訴麼

從那里告訴來了　何愁告訴　何苦來告訴　如此告訴豈有此理　那樣告訴無依　告訴什麼

訴了　告訴無幾會　因告訴了纔知道　倘若不告訴如何得知道　果然因告訴了啊

告訴狠容易　强狃着告訴難　告訴過加着又告訴　如此告訴有什麼説處　把自有以來的全告

告訴的有理　或者告訴過的不是　或者告訴過的是　奏作着告訴的是謊　忽然告訴反到不好

訴　真可告訴　任意告訴使不得　慢慢的能告訴　倉猝間不能告訴　或者

累累的告訴了　再三的告訴了　甚覺無干的告訴了　理該告訴　不該糊告

着實告訴了　挨次告訴了　支吾着告訴了　糊里抹兒的告訴了　把碎雜的告訴了　把傍不相干告訴了

盡情告訴了　告訴了好一會　暫且告訴了　悄悄的告訴了　背着告訴了　細細的告訴了　賭面告訴了

趣兒 把現成的告訴了 雖說是告訴了 雖然告訴了 雖告訴了 還告訴得 何等樣的告

訴來着 告訴過的是誰呀 告訴過的胡里糊塗 告訴過的糊鬧 告訴的胡說了 告訴過的果斷

告訴過的嘮叨 告訴過的停畢了 告訴過的無頭絮 告訴的話不明白 告訴了半截兒

怕告訴 將將的告訴了 失一点没得告訴 告訴愈發不好了 告訴什麼相干 雖告訴

無涉 全然告訴狠好 早以告訴不大甚好 既告訴又反覆 起根告訴來着

這一向若是告訴過 怎敢告訴 敢告訴 大不過告訴吧咧 任平怎麼告訴什

麼要緊 告訴了不勝之喜 倘或說告訴過可怎麼樣 正竟的不告訴 另外的

告訴作什麼 告訴的不着調 告訴的不能分別 告訴的不合口 告訴的嘴碎 告訴的碎小

於他話亦能照此調轉着說得來

告訴過的可不是什麼呢　忽而這樣告訴　行那樣告訴　等助語　順口演熟而後

告訴了中什麼用　雖緊只逼勒告訴不中用　平的怎麼的告訴是　莫非告訴過來着麼　好象告訴是的

能勾告訴什麼　告訴怕什麼　告訴了并不能怎麼樣　無奈何的告訴　總而言之假飾

告訴將完生了氣了　赶告訴去什麼時候了　不告訴而又告訴　猛然跕起告訴　告訴的狠大

不論怎麼告訴吧　不論誰先告訴是呢　雖然任憑怎麼告訴　特有拿手告訴　討實據告訴

告訴的有關係　感激告訴　所告訴的求明鑒　未發覺之前告訴了不中用

把觀說歡　把棍說渾　把雞說駒　把究說角　把西說師　又說曰　又

的頭兒字上改諗的韵　把嘎說哈　把干說漢　把哈說海　把郭說火

把儉說煙　把今說銀　把家說呀　把鍋說握之處皆一定之韵　若別

安　把該說愛　把孤姑說兀　把郭說握　把滾說溫　把雞說依　把金說陰

改諗的韵　把哥說哦　把溝說歐　把嘎說啊　把槁說嗷　把干說

若是這樣　求阿哥你略講講我听　着我告訴啊　滿洲話內若在第五個頭兒字下

字意而後　纔能說呢　阿哥你都曉得麼　我略不曉得這個如何能說呢

阿哥你說的雖是　說滿洲話　必知道話韵　用字

倉房 醜 行粮 烤火

敗了 肷皮 執意 嘴碎

想是 好麼 清 旗子 真麼

者 亦次寫出 說 狠 肉

還可照原字韵說者 仍說原韵 再單話上 改韵說

把我說我衣 等韵遇話斟酌 應改韵說者 改說之外

把比有說米有 把七說師 又說吃 把急說朱 又說之 把達說代 把矮說啊

說書 把新說深 把星說升 把呢說匊 把伍說哦 把比說米 又說摸

作雖字首下用雖然 雖說 雖說過等字 倘若之下用 了時 了節 了時候 在 若從 若是之

皆圓和其韵也 再別之下用拉勒羅等字 此幾字

這樣 那樣 再遇此五字上之比字諗摸之處

煙 敢 陰冷 凉爽

不可 跑等 分例 走馬

大不過 純是 兒子 來 四十

那邊 扳指 管尉 茶桶 而後

不好了 可怕 諸凡 這邊

好愛之上 用得字 何說 既然之上 用博字 上頭

奇字 能 不能之上 用摸字 怕 小心 帮助 賞

既是 餘外 使得 使不得 該當 不該當之上 用

在之字 聞得之下用 說 說了 如說之字 而後之上 用七了字

之二的 如得之下用 欲如說 乞求三字 已然之二的 查得之下用 已畢已

尚且之下有之處 下用何況 果然麼 麼 使得麼之字 未然

想是之下用 罷云爾 想敢之字 原來之下用 呢 呢啊 之字

字 既而 加着 而且之下用又字 來着過 起根之下用來着字

乃言各項不露之的意　衣呢者乃顯然之的意　又用之意

批者　乃形象過分之意　春者　乃可是事之意　拉勒羅者

乃教令之意　上有得字是被人作弄之意　比者　乃自然動用之意

七者　乃若　第幾　從由　比　空兒之意　起者　乃欲要之意　不者　上有博字

了意　摸者　開口乃是將意　接話乃不斷之意

乃在　上　向　時等意　博者　乃把將　除令　使等意　非衣者　乃接話未完之

普概　純是　一樣之上　用呢衣字之處　皆是接清語之規　得者

與其不但　之前　吧咧　恐怕　未之上用　拉勒羅字　一同　向　已來　獨盡其　任意

此三字者 乃有的之意 此七字者乃些須略比之意

之意 此無有又有不之意 此六字者 俱是畢了之意

就是得博比呢衣里摸庫監因上 添一麼字之問意 此四字者乃無有

之意 此六字者 俱了麼之問意 此十字者

俱已然了的之意 有毆字 了的麼之問意 此六字者 已了

字者俱未然的之意 有毆字 的麼之問意 此六字者

聯寫單寫俱可 第五個頭兒字下 用大呢 此三

此小衣字 在第四個頭兒字下用 諗呢 別的頭兒上仍舊諗衣

令别人之意　此六字者　在實話上不算外　俱是順用

樣形象之意　此三字者　乃形象多加之意　此四字者　乃教

乃欲求之意　此三字者　乃常常不斷之意　此三字者　乃另

乃可之意　此二字者　乃將纔之意　此二字者　乃窮盡之意　此三字者

生意　此三字者　來之意　此三字者　乃每人每之意　此二字者

意　此三字者　乃諸凡盡其所有之意　此三字者　去之意　又

費赶到去的時候之意　此五字者　乃們等之意　此二字者　乃未完之間

此五字者　乃一齊彼此之意　此三字者　至終之意　又

驚怕　驚乍　撞透　自破透　推　推托　摻和　摻雜摻混　讒言　臟訟

指望　盼望不休　喜　喜歡　門閂撐子　插空兒　遠　遠行　靴鞦子　尚鞦子　裏子　吊裏子

合　湊合　思想　尋思　拆毀　自敗自壞　刨決口子　自決口自磞豁　挪移　挪移不定

書後寫的變意之話　也可說給聽麽　着老兄長請聽　我把記得的說說

原話寫在與後　再得博奇呢衣開等字　不可提寫在行首　阿哥

變意不一　因不可含糊說　將

在話之末了　俱是啊之口氣　再話內　有此十六字者

順作之意　此四字者　乃緊只作爲之意　此七字

字之韵者 皆老家兒們口傳心受之條 書上無所注 今既然問

用何等字 末了應用哈喝豁等字之處 皆能說麽

韵有陰陽平老陽少陰 說有輕重之分 再話之首

果然清語能易言 但清字 有口音嗓音舌音齒音唇音說者

你所言 這說滿洲話的韵用字字意 都曉得了 若這樣學

吃驚 打冷戰 蒙蓋 撣拂灰塵 平安 慰平撫又平地之處 理應細細的分辨 阿哥看

財帛 行賄 仇 挾仇 泡着 浸泡 等候 且等且走 滿之 足滿 謀算 自言自語

怒 動怒 補 占補 鑽 以鑽鑽之 鍬钁 打鍬钁 耍趣兒 取笑 暴虐 行凶

我把聽見老家兒們口內講說過的　盡其所記言之　是否之處　仍待多學者

教正　獨拿頭一個頭兒字上講　如比　阿呀則從　口中吐說之音

喀嘎哈　則在嗓上吞說之音　苦孤忽　則在嗓上吐說之音　那他打

拉　則從舌尖吐說之音　薩沙叉渣　則從齒上吐說之音　吧怕媽　則

在唇上吐說之音　法　則是齒連唇吐說之音　洼　則是口連唇吐說之音

皆因陽韻應略重說之　此等字用在話首　末了用哈

喀拉拉摸他他拉等字　哦也克格喝　則是口內下壓說之音　訥

忒得勒　則是舌尖吞說之音　色賒徹者則是齒上吞說之音　博珀摸

第二字若是陰字　末了用喝等字　第二字仍用平字　或用少陰字

此等字用在話首　第二字若是陽字　末了用哈等字

必披米　則從唇說之音　非衣　則是齒連唇呑說之音　皆是平韵

從舌尖上說之音　西七濟　則從齒吐說之音　欺雞希　則從齒呑說之音

雨略間了心開眼亮之數言　不在陰字規矩之內　衣　則從口說之音　呢梯底里　則

末了用喝克勒勒摸特特勒等字　此陰字內又有　暢快　吃驚　嘆氣

音　皆因陰韵應輕說之　此等字用在話首

則是唇上呑說之音　佛則是齒連唇呑說之音　握　則是口連唇呑說之

皆因少陰韵理應略輕說之　此等字用在話首　第二

蘇書楚朱　則從齒上說之音　布普母　則從唇說之音　夫　則是齒連唇說之音

五御哭沽呼　則從口說之音　奴囊都路　則從舌尖上說之音

末了用哈等字　若用二字　末了用豁科洛洛摸拖拖落等字

之音　皆因老陽韵應重說之　此等字話內用一字

索朔戳卓　則是齒上吞說之音　撥潑謀　則是唇上吞說之音　佛　則是齒連唇吞說

之音　科郭豁　則是嗓內吞說之音　諾拖多洛　則是舌尖吞說之音

末了隨其韵　分別用哈喝等字　握岳　則是口中吞說

頭兒字　亦照此取韵用　再第十個頭兒內所有頭一個頭兒同韵者□□□□□□

者亦有　清話上　不大用之字無提外　若是別的

於陰字一同用　阿哦二字　不論上字是陰陽　惟隨下話之韵用

一字者　下切陽字　於陽字一同用　下切陰字

若講陰陽　於阿哦衣握五字一同　不用在話首　在第二末了用　又有二字切音

分別用哈喝等字　拉勒里洛路等字　則是繞舌說的

第二字仍用少陰字　或用平字　末了隨其韵

字若是陽字　末了用哈等字　第二字若是陰字　末了用喝等字

庶幾老家兒們舊韵矣

如愚所言　每字分輕重　靠在所指處言去習慣已後

俱應隨頭一個頭兒韵說之　不可隨第十個頭兒的韵重說之

陽陰之整句　喀噶哈　ホ嘎嘓　塔達　是陽韵可歌哈特德　是陰韵

即是少陰韵　謂即是入声韵　清語上　不大用不用講

是陽韵　額即是陰韵　伊即是平韵　鄂即是老陽韵　烏

今既然問　獨拿第一個頭兒阿額伊鄂烏謂二句上講　比如　阿即

滿洲字之韵輕重者　皆老家兒們口傳心受之條　書上無所注

話之首用何等字　末了應用哈喝豁等字之處　亦能說麼

但說清話字韵有輕重　何等字該重　何等字該輕能分別麼　再

〈附録〉

末字之上是老陽字 末了用豁囉陀陀囉等字 末字之上若

哈喇塔拉等字 末字之上是陰字 末了用德呵勒特勒特勒等字

此但看話之末了之上字定準 末之上是陽字 末了用

平字韵應随口順便説 再話之末了 合用哈呵豁等字

陽老陽字韵應當重説 陰少陰字韵應輕説

別的頭兒上的話都照此 陽陰平老陽少陰 分別取韵説

圖 都 是少陰韵 除此整句之外 別句都同阿額伊鄂烏謂之韵隨着説

期 基 希 梯 低 是平韵 科 鍋 豁 棵 郭 和 陀 多 是老陽韵 軲 觚 呼 枯 沽 胡

盡其所知寫出 是於不是 仍待大學之人改正

此五字之上 都用平字少陰字 愚下

合成一字窃音諗 下字必是用雅葉斡窩 此五字别的頭兒上亦同

是平字少陰子 末了之上可以随韵用陽陰字 再二字

轉寫本

<序>

0-1 manju gisun be ja -i gisure-re bithe-i xutuqin,

滿 語 賓 容易 工 説-未 書-屬 序言

清語易言序（1a1）

0-2 manju gisun se-re-ngge,

滿 語 稱作-未-名

清語者，（1a2）

0-3 musei gurun -i da susu -i gisun,

咱們.屬 國家 屬 原來 故鄉 屬 語言

我國本處之語，（1a2-a3）

0-4 bahana-ra-kv o-qi o-jora-kv,

領會-未-否 成爲-條 可以-未-否

不可不識，（1a3）

0-5 damu gvsa-i niyalma gemun heqen de bi-fi irgese-i emgi

但 旗-屬 人 皇 城 位 在-順 民衆-屬 一起

但旗人在京與漢人（1a4）

0-6 suwaliyaganja-me te-fi aniya goida-ha,

混合-并 居住-順 年 經歷-完

雜居年久，（1a5）

0-7 ajigan-qi uthai neneme nikan gisun be taqi-fi,

年幼-從 就 先 漢 語 賓 學-順

從幼即先習漢語，（1a5）

0-8 mutu-ha manggi

成長-**完** 以後

長成而[1]後，（1a6）

0-9 teni manju taqikv de dosi-mbu-fi, bithe be hvla-bu-me

終於 滿洲 私塾 **與** 進入-**被**-**順** 書 **賓** 讀-**使**-**并**

始入清學讀書，（1a6）

0-10 manju gisun be taqi-mbi。

滿 語 **賓** 學-**現**

學清語。（1b1）

0-11 bithe be hvla-fi emu juwe aniya-i siden-de,

書 **賓** 讀-**順** 一 二 年-**屬** 期間-**位**

讀書一二年間，（1b2）

0-12 udu hergen taka-fi, gisun ulhi-qibe,

即使 文字 知道-**順** 語言 明白-**讓**

雖識字曉話，（1b2）

0-13 manju gisun be tang se-me gisu-re-me mute-ra-kv-ngge,

滿 語 **賓** 流利 **助**-**并** 講-**未**-**并** 能够-**未**-**否**-**名**

清語不能熟言者，（1b3）

0-14 gemu aisila-ra gisun be angga-i iqi o-me mute-ra-kv,

全都 幫助-**未** 語 **賓** 口-**屬** 順應 成爲-**并** 能够-**未**-**否**

皆助語不能順口，（1b4）

0-15 gisun -i mudan, hergen be baitala-ra, hergen -i gvnin be

語言 **屬** 韵 文字 **賓** 使用-**未** 文字 **屬** 意思 **賓**

1 而：民族大學本作“以”。

話韵、用字、字意，（1b5）

0-16 baha-fi sibki-me giyangna-ha-kv -i haran o-fi,

得到-順 講究-**并** 説明-**完-否** **屬** 原因 成爲-**顺**

無得講究之故耳，（1b6）

0-17 tuttu manju gisun be tang se-me gisure-re-de mangga o-ho-bi,

這樣 滿 語 **賓** 流利 **助-并** 講-**未-位** 難 成爲-**完-現**

所以清語難熟言矣。（1b6）

0-18 mentuhun bi yaya aisila-ra gisun be

愚鈍 我 諸多 幫助-**未** 語 **賓**

愚將諸凡助語，（2a1）

0-19 gemu alambi se-re emu gisun de ara-me tuqi-bu-fi,

全都 告訴 **助-未** 一 話語 **與** 做-**并** 出-**被-順**

皆於“告訴”之一句話上注出，（2a2）

0-20 geli gisun -i mudan, hergen be baitala-ra, hergen -i gvnin be

又 語言 **屬** 韵 文字 **賓** 使用-**未** 文字 **屬** 意思 **賓**

又連話韵、用字、字意，（2a3）

0-21 suwaliya-me emu bithe o-bu-me ara-ha,

集合-**并** 一 書 成爲-**使-并** 做-**完**

作爲一書，（2a4）

0-22 udu miqihiyan albatu yongkiya-ha-kv bi-qibe,

即使 淺顯 粗俗 完整-**完-否** 有-**讓**

雖然淺陋不全，（2a4）

0-23 teni taqi-re urse,

開始 學-**未** 衆人

初學者，（2a5）

0-24 aika neneme ere bithe be ure-me hvla-fi,

如果 先 這個 書 **賓** 熟-**并** 讀-**順**

若先將此書熟讀，（2a5）

0-25 aisila-ra gisun be angga-i iqi o-me mute-fi,

幫助-**未** 語 **賓** 口-**屬** 順應 成爲-**并** 能够-**順**

助語能順口，（2a6）

0-26 gisun -i mudan, hergen be baitala-ra, hergen -i gvnin be

語言 **屬** 韵 文字 **賓** 使用-**未** 文字 **屬** 意思 **賓**

將話韵、用字、字意，（2b1）

0-27 getukele-me sa-ha manggi,

清楚-**并** 知道-**完** 以後

知明已後，（2b2）

0-28 jai gvwa bithe be hvla-ra ohode,

再 其他 書 **賓** 讀-**未** 若

再讀他書，（2b2）

0-29 ini qisui[1] manjura-me mute-mbi se-re anggala,

他.**屬** 擅自 説滿語-**并** 能够-**現** 助-**未** 不僅

不但自能清語，（2b3）

0-30 uthai fi dube-de inu majige niyeqequn o-mbi-dere。

就 筆 尖端-**位** 也 稍微 裨益 成爲-**現**-吧

即筆力亦有少補云爾。（2b3-b4）

0-31 abka-i wehiye-he[2] -i gvsin emuqi aniya,

天-**屬** 扶持-**完** **屬** 三十 一 年

---

1 ini qisui：此爲固定用法，意爲“自然而然”，下同。

2 abkai wehiyehe：此爲乾隆帝的滿語年號。

乾隆三十一年，（3a1）

0-32 kubu-he suwayan[1] -i monggo gvsa-i

鑲-完 黄色 屬 蒙古 旗-屬

鑲黄旗蒙古（3a2）

0-33 yafahan qouha-i uheri da yamun -i ejeku hafan behe,

步 兵-屬 總 首領 衙門 屬 主事 官 博赫

步軍統領衙門主事博赫，（3a2-a3）

0-34 tuxan qi alja-fi nimeku uji-re xolo de isamja-me ara-ha。

任務 從 離開-順 病 養-未 閑暇 位 收集-并 做-完

解任養病之暇輯録。（3a3-a4）

0-35 gulu xanyan -i manju gvsa-i

正 白 屬 滿洲 旗-屬

正白旗滿洲（3b1）

0-36 oron be aliya-ra ejeku hafan yungning aqa-bu-me folo-bu-ha[2]。

缺員 賓 等待-未 主事 官 永寧 適合-使-并 刻-使-完

候補主事永寧校梓。（3b1-b2）

---

1 kubuhe suwayan：此爲固定用法，意爲“鑲黄旗”。

2 gulu xanyan i manju gvsai oron be aliyara ejeku hafan yungning aqabume folobuha正白旗滿洲候補主事永寧校梓：民族大學本無此内容，而作“乾隆三十九年由外任回京改正”。

<正文>

1-1[A] age bithe be hvla-ha ba-bi-u?

阿哥 書 賓 讀-完 地方-在-疑

阿哥讀過書麽?（4a1）

1-2[B] bi neneme nikan bithe be hvla-ha bihe,

我 先 漢 書 賓 讀-完 過

我先讀漢書來着,（4a1）

1-3 te geli manju bithe be hvla-me bi,

現在 又 滿族 書 賓 讀-并 現

現今又讀滿洲書呢。（4a2）

1-4 age si ai bithe be hvla-me bi?

阿哥 你 什麽 書 賓 讀-并 現

阿哥你讀什麽書呢?（4a3）

1-5[A] bi juwan juwe uju-i bithe be hvla-me waji-ha,

我 十 二 頭-屬 書 賓 讀-并 完結-完

我念完十二個頭兒了,（4a3-a4）

1-6 te geli aisila-ra gisun -i bithe be hvla-me bi。

現在 又 幫助-未 語 屬 書 賓 讀-并 現

如今又念助語書呢。（4a4）

1-7[B] age sini taqi-ha gisun be gemu eje-he-bi-u?

阿哥 你.屬 學-完 語言 賓 全都 記得-完-現-疑

阿哥你所學的話都記得麽?（4a5）

1-8[A] mini taqi-ha gisun be gemu eje-he-bi。

我.**屬** 學-**完** 語言 **賓** 全都 記得-**完**-**現**

我所學的話皆記得。（4a6）

1-9[B] unenggi eje-he o-qi,

真的 記得-**完** 成爲-**條**

果然記得，（4a6）

1-10 majige gisure-fi donji-bu-reu。

稍微 説-**順** 聽-**使**-**祈**

求略説給聽聽。（4b1）

1-11[A] uttu oqi agu te-ki,

這樣 若是 兄長 坐-**祈**

若是這樣，老兄長請坐，（4b1）

1-12 bi ala-mbi se-re emu gisun be forgoxo-me gisure-fi donji-bu-ki,

我 告訴-**現** 助-**未** 一 話語 **賓** 轉换-**并** 説-**順** 聽-**使**-**祈**

我把“告訴”的一句話，調轉着説給聽。（4b2）

1-13 duibuleqi,

比如

掘比：（4b3）

1-14 ala-mbi, ala, tuba-de ala-na,

告訴-**現** 告訴.**祈** 那裏-**與** 告訴-去.**祈**

“告訴；叫告訴；那里去告訴；（4b3）

1-15 uba-de ala-nju, te ala-na-mbi,

這裏-**與** 告訴-來.**祈** 現在 告訴-去-**現**

這里來告訴；現今告訴去；（4b3-b4）

1-16　ne ala-nji-mbi, aibi-de alanggi-mbi? jaka ala-ha-u?

現在 告訴-來-**現** 哪裏-**與** 派人告訴-**現** 剛剛 告訴-**完-疑**

如今告訴來；往那里告訴去；纔告訴了麽；（4b4）

1-17　teike ala-ha, eiten ba-be gemu ala-ha-bi-u?

剛纔 告訴-**完** 所有 地方-**賓** 都 告訴-**完-現-疑**

將纔告訴了；諸凡都告訴畢了麽；（4b4-b5）

1-18　hala haqin[1] -i youni ala-ha-bi,

姓 種類 **屬** 都 告訴-**完-現**

各項皆告訴畢了；（4b5）

1-19　ertele ala-ha-kv-n? tetele ala-ha-kv, kemuni ala-ra unde,

至今 告訴-**完-否-疑** 至今 告訴-**完-否** 還 告訴-**未** 尚未

至到此時没告訴麽；至今没告訴；還未告訴；（4b6）

1-20　umai ala-ra ba akv, geren ala-ndu-mbi,

完全 告訴-**未** 地方 **否** 大衆 告訴-互-**現**

并無告訴之處；衆齊告訴；（5a1）

1-21　sasari ala-ndu-mbi, fukjin de ainu ala-ra-kv?

一起 告訴-**互-現** 起初 **位** 爲什麽 告訴-**未-否**

齊都告訴；起初爲什麽不告訴；（5a1-a2）

1-22　ere o-qi ala-ha-kv-ngge-u? tere o-qi ala-ra-kv-ngge,

這 成爲-**條** 告訴-**完-否-名-疑** 那 成爲-**條** 告訴-**未-否-名**

這是無告訴的麽；那是不告訴的；（5a2）

1-23　bisirele be ala-ha-kv-ngge akv, ume ala-ra, adarame ala-mbi,

所有的 **賓** 告訴-**完-否-名** 否 不要 告訴-**未** 怎麽 告訴-**現**

所有的無有不告訴的；别告訴；如何告訴；（5a3）

1　hala haqin：此爲固定用法，意爲“各種各樣”。

1-24 atanggi ala-mbi? xuwe ala-bu-ra-kv, weri de ala-bu-ha,
什麼時候 告訴-**現** 直接 告訴-**使-未-否** 别人 **與** 告訴-**被-完**
多咱告訴；直不教告訴；被别人告訴了；（5a4）

1-25 urunakv ala-fi aina-mbi? qihai ala-kini,
必定 告訴-**順** 做什麼-**現** 任意 告訴-**祈**
必定告訴作什麼；由着告訴吧；（5a4-a5）

1-26 uthai ala-qina, ainqi ala-mbi dere,
就 告訴-**祈** 或許 告訴-**現** 吧
就告訴是呢；想是告訴吧；（5a5）

1-27 ala-ra-de aibi? aibi ala-ha,
告訴-**未-位** 何妨 何處 告訴-**完**
告訴有什麼呢；何從告訴了；（5a6）

1-28 seibeni aiseme ala-mbi? jokson de ala-ha aise,
以前 爲什麼 告訴-**現** 起初 **位** 告訴-**完** 想必
從前爲什麼告訴；起先想敢告訴了吧；（5a6-5b1）

1-29 fuhali ala-ra-kv aina-ha? eiqi ala-ra-de-u?
完全 告訴-**未-否** 做什麼-**完** 或者 告訴-**未-位-疑**
竟不告訴是怎麼了？或者告訴的上頭麼？（5b1-b2）

1-30 damu ala-ra-i teile, ala-ra-i ebsihe[1], ala-ra-i qanggi,
衹是 告訴-**未-屬** 而已 告訴-**未-屬** 盡力 告訴-**未-屬** 全都
但只寡告訴；告訴已來；純是告訴；（5b2）

1-31 ainahai ala-ha ni, dule lalanji ala-ha ni,
未必 告訴-**完** 呢 果然 反反復復 告訴-**完** 呢
未必告訴了呢；原來再四的告訴了呢；（5b3）

---

1 ebsihe：意爲“盡力”，但此處漢文部分爲“已來”，此ebsihe或同ebsi（……以來）。

1-32 ala-qibe hvwanggiya-ra-kv, urui ala-ra-de amuran,

告訴-**讓** 妨礙-**未-否** 祇管 告訴-**未-位** 愛好

雖告訴不相干；只是愛告訴；（5b3-b4）

1-33 ala-qi inu ya, bai ala-mbi,

告訴-**條** 正確 啊 白白 告訴-**現**

告訴是啊；白告訴；（5b4）

1-34 ala-ra-kv bai, ala-mbi jiya[1], ala-ha-kv na,

告訴-**未-否** 吧 告訴-**現** 啊 告訴-**完-否** 啊

不告訴罷呀；告訴啊；没告訴啊；（5b5）

1-35 ala-ra-kv nu, ala-ra ayou, jombu-me ala-rahv,

告訴-**未-否** 啊 告訴-**未** **虚** 提醒-**并** 告訴-**虚**

不告訴啊；恐怕告訴；恐提着告訴；（5b5-b6）

1-36 ala-ra onggolo, ala-ra mujangga-u?

告訴-**未** 之前 告訴-**未** 果真-**疑**

告訴之前；果然告訴麽；（5b6）

1-37 ala-ra dabala, ala-ra anggala, ala-ra gojime,

告訴-**未** 而已 告訴-**未** 而且 告訴-**未** 雖然

告訴吧咧；况且告訴；雖是告訴；（6a1）

1-38 ala-ra jalin, ala-ra fon-de, ala-ra nergin-de,

告訴-**未** 爲了 告訴-**未** 時候-**位** 告訴-**未** 機會-**位**

爲告訴；告訴的彼時；告訴的當時；（6a1-a2）

1-39 ala-ra siden-de, aika ala-ra ohode,

告訴-**未** 之間-**位** 如果 告訴-**未** 的話

告訴之間；如若告訴的時節；（6a2）

---

1 jiya：東洋文庫本、民族大學本均作jiye。

1-40 ala-ra oqi, ala-ra jakade, ala-me saka,

告訴-**未** 若是 告訴-**未** 時候 告訴-**并** 纔

若是告訴；告訴的上頭；將告訴；（6a3）

1-41 ala-qi faijuma, ala-ha-qi turgiyen,

告訴-**條** 不妥 告訴-**完-從** 以外

若告訴不好了；告訴之外；（6a3-a4）

1-42 ala-qi tetendere, ala-ha manggi, ala-ha-dari,

告訴-**條** 既然 告訴-**完** 以後 告訴-**完**-每

既是告訴；告訴了而後；每遭告訴；（6a4）

1-43 ala-ha tome, ala-ha seqi, inemene ala-ha,

告訴-**完** 每 告訴-**完** 若説 乾脆 告訴-**完**

每告訴；説是告訴了；索性告訴了；（6a4-a5）

1-44 ala-ra be dahame, ala-ha be dahame,

告訴-**未** **賓** 既然 告訴-**完** **賓** 既然

既然告訴；已然告訴了；（6a5-a6）

1-45 ishunde ala-qa-mbi, ai turgun-de ala-mbi?

互相 告訴-齊-**現** 什麽 原因-**位** 告訴-**現**

彼此對告訴；爲什麽情由告訴；（6a6）

1-46 ala-ha-ngge ai haran? ala-ha-ngge antaka?

告訴-**完-名** 什麽 原因 告訴-**完-名** 如何

告訴過的什麽原故；告訴了的如何；（6a6-6b1）

1-47 akvqi ala-ra be jou, hon ala-ra be naka,

若不然 告訴-**未** **賓** 算了 很 告訴-**未** **賓** 停止.**祈**

若不不用告訴；不用狠告訴；（6b1）

1-48 ala-ra be jou-bai, emdubei ala-mbi-u? imata si ala-mbi-u?

告訴-未 賓 算了-吧 衹管 告訴-現-疑 唯獨 你 告訴-現-疑

不告訴罷呀；緊只告訴麽？只是你告訴麽；（6b2）

1-49 bajima ala, funde ala-rau，ala-qi ende-mbi-u[1]?

一會 告訴.祈 替代 告訴-祈 告訴-條 出錯-現-疑

略等等告訴；求替告訴；告訴即得知；（6b3）

1-50 ala-qi ende-re-u? jiduji ala-bu-mbi-u? naranggi ala-bu-mbi,

告訴-條 隱瞞-未-疑 到底 告訴-使-現-疑 終歸 告訴-使-現

告訴瞞得住麽；到底叫告訴麽；執意叫告訴；（6b3-b4）

1-51 ala-qi waji-ha, leksei ala-ha,

告訴-條 完結-完 全部 告訴-完

告訴是咧；全然告訴了；（6b4-b5）

1-52 gubqi ala-bu-ha, burtai ala-bu-mbi-u? bireme ala-bu-mbi,

普遍 告訴-使-完 一概 告訴-使-現-疑 一律 告訴-使-現

普遍叫告訴了；一概叫告訴麽？普裏叫告訴；（6b5）

1-53 utala ala-ha, ala-ha-ngge tutala,

這麽多 告訴-完 告訴-完-名 那麽多

告訴了好些；告訴的許多；（6b5-b6）

1-54 ala-qi tebqi-mbi-u? ala-me jende-ra-kv,

告訴-條 忍耐-現-疑 告訴-并 忍受-未-否

忍的告訴麽；不忍的告訴；（6b6）

1-55 neneme ala-ra oqi, amala ala-ki, baha-qi ala-ki se-mbi,

先 告訴-未 若是 後來 告訴-祈 得到-條 告訴-祈 想-現

1 endembiu：endembi後往往接疑問成分u，作爲固定用法表反問語氣，意爲“能有錯嗎”。

若先告訴；要後頭告訴；得要告訴；（7a1）

1-56 ergeletei ala-bu-mbi-u? ala-qi emekei o-ho,

强制 告訴-使-現-疑 告訴-條 了不得 成爲-完

壓派着叫告訴麼？若告訴了不的了；（7a1-a2）

1-57 eqi ala-mbi, esi ala-qi[1],

當然 告訴-現 自然 告訴-條

必是告訴；自然告訴（7a2）

1-58 meimeni ala-mbi, meni meni ala-mbi, beri beri[2] ala-mbi,

各自 告訴-現 各自 各自 告訴-現 紛 紛 告訴-現

各自各自告訴；各自各自告訴；各自顧各兒告訴；（7a3）

1-59 kanagan ara-me ala-mbi, nememe ala-mbi, qibtui ala-mbi,

藉口 做-并 告訴-現 反而 告訴-現 反復 告訴-現

推故告訴；反加告訴；再三告訴；（7a4）

1-60 daruhai ala-mbi, ainambahafi ala-mbi, arsari ala-mbi,

經常 告訴-現 如何能 告訴-現 平常 告訴-現

常告訴；怎得告訴；平常告訴；（7a4-a5）

1-61 absi ala-mbi, mekele ala-mbi, untuhuri ala-mbi,

怎麽 告訴-現 徒然 告訴-現 白白 告訴-現

怎麽告訴；徒然告訴；空告訴；（7a5-a6）

1-62 jing ala-mbi, qohotoi ala-mbi,

認真 告訴-現 特意 告訴-現

正然告訴；特特的告訴；（7a6）

---

1 alaqi：東洋文庫本作alambi。

2 beri beri：beri原指“弓”，重複使用爲固定用法，意爲“紛紛散去貌”。

1-63　mudandari ala-mbi, talude ala-mbi, we-i jakade ala-mbi?
每次　告訴-現　偶爾　告訴-現　誰-屬　跟前　告訴-現
遭遭告訴；几科里告訴；誰根前告訴；（7b1）

1-64　we-i baru ala-mbi? jaqi foihori ala-mbi, ne je[1] ala-mbi,
誰-屬　向　告訴-現　甚　草率　告訴-現　現在　是　告訴-現
向誰告訴；推浮猾告訴；立刻告訴；（7b1-b2）

1-65　qun qun -i ala-mbi, ulan ulan[2] -i ala-mbi,
漸　漸　工　告訴-現　傳遞　傳遞　工　告訴-現
一里一里的告訴；傳遞着告訴；（7b2-b3）

1-66　siran siran -i ala-mbi, fe-me ala-mbi,
陸續　陸續　工　告訴-現　胡説-并　告訴-現
接緒着告訴；糊告訴；（7b3-b4）

1-67　ulhiyen -i ala-mbi, buksuri ala-ha, okjosla-me ala-ha,
逐漸　工　告訴-現　含糊　告訴-完　冒失-并　告訴-完
漸漸的告訴；含糊告訴了；冒壯告訴了；（7b4）

1-68　doigon-de ala-ha, akvmbu-me ala-ha,
預先-位　告訴-完　盡心-并　告訴-完
預先告訴了；盡情告訴了；（7b5）

1-69　kejine ala-ha, taka ala-ha,
好久　告訴-完　暫且　告訴-完
告訴了好一會；暫且告訴了；（7b5）

1-70　jendu ala-ha, enggiqi ala-ha,
悄悄　告訴-完　背地裏　告訴-完

1　neje：此爲固定用法，意爲“紛紛散去貌”。

2　ulan ulan：此爲固定用法，意爲“相繼，陸續”。

悄悄的告訴了；背着告訴了；（7b6）

1-71 narhvxa-me ala-ha, dere toko-me[1] ala-ha,

仔細-并 告訴-完 臉 刺-并 告訴-完

細細的告訴了；賭面告訴了；（7b6-8a1）

1-72 mujakv ala-ha, anan -i ala-ha, erken terken -i ala-ha,

着實 告訴-完 順次 工 告訴-完 推三 阻四 工 告訴-完

着實告訴了；挨次告訴了；支吾着告訴了；（8a1）

1-73 hvluri malari ala-ha, hexu haxu be ala-ha,

糊里 糊塗 告訴-完 零星 零碎 賓 告訴-完

糊里抹兒的告訴了；把碎雜的告訴了；（8a2）

1-74 abixaha dabixaha be ala-ha,

不正經 不相干 賓 告訴-完

把傍不相干告訴了；（8a2-a3）

1-75 dahvn dahvn -i ala-ha, dahin dahin -i ala-ha,

屢次 屢次 工 告訴-完 反復 反復 工 告訴-完

累累的告訴了；再三的告訴了；（8a3）

1-76 dembei kani akv be ala-ha, giyan -i ala-qi aqa-mbi,

非常 關係 否 賓 告訴-完 道理 工 告訴-條 應該-現

甚覺無干的告訴了；理[2]該告訴；（8a4）

1-77 balai ala-qi aqa-ra-kv, yargiyan -i ala-qi o-mbi,

妄自 告訴-條 應該-未-否 真的 工 告訴-條 可以-現

不該糊告訴；真可告訴；（8a5）

---

1 dere tokome：此爲固定用法，意爲“當面”。

2 理：東洋文庫本無此字。

1-78 qihai ala-qi o-jora-kv, elhenuhan[1] -i ala-me mute-mbi,

任意 告訴-**條** 可以-**未-否** 慢慢 **工** 告訴-**并** 可能-**現**

任意告訴使不得；慢慢的能告訴；（8a5-8a6）

1-79 bengneli de ala-me mute-ra-kv, ememu-ngge ala-ra-ngge uru,

倉促 **位** 告訴-**并** 可能-**未-否** 有的-**名** 告訴-**未-名** 正確

倉猝間不能告訴；或者告訴的有理；（8a6-b1）

1-80 ememu urse ala-ha-ngge waka, embiqi ala-ha-ngge inu,

有的 衆人 告訴-**完-名** 錯誤 或者 告訴-**完-名** 正確

或者告訴過的不是；或者告訴過的是；（8b1-b2）

1-81 miyamixa-me ala-ra-ngge holo,

粉飾-**并** 告訴-**未-名** 虛假

奏作着告訴的是謊；（8b2）

1-82 gaitai ala-qi elemangga ehe, ala-ra-de nokai ja,

突然 告訴-**條** 反而 壞 告訴-**未-位** 很 容易

忽然告訴反到不好；告訴狠容易；（8b3）

1-83 muri-tai ala-ra-de mangga, ala-ha da-de geli ala-ha,

用力-**極** 告訴-**未-位** 難 告訴-**完** 原本-**位** 又 告訴-**完**

强狃着告訴難；告訴過加着又告訴；（8b3-b4）

1-84 uttu ala-ra o-qi ai hendu-re,

這樣 告訴-**未** 成爲-**條** 什麼 説-**未**

如此告訴有什麼説處；（8b4-b5）

1-85 bisire-i ebsihe be youni ala-ha,

所有-**屬** 盡力 **賓** 全部 告訴-**完**

把自有以來的全告訴了；（8b5）

---

1 elhenuhan：東洋文庫本作elhenukan。

1-86 ala-ra nashvn akv, ala-ha ofi teni sa-ha,

告訴-未 機會 否 告訴-完 因爲 開始 知道-完

告訴無幾會；因告訴了纔知道；（8b6）

1-87 aikabade ala-ra-kv o-qi ai-de baha-fi sa-mbi,

倘若 告訴-未-否 成爲-條 怎麼-位 能够-順 知道-現

倘若不告訴如何得知道；（8b6-9a1）

1-88 yala ala-ha ofi kai,

果真 告訴-完 因爲 啊

果然因告訴了啊；（9a1）

1-89 ya deri ala-nji-ha? ala-ra-de ai jobo-ro, ala-ra-de ai gana-ha,

哪裏 經 告訴-來-完 告訴-未-位 什麼 煩惱-未 告訴-未-位 什麼 取來-完

從那里告訴來了；何愁告訴；何苦來告訴；（9a2-a3）

1-90 uttu ala-qi ai geli[1], tuttu ala-ra-de o-ha-kv,

這樣 告訴-條 什麼 又 那樣 告訴-未-位 成爲-完-否

如此告訴豈有此理；那樣告訴無依；（9a3）

1-91 ala-ra-de ai yokto, beleni be ala-ha,

告訴-未-位 什麼 滿足 現成的 賓 告訴-完

告訴什麼趣兒；把現成的告訴了；（9a4）

1-92 udu ala-ha se-he seme, udu ala-ha bi-qibe,

即使 告訴-完 説-完 雖然 即使 告訴-完 有-讓

雖説是告訴了；雖然告訴了；（9a4-a5）

1-93 udu ala-ha seme, hono ala-ha ba-de,

即使 告訴-完 雖然 還 告訴-完 地方-位

雖告訴了；還告訴得；（9a5-a6）

1 ai geli：此爲固定用法，意爲“豈有此理”。

1-94 oihori ala-ha bihe-u? ala-ha-ngge we-bi-u?

怎樣 告訴-**完** **過-疑** 告訴-**完-名** 誰-有-**疑**

何等樣的告訴來着?告訴過的是誰呀?(9a6)

1-95 ala-ha-ngge hvlhi lampan, ala-ha-ngge felehude-he

告訴-**完-名** 混 沌 告訴-**完-名** 冒犯-**完**

告訴過的胡里糊塗;告訴過的糊鬧;(9a6-9b1)

1-96 ala-ra-ngge fiyokoro-ho, ala-ha-ngge kengse lasha,

告訴-**未-名** 胡說-**完** 告訴-**完-名** 果斷 爽快

告訴的胡説了;告訴過的果斷;(9b1-b2)

1-97 ala-ha-ngge uxan faxan, ala-ha-ngge en jen[1] -i o-ho,

告訴-**完-名** 糾纏 不斷 告訴-**完-名** 停 當 工 成爲-**完**

告訴過的嘮叨;告訴過的停畢了;(9b2-b3)

1-98 ala-ha-ngge lulu lala, ala-ha-ngge bubu baba,

告訴-**完-名** 平庸 無頭緒 告訴-**完-名** 口吃 結巴

告訴過的無頭絮;告訴的話不明白;(9b3)

1-99 ala-ha-ngge aldasi, ala-ra-de sengguwe-mbi,

告訴-**完-名** 半截 告訴-**未-位** 恐怕-**現**

告訴了半截[2]兒;怕告訴;(9b3-b4)

1-100 arkan se-me ala-ha, elekei baha-fi ala-ha-kv,

將將 **助-并** 告訴-**完** 差一點 得到-**順** 告訴-**完-否**

將將的告訴了;失一点没得告訴;(9b4-b5)

1-101 ala-qi elei ehe o-ho, ala-ra-de ai dalji,

告訴-**條** 愈發 壞 成爲-**完** 告訴-**未-位** 什麼 關係

---

1 en jen:en與jen各自無實際意義,組合使用為固定用法,意為“停當”。

2 截:東洋文庫本作“結”。

告訴愈發不好了；告訴什麽相干；（9b5）

1-102 ala-ha seme daljakv, waqihiya-me ala-qi umesi sain,

告訴-完 雖然 無關 用盡-并 告訴-條 非常 好

雖告訴無涉；全然告訴狠好；（9b6）

1-103 aifini ala-qi asuru sain akv, ala nakv geli aifu-ha,

早已 告訴-條 甚 好 否 告訴.祈 既然 又 説謊-完

早以告訴不大甚好；既告訴又反覆；（10a1）

1-104 da-qi ala-ha bihe, ere uquri ala-ha bihe biqi,

原本-從 告訴-完 過 這個 時候 告訴-完 過 若有

起根告訴來着；這一向若是告訴過；（10a2-a3）

1-105 ai gelhun akv[1] ala-mbi, elhun akv ala-mbi,

什麽 敢 否 告訴-現 敢 不 告訴-現

怎敢告訴；敢告訴；（10a3）

1-106 manggai o-qi[2] ala-ra dabala, eitereme ala-ha se-me ai oyonggo,

無非 成爲-條 告訴-未 而已 儘管 告訴-完 助-并 什麽 重要

大不過告訴吧咧；任平怎麽告訴什麽要緊；（10a4-a5）

1-107 ala-ha-de alimbaharakv urgunje-mbi,

告訴-完-位 極其 高興-現

告訴了不勝[3]之喜；（10a5）

1-108 aikana-ha ala-ha se-he-de aina-qi o-joro,

錯失-完 告訴-完 説-完-位 做什麽-條 可以-未

倘或説告訴過可怎麽樣；（10a5-a6）

---

1 gelhun akv：此爲固定用法，雖有否定成分akv，但整體意思爲“敢”。

2 manggai oqi：此爲固定用法，意爲“至多”。

3 勝：東洋文庫本作“盛”。

1-109 jingkini be ala-ra-kv heturi be aiseme ala-mbi,

正經的 賓 告訴-未-否 多餘 賓 爲什麼 告訴-現

正竟的不告訴另外的告訴作什麼；（10a6-10b1）

1-110 ala-ra-ngge oyombu-ra-kv, ala-ra-ngge fuli-bu-ra-kv,

告訴-未-名 要緊-未-否 告訴-未-名 成型-使-未-否

告訴的不着調；告訴的不能分別；（10b1）

1-111 ala-ra-ngge aqun de qaqun[1], ala-ra-ngge gejenggi,

告訴-未-名 參差 不一致 告訴-未-名 繁雜

告訴的不合口；告訴的嘴碎；（10b2）

1-112 ala-ra-ngge buya subsi, ala-ra-de goiquka, hukxe-he be ala-mbi,

告訴-未-名 小 細微 告訴-未-位 貼切 感激-完 賓 告訴-現

告訴的碎小；告訴的有關係；感激告訴；（10b3-b4）

1-113 ala-ha ba-be bulekuxe-reu,

告訴-完 地方-賓 明鑒-祈

所告訴的求明鑒；（10b4）

1-114 a fa se-re onggolo[2] ala-ha se-me baita-kv,

成爲這樣 説-未 之前 告訴-完 助-并 事情-没有

未發覺之前告訴了不中用；（10b4-b5）

1-115 yaya demun -i ala-kini, yaya we nendeme ala-qina,

任何 怎樣 工 告訴-祈 任何 誰 先 告訴-祈

不論怎麼告訴吧；不論誰先告訴是呢；（10b5-b6）

1-116 udu ai haqin -i ala-qibe, qohome fakjin bi-fi ala-mbi,

儘管 什麼 種類 工 告訴-讓 特有 根據 有-順 告訴-現

1 aqun de qaqun：此爲固定用法，意爲“意見相左，參差不一”。

2 a fa sere onggolo：此爲固定用法，意爲“知道成爲這樣之前”。

雖然任憑[1]怎麼告訴；特有拿手告訴；（10b6-11a1）

1-117 ten gai-me ala-mbi, ala-me waji-nggala jili banji-ha,

證據 求-**并** 告訴-**現** 告訴-**并** 完結-**前** 怒氣 發生-**完**

討實據告訴；告訴將完生了氣了；（11a1-a2）

1-118 ala-na-tala ai erin o-ho? ala-ra-kv bi-me geli ala-ha,

告訴-去-**至** 什麼 時候 成爲-**完** 告訴-**未-否** 有-**并** 又 告訴-**完**

赶告訴去什麼時候了？不告訴而又告訴；（11a2-a3）

1-119 gaihari ili-fi ala-mbi, ala-ha-ngge ambula,

突然 站-**順** 告訴-**現** 告訴-**完-名** 大

猛然跕起告訴；告訴的狠大；（11a3）

1-120 giyanakv ai-be ala-mbi? ala-qi aina-rahv se-mbi,

能有的 什麼-**賓** 告訴-**現** 告訴-**條** 做什麼-**虛** **助-現**

能勾告訴什麼；告訴怕什麼；（11a3-a4）

1-121 ala-ha-de umaina-me mute-ra-kv, umaina-qi o-jora-kv de ala-mbi,

告訴-**完-位** 無可奈何-**并** 能够-**未-否** 無可奈何-**條** 可以-**未-否** **位** 告訴-**現**

告訴了并不能怎麼樣；無奈何的告訴；（11a4-a5）

1-122 eitereqibe fiyanara-me ala-ha se-me ai baita,

總之 粉飾-**并** 告訴-**完** **助-并** 什麼 事情

總而言之假飾告訴了中什麼用；（11a5-a6）

1-123 hailan gai-me[2] ala-bu-qibe baita-kv,

榆樹 取-**并** 告訴-**使-讓** 事情-没有

雖緊只逼勒告訴不中用；（11a6-11b1）

---

1 憑：東洋文庫本作“平”。

2 hailan gaime：此爲固定用法，hailan原義爲榆樹，與gaime連用意爲“被人爲難”。

1-124 ai o-qibe ala-qi inu, maka ala-ha bihe-u?

什麽 成爲-**讓** 告訴-**條** 正确 究竟 告訴-**完** **過-疑**

平的怎麽的告訴是；莫非告訴過來着麽；（11b1）

1-125 aimaka ala-ra gese, ala-ha-ngge waka qi aina[1],

大概 告訴-**未** 似的 告訴-**完-名** 錯誤 **從** 什麽

好象告訴是的；告訴過的可不是什麽呢；（11b2）

1-126 gaitai[2] uttu ala-mbi,

突然 這樣 告訴-**現**

忽而[3]這樣告訴；（11b2-b3）

1-127 holkonde tuttu ala-mbi se-re jergi aisila-ra gisun be,

突然 那樣 告訴-**現** **助-未** 種類 幫助-**未** 語 **賓**

行那樣告訴”等助語，（11b3-b4）

1-128 angga-i iqi ure-bu-me ure-he manggi,

口-**屬** 順應 温習-**使-并** 熟悉-**完** 以後

順口演熟而後，（11b4）

1-129 gvwa gisun de inu ere-i songkoi forgoxo-me gisure-me mute-mbi-kai。

其他 話語 **位** 也 這個-**屬** 沿襲 轉换-**并** 説-**并** 能够-**現**-啊

於他話亦能照此調轉着説得來。（11b4-b5）

1-130[B] age sini gisure-he-ngge udu inu bi-qibe,

阿哥 你.**屬** 説-**完-名** 儘管 正確 有-**讓**

阿哥你説的雖是，（12a1）

---

1 hailan gaime alabuqibe baitakv, ai oqibe alaqi inu, maka alaha biheu, aimaka alara gese, alahannge waka qi aina雖緊衹逼勒告訴不中用；平的怎麽的告訴是；莫非告訴過來着麽；好象告訴是的；告訴過的可不是什麽呢：東洋文庫本無此内容。

2 gaitai：東洋文庫本作holkonde。

3 忽而：東洋文庫本作“行”。

1-131 manju gisun be gisure-re-de,

滿 語 **賓** 説-**未-位**

説[1]滿洲話，（12a1-a2）

1-132 urunakv gisun -i mudan,

必定 話語 **屬** 韵

必知道話韵、（12a2）

1-133 hergen be baitala-ra hergen -i gvnin be sa-ha manggi,

文字 **賓** 使用-**未** 文字 **屬** 意思 **賓** 知道-**完** 以後

用字、字意而後，（12a2-a3）

1-134 teni gisure-me mute-mbi[2],

纔 説-**并** 能够-**現**

纔能説呢，（12a3）

1-135 age si gemu ulhi-mbi-u?

阿哥 你 全都 明白-**現-疑**

阿哥你都曉得麼？（12a4）

1-136[A] bi heni ere-be ulhi-ra-kv o-qi adarame gisure-me mute-mbi,

我 略微 這個-**賓** 明白-**未-否** 成爲-**條** 怎麼 説-**并** 能够-**現**

我略不曉得這個，如何能説呢？（12a4-a5）

1-137 uttu oqi age[3] si majige giyangna-reu bi donjii-ki。

這樣 若是 阿哥 你 稍微 説明-**祈** 我 聽-**祈**

---

1 説：民族大學本無此字。

2 gisurerede, urunakv gisun i mudan, hergen be baitalara hergen i gvnin be saha manggi, teni gisureme mutembi必知道話韵、用字、字意而後，纔能説呢：民族大學本無此内容，而作“mudan be dahame hergen be halame hvlara babi内有隨韵改念的字”。

3 age：民族大學本無此詞。

若是這樣，求阿哥[1]你略講講我听。（12a5-a6）

1-138[B] je bi ala-mbi jiya。

是 我 告訴-現 啊

着我告訴啊[2]。（12a6）

1-139 manju gisun de ang eng ing ni uju-i hergen -i fejergi,[3]

滿 語 位 ang eng ing 屬 頭-屬 文字 屬 下面

滿洲話内若在第五個頭兒字下，（12a6-12b1）

1-140 hala-me hvla-ra mudan o-qi,

改變-并 讀-未 韵 成爲-條

改諗的韵，（12b1-b2）

1-141 ge[4] be, e se-re, geu[5] be, eu se-re,

ge 賓 e 説-未 geu 賓 eu 説-未

把哥説哦，把溝説歐，（12b2）

1-142 ga[6] be, a se-re, gau[7] be, au se-re,

ga 賓 a 説-未 gau 賓 au 説-未

把嘎説啊，把槁説嗷，（12b3）

1-143 gan[8] be, an se-re, gai[9] be, ai se-re,

gan 賓 an 説-未 gai 賓 ai 説-未

---

1 阿哥：民族大學本無此詞。

2 啊：民族大學本作“阿”。

3 ang eng ing ni ujui hergen i fejergi第五個頭兒字下：民族大學本無此句。

4 ge：民族大學本前有ningge i。

5 geu：民族大學本前有renggeu i。

6 ga：民族大學本前有mangga i。

7 gau：民族大學本前有mujanggau i。

8 gan：民族大學本前有minggan i。

9 gai：民族大學本前有manggai i。

把干説安，把該説愛，（12b3-b4）

1-144 gv[1] gu be, u se-re, go[2] be, o se-re,

gv gu 賓 u 説-未 go 賓 o 説-未

把孤姑説兀，把郭説握，（12b4）

1-145 gun[3] be, un se-re, gi[4] be, i se-re,

gun 賓 un 説-未 gi 賓 i 説-未

把滚説温，把雞説依，（12b5）

1-146 gin be, in se-re[5], giyan[6] be, yan se-re,

gin 賓 in 説-未 giyan 賓 yan 説-未

把金説陰，把儉説煙，（12b5-b6）

1-147 giyen be, yen se-re[7], giya[8] be, ya se-re,

giyen 賓 yen 説-未 giya 賓 ya 説-未

把今[9]説銀，把家説呀，（12b6）

1-148 guwe be, we se-re ba-be gemu tokto-ho mudan,

guwe 賓 we 説-未 地方-賓 全都 决定-完 韵

把鍋説握之處皆一定之韵；（13a1）

1-149 gvwa uju-i hergen -i hala-me hvla-ra mudan oqi,

其他 頭-屬 文字 屬 改變-并 讀-未 韵 若是

---

1 gv：民族大學本前有falanggv ninggu i。

2 go：民族大學本前有horonggo i。

3 gun：民族大學本前有menggun i。

4 gi：民族大學本前有atanggi i。

5 gin be, in sere把金説陰：民族大學本作“efimbi i e be ei sere把哦説我衣”。

6 giyan：民族大學本前有xanggiyan i。

7 giyen be, yen sere把今説銀：民族大學本無此句。

8 giya：民族大學本前有hvnanggiyarakv i。

9 今：東洋文庫本作“津”。

若別的頭兒字上改諗的韵，（13a1-a2）

1-150 ga be, ha se-re[1], gan[2] be, han se-re,

ga 賓 ha 説-未 gan 賓 han 説-未

把嘎説哈，把干説漢，（13a2-a3）

1-151 ha[3] be, hai se-re, go[4] be, ho se-re,

ha 賓 hai 説-未 go 賓 ho 説-未

把哈説海，把郭説火，（13a3）

1-152 gon[5] be, hon se-re, gvn[6] be, hvn se-re,

gon 賓 hon 説-未 gvn 賓 hvn 説-未

把觀説歡，把棍説渾，（13a3-a4）

1-153 gi[7] be, giui se-re, giu[8] be, giyo se-re,

gi 賓 giui 説-未 giu 賓 giyo 説-未

把雞説駒，把究説角，（13a4-a5）

1-154 si be, xi se-re, geli r'i se-re, geli xu se-re[9],

si 賓 xi 説-未 又 r'i 説-未 又 xu 説-未

把西説師，又説日，又説書，（13a5）

---

1 guwe be, we sere babe gemu toktoho mudan, gvwa ujui hergen i halame hvlara mudan oqi, ga be, ha sere把鍋説握之處皆一定之韵，若别的頭兒字上改諗的韵，把嘎説哈：民族大學本無此内容。

2 gan：民族大學本前有aigan i。

3 ha：民族大學本前有hamimbi i。

4 go：民族大學本前有forgoxombi i。

5 gon：民族大學本前有forgon i。

6 gvn：民族大學本前有jugvn i。

7 gi：民族大學本前有girumbi i。

8 giu：民族大學本前有giuro i。

9 si be, xi sere, geli r'i sere, geli xu sere把西説師，又説日，又説書：民族大學本無此内容。

1-155 sin[1] be, xen se-re, sing[2] be, xeng se-re,

sin 賓 xen 説-未 sing 賓 xeng 説-未

把新[3]説深，把星[4]説升，（13a6）

1-156 ni[5] be, niu se-re, u[6] be, e se-re,

ni 賓 niu 説-未 u 賓 e 説-未

把呢説妞，把伍説哦，（13a6-13b1）

1-157 mbi be, mi se-re, geli me se-re,

mbi 賓 mi 説-未 又 me 説-未

把比説米，又説摸，（13b1）

1-158 mbiu be, miu se-re[7], qi[8] be, xi se-re, geli q'y se-re,

mbiu 賓 miu 説-未 qi 賓 xi 説-未 又 q'y 説-未

把比有説米有，把七説師，又説吃，（13b1-b2）

1-159 ji be, ju se-re, geli jy se-re[9],

ji 賓 ju 説-未 又 jy 説-未

把急[10]説朱，又説之，（13b2-b3）

---

1 sin：民族大學本前有gosin i。

2 sing：民族大學本前有isingga i。

3 新：東洋文庫本作“心”。

4 星：東洋文庫本作“興”。

5 ni：民族大學本前有niru i。

6 u：民族大學本前有ume i。

7 mbi be, mi sere, geli me sere, mbiu be, miu sere把比説米，又説摸，把比有説米有：民族大學本作“gelembiu i mbiu be miu sere把比説米”。

8 qi：民族大學本前有goqika i。

9 ji be, ju sere, geli jy sere把急説朱，又説之：民族大學本作“sain i sa be san sere把薩説叁”。

10 急：東洋文庫本作“吉”。

1-160 da[1] be, dai se-re, ai be, a se-re,

da 賓 dai 説-未 ai 賓 a 説-未

把達説代，把矮説啊，（13b3-b4）

1-161 e be, ei se-re jergi mudan be gisun de teisule-fi kimqi-fi,

e 賓 ei 説-未 種類 韵 賓 話語 與 遇見-順 審查-順

把我説我衣等韵遇話斟酌；（13b4-b5）

1-162 mudan be hala-me gisure-qi aqa-ra-ngge be,

韵 賓 改變-并 説-條 應該-未-名 賓

應改韵説者，（13b5）

1-163 hala-me gisure-re-qi tulgiyen,

改變-并 説-未-從 以外

改説之外（13b5-b6）

1-164 kemuni da hergen -i mudan be gisure-qi o-joro-ngge be

還 原本 文字 屬 韵 賓 説-條 可以-未-名 賓

還可照原字韵説者，（13b6-14a1）

1-165 an -i da mudan be gisure-mbi[2],

通常 屬 原本 韵 賓 説-現

仍説原韵。（14a1）

1-166 jai emteli gisun de,

再 單獨 語 位

---

1 da：民族大學本前有dain i。

2 ai be, a sere, e be, ei sere jergi mudan be gisun de teisulefi kimqifi, mudan be halame gisureqi aqarangge be, halame gisurereqi tulgiyen, kemuni da hergen i mudan be gisureqi ojorongge be an i da mudan be gisurembi把矮説啊，把我説我衣，等韵遇話斟酌，應改韵説者，改説之外，還可照原字韵説者，仍説原韵：民族大學本無此内容，而作“jergi hergen be mudan be dahame gisureqi aqambi等字當隨韵説”。

再[1]單話上，（14a2）

1-167 mudan be hala-me gisure-re-ngge be,

韵 賓 改變-并 説-未-名 賓

改韵説者，（14a2）

1-168 inu sira-me tuqi-bu-he,

又 繼續-并 出-使-完

亦次寫出：（14a3）

1-169 hendumbi be, he nu mi se-re, umesi be, e me r'i[2] se-re,

hendumbi 賓 he nu mi 説-未 umesi 賓 e me r'i 説-未

説 狠（14a3-a4）

1-170 yali be, yan li se-re, ainqi be, an qi se-re,

yali 賓 yan li 説-未 ainqi 賓 an qi 説-未

肉 想是（14a4-a5）

1-171 saiyvn be, san yo se-re, genggiyen be, gin yen se-re,

saiyvn 賓 san yo 説-未 genggiyen 賓 gin yen 説-未

好麽 清（14a5-a6）

1-172 kiru be, kiui ru se-re, yargiyvn be, yar giung[3] se-re,

kiru 賓 kiui ru 説-未 yargiyvn 賓 yar giung 説-未

旗子 真麽（14a6-14b1）

1-173 burulaha be, bur la ha se-re, qabi be, qai pi se-re,

burulaha 賓 bur la ha 説-未 qabi 賓 qai pi 説-未

敗了 肷皮（14b1-b2）

1 再：民族大學本作“在”。

2 r'i：民族大學本作xi。

3 giung：民族大學本作geung。

1-174 jiduji be, ju dui ji se-re, gejenggi be, ge jing i se-re,
jiduji 賓 ju dui ji 說-未 gejenggi 賓 ge jing i 說-未
執意 嘴碎（14b2-b3）

1-175 haxa bou be, haxi bo[1] se-re, boqihe be, bo qi hi se-re,
haxa bou 賓 haxi bo 說-未 boqihe 賓 bo qi hi 說-未
倉房 醜（14b3-b4）

1-176 kunesun be, ku nu sun se-re, filembi be, fiye le mi se-re,
kunesun 賓 ku nu sun 說-未 filembi 賓 fiye le mi 說-未
行粮 烤火（14b4-b5）

1-177 faijuma be, fai ja ma se-re, nimequke be, ni me qi ke se-re,
faijuma 賓 fai ja ma 說-未 nimequke 賓 ni me qi ke 說-未
不好了 可怕（14b5-15a1）

1-178 yaya be, ya i se-re, ergi be, ei gi se-re,
yaya 賓 ya i 說-未 ergi 賓 ei gi 說-未
諸凡 這邊（15a1）

1-179 qargi be, qaigi se-re[2], fergetun be, fer tun se-re[3],
qargi 賓 qaigi 說-未 fergetun 賓 fer tun 說-未
那邊 扳指（15a2）

1-180 janggin be, jan in se-re, dongmu be, do mo se-re,
janggin 賓 jan in 說-未 dongmu 賓 do mo 說-未
管尉 茶桶（15a3）

---

1 bo：民族大學本作bou。

2 yaya be, yai sere, ergi be, eigi sere, qargi be, qaigi sere諸凡 這邊 那邊：民族大學本順序有異，作“qargi be, qaigi sere, ergi be, eigi sere, yaya be, yai sere那邊 這邊 諸凡”。

3 fergetun be, fertun sere：東洋文庫本作“anafu be, an fu sere鎮守”。

1-181 manggi be, man i se-re, manggiqi be, mang a qi se-re,

manggi 賓 man i 說-未 manggiqi 賓 mang a qi 說-未

而後 大不過（15a3-a4）

1-182 qanggi be, qan i se-re, jui be, giui se-re,

qanggi 賓 qan i 說-未 jui 賓 giui 說-未

純是 兒子（15a4-a5）

1-183 jiu be, ju se-re[1], dehi be, dei hi se-re,

jiu 賓 ju 說-未 dehi 賓 dei hi 說-未

來 四十（15a5-a6）

1-184 ojorakv be, o ji ra kv se-re, uruldembi be ur de mi se-re,

ojorakv 賓 o ji ra kv 說-未 uruldembi 賓 ur de mi 說-未

不可 跑等（15a6-15b1）

1-185 ufuhi be, u fi hi se-re, joran be juwa ran se-re,

ufuhi 賓 u fi hi 說-未 joran 賓 juwa ran 說-未

分例 走馬（15b1-b2）

1-186 dambagu be, dam gu se-re, gelhun akv be, gel hun na kv se-re,

dambagu 賓 dam gu 說-未 gelhun akv 賓 gel hun na kv 說-未

煙 敢（15b2-b3）

1-187 singkeyen be, xe ke yen se-re, serguwen be, ser kun se-re[2],

singkeyen 賓 xe ke yen 說-未 serguwen 賓 ser kun 說-未

陰冷 凉爽（15b3-b4）

1-188 uttu be, u tu se-re, tuttu be, tu tu se-re,

uttu 賓 u tu 說-未 tuttu 賓 tu tu 說-未

---

1 jiu be, ju sere來：民族大學本將此句置於qanggi be, qani sere之前。

2 serguwen be, ser kun sere凉爽：民族大學本將此句置於tutt be, tutu sere（1-188）之後。

這樣　　　那樣（15b4-b5）

1-189 jai dere, kai, jiya, jiye, a[1] -i ninggu-i mbi be, me se-me hvla-ra ba-be

再 dere kai jiya jiye a **屬** 上面-**屬** mbi **賓** me 説-**并** 讀-**未** 地方-**賓**

再遇此五字上之比字誆摸之處，（15b5-b6）

1-190 gemu mudan be tomorhon o-bu-re jalin,

全都 韵 **賓** 清楚 爲-**使**-**未** 因爲

皆圓和其韵[2]也。（16a1）

1-191 jai[3] ume -i fejergi-de, ra re ro jergi hergen be baitala-ra,

再 ume **屬** 下面-**位** ra re ro 種類 文字 **賓** 使用-**未**

再[4]别之下用“拉、勒、羅”等字，（16a1-a2）

1-192 udu -i fejergi-de, qibe[5], seme, sehe seme jergi hergen be baitala-ra,

udu **屬** 下面-**位** qibe seme sehe seme 種類 文字 **賓** 使用-**未**

此幾字作“雖”字首下用“雖然、雖説、雖説過”等字，（16a2-a3）

1-193 aikabade -i fejergi-de, hade, hede,ohode, de, qi, oqi se-re hergen be baitala-ra,

aikabade **屬** 下面-**位** hade hede ohode de qi oqi **助**-**未** 文字 **賓** 使用-**未**

“倘若”之下用“了時、了節、了時候、在、若從、若是”之字，（16a3-a4）

1 a：東洋文庫本作na。

2 韵：東洋文庫本作“運”。

3 jai：民族大學本後有hergen be baitalara kouli oqi。

4 再：民族大學本後有“用字的規矩”。

5 qibe：東洋文庫本作biqibe。

1-194 oso nakv dade, bime -i fejergi-de, geli se-re hergen be baitala-ra,

oso nakv dade bime 屬 下面-位 geli 助-未 文字 賓 使用-未

“既而、加着、而且”之下用“又”字，（16a4-a5）

1-195 bihe biqi, daqi fejergi-de, bihe se-re hergen be baitala-ra,

bihe biqi daqi 下面-位 bihe 助-未 文字 賓 使用-未

“來着過、起根”之下用“來着”字，（16a5-a6）

1-196 ainqi -i fejergi-de, dere, aise se-re hergen be baitala-ra,

ainqi 屬 下面-位 dere aise 助-未 文字 賓 使用-未

“想是”之下用“罷云爾、想敢”之字，（16a6-16b1）

1-197 dule -i fejergi-de, ni nikai se-re hergen be baitala-ra[1],

dule 屬 下面-位 ni nikai 助-未 文字 賓 使用-未

“原來”之下用“呢、呢啊”之字，（16b1-b2）

1-198 hono -i fejergi bade se-re hergen biqi,

hono 屬 下面 bade 助-未 文字 若有

“尚且”之下有之處，（16b2-b3）

1-199 fejergi-de ai hendure, mujanggau biu, ombiu se-re hergen be baitala-ra,

下面-位 ai hendure mujanggau biu ombiu 助-未 文字 賓 使用-未

下用“何況、果然麼、麼、使得麼”之字；（16b3-b4）

1-200 rangge, rengge, bahaqi -i fejergi-de

rangge rengge bahaqi 屬 下面-位

未然之二的，如“得”之下用（16b4）

1-201 ki sembi rau reu rou se-re hergen be baitala-ra,

ki sembi rau reu rou 助-未 文字 賓 使用-未

欲如說：乞求三字，（16b4-b5）

---

1 dule i fejergide, ni nikai sere hergen be baitalara原來之下用呢呢啊之字：民族大學本無此句。

1-202 hengge, hangge baiqaqi -i fejergi-de,

hengge hangge baiqaqi 屬 下面-位

已然之二的，“查得”之下用（16b5）

1-203 habi hebi se-re hergen be baitala-ra,

habi hebi 助-未 文字 賓 使用-未

“已畢、已在”之字，（16b5-b6）

1-204 donjiqi -i fejergi-de,

donjiqi 屬 下面-位

“聞得”之下用（16b6）

1-205 sere, sehe, sembi se-re hergen be baitala-ra,

sere sehe sembi 助-未 文字 賓 使用-未

“説、説了、如説”之字，（16b6-17a1）

1-206 manggi -i ninggu-de,

manggi 屬 上面-位

而後之上（17a1）

1-207 ha, ka, ho, ko, he, ke, oho se-re nadan hergen be baitala-ra,

ha ka ho ko he ke oho 助-未 七 文字 賓 使用-未

用七了字，（17a1-a2）

1-208 tetendere, tulgiyen, ojoro ojorakv, aqambi, aqarakv -i ninggu-de,

tetendere tulgiyen ojoro ojorakv aqambi aqarakv 屬 上面-位

“既是、餘外、使得、使不得、該當、不該當”之上（17a3-a4）

1-209 qi se-re hergen be baitala-ra,

qi 助-未 文字 賓 使用-未

用“奇[1]”字，（17a4）

1-210 mutembi, muterakv -i ninggu-de,

mutembi muterakv 屬 上面-位

“能、不能”之上（17a4-a5）

1-211 me se-re hergen be baitala-ra,

me 助-未 文字 賓 使用-未

用“摸”字，（17a5）

1-212 gelembi, olhombi, aisilambi, xangnambi, amuran -i ninggu-de,

gelembi olhombi aisilambi xangnambi amuran 屬 上面-位

“怕、小心、帮助、賞、好愛”之上（17a5-a6）

1-213 de se-re hergen be baitala-ra,

de 助-未 文字 賓 使用-未

用“得”字，（17a6-17b1）

1-214 ai hendure, dahame -i ninggu-de,

ai hendure dahame 屬 上面-位

“何說、既然”之上（17b1）

1-215 be se-re hergen be baitala-ra,

be 助-未 文字 賓 使用-未

用“博”字，（17b1-b2）

1-216 jakade, anggala, onggolo, dabala, ayou, unde -i ninggu-de,

jakade anggala onggolo dabala ayou unde 屬 上面-位

“上頭、與其不但[2]、之前、吧咧[3]、恐怕、未”之上用

---

1 奇：民族大學本作“棲”。

2 與其不但：東洋文庫本作“何況”，民族大學本作“與其”。

3 吧咧：民族大學本作“把刈”。

（17b2-b3）

1-217 ra re ro se-re hergen be baitala-ra,

ra re ro **助-未** 文字 **賓** 使用-**未**

“拉、勒、羅”字，（17b3）

1-218 emgi, baru, ebsihe, teile, qiha, gubqi, qanggi, adali -i ninggu-de,

emgi baru ebsihe teile qiha gubqi qanggi adali **屬** 上面-**位**

“一同、向、已來、獨盡其、任意、普概、純是、一樣”之上（17b3-b4）

1-219 ni i[1] se-re hergen be baitala-ra ba-be

ni i **助-未** 文字 **賓** 使用-**未** 地方-**賓**

用“呢[2]、衣”字之處，（17b4-b5）

1-220 gemu manju gisun be sira-bu-re kouli[3]。

全都 滿 語 **賓** 連接-**使-未** 規則

皆是接清語之規。（17b5-b6）

1-221 de se-re-ngge, bi-sire ninggu[4] baru[5] erin se-re jergi gvnin,

de **説-未-名** 有-**未** 上面 向 時候 **助-未** 種類 意思

得者，乃在、上、向[6]、時等意；（18a1）

1-222 be se-re-ngge, o-bu, tuqi-bu, takv-ra se-re jergi gvnin,

be **説-未-名** 成爲-**使.祈** 出-**使.祈** 派遣-未 **助-未** 種類 意思

博者，乃把將、除令、使等意；（18a1-a2）

---

1 ni i：東洋文庫本作i。

2 呢：東洋文庫本作“小”。

3 kouli：民族大學本作“hergen i gvnin oqi字意”。

4 ninggu：東洋文庫本作ninggude。

5 baru：東洋文庫本無此詞。

6 向：東洋文庫本無此字。

1-223 fi se-re-ngge gisun be sira-bu-me waji-re unde -i o-ho se-re gvnin,

fi 說-**未-名** 話語 **賓** 連接-**使-并** 完結-**未** 尚未 **工** 成爲-**完** **助-未** 意思

非衣者，乃接話未完之了意；（18a2-a3）

1-224 me se-re-ngge, angga nei-me teni se-re gvnin,

me 說-**未-名** 口 開-**并** 將將 **助-未** 意思

摸者，開口乃是將意，（18a3-a4）

1-225 gisun sira-bu-qi naka-ra-kv se-re gvnin,

话语 連接-**使-條** 停止-**未-否** **助-未** 意思

接話乃[1]不斷之意；（18a4-a5）

1-226 qi se-re-ngge aika[2] udu-qi[3] deri, duibule-re[4], siden se-re gvnin,

qi 說-**未-名** 如果 幾-**序** **經** 比較-**未** 空間 **助-未** 意思

七[5]者，乃若第幾從由[6]、比[7]空兒之意；（18a5-a6）

1-227 ki se-re-ngge, o-ki se-re gvnin,

ki 說-**未-名** 成爲-**祈** 想-**未** 意思

起者，乃欲要之意；（18a6）

1-228 bu se-re-ngge, dergi-de be bi-qi, oso se-re gvnin,

bu 說-**未-名** 上面-**位** be 有-**條** 成爲.**祈** **助-未** 意思

不者，上有博字乃教令之意；（18a6-18b1）

---

1 乃：民族大學本後有“是”。

2 aika：民族大學本無此詞。

3 uduqi：東洋文庫本無此詞。

4 duibulere：東洋文庫本作geli。

5 七：東洋文庫本作“奇”，民族大學本作“棲”。

6 乃若第幾從由：東洋文庫本作“乃如若從由”，民族大學本作“弟幾從由”。

7 比：東洋文庫本作“又”。

1-229 dergi-de de bi-qi, niyalma de isi-bu-ha se-re gvnin,

上面-位 de 有-條 人 與 捉弄-被-完 助-未 意思

上有得字是[1]被人作弄之意；（18b1-b2）

1-230 mbi se-re-ngge, ini qisui axxa-mbi, baitala-mbi se-re gvnin,

mbi 説-未-名 他.屬 擅自 動-現 使用-現 助-未 意思

比者，乃自然動用之意；（18b2）

1-231 pi se-re-ngge, arbun be dabana-ha se-re gvnin,

pi 説-未-名 形象 賓 超過-完 助-未 意思

批者，乃形象過分之意；（18b3）

1-232 qun se-re-ngge, baita o-joro se-re gvnin,

qun 説-未-名 事 可以-未 助-未 意思

春者，乃可是事之意；（18b3-b4）

1-233 ra re ro se-re-ngge,

ra re ro 説-未-名

拉、勒、羅者，（18b4）

1-234 haqingga be gisure-re-de sere-bu-ra-kv ningge se-re gvnin,

各種 賓 説-未-位 顯示-使-未-否 東西 助-未 意思

乃言各項不露之的意；（18b4-b5）

1-235 i ni se-re-ngge, iletule-me ningge se-re gvnin,

i ni 説-未-名 顯露-并 東西 助-未 意思

衣呢者，乃顯然之的意；（18b5）

1-236 geli baitala-mbi se-re gvnin bi,

又 使用-現 助-未 意思 有

又用之意。（18b5-b6）

---

1 是：民族大學本無此字。

1-237 ere ajige i o-qi,

這個 小 i 成爲-**條**

此小衣字，（18b6）

1-238 an en in -i[1] uju-i hergen -i fejergi-de baitala-qi ni se-me hvla-mbi,

an en in **屬** 頭-**屬** 文字 **屬** 下面-**位** 使用-**條** ni **助-并** 讀-**現**

在第四個頭兒字下用諗[2]呢，（18b6-19a1）

1-239 gvwa uju-de an -i i se-me hvla-mbi,

其他 頭-**位** 平常 **工** i **助-并** 讀-**現**

别的頭兒上仍舊諗[3]衣，（19a1-a2）

1-240 holbo-me ara-qi emteli ara-qi gemu o-mbi,

連接-**并** 寫-**條** 單獨 寫-**條** 全都 可以-**現**

聯寫單寫俱可；（19a2）

1-241 ang eng ing ni uju-i hergen fejergi-de o-qi amba ni be baitala-mbi,

ang eng ing **屬** 頭-**屬** 文字 下面-**位** 成爲-**條** 大 ni **賓** 使用-**現**

第五個頭兒字下用大呢。（19a2-a3）

1-242 rangge rengge rongge se-re-ngge gemu unde-ngge se-re gvnin,

rangge rengge rongge 説-**未-名** 全都 尚未-**名** **助-未** 意思

此三字者，俱未然的之意，（19a3-a4）

1-243 geu bi-qi unde-ngge-u se-me fonji-re gvnin,

geu 有-**條** 尚未-**名-疑** **助-并** 問-**未** 意思

有毆字，的麼之問意；（19a4）

---

1 i：民族大學本無此詞。

2 諗：民族大學本作“念”。

3 諗：民族大學本作“念”。

1-244　kangge hangge kengge hengge kvngge hungge se-re-ngge

kangge hangge kengge hengge kvngge hungge 說-**未-名**

此六字者，（19a5）

1-245　gemu o-ho-ngge se-re gvnin,

全都 成爲-**完-名** **助-未** 意思

俱已然了的之意，（19a5）

1-246　geu bi-qi o-ho-ngge-u se-me fonji-re gvnin,

geu 有-**條** 成爲-**完-名-疑** **助-并** 問-**未** 意思

有毆字，了的麽之問意；（19a5-a6）

1-247　ha ka he ke ho ko se-re-ngge o-ho se-re gvnin,

ha ka he ke ho ko 說-**未-名** 成爲-**完** **助-未** 意思

此六字者，已了之意；（19a6-19b1）

1-248　hau kau hou kou heu keu se-re-ngge,

hau kau hou kou heu keu 說-**未-名**

此六字者，（19b1）

1-249　gemu o-ho-u se-me fonji-re gvnin,

全都 成爲-**完-疑** **助-并** 問-**未** 意思

俱了麽之問意；（19b1）

1-250　deu beu biu niu giu meu liu[1] kvn giyvn yvn se-re-ngge,

deu beu biu niu giu meu liu kvn giyvn yvn 說-**未-名**

此十[2]字者，（19b1-b2）

1-251　uthai de be bi ni gi li me kv giyan in de

就是 de be bi ni gi li me kv giyan in **位**

1　meu liu：大阪大學本、東洋文庫本將此二詞并排爲一列，民族大學本爲各自單獨縱排。

2　十：東洋文庫本作“九”。

就是得、博、比、呢、衣、里、摸、庫、監、因上（19b2）

1-252 emu mo se-me nonggi-me fonji-re gvnin,

一 mo **助-并** 增加-**并** 問-**未** 意思

添一麼字之問意；（19b2-b3）

1-253 hakv kakv hekv kekv se-re-ngge akv se-re gvnin,

hakv kakv hekv kekv 説-**未-名** 否 **助-未** 意思

此四字者，乃無有之意，（19b3-b4）

1-254 akv be geli ra-kv se-re gvnin bi,

没有 **賓** 又 **未-不** **助-未** 意思 有

此無有又有不之意；（19b4）

1-255 habi kabi hebi kebi hobi kobi se-re-ngge gemu waji-ha-bi se-re gvnin,

habi kabi hebi kebi hobi kobi 説-**未-名** 全都 完結-**完-現** **助-未** 意思

此六字者，俱是畢了之意，（19b4-b5）

1-256 ga go ge se-re-ngge, bi-sire-ngge se-re gvnin[1],

ga go ge 説-**未-名** 有-**未-名** **助-未** 意思

此三字者，乃有的之意；（19b5-b6）

1-257 kan kon ken si liyan shvn shun se-re-ngge, majige heni se-re gvnin,

kan kon ken si liyan shvn shun 説-**未-名** 稍微 略微 **助-未** 意思

此七字者，乃些須、略比[2]之意；（19b6-20a1）

1-258 du nu qa qe qo se-re-ngge, sasari, ishunde[3] se-re gvnin,

du nu qa qe qo 説-**未-名** 互相 共同 **助-未** 意思

---

1 ga go ge serengge, bisirengge sere gvnin此三字者，乃有的之意：民族大學本無此句。

2 比：民族大學本作“此”。

3 sasari ishunde：東洋文庫本作ishunde sasari。

此五字者，乃一齊彼此[1]之意；（20a1-a2）

1-259 tala tele tolo se-re-ngge, dubesile-he se-re gvnin,

tala tele tolo 說-未-名 即將結束-完 助-未 意思

此三字者，至終之[2]意，（20a2）

1-260 geli isina-ra erin be bai-bu-re gvnin,

又 到達-未 時候 賓 需求-使-未 意味

又費赶到去的時候之意；（20a2-a3）

1-261 sa se si ta te se-re-ngge, urse be se-re gvnin,

sa se si ta te 說-未-名 衆人 賓 助-未 意思

此五字者，乃們等之意；（20a3-a4）

1-262 gala gele se-re-ngge, waji-re unde -i siden be se-re gvnin,

gala gele 說-未-名 完結-未 尚未 屬 之間 賓 助-未 意思

此二字者，乃未完之間意；（20a4-a5）

1-263 kele hala rele se-re-ngge, yaya bisirele be se-re gvnin,

kele hala rele 說-未-名 诸多 所有 賓 助-未 意思

此三字者，乃諸凡盡其所有之意；（20a5）

1-264 na ne no se-re-ngge, gene-mbi se-re gvnin,

na ne no 說-未-名 去-現 助-未 意思

此三字者，去之意，（20a5-a6）

1-265 geli banji-na-mbi se-re gvnin,

又 發生-去-現 助-未 意思

又生意；（20a6）

---

1 一齊彼此：東洋文庫本作“彼此大夥一齊”。

2 之：民族大學本無此字。

1-266 ji ju jiu se-re-ngge, ji-mbi se-re gvnin,

ji ju jiu 說-未-名 來-現 助-未 意思

此三字者，來之意；（20b1）

1-267 ta te to se-re-ngge, niyalma tome se-re gvnin,

ta te to 說-未-名 人 每 助-未 意思

此三字者，乃每人每之意；（20b1-b2）

1-268 quka quke se-re-ngge, o-mbi se-re gvnin,

quka quke 說-未-名 可以-現 助-未 意思

此二字者，乃可之意；（20b2）

1-269 saka jaka se-re-ngge, teni se-re gvnin,

saka jaka 說-未-名 剛剛 助-未 意思

此二字者，乃將纔之意；（20b2-b3）

1-270 tai tei se-re-ngge, moho-tolo se-re gvnin,

tai tei 說-未-名 終結-至 助-未 意思

此二字者，乃窮盡之意；（20b3-b4）

1-271 rau reu rou se-re-ngge, o-ki se-me bai-re gvnin,

rau reu rou 說-未-名 成爲-祈 想-并 求-未 意味

此三字者，乃欲求之意；（20b4）

1-272 hai hoi hei se-re-ngge, daruhai naka-ra-kv se-re gvnin,

hai hoi hei 說-未-名 經常 停止-未-否 助-未 意思

此三字者，乃常常不斷之意；（20b5）

1-273 hon hvn hun se-re-ngge, enqu haqin -i arbun be se-re gvnin,

hon hvn hun 說-未-名 另外 種類 屬 形象 賓 說-未 意思

此三字者，乃另[1]樣形象之意；（20b5-b6）

---

1 另：民族大學本作“别”。

1-274 hori hvri huri se-re-ngge, arbun be ambula neme-he se-re gvnin,

hori hvri huri 説-未-名 形象 賓 大 增加-完 助-未 意思

此三字者，乃形象多加之意；（20b6-21a1）

1-275 nu so su fu se-re-ngge, gvwa niyalma be oso se-re gvnin,

nu so su fu 説-未-名 其他 人 賓 成爲.祈 助-未 意思

此四字者，乃教令别人之意；（21a1-a2）

1-276 la le lo, ra re ro se-re-ngge,

la le lo ra re ro 説-未-名

此六字者，（21a2）

1-277 yargiyan gisun de bi-qi dabu-ra-kv-qi tulgiyen,

實 詞 位 在-條 算-未-否-從 以外

在實話上不算外，（21a2-a3）

1-278 gemu baitala-ra iqi, o-bu-ra iqi se-re gvnin[1],

全都 使用-未 順應 成爲-使-未 順應 助-未 意思

俱是順用順作之意；（21a3-a4）

1-279 xa xe xo qe se-re-ngge, emdubei o-bu-mbi se-re gvnin,

xa xe xo qe 説-未-名 衹顧 成爲-使-現 助-未 意思

此四字者，乃緊只作爲之意；（21a4-a5）

1-280 na ne nu ya jiya jiye kai jergi hergen, gisun -i wajima de bi-qi,

na ne nu ya jiya jiye kai 種類 文字 話語 屬 末尾 位 有-條

此七字，在話之末了，（21a5-a6）

---

1 nu so su fu serengge, gvwa niyalma be oso sere gvnin, la le lo, ra re ro serengge, yargiyan gisun de biqi daburakvqi tulgiyen, gemu baitalara iqi, obura iqi sere gvnin此四字者，乃教令别人之意，此六字者在實話上不算外，俱是順用順作之意：民族大學本無此内容，而作“ma me ra re serennge gemu hvdun obure gvnin此四字者，俱是急作之意”。

1-281 gemu a se-re angga-i mudan,

全都 a 助-未 口-屬 韵

俱是啊之口氣；（21a6）

1-282 jai gisun de

再 話語 位

再話内，（21a6）

1-283 ja je mi jo ta da te de do tu niye kiya giya kiye hiya hiye se-re[1]

ja je mi jo ta da te de do tu niye kiya giya kiye hiya hiye 助-未

有此十六字者，（21b1-b2）

1-284 juwan ninggun hergen bi-sire-ngge, kvbuli-re gvnin adali akv,

十 六 文字 有-未-名 變化-未 意思 類似 否

變意不一，（21b2-b3）

1-285 buksuri gisure-qi o-jora-kv ofi,

含糊 説-條 可以-未-否 因爲

因不可含糊説，（21b3）

1-286 amala da gisun be tuqi-bu-me ara-ha-bi,

後面 原本 話語 賓 出-使-并 寫-完-現

將原話寫在與後，（21b3-b4）

1-287 jai de be qi ni i kai jergi hergen be

再 de be qi ni i kai 種類 文字 賓

再得博、奇、呢、衣、開等字（21b4）

1-288 tukiye-fi jurgan -i uju-de ara-qi o-jora-kv,

提起-順 行 屬 頭-位 寫-條 可以-未-否

1 sere：民族大學本無此詞。

不可提寫在行首。（21b4-b5）

1-289 age bithe-i amala[1] ara-ha gvnin kvbuli-re gisun be

阿哥 書-屬 後面 寫-完 意味 變化-未 話語 賓

阿哥書後寫的變意之話（21b5-b6）

1-290 inu gisure-fi donji-bu-qi o-ro-rou[2]?

也 說-順 聽-使-條 可以-未-祈

也可說給[3]聽麽？（21b6）

1-291[A] je agu donji,

是 兄長 聽.祈

着老兄長請聽，（21b6）

1-292 mini eje-he-ngge be gisure-ki。

我.屬 記得-完-名 賓 說-祈

我把記得的說說。（21b6-22a1）

1-293 aqa-mbi, aqa-mja-mbi, gvni-mbi, gvnin-ja-mbi,

聚合-現 聚合-常-現 想-現 想-常-現

"合、湊合""思想、尋思"（22a1）

1-294 efule-mbi, efu-je-mbi, sendele-mbi, sende-je-mbi,

毀壞-現 毀壞-常-現 鑽鑿-現 鑽鑿-常-現

"拆毀、自敗自壞""刨決口子、自决[4]口自磞豁"（22a1-a2）

1-295 guri-mbi, gurin-je-mbi, ere-mbi, erehun-je-mbi,

移動-現 移動-常-現 盼望-現 盼望-常-現

1 amala：民族大學本無此詞。

2 ororou：民族大學本作ojorou。

3 給：民族大學本作"與"。

4 决：民族大學本作"洪"。

“挪移、挪移不”“指望、盼望不休”（22a2）

1-296 urgun, urgun-je-mbi, sidehun, sidehun-je-mbi,

喜庆 歡喜-常-現 木閂 間隔着取用-常-現

“喜、喜歡”“門閂撐子、插空兒”（22a3）

1-297 goro, goromime yabu-mbi, ture turemi-mbi,

遠 向遠方 走-現 靴靿 上靴靿-現

“遠、遠行”“靴靿[1]子、尚靿子”（22a3-a4）

1-298 doko, dokomi-mbi, golo-mbi, golohon-jo-mbi,

衣服裹子 吊衣服裹子-現 驚嚇-現 驚悸-常-現

“裹子、吊裹子”“驚怕、驚乍”（22a4）

1-299 fondolo-mbi, fondo-jo-mbi, ana-mbi, ana-ta-mbi,

穿透-現 穿透-常-現 推-現 推-常-現

“撞透、自破透”“推、推托”（22a4-a5）

1-300 suwaliya-mbi, suwaliya-ta-mbi, aquhiyan gisun, aquhiyada-mbi[2],

混合-現 混合-常-現 惡 話語 説讒言-現

“摻和、摻雜摻混”“讒言、贜訟”（22a5-a6）

1-301 jili, jilida-mbi, niyeqe-mbi, niyeqe-te-mbi,

怒氣 生氣-現 補充-現 補充-常-現

“怒、動怒”“補、占補”（22a6）

1-302 eruwen, eruwede-mbi, qeku, qekude-mbi,

錐 用錐子鑽-現 鞦韆 打秋千-現

“鑽、以鑽鑽之”“鞦韆、打鞦韆”（22b1）

1 靿：民族大學本無此字。

2 aquhiyadambi：東洋文庫本作aqugiyadambi。

1-303 yobo, yobodo-mbi, oshon, oshodo-mbi,

玩笑 開玩笑-現 暴虐 施暴-現

“要趣兒、取笑”“暴虐、行凶”（22b1）

1-304 ulin, ulintu-mbi, kimun, kimuntu-mbi,

錢財 行賄-現 仇怨 懷怨-現

“財帛、行賄”“仇、挾仇”（22b1-b2）

1-305 ebe-mbi, ebeniye-mbi, aliya-mbi, aliyakiya-mbi,

泡-現 浸泡-現 等待-現 邊等邊走-現

“泡着、浸泡”“等候、且等且走”（22b2）

1-306 jalu-mbi, jalukiya-mbi, bodo-mbi, bodonggiya-mbi,

充滿-現 充盈-現 考慮-現 自言自语-現

“滿之、足滿”“謀算、自言自語”（22b2-b3）

1-307 sesule-mbi, sesukiye-mbi, dasi-mbi, dasihiya-mbi,

驚訝-現 打冷戰-現 蒙蓋-現 撣除-現

“吃驚、打冷戰”“蒙蓋、撣拂灰塵”（22b3）

1-308 neqin, neqihiye-mbi se-re ba-be giyan -i[1] narhvxa-me ilga-qi aqa-mbi。

平安 撫平-現 助-未 地方-賓 道理 工 審視-并 區別-條 應該-現

“平、安慰、平撫又平地”之處，理應細細的分辨。

（22b3-b4）

1-309[B] age sini gisure-he be tuwa-qi,

阿哥 你.屬 説-完 賓 看-條

阿哥看你所言，（22b4-b5）

---

1 giyan -i：此爲固定用法，意爲“理應”。

1-310 ere[1] manju gisun be gisure-re mudan, hergen be baitala-ra,

這 滿 語 賓 説-未 韵 文字 賓 使用-未

這[2]説滿洲話的韵、用字、字意，（22b5）

1-311 hergen -i gvnin be youni ulhi-he,

文字 屬 意思 賓 全部 明白-完

都曉得了，（22b6）

1-312 ere durun -i taqi-qi,

這 樣子 工 學-條

若這樣學（22b6）

1-313 yala manju gisun be ja -i gisure-me mute-mbi[3]。

果真 滿 語 賓 容易 工 説-并 能够-現

果然清語能易言[4]。（23a1）

1-314 damu manju hergen de

但是 滿 文字 位

但清字，（23a1）

1-315 angga, bilha, ilenggu, weihe, femen qi gisure-re-ngge bi,

口 喉 舌 齒 唇 從 説-未-名 有

有口音、嗓音、舌音、齒音、唇音説者，（23a1-a2）

1-316 mudan o-qi e, a, neqin, sakda a, asihan e bi,

韵 成爲-條 e a 平 老 a 年少 e 有

---

1 ere：民族大學本無此詞。

2 這：民族大學本無此字。

3 mutembi：東洋文庫本後有kai，但全文至此結束，無後文。民族大學本無“ere durun i taqiqi yala manju gisun be ja i gisureme mutembi若這樣學，果然清語能易言”，且下文内容有諸多不同，難以逐個列於注釋，故將其置於附録。

4 果然清語能易言：東洋文庫本作“果然滿洲話能容易説啊”。

韵有陰陽平、老陽少陰，（23a3）

1-317 gisure-re-de ujen weihuken be faksala-mbi,

說-未-位 重 輕 賓 區別-現

說有輕重之分，（23a4）

1-318 jai gisun -i uju-de ai jergi hergen be baitala-fi,

再 話語 屬 頭-位 什麼 種類 文字 賓 使用-順

再話之首用何等字，（23a4-a5）

1-319 wajima de ha he ho jergi hergen be aqa-bu-me baitala-ra ba-be

末尾 位 ha he ho 種類 文字 賓 適合-使-并 使用-未 地方-賓

末了應用哈、喝、豁等字之處，（23a5-a6）

1-320 gemu gisure-me mute-mbi-u?

全都 說-并 能够-現-疑

皆能說麽？（23a6）

1-321[A] hergen -i mudan se-re-ngge,

文字 屬 韵 說-未-名

字之韵者，（23b1）

1-322 gemu sakda-sa-i angga-i ula-ra mujilen -i ulhi-bu-re haqin,

全都 老人-複-屬 口-工 傳授-未 心 工 領會-使-未 種類

皆老家兒們口傳心受之條，（23b1-b2）

1-323 bithe-de ara-ha ba akv,

書-位 寫-完 地方 否

書上無所注，（23b2）

1-324 te fonji-re be dahame,

現在 問-未 賓 既然

今既然問，（23b2-b3）

1-325 bi sakda-sa-i angga-i giyangna-me gisure-he-ngge be

我 老人-複-屬 口-工 講解-并 説-完-名 賓

我把聽見老家兒們口内講説過的（23b3）

1-326 donji-fi eje-he teile gisure-ki,

聽-順 記録-完 儘量 説-祈

盡其所記言之，（23b3-b4）

1-327 inu waka ba-be

正確 錯誤 地方-賓

是否之處（23b4）

1-328 kemuni ambula taqi-ha niyalma be aliya-fi tuwanqihiya-bu-kini。

尚且 多 學-完 人 賓 等待-順 改正-使-祈

仍待多學者教正。（23b4-b5）

1-329 damu uju uju-i hergen be jefa-fi giyangna-ki,

衹是 最初 頭-屬 文字 賓 取-順 講解-祈

獨拿頭一個頭兒字上講，（23b5-b6）

1-330 te bi-qi[1],

現在 有-條

如比，（23b6）

1-331 a ya o-qi angga qi tuqi-me gisure-re-ngge,

a ya 成爲-條 口 從 出-并 説-未-名

阿、呀，則從口中吐説之音；（23b6-24a1）

1-332 ka ga ha o-qi, bilha de goqi-me gisure-re-ngge,

ka ga ha 成爲-條 喉 位 吸-并 説-未-名

1 te biqi：此爲固定用法，意爲“比如”。

喀、嘎、哈，則在嗓上吞說之音；（24a1）

1-333 kv gv hv o-qi, bilha de tuqi-me gisure-re-ngge,

kv gv hv 成爲-條 喉 位 出-并 說-未-名

苦、孤、忽，則在嗓上吐說之音；（24a2）

1-334 na ta da la o-qi, ilenggu-i dube qi tuqi-me gisure-re-ngge,

na ta da la 成爲-條 舌-屬 尖端 從 出-并 說-未-名

那、他、打、拉，則從舌尖吐說之音；（24a2-a3）

1-335 sa xa qa ja o-qi, weihe qi tuqi-me gisure-re-ngge,

sa xa qa ja 成爲-條 齒 從 出-并 說-未-名

薩、沙、叉、渣，則從齒上吐說之音；（24a3-a4）

1-336 ba pa ma o-qi femen de tuqi-me gisure-re-ngge,

ba pa ma 成爲-條 唇 位 出-并 說-未-名

吧、怕、媽，則在唇上吐說之音；（24a4-a5）

1-337 fa o-qi, weihe femen be suwaliya-me tuqi-me gisure-re-ngge,

fa 成爲-條 齒 唇 賓 結合-并 出-并 說-未-名

法，則是齒連唇吐說之音；（24a5-a6）

1-338 wa o-qi, angga femen be suwaliya-me tuqi-me gisure-re-ngge,

wa 成爲-條 口 唇 賓 結合-并 出-并 說-未-名

洼，則是口連唇吐說之音。（24a6-24b1）

1-339 gemu a -i mudan ofi ujeken -i gisure-qi aqa-mbi,

全都 a 屬 韵 因爲 略重 工 說-條 應該-現

皆因陽韵應略重說之，（24b1）

1-340 ere jergi hergen be gisun -i uju-de baitala-qi,

這 種類 文字 賓 話語 屬 頭-位 使用-條

此等字用在話首，（24b2）

1-341 wajima de ha ka ra lame ta tala jergi hergen be baitala-mbi。
末尾 位 ha ka ra lame ta tala 種類 文字 賓 使用-現
末了用哈、喀、拉、拉摸、他、他拉等字。（24b2-b3）

1-342 e ye ke ge he o-qi, angga-i dolo fusihvn -i gida-me gisure-re-ngge,
e ye ke ge he 成为-條 口-屬 裏面 向下 工 壓迫-并 説-未-名
哦、也、克、格、喝，則是口内下壓説之音；（24b3-b4）

1-343 ne te de le o-qi, ilenggu-i dube qi goqi-me gisure-re-ngge,
ne te de le 成为-條 舌-屬 尖端 從 吸-并 説-未-名
訥、忒、得、勒，則是舌尖吞説之音；（24b5）

1-344 se xe qe je o-qi, weihe de goqi-me gisure-re-ngge,
se xe qe je 成为-條 齒 位 吸-并 説-未-名
色、賒、徹、者，則是齒上吞説之音；（24b6）

1-345 be pe me o-qi femen de goqi-me gisure-re-ngge,
be pe me 成为-條 唇 位 吸-并 説-未-名
博、珀、摸，則是唇上吞説之音；（24b6-25a1）

1-346 fe o-qi, weihe femen be suwaliya-me goqi-me gisure-re-ngge,
fe 成爲-條 齒 唇 賓 結合-并 吸-并 説-未-名
佛，則是齒連唇吞説之音；（25a1-a2）

1-347 we o-qi, angga femen be suwaliya-me goqime gisure-re-ngge,
we 成爲-條 口 唇 賓 結合-并 吸-并 説-未-名
握，則是口連唇吞説之音。（25a2-a3）

1-348 gemu e -i mudan ofi weihuken -i gisure-qi aqa-mbi,
全都 e 屬 韵 因爲 輕 工 説-條 應該-現
皆因陰韵，應輕説之，（25a3-a4）

1-349 ere jergi hergen be gisun -i uju-de baitala-qi,

這 種類 文字 **賓** 話語 **屬** 頭-**位** 使用-**條**

此等字用在話首，（25a4）

1-350 wajima de he ke re leme te tele jergi hergen be baitala-mbi,

末尾 **位** he ke re leme te tele 種類 文字 **賓** 使用-**現**

末了用喝、克、勒、勒、摸、特、特、勒等字，（25a5）

1-351 ere e -i hergen -i dolo geli

這個 e **屬** 文字 **屬** 裏面 又

此陰字内又有（25a6）

1-352 sela-ha，sesula-ha，sejila-ha，jela-ha，geterila-ha se-re udu gisun bi,

暢快-**完** 吃驚-**完** 歎息-**完** 雨停-**完** 眼閃光-**完** **助-未** 幾個 話語 有

暢快、吃驚、嘆氣、雨略間了、心開眼亮之數言，（25a6-25b1）

1-353 e -i hergen -i kouli de akv。

e **屬** 文字 **屬** 規則 **位** **否**

不在陰字規矩之内。（25b1-b2）

1-354 i o-qi, angga qi gisure-re-ngge,

i 成爲-**條** 口 **從** 説-**未**-**名**

衣，則從口説之音；（25b2）

1-355 ni ti di li o-qi, ilenggu-i dube qi gisure-re-ngge,

ni ti di li 成爲-**條** 舌-**屬** 尖端 **從** 説-**未**-**名**

呢、梯、底、里，則從舌尖上説之音；（25b2-b3）

1-356 si qi ji o-qi, weihe qi tuqi-me gisure-re-ngge,

si qi ji 成爲-**條** 齒 **從** 出-**并** 説-**未**-**名**

西、七、濟，則從齒吐説之音；（25b3-b4）

1-357 ki gi hi o-qi, weihe qi goqi-me gisure-re-ngge,
ki gi hi 成爲-條 齒 從 吸-并 説-未-名
欺、雞、希，則從齒吞説之音；（25b4）

1-358 bi pi mi o-qi, femen qi gisure-re-ngge,
bi pi mi 成爲-條 唇 從 説-未-名
必、披、米，則從唇説之音；（25b5）

1-359 fi o-qi, weihe femen be suwaliya-me goqi-me gisure-re-ngge,
fi 成爲-條 齒 唇 賓 結合-并 吸-并 説-未-名
非衣，則是齒連唇吞説之音。（25b5-b6）

1-360 gemu neqin -i mudan,
全都 平 屬 韵
皆是平韵，（25b6）

1-361 ere jergi hergen be gisun -i uju-de baitala-qi,
這 種類 文字 賓 話語 屬 頭-位 使用-條
此等字用在話首。（26a1）

1-362 sirame hergen a -i hergen o-qi,
接續 文字 a 屬 文字 成爲-條
第二字若是陽字，（26a1-a2）

1-363 wajima de ha jergi hergen be baitala-mbi,
末尾 位 ha 種類 文字 賓 使用-現
末了用哈等字，（26a2）

1-364 sirame hergen e -i hergen o-qi,
接續 文字 e 屬 文字 成爲-條
第二字若是陰字，（26a3）

1-365 wajima de he jergi hergen be baitala-mbi,
末尾 **位** he 種類 文字 **賓** 使用-**現**
末了用喝等字，(26a3)

1-366 sirame hergen kemuni neqin -i hergen,
接續 文字 仍然 平 **屬** 文字
第二字仍用平字，(26a4)

1-367 eiqi asihan e -i hergen be baitala-qi,
或者 年少 e **屬** 文字 **賓** 使用-**條**
或用少陰字，(26a4-a5)

1-368 wajima de mudan -i iqi be dahame
末尾 **位** 韵 **屬** 順應 **賓** 按照
末了隨其韵(26a5)

1-369 ha he jergi hergen be faksala-me baitala-mbi,
ha he 種類 文字 **賓** 區別-**并** 使用-**現**
分别用哈、喝等字。(26a5-a6)

1-370 o yo o-qi, angga-i dolo goqi-me gisure-re-ngge,
o yo 成爲-**條** 口-**屬** 裏面 吸-**并** 説-**未**-**名**
握、岳，則是口中吞説之音；(26a6-26b1)

1-371 ko go ho o-qi, bilha de goqi-me gisure-re-ngge,
ko go ho 成爲-**條** 喉 **位** 吸-**并** 説-**未**-**名**
科、郭、豁，則是嗓内吞説之音；(26b1)

1-372 no to do lo o-qi, ilenggu-i dube-de goqi-me gisure-re-ngge,
no to do lo 成爲-**條** 舌-**屬** 尖端-**位** 吸-**并** 説-**未**-**名**
諾、拖、多、洛，則是舌尖吞説之音；(26b2)

1-373 so xo qo jo o-qi, weihe de goqi-me gisure-re-ngge,

so xo qo jo 成爲-條 齒 位 吸-并 說-未-名

索、朔、戳、卓，則是齒上吞說之音；（26b2-b3）

1-374 bo po mo o-qi, femen de goqi-me gisure-re-ngge,

bo po mo 成爲-條 唇 位 吸-并 說-未-名

撥、潑、謀，則是唇上吞說之音；（26b3-b4）

1-375 fo o-qi, weihe femen be suwaliya-me goqi-me gisure-re-ngge,

fo 成爲-條 齒 唇 賓 結合-并 吸-并 說-未-名

佛，則是齒連唇吞說之音。（26b4-b5）

1-376 gemu sakda a -i mudan ofi ujele-me gisure-qi aqa-mbi,

全都 老 a 屬 韵 因爲 加重-并 說-條 應該-現

皆因老陽韵，應重說之，（26b5-b6）

1-377 ere jergi hergen be gisun de emu hergen be baitala-qi,

這 種類 文字 賓 話語 位 一 文字 賓 使用-條

此等字，話内用一字，（26b6-27a1）

1-378 wajima de ha jergi hergen be baitala-mbi,

末尾 位 ha 種類 文字 賓 使用-現

末了用哈等字。（27a1）

1-379 juwe hergen be baitala-qi,

二 文字 賓 使用-條

若用二字，（27a1-a2）

1-380 wajima de ho ko ro lome to tolo jergi hergen be baitala-mbi。

末尾 位 ho ko ro lome to tolo 種類 文字 賓 使用-現

末了用豁、科、洛、洛、摸、拖、拖落等字。（27a2-a3）

1-381 u yu ku gu hu o-qi, angga qi gisure-re-ngge,

u yu ku gu hu 成爲-條 口 從 説-未-名

五、御、哭、沽、呼，則從口説之音；（27a3-a4）

1-382 nu tu du lu o-qi, ilenggu-i dube qi gisure-re-ngge,

nu tu du lu 成爲-條 舌-屬 尖端 從 説-未-名

奴、纛、都、路，則從舌尖上説之音；（27a4-a5）

1-383 su xu qu ju o-qi, weihe qi gisure-re-ngge,

su xu qu ju 成爲-條 齒 從 説-未-名

蘇、書、楚、朱，則從齒上説之音；（27a5）

1-384 bu pu mu o-qi, femen qi gisure-re-ngge,

bu pu mu 成爲-條 唇 從 説-未-名

布、普、母，則從唇説之音；（27a6）

1-385 fu o-qi, weihe femen be suwaliya-me gisure-re-ngge,

fu 成爲-條 齒 唇 賓 結合-并 説-未-名

夫，則是齒連唇説之音。（27a6-27b1）

1-386 gemu asihan e -i mudan ofi weihuke-liyan -i gisure-qi aqa-mbi,

全都 年少 e 屬 韵 因爲 輕-弱 工 説-條 應該-現

皆因少陰韵理應略輕説之，（27b1-b2）

1-387 ere jergi hergen be gisun -i uju-de baitala-qi,

這 種類 文字 賓 話語 屬 頭-位 使用-條

此等字用在話首，（27b2-b3）

1-388 sirame hergen a -i hergen o-qi,

接續 文字 a 屬 文字 成爲-條

第二字若是陽字，（27b3）

1-389 wajima de ha jergi hergen be baitala-mbi,
末尾 位 ha 種類 文字 賓 使用-現
末了用哈等字，（27b4）

1-390 sirame hergen e -i hergen o-qi,
接續 文字 e 屬 文字 成爲-條
第二字若是陰字，（27b4-b5）

1-391 wajima de he jergi hergen be baitala-mbi,
末尾 位 he 種類 文字 賓 使用-現
末了用喝等字，（27b5）

1-392 sirame hergen kemuni asihan e -i hergen,
接續 文字 仍然 年少 e 屬 文字
第二字仍用少陰字，（27b5-b6）

1-393 eiqi neqin i hergen be baitala-qi,
或者 平 i 文字 賓 使用-條
或用平字，（27b6）

1-394 wajima de mudan -i iqi be dahame,
末尾 位 韵 屬 順應 賓 按照
末了隨其韵，（28a1）

1-395 ha he jergi hergen be faksala-me baitala-mbi,
ha he 種類 文字 賓 區别-并 使用-現
分别用哈、喝等字。（28a1-a2）

1-396 ra re ri ro ru se-re hergen o-qi,
ra re ri ro ru 助-未 文字 成爲-條
拉、勒、里、洛、路等字，（28a2-a3）

1-397 ilenggu be halgi-me gisure-re-ngge。

舌 賓 卷-并 説-未-名

則是繞舌説的。(28a3)

1-398 e a be giyangna-qi,

e a 賓 講解-條

若講陰陽,(28a3)

1-399 a e i o u -i adali, gisun -i uju-de baitala-ra-kv,

a e i o u 屬 同様 話語 屬 頭-位 使用-未-否

於、阿、哦、衣、握五字一同,不用在話首,(28a4)

1-400 sirame wajima de baitala-mbi,

接續 末尾 位 使用-現

在第二末了用。(28a5)

1-401 geli juwe hergen be aqa-mja-me emu hergen o-bu-re-ngge bi,

又 二 文字 賓 聚集-常-并 一 文字 成爲-使-未-名 有

又有二字切音一字者,(28a5-a6)

1-402 fejergi a -i hergen de aqa-mja-qi,

下面 a 屬 文字 位 聚集-常-條

下切陽字,(28a6)

1-403 a -i hergen -i adali baitala-mbi,

a 屬 文字 屬 同様 使用-現

於陽字一同用,(28b1)

1-404 fejergi e -i hergen de aqa-mja-qi,

下面 e 屬 文字 位 聚集-常-條

下切陰字,(28b1-b2)

1-405 e -i hergen adali baitala-mbi,
e 屬 文字 同樣 使用-現
於陰字一同用，（28b2）

1-406 ga ge juwe hergen o-qi,
ga ge 二 文字 成爲-條
阿、哦二字，（28b2-b3）

1-407 dergi hergen -i e a be bodo-ra-kv,
上面 文字 屬 e a 賓 考慮-未-否
不論上字是陰陽，（28b3）

1-408 damu sirame gisun -i mudan -i iqi be tuwa-me baitala-ra-ngge inu bi,
但是 接續 話語 屬 韵 屬 順應 賓 看-并 使用-未-名 也 有
惟隨下話之韵用者亦有，（28b3-b4）

1-409 manju gisun de asuru baitala-ra-kv hergen o-qi jono-ho ba akv,
滿 語 位 不太 使用-未-否 文字 成爲-條 提起-完 地方 否
清話上不大用之字無提外。（28b4-b5）

1-410 gvwa uju-i hergen -i mudan o-qi,
其他 頭-屬 文字 屬 韵 成爲-條
若是别的頭兒字，（28b6）

1-411 inu ere-i songkoi mudan gai-me baitala-mbi,
也 這個-屬 沿襲 韵 取-并 使用-現
亦照此取韵用，（28b6-29a1）

1-412 jai □□□□□□□ a e i -i uju-i mudan -i adali-ngge be,
再 a e i 屬 頭-屬 韵 工 同樣-名 賓
再第十個頭兒内所有，頭一個頭兒同韵者，（29a1-a2）

1-413 gemu a e i -i uju-i mudan be dahame gisure-qi aqa-mbi,
全體 a e i **屬** 頭-**屬** 韵 **賓** 按照 説-**條** 應該-**現**
俱應隨頭一個頭兒韵説之,（29a2-a3）

1-414 ume au eu iu -i uju-i mudan be dahame ujele-me gisure-re,
绝不 au eu iu **屬** 頭-**屬** 韵 **賓** 按照 加重-**并** 説-**未**
不可隨第十個頭兒的韵重説之,（29a3-a4）

1-415 aika mini gisure-he ba-be hergen tome ujen weihuken be faksala-me,
如果 我.**屬** 説-**完** 地方-**賓** 文字 每 重 輕 **賓** 區别-**并**
如愚所言,每字分輕重,（29a4-a5）

1-416 jori-ha ba-de nikeme gisure-fi an baha manggi,
指出-**完** 地方-**位** 按照 説-**順** 習慣 得到.**完** 之後
靠在所指處言去習慣已後,（29a6）

1-417 sakda-sa-i fe mudan de hamina-mbi-dere。
老人-**複**-**屬** 舊 韵 **與** 接近-**現**-啊
庶幾老家兒們舊韵矣。（29a6-29b1）

附 録（民族大學本）

damu manju gisun -i hergen mudan ujen weihuken bi,
但是 滿 語 **屬** 文字 韵 重 輕 有
但説清話字韵有輕重,

ai jergi hergen ujen,
什麽 種類 文字 重
何等字該重,

ai jergi hergen weihuken be faksala-me mute-mbi-u?
什麽 種類 文字 輕 **賓** 區别-**并** 能够-**現**-**疑**

何等字該輕能分别麼?

jai gisun -i uju-de ai jergi hergen be baitala-fi,

再 話語 **屬** 頭-**位** 什麼 種類 文字 **賓** 使用-**順**

再話之首用何等字,

wajima de ha he ho jergi hergen be aqa-bu-me baitala-ra ba-be,

末尾 **位** ha he ho 種類 文字 **賓** 聚合-**使**-**并** 使用-**未** 地方-**賓**

末了應用哈、喝、豁等字之處,

inu gisure-me mute-mbi-u?

也 說-**并** 能够-**現**-**疑**

亦能說麼?

manju hergen -i ujen weihuken mudan se-re-ngge,

滿洲 文字 **屬** 重 輕 韵 說-**未**-**名**

滿洲字之韵輕重者,

gemu sakda-sa-i angga-i ula-ra mujilen -i ulhi-bu-re haqin,

全都 老人-**複**-**屬** 口-**工** 傳授-**未** 心 **工** 領會-**使**-**未** 種類

皆老家兒們口傳心受之條,

bithe-de ara-ha ba akv,

書-**位** 寫-**完** 地方 **否**

書上無所注,

te fonji-re be dahame,

現在 問-**未** **賓** 既然

今既然問,

mentuhun bi damu uju uju-i a e i o u v be jafa-fi giyangna-ki,

愚鈍 我 衹是 最初 頭-**屬** a e i o u v **賓** 取-**順** 講解-**祈**

獨拿第一個頭兒阿、額、伊、鄂、烏、諤二句上講,

te bi-qi,

現在 有-條

比如,

a o-qi, uthai a -i mudan,

a 成爲-條 就 a 屬 韵

阿即是陽韵,

e o-qi, uthai e -i mudan,

e 成爲-條 就 e 屬 韵

額即是陰韵,

i o-qi, uthai neqin -i mudan,

i 成爲-條 就 平 屬 韵

伊即是平韵,

o o-qi, uthai sakda a -i mudan,

o 成爲-條 就 老 a 屬 韵

鄂即是老陽韵,

u o-qi, uthai asihan e -i mudan,

o 成爲-條 就 年少 e 屬 韵

烏即是少陰韵,

v o-qi, dosi-ka mudan,

v 成爲-條 进入-完 韵

諤即是入声韵,

manju gisun de asuru baitala-ra-kv ofi giyangna-ra de baibu-ra-kv。

滿 語 位 不太 使用-未-否 因爲 講解-未 位 需要-未-否

清語上不大用不用講。

a e -i gulhun gisun de,

a e 屬 完整 話語 位

陽陰之整句，

ka ga ha, k'a g'a h'a ta da o-qi a -i mudan,

ka ga ha k' a g' a h' a ta da 成爲-條 a 屬 韵

喀、噶、哈、ホ[1]、嘎、塔、達是陽韵，

ke ge he te de o-qi e -i mudan,

ke ge he te de 成爲-條 e 屬 韵

可、歌、哈、特、德是陰韵，

ki gi hi ti di o-qi neqin -i mudan,

ki gi hi ti di 成爲-條 平 屬 韵

期、基、希、梯、低是平韵，

ko go ho, k'o g'o h'o to do o-qi, sakda a -i mudan,

ko go ho k' o g' o h' o to do 成爲-條 老 a 屬 韵

科、鍋、豁、棵、郭、和、陀多是老陽韵，

kv gv hv, ku gu hu tu du o-qi, asihan e -i mudan,

kv gv hv ku gu hu tu du 成爲-條 年少 e 屬 韵

軲、觚、呼、枯、沽、胡、圖、都是少陰韵。

ere gulhun gisun qi tulgiyen,

這個 完整 話語 從 除外

除此整句之外，

gvwa gisun gemu a e i o u v -i adali mudan be dahame gisure-mbi,

其他 話語 全都 a e i o u v 屬 同樣 韵 賓 按照 說-現

1 ホ：原文如此，正字爲何不詳，故照録。

别句都同阿、額、伊、鄂、烏、諤之韵隨着説。

gvwa uju-i gisun be gemu ere-i sungkoi

其他 頭-屬 話語 賓 全都 這個-屬 沿襲

别的頭兒上的話都照此

a e neqin sakda a asihan e be dahame

a e 平 老 a 年少 e 賓 按照

陽陰平老陽少陰

faksala-me mudan gai-me gisure-mbi,

區别-并 韵 取-并 説-現

分别取韵説,

a sakda a -i hergen mudan be ujele-me gisure-qi aqa-mbi,

a 老 a 屬 文字 韵 賓 加重-并 説-條 應該-現

陽老陽字韵應當重説,

e asihan e -i hergen mudan be weihuken -i gisure-qi aqa-mbi,

e 年少 e 屬 文字 韵 賓 輕 屬 説-條 應該-現

陰少陰字韵應輕説,

neqin -i hergen mudan be angga-i iqi gisure-qi aqa-mbi,

平 屬 文字 韵 賓 口-屬 順應 説-條 應該-現

平字韵應随口順便説。

jai gisun -i wajima de

再 話語 屬 末尾 位

再話之末了

ha he ho jergi hergen be aqa-bu-me baitala-ra-ngge,

ha he ho 種類 文字 賓 聚合-使-并 使用-未-名

合用“哈、呵、豁”等字,

ere damu gisun -i wajima -i dele hergen be tuwa-me tokto-mbi,
這個 衹是 話語 屬 末尾 屬 上面 文字 賓 看-并 決定-現
此但看話之末了之上字定準。

wajima dele hergen, a -i hergen o-qi,
末尾 上面 文字 a 屬 文字 成爲-條
末之上是陽字，

wajima de ha ra ta la tala jergi hergen be baitala-mbi,
末尾 位 ha ra ta la tala 種類 文字 賓 使用-現
末了用“哈、喇、塔、拉”等字；

wajima dele hergen, e -i hergen o-qi,
末尾 上面 文字 e 屬 文字 成爲-條
末字之上是陰字，

wajima de he re te le tele jergi hergen be baitala-mbi,
末尾 位 he re te le tele 種類 文字 賓 使用-現
末了用“德、呵、勒、特、勒、特、勒”等字；

wajima dele sakda a -i hergen o-qi,
末尾 上面 老 a 屬 文字 成爲-條
末字之上是老陽字，

wajima de ho ro to tolo jergi hergen be baitala-mbi,
末尾 位 ho ro to tolo 種類 文字 賓 使用-現
末了用“豁、囉、陀、陀囉”等字；

wajima dele -i hergen neqin -i hergen asihan e -i hergen o-qi,
末尾 上面 屬 文字 平 屬 文字 年少 e 屬 文字 成爲-條

末字之上若是平字少陰子[1]，

mudan -i iqi be dahame wajima de

韵 屬 順應 賓 按照 末尾 位

末了之上可以随韵

a e -i hergen be baitala-mbi,

a e 屬 文字 賓 使用-現

用陽陰字；

jai juwe hergen be aqa-bu-me emu hergen o-bu-me hvla-ra o-qi,

再 二 文字 賓 聚合-使-并 一 文字 成爲-使-并 讀 成爲-條

再二字合成一字窃音諗，

fejergi hergen urunakv ya ye yo wa we,

下面 文字 必須 ya ye yo wa we

下字必是用“雅、葉、斡、窝”，

ere-i sunja hergen gvwa uju-i hergen be inu adali baitala-mbi,

這-屬 五 文字 其他 頭-屬 文字 賓 也 同樣 使用-現

此五字别的頭兒上亦同，

ere-i sunja hergen -i dergi de,

這-屬 五 文字 屬 上面 位

此五字之上，

gemu neqin -i hergen asihan e -i hergen be baitala-mbi,

全體 平 屬 文字 年少 e 屬 文字 賓 使用-現

都用平字少陰字。

mini mentuhun -i sa-ha teile ara-me tuqi-bu-he-ngge,

1 子：原文如此，照録。

我.**屬**　愚鈍　**屬** 知道-**完** 儘量　寫-**并**　出-**使**-**完**-**名**

愚下盡其所知寫出，

inu waka ba-be,

正確 錯誤 地方-**賓**

是於不是，

kemuni ambula taqi-ha niyalma be aliya-fi tuwanqihiya-bu-reu。

尚且　多　學-**完**　人　**賓** 等待-**順**　改正-**使**-**祈**

仍待大學之人改正。

漢文詞彙索引

影印本

合璧清語易言 一冊

清語易言序

清語者 我
國本處之語 不可不識
但旗人在京與漢人 雜居年久 從幼即先習漢語
長成而後 始入清學讀書

無得講究之故耳　所以清語難熟言矣

話韻用字字意

皆助語不能順口

清語不能熟言者

讀書二三年間　雖識字曉話

學清語

助語能順口

初學者

若先將此書熟讀

作爲一書、

雖然淺陋不全

又連話韻用字字意

皆於告訴之一句話上註出

愚將諸凡助語

將話韻用字字意

知明已後

再讀他書

不但自能清話

即筆力亦有少補云爾

乾隆三十一年

鑲黄旗蒙古步軍統領衙門主

事博赫解任養病之暇

輯錄

正白旗滿洲 二

候補主事永寧校梓

我所學的話皆記得

果然記得

阿哥你所學的話都記得麼

了

如今又念助語書呢

阿哥你讀什麼書呢

我念完十二個頭兒

現今又讀滿洲書呢

阿哥讀過書麼

我先讀漢書來着

至到此時沒告訴麽　至今沒告訴　還未告訴

了　諸凡都告訴畢了麽　各項皆告訴畢了

告訴去　如今告訴來　往那里告訴去　纔告訴了麽　將纔告訴

掘比　告訴　叫告訴　那里去告訴　這里來告訴　現今

我把告訴的一句話　調轉着說給聽

求略說給聽聽　若是這樣　老兄長請坐

告訴有什麼呢 何從告訴了 從前爲什麼告訴

作什麼 由着告訴吧 就告訴是呢 想是告訴吧

多喒告訴 直不教告訴 被別人告訴了 必定告訴

所有的 無有不告訴的 別告訴 如何告訴

麼不告訴 這是無告訴的麼 那是不告訴的

並無告訴之處 衆齊告訴 齊都告訴 起初爲什

恐怕告訴　恐提着告訴　告訴之前　果然告訴麽

不告訴罷呀　告訴啊　沒告訴啊　不告訴啊

不相干　只是愛告訴　告訴是啊　白告訴

未必告訴了呢　原來再四的告訴了呢　雖告訴

或者告訴的上頭麽　但只寡告訴　告訴已來　純是告訴

起先想敢告訴了吧　竟不告訴是怎麽了

彼此對告訴　爲什麽情由告訴　告訴過的什麽

說是告訴了　索性告訴了　既然告訴　已然告訴了

外　既是告訴　告訴了而後　每遭告訴　每告訴

若是告訴　告訴的上頭　將告訴　若告訴不好了　告訴之

彼時　告訴的當時　告訴之間　如若告訴的時節

告訴吧咧　况且告訴　雖是告訴　爲告訴　告訴的

好些 告訴的許多 恐的告訴麼 不恐的告訴

了 普遍叫告訴了 一槩叫告訴麼 普裏叫告訴 告訴了

到底叫告訴麼 執意叫告訴 告訴是咧 全然告訴

畧等等告訴 求告告訴 告訴的得知 告訴嘴得住麼

不告訴罷呀 緊只告訴麼 只是你告訴麼

原故 告訴了的如何 若不不用告訴 不用很告訴

徒然告訴 空告訴 正然告訴 特特的告訴

怎得告訴 平常告訴 怎麽告訴

推故告訴 反加告訴 再三告訴 常告訴

各自各自告訴 各自各自告訴 各自顧各兒告訴

叫告訴麽 若告訴了不的了 必是告訴 自然告訴

若先告訴 要後頭告訴 得要告訴 壓派着

十一

悄悄的告訴了 背着告訴了 細細的告訴了 當面告訴了

預先告訴了 盡情告訴了 告訴了好一會 暫且告訴了

漸漸的告訴 含糊告訴了 冒壯告訴了

傳遞着告訴 接絡着告訴 糊告訴

推浮猾告訴 立刻告訴 一里一里的告訴

遭遭告訴 几科里告訴 誰根前告訴 向誰告訴

使不得
慢慢的能告訴
倉猝間不能

不該糊告訴
豈可告訴
任意告訴

甚覺無干的告訴了
理該告訴

了
累累的告訴了
再三的告訴了

糊里抹兒的告訴了
把碎雜的告訴了
把傍不相干告訴

着寔告訴了
挨次告訴了
支吾着告訴了

告訴無幾會　因告訴了纔知道　倘若不告訴

處　把自有以來的全告訴了

告訴難　告訴過加着又告訴　如此告訴有什麽說

忽然告訴反到不好　告訴狠容易　强扭着

或者告訴過的是　湊什着告訴的是謊

告訴　或者告訴的有理　或者告訴過的不是

何等樣的告訴來着

告訴過的是誰呀

告訴過的胡里

雖然告訴了

雖告訴了

還告訴得

告訴什麽趣兒

把現城的告訴了

雖說是告訴了

如此告訴豈有此理

那樣告訴無依

從那里告訴來了

何愁告訴

何苦來告訴

如何得知道

果然因告訴了啊

雖告訴無涉　全然告訴很好

訴　告訴愈發不好了　告訴什麽相干

截兒　怕告訴　將將的告訴了　失一点没得告

斷　告訴過的無頭緒　告訴的話不明白　告訴了半

告訴過的嘮叨　告訴過的停止了

糊塗　告訴過的糊鬧　告訴的胡說了　告訴過的果

怎麼樣

正竟的不告訴另外的告訴作什麼

告訴了不勝之喜

倘或說告訴過可

大不過告訴吧咧

任乎怎麼告訴什麼要緊

怎敢告訴

敢告訴

起根告訴來着

這一向若是告訴過

早以告訴不大甚好

既告訴又反覆

雖然任憑怎麼告訴

特有拿手告訴

不論怎麼告訴吧

不論誰先告訴是呢

所告訴的求明鑑

未發覺之前告訴了不中用

小

告訴的有關係

感激告訴

告訴的不合口

告訴的嘴碎

告訴的碎

告訴的不着調

告訴的不能分別

十

了中什麽用

雖緊只逼勒告訴不中用

無奈何的告訴

總而言之假飾告訴

什麽

告訴怕什麽

告訴了並不能怎麽樣

猛然站起告訴

告訴的狠大

能勾告訴

趕告訴去什麽時候了

不告訴而又告訴

討實據告訴

告訴將完生了氣了

此謂轉着說得來

順口演熟而後

於他語亦能照

這樣告訴

行那樣告訴

等助語

好象告訴是的

告訴過的可不是什麼呢

忽而

不的怎麼的告訴是

莫非告訴過來着麼

二

畧講講我听　着我告訴啊　滿洲話內若在

如何能說呢　若是這樣　求阿哥你

阿哥你都曉得么　我畧不曉得這個

用字字意而後　纔能說呢

必知道語韻

阿哥你說的雖是　說滿洲話

把儉說煙　把今說銀　把家說呀

把滾說溫　把雞說依　把金說陰

把孩說愛　把孤姑說兀　把郭說握

把嘎說啊　把稿說敖　把干說安

的韻　把哥說哦　把滿說歐

第五個頭兒字下　收唸

把新說深 把星說陞 把呢說姘

所 把西說師 又說日 又說書

歡 把棍說渾 把雞說駒 把究說

說漢 把哈說海 把郭說火 把覲說

兒字上收諗的韻 把嘎說哈 把干 若別的頭

把鍋說提之處皆一定之韻

還可照原字韻說者

應改韻說者

改說之外

等韻遇話斟酌

把我說我衣

又說之

把達說代

把矮說啊

說米有

把七說師

又說吃

把急說朱

把伍說哦

把比說米

又說摸

把比有

清 旗子

想是 好麽

狠 肉

亦次寫出 說

再單話上 收韻說者

仍說原韻

可怕

烤火
不好了

醜
行粮

嘴碎
倉房

臁皮
執意

真麼
敗了

四十
不可
兒子
來
大不過
純是
管尉
茶桶
而後
那邊
扠掛
諸凡
這邊

字諗摸之處

那樣

再遇此五字上之比

涼爽

這樣

敢

陰冷

趕馬

牲

跑等

分例

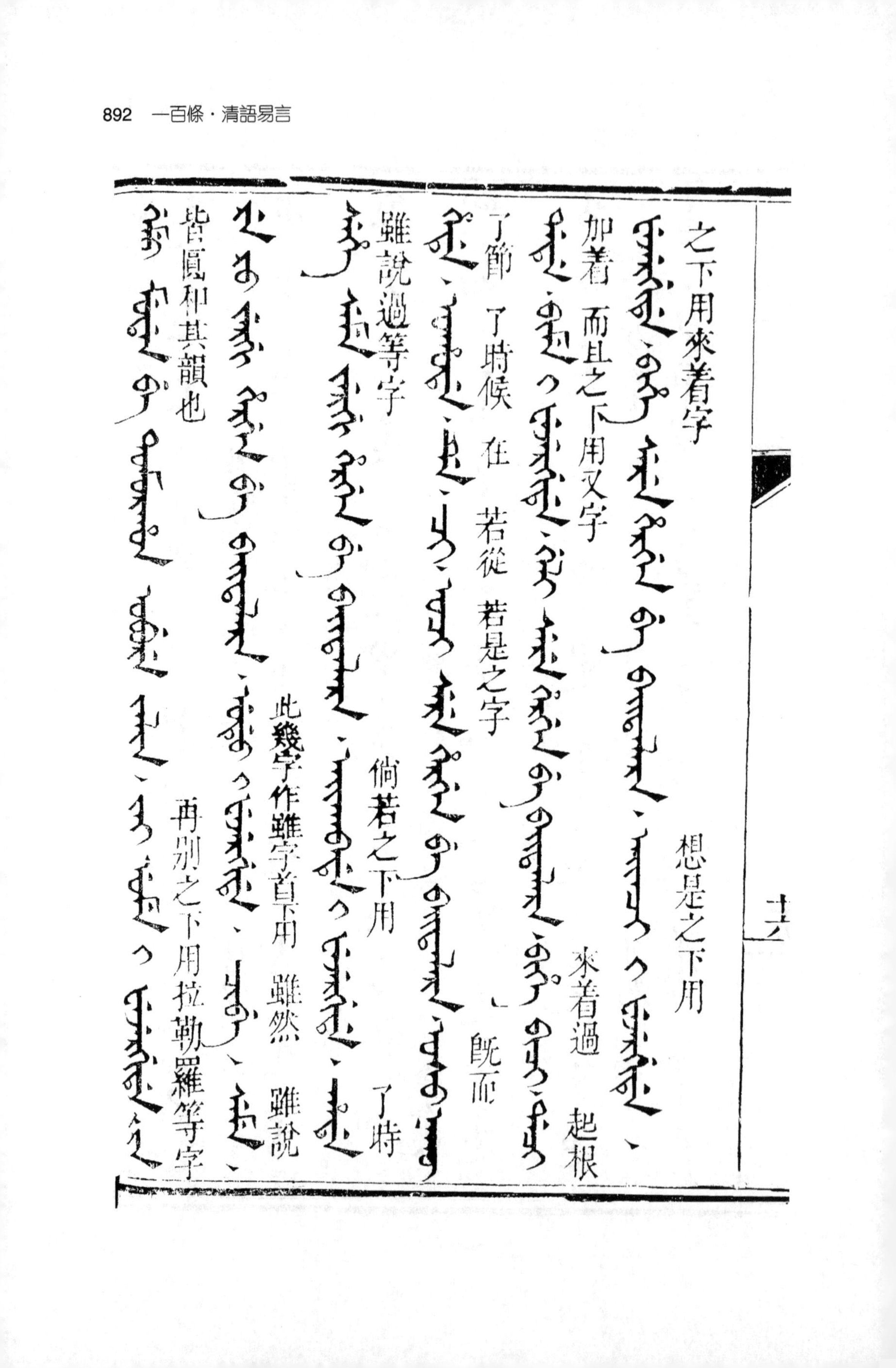

之下用來着字　想是之下用

加着　而且之下用又字　來着過　起根

了節　了時候　在　若從　若是之字　既而

雖說過等字　倘若之下用　了時

此幾字作雖字首下用　雖然　雖說

皆圓和其韻也　再別之下用拉勒羅等字

已在之字　聞得之下用　說　說了

已然之一的　杳得之下用　已畢

未然之一的　如得之下用　欲如說　乞求三字

下用何況　果然麽　麽　使得麽之字

尚且之下有之處

罷云爾　想敢之字　原來之下用呢呢啊之字

帮助 賞 好愛之上 用得字

用摸字 怕 小心

上 用奇字 能 不能之上

既是 餘外 使得 使不得 該當 不該當之

用七了字

如說之字 而後之上

何說 既然之上 用博字

上頭 與其不使之前 吧喇 恐怕 未之上用

拉勒羅字 一同 向

已來 獨盡其 任意 普槩 純是 一樣之上

用呢衣字之處 皆是接清語之規

起者　乃欲要之意　不者　上有傳字

七者　乃若第幾從由比空兒之意

開口乃是將意　接話乃不斷之意

乃接話未完之了意　摸者

乃把將　除令　使等意　非衣者

得者

乃在　上　向　時等意　博者

一八

此小衣字在第四個頭兒字下則

又用之意

衣呢者

乃顯然之的意

之意

拉勒羅者

乃言各項不露之的意

批者

乃形象過分之意

春者

乃可是事

批者

乃自然動用之意

乃教令之意

上有得字是被人作弄之意

有毆字了的麽之問意　此六字者　巳了之意

俱巳然了的之意

此六字者

俱未然的之意　有毆字　的麽之問意

用大呢　此三字者

聯寫單寫俱可　第五個頭兒字下

諗呢　別的頭兒上仍舊諗衣

之意　此七字者　乃些須略

俱是罷了之意　此三字者　乃有的

乃無有之意　此無有又有不之意　此六字者

庫監四上添一麽字之問意　此四字者

此十字者　就是得博比呢衣里摸

此六字者　俱了麽之問意

此三字者 去之意 又生意

意 此三字者 乃諸凡盡其所有之意

此二字者 乃未完之間意

去的時候之意 此五字者 乃們等之

此三字者 至終之意 又費趕到

此之意 此五字者 乃一齊彼此之意

乃另様形象之意
此三字者
乃常常不斷之意
此三字者
此三字者
乃欲求之意
此三字者
乃將繼之意
此二字者
乃窮盡之意
乃每之意
此二字者
乃可之意
此二字者
此三字者
來之意
此二字者
乃每

在話之末了

俱是啊之口氣

再話內

作爲之意

此七字

意

此四字者

乃緊只

在實話上不算外

俱是順用順作之

乃教令別人之意

此六字者

乃形象多加之意

此四字者

三

青老兄長請聽 我把

也可說給聽麼

阿哥書後寫的變意之話

不可提寫在行首

再得博奇呢衣開等字

將原話寫在與後

因不可含糊說

變意不一

有此十六字者

嗔訟　怒　動怒　補　占補　鑽　以鑽鑽之

自破透　推　推托　摻和　摻雜摻混　讒言

尙勒子　裏子　吊裏子　驚怕　驚乍　撞透

喜　喜歡　門閂撑子　揷空兒　遠　遠行　靴勒子

自敗自壞　刨決口子　自決自磞豁　挪移　挪移不定　指望　盼望不休

記得的說說　合　湊合　思想　尋思　拆毀

這說滿洲話的韻用字字意 阿哥看你所言 理應細細的分辨 若這樣學 都曉得了

安慰平撫又平地之處

謀算 白言白語 吃驚 打冷戰 蒙蓋 撣拂灰塵 平

佻 挾佻 泡着 浸泡 等候 且等且走 滿之 足滿

鞦韆 打鞦韆 耍趣兒 取笑 暴虐 行凶 財帛 行賄

等字之處

皆能說麽

用何等字

末了應用哈喝豁

說有輕重之分

再話之首

韻有陰陽平老陽少陰

有口音喉音舌音齒音唇音說者

果然清語能易言

但清字

二三

如此

阿呀則從

口中吐說之音

獨拿頭一個頭兒字上講

盡其所記言之

是否之處

仍待多學者校正

我把聽見老家兒們

口內講說過的

書上無所註

全隨然問

字之韻者

皆老家兒們口傳心受之條

漥 則是口連唇吐說之音

唇上吐說之音

法則是

齒連唇吐說之音

渣

則從齒上吐說之音

吧怕媽

則在

則從舌尖吐說之音

薩沙叉

若孤忽

則在嗓上吐說之音

那他打拉

喀嘎哈

則在嗓上吞說之音

色賒徵者 則是齒上吞說之音 [illegible]

訥忒得勒 則是舌尖吞說之音

也克格喝 則是口內下壓說之音

拉拉摸他他拉等字 哦

此等字 則在話首 末了用哈喀

皆因陽韻 應畧重說之

此陰字內又有

暢快

吃驚

嘆氣 雨畧間了

末了用

唱 克 勒 勒 摸 特

特勒等字

此等字用在話首

皆因陰韻

應輕說之

吞說之音

握 則是口連唇吞說之音

珀 摸 則是唇上吞說之音

佛 則是齒連唇

呑說之音　皆是平韻

必　披　米　則從唇說之音　非衣　則是齒連唇

音　欺　雞　希　則從齒呑說之音

則從舌尖上說之音　西　七　濟　則從齒吐說之

衣　則從口說之音　伲　梯　底　里

心開眼亮之數言　不在陰字規矩之內

哈喝等字　捱岳　則是口中吞說之音

末了隨其韻　分別用

第二字仍用平字　或用少陰字

第二字若是陰字　末了用喝等字

末了用哈等字

此等字用在話首　第二字若是陽字

說之 此等字 話內用一字

皆因老陽韻 應重

則是唇上舂說之音

佛 則是齒連唇舂說之音

朔 戳 卓 則是齒上舂說之音

撥 潑 謀

諾 拖 多 洛

則是舌尖上舂說之音

索

科 郭 豁

則是嗓內舂說之音

布 普 母 則從唇說之音 夫 則是齒連唇

蘇 書 楚 朱 則從齒上說之音

奴 纛 都 路 則從舌尖上說之音

等字

五 御 哭 沽 呼 則從口說之音

若用二字

末了用 谿 科 洛 洛摸 拖 拖洛

末了用哈等字

仍用少陰字 或用平字

末了用喎等字 第二字

末了用哈等字 第二字 若是陰字

用在語首 第二字 若是陽字

理應畧輕說之 此等字

說之音 皆因少陰韻

下切陽字

在第二末了用

又有二字切音一字者

於 阿 哦 衣 握 五字一同

不用在話首

則是繞舌說的

若講陰陽

拉 勒 里 洛 路等字

末了

隨其韻

分別用哈喝等字

若是別的頭兒字　亦照此

上

不大用之字無提外

之韻　用者亦有　清話

不論上字是陰陽　惟隨下話

於陰字一同用　阿哦二字

於陽字一同用　下切陰字

靠在所指處言去習慣已後

庶幾老家

如愚所言

每字分輕重

不可隨第十個頭兒的韻重說之

俱應隨頭一個頭兒韻說之

頭一個頭兒尾韻者

取韻用

取第十個頭[illegible]內所有

兒們舊韻矣

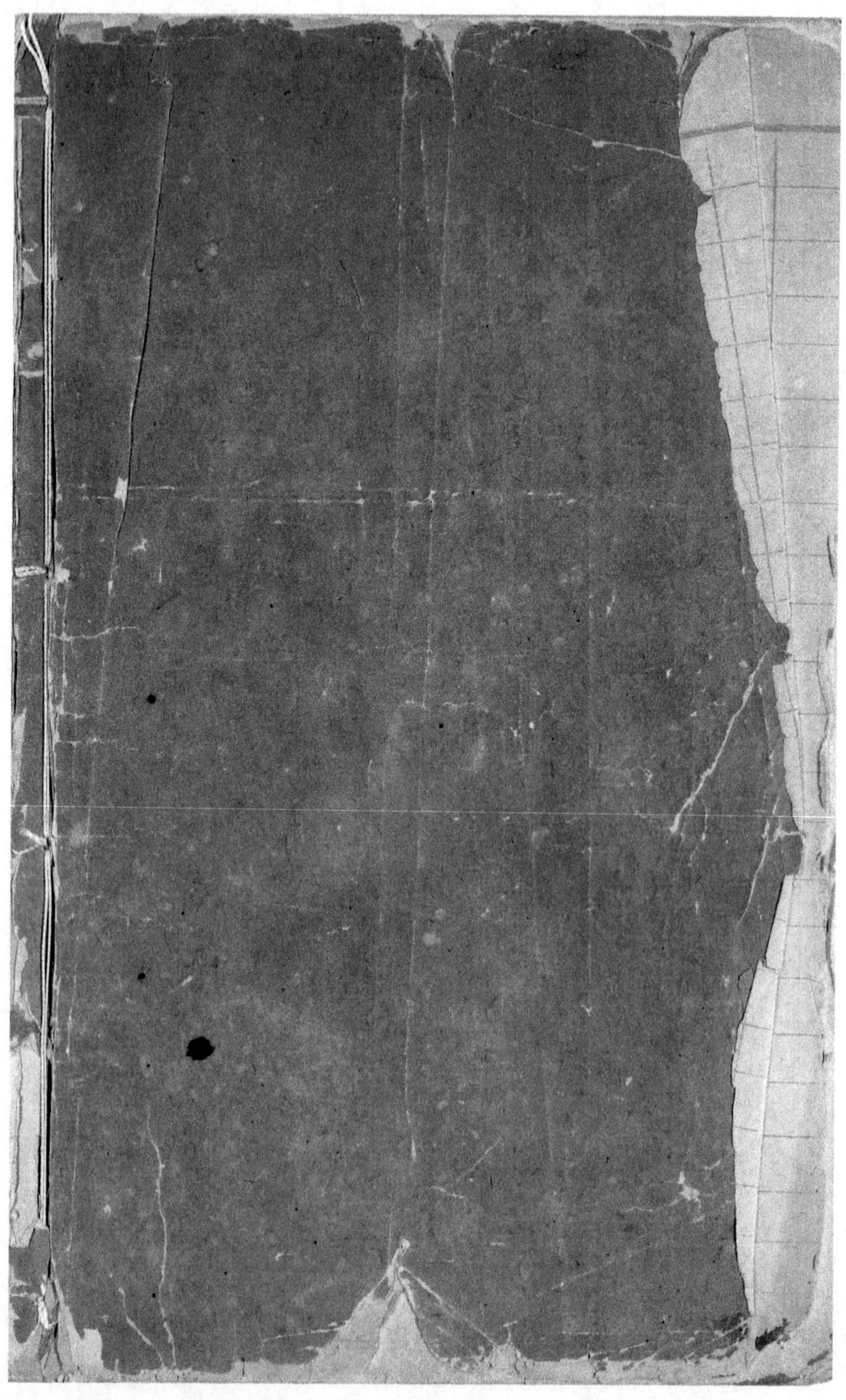

“早期北京話珍本典籍校釋與研究”
叢書總目録

早期北京話珍稀文獻集成

（一） 日本北京話教科書匯編

《燕京婦語》等八種

華語跬步

亞細亞言語集

北京風土編·北京事情·北京風俗問答

伊蘇普喻言·今古奇觀·搜奇新編

四聲聯珠

官話指南·改訂官話指南

京華事略·北京紀聞

（二） 朝鮮日據時期漢語會話書匯編

改正增補漢語獨學

高等官話華語精選

速修漢語自通

速修漢語大成

中語大全

修正獨習漢語指南

官話華語教範

無先生速修中國語自通

官話標準：短期速修中國語自通

“内鮮滿”最速成中國語自通

（三） 西人北京話教科書匯編

尋津録

語言自邇集

官話類編

華語入門

漢英北京官話詞彙

漢語口語初級讀本·北京兒歌

北京話語音讀本

語言自邇集（第二版）

言語聲片

華英文義津逮

北京官話初階

（四）清代滿漢合璧文獻萃編

清文啓蒙
清話問答四十條
一百條·清語易言
清文指要
續編兼漢清文指要
庸言知旨
滿漢成語對待
清文接字·字法舉一歌
重刻清文虛字指南編

（五）清代官話正音文獻

正音撮要
正音咀華

（六）十全福

（七）清末民初京味兒小説書系

新鮮滋味
過新年
小額
北京
春阿氏
花鞋成老
評講聊齋
講演聊齋

（八）清末民初京味兒時評書系

益世餘譚——民國初年北京生活百態
益世餘墨——民國初年北京生活百態

早期北京話研究書系

早期北京話語法演變專題研究
早期北京話語氣詞研究
晚清民國時期南北官話語法差異研究
基於清後期至民國初期北京話文獻語料的個案研究
高本漢《北京話語音讀本》整理與研究
北京話語音演變研究
文化語言學視域下的北京地名研究
語言自邇集——19世紀中期的北京話（第二版）
清末民初北京話語詞彙釋